高等院校"十三五"经济管理类实验实训系列教材

新编财务管理学理论与实训

Financial Management Theory and Practice

主　编：王招治
副主编：雷金英　陈太盛　高培玲

经济管理出版社
ECONOMY & MANAGEMENT PUBLISHING HOUSE

图书在版编目（CIP）数据

新编财务管理学理论与实训/王招治主编. —北京：经济管理出版社，2015.10
ISBN 978-7-5096-4038-8

Ⅰ.①新… Ⅱ.①王… Ⅲ.①财务管理 Ⅳ.①F275

中国版本图书馆 CIP 数据核字（2015）第 266309 号

组稿编辑：王光艳
责任编辑：许　兵
责任印制：司东翔
责任校对：车立佳

出版发行：经济管理出版社
　　　　　（北京市海淀区北蜂窝 8 号中雅大厦 A 座 11 层　100038）
网　　址：www. E-mp. com. cn
电　　话：(010) 51915602
印　　刷：三河延风印装有限公司
经　　销：新华书店
开　　本：720mm×1000mm/16
印　　张：28
字　　数：471 千字
版　　次：2016 年 2 月第 1 版　2016 年 2 月第 1 次印刷
书　　号：ISBN 978-7-5096-4038-8
定　　价：68.00 元

前言

　　财务管理是企业管理的核心，企业的生存与发展离不开良好的财务管理环境和先进的财务管理手段。市场经济越发展，财务管理越重要，科学有效的财务管理是企业价值保持持续增长的基本前提。作为一门应用型很强的经济管理学科，财务管理在财务管理学科体系中处于十分重要的地位，是高等学校会计、财务管理等专业的主干课程，也是经管专业学生的必修课程之一。本教材正是适应这一需要而编写，既可以作为高等院校会计、财务管理等专业教材，也可以作为经济管理类核心课程教材。

　　本书的编写小组成员均为高校财务管理专业专职专任教师，使用过较多版本的财务管理的课程教材，每本教材均具有特色，对本书的编写具有较好的借鉴价值。在编写过程中编写小组也将多年的课程教学研究成果融入书中，本书的特色在于：其一，遵循与会计专业技术职务考试和注册会计师资格考试的财务管理教材相结合的原则，期望这些考试所要求的一些相关知识、技能与能力也能融入本教材内容之中，以体现教材的实际使用价值和可操作性。其二，本着财务管理是一门应用型学科的宗旨，注重将财务管理理论与实训部分结合起来，力求让学生掌握企业财务管理业务的基本操作方法，具备进行财务分析、资本预算、投资决策、资金筹资、营运资金管理、收益分配等实务操作的能力，培养能胜任财务会计核算和财务管理工作的高端技能型专门人才。

　　本书分上下两篇。上篇为财务管理理论部分，共九章。其中第一章至第四章，主要从财务管理基本概念、资金的时间价值和风险价值、财务分析、资本预算等方面来阐述财务管理的基础理论；第五章至第九章从财务管理的几大模块来加以论述，第五章主要论述财务管理的筹资管理，第六章及第七章论述企业财务管理的内部长期投资管理与对外长期投资决策，第八章为营运资本管理，第九章则为利润及分配管理。下篇包括第十章至第十五章，为财务管理的项目实训部分。该篇紧扣上篇财务管理理论部分，结合具体案例分别对企业财务分析、企业财务预算、企业筹资管理、投资管理、企业营运资本管理以及企业利润及其利润分配来进行实训分析。

　　本书的具体分工为：王招治负责编写第四章、第五章第七节、第六章以及全书框架确定、统稿等；雷金英负责编写本书下篇财务管理实训部分；陈太盛负责编写第三章、第五章；杨丽负责编写第一章、第二章以及第七章；王晓艳负责编写第八章、第九章；高培玲负责全书的校稿、编排等工作。

　　本书是具有丰富教学经验的一线教师的倾力合作与集体智慧的结晶。他们在编写过程中参阅了大量的相关文献资料，并得到了相关院校和有关部门的大力支持与帮助，在此一并表示感谢！

　　尽管我们在探索教材建设的特色方面做了很多努力，但难免水平有限，加之时间仓促，多有不妥之处，恳请阅者批评指正。

王招治

2016 年 1 月

目录

下篇

上篇

● 本篇包括第一章至第九章，为财务管理的理论部分。

● 企业财务管理是关于企业资金运动及其在这一过程中的财务关系的管理。企业资金运动包括资金的筹集、运用和分配。从此意义上来讲，企业财务管理包括筹资、投资、营运资本管理以及分配管理。其中，筹资管理主要为长期筹资管理，投资管理主要包括对内和对外的长期投资管理，由于短期投资和短期筹资有密切关系，通常合并在一起讨论称为营运资本管理（或短期财务管理），分配管理则主要论述企业将取得的营业收入如何进行分配的过程。

● 本篇按照上述内容进行编排。其中，第一章至第四章为财务管理的理论基础，分别论述财务管理的基本概念等（第一章）、财务管理价值计量基础（第二章）、财务分析（第三章）、预算管理（第四章）等，为后续理论展开打下基础。第五章至第九章从财务管理的几大模块来加以论述，第五章主要论述财务管理的长期筹资管理，第六章及第七章论述企业财务管理的内部长期投资管理与对外长期投资决策，第八章为营运资本管理，第九章则为利润及分配管理。

第一章
财务管理概述

【本章提要】

　　财务管理作为一门经济管理学科，不仅具有很强的技术性，而且具有很强的理论性。财务管理的基本理论，既是理解财务管理具体问题的前提，也是建立财务管理方法体系的基础。本章概述介绍财务管理的基本理论，内容主要包括财务管理的概念和内容、财务管理的环境和目标及财务管理的原则和方法体系。

【学习目标】

- 理解财务管理的概念、主要内容和特点
- 了解财务管理的环境与目标
- 理解财务管理的原则
- 了解财务管理的方法体系
- 理解财务管理与其他学科之间的关系

第一节　财务管理的概念

　　财务管理学是研究如何对企业财务活动进行规范控制的一门学科。财务管理历来就是企业的一项基本的管理活动，是组织企业财务活动、处理企业财务关系的一项综合性的管理工作，是企业管理的一个相对独立的重要组成部分。财务管理通过价值形式对企业生产经营的各个环节进行计划和控制，实现企业资源的优化配置，促进生产经营的顺利进行和经济效益的不断提高，因而，在整个企业管理中发挥着重要的作用。

要真正理解财务管理概念，首先就要认识和了解企业的财务活动和财务关系。本节主要介绍财务管理的主要内容、特点以及财务管理与相关学科的关系。

一、企业的财务活动

企业财务活动，又称企业资金运动，是指企业资金形态周而复始的转换，通常包括资金的筹集、投放、耗费、回收和分配等主要环节。企业的财务活动，实际上就是企业生产经营活动中的生财、聚财和用财等理财活动。

1. 资金筹集

资金筹集，又称筹资，是企业资金运动的起点。无论是开办新企业还是经营老企业，无论是维持简单再生产还是进行扩大再生产，或者进行资本运作，企业都要运用多种方式，以尽可能低的成本和风险，及时筹集生产经营所需要的资金。在筹资过程中，企业必须合理安排自有资金和借入资金的比例关系，这种比例关系就是企业的资本结构。

2. 资金投放

资金投放，又称投资，是企业从事生产经营和获取利润的前提条件。企业把筹集的资金投放到内部的固定资产、流动资产和无形资产上，或者对外投放到各类证券和其他资产上。投资改变了资金的存在形态，形成企业生产经营的物质条件。在投资过程中，企业应当认真权衡收益和风险之间的相互关系。

3. 资金耗费

资金耗费，是指成本费用支出。企业为了向社会提供产品和服务，必须耗费相应的活劳动和物化劳动，这些耗费的货币表现就是企业的成本费用支出。企业的资金耗费是一种生产性、创造性的耗费，通常情况下将产生超过耗费额的资金流入。在资金耗费过程中，企业必须全面衡量和控制成本、收益之间的对比关系，尽可能低耗费、高产出。

4. 资金回收

资金回收，是指企业向社会提供产品和劳务以后，以主营业务收入、其他业务收入、投资收益等形式收回资金。资金回收的数量通常大于资金耗费的数量，两者的差额即为企业的纯收入，包括税金、利息和利润等。在资金回收过程中，企业必须努力争取尽可能多的现金流入。

5. 资金分配

资金分配，是指对回收资金的安排和处理。首先，企业应当缴纳各种税金和补偿成本费用支出；其次，对税后利润提取各项必要的留存；最后，向投资者分配利润。在资金分配过程中，企业必须要妥善处理各方面的利益关系，尤其是要综合考虑国家、股东、经营者和员工之间的利益均衡与协调。

二、企业财务关系

企业财务关系是指企业在组织资金运动过程中与各利益相关者（Stakeholders）发生的经济关系。企业的筹资活动、投资活动、经营活动、利润及其分配活动均与企业内外各方面有着广泛的联系。企业的财务关系可概括为以下几个方面：

1. 企业同其所有者之间的财务关系

企业同其所有者之间的财务关系是指企业的所有者向企业投入资金，企业向所有者支付投资报酬所形成的经济关系。企业的所有者主要包括国家、各类法人和个人投资者。所有者按投资合同、协议、章程的约定履行出资义务，及时形成企业的资本金。企业利用资本金进行经营，按出资比例或合同、章程的规定向所有者分配利润。企业同其所有者之间的财务关系体现着所有权的性质，反映着经营权和所有权的关系。

2. 企业同其债权人、债务人之间的财务关系

企业同其债权人、债务人之间的财务关系主要是指企业向债权人借入资金和以资金购买债券、提供贷款或商业信用等形式形成的与企业以外的单位或个人之间的经济关系。企业与其债权人和债务人之间的关系体现为债权、债务关系。

3. 企业同其被投资单位之间的财务关系

企业同其被投资单位之间的财务关系主要是指企业以购买股票或直接投资的形式向其他企业投资所形成的经济关系。随着经济体制改革的深化和横向经济联合的开展，这种关系将会越来越广泛。企业与被投资单位之间的关系体现了所有权性质的投资与受资的关系。

4. 企业内部各部门之间的财务关系

企业内部各部门之间的财务关系主要是指企业内部各部门之间在生产经营各环节中相互提供产品或劳务所形成的经济关系。在实行内部经济核算制的条件下，企业供、产、销各部门以及各生产单位之间，相互提供产品和劳务要进行计价结算，这种在企业内部形成的资金结算关系，体现了企业内部各部门之间的利益关系。

5. 企业与职工之间的财务关系

企业与职工之间的财务关系主要是指企业向职工支付劳动报酬的过程中所形成的经济关系。企业要用自身的产品销售收入向职工支付工资、津贴、奖金等，按照提供劳务的数量、质量支付职工报酬，这种企业与职工之间的财务关系体现了职工和企业在劳动成果上的分配关系。

6. 企业与税务机关之间的财务关系

企业与税务机关之间的财务关系主要是指企业依税法的规定纳税而与国家税务机关形成的经济关系。及时、足额地纳税是企业对国家的贡献，也是企业应尽的社会义务，因此，企业与税务机关的关系反映的是依法纳税和依法征税的权利义务关系。

综上所述，企业资金运动是企业生产经营活动的价值方面的体现。财务管理就是对企业资金运动的全过程进行决策、计划和控制的一系列活动。财务管理的实质是运用价值形式对生产经营活动实行综合性的管理。企业财务关系是指以企业为财务主体进行的财务活动中所形成的各种经济利益关系。它包括以下三方面的基本含义：一是企业财务关系是以企业为财务主体而形成的；二是企业财务关系实质上是一种物质利益关系；三是企业财务关系是以企业为主体所形成的纵横交错的经济利益关系网络，这一关系网络在很大程度上又体现着企业再生产的客观经济环境。显然，要使再生产得以顺利进行，必须积极主动地去争取一个良好的经济环境，从而必然要求企业处理好与各方面的财务关系。由于财务关系是在财务活动中形成的，财务关系也将主要通过对各项财务活动的计划与控制而得到合理的调节。

三、财务管理的特点

企业生产经营活动的复杂性，决定了企业管理必须包括多方面的内容，如生产管理、技术管理、劳动人事管理、设备管理、销售管理、财务管理等。各项工作是互相联系、紧密配合的，同时又有科学的分工，具有各自的特点。财务管理的特点表现在如下几个方面：

1. 财务管理是一种价值管理

企业管理中的许多管理往往都是结合生产经营的某一方面、某一过程的具体物质形态而展开的管理工作。例如物资管理、设备管理、劳动管理、生产管理等，在这些管理的全部或部分活动中，往往侧重于对财产物资的使用价值形态的管理，相应地在管理指标上，往往采用产销量、品种、规格、质量、设备完好率、原材料消耗定额等实物指标。而财务管理则不同，它主要是对企业生产经营的价值形态进行管理，相应地在管理指标上，它一般采用价格、利率、利润等价值指标。

2. 财务管理是一种综合管理

财务管理具有价值管理的特征，换一个角度讲，也就是说财务管理具有综合管理的特征。因为，企业的财产物资、债权债务、有形资产或无形资产，说到底都是价值的存在形式，企业的资金运动也就是价值的运动。因此，我们可以利用价值指标对企业生产经营过程进行全面、综合的管理，即对以一系列价值指标反映的企业经济资源、生产经营过程和经营结果等进行最佳决策、合理规划、及时反馈和控制，以实现财务管理的目标。

企业管理也是一个系统工程，它对各个方面的管理都是这个系统不可缺少的组成部分，但是除财务管理外，其他各方面的管理，则更多地倾向于实物形态或使用价值形态方面的管理，因此不具有或较少具有管理的综合性。

3. 财务管理是一种动态管理

企业的资金只有在不断的运动过程中，才能为企业带来财富，而企业的资金运动不会自动趋向于企业所追求的目标。财务管理作为组织资金运动的一种管理活动，其本身也就具有了管理的动态性的特征。财务管理中有许多对不确定性事项的决策，这种决策的质量，在很大程度上取决于决策前的调查研究、分析和预测等工作的质量，而这些又取决于决策者所掌握的信息多少和信息质量；况且客观情况还会发生变化，企业财务管理的内外环境也处在不断发展变化过程之中。因此，即便是一个好的决策作出之后，也要根据变化了的客观情况和环境不断地作出修改和调整。财务管理工作者应该经常了解、分析企业生产经营过程或资金运动过程中存在的问题，包括对有关财务指标的经常性计算、整理和分析，掌握动态信息，及时进行必要的调控。

总之，从财务管理的特点来看，财务管理是企业管理的核心；从财务管理的内容上来看，资金管理又是财务管理的核心。

四、财务管理与其他学科之间的关系

财务管理是企业管理中非常重要的一部分，但它不是一个孤立的领域，无论在理论上还是在实践中，它都与会计学、经济学具有非常密切的联系。同时，市场营销、生产管理等对财务管理也有非常重要的影响。

1. 财务管理与会计的关系

财务管理和会计并非一回事，财务管理与会计是公司管理中非常重要的两个领域。会计主要是一个财务信息系统，会计人员按照一定会计准则对公司经济事项予以确认、分类、计量和记录，并编制财务报告，帮助管理人员评论公司过去业绩，确立公司未来发展方向，明确公司的各种责任，所以，会计人员主要扮演"记分员"的角色。针对上市公司，会计要出具期间报告、报表和分析性说明，并将这些信息传达给管理者、投资者和其他利益相关者。尤其是在资本市场上，外部投资者需要利用上市公司的会计信息以进行有利的证券投资。因此，对会计信息的质量、相关性和及时性均有一定的要求。很明显，财务管理决策离不开会计报告和会计数据，因为过去事件的经验教训是未来的良师益友，过去可靠的信息具有无法估量的价值。然而，财务管理职能并非提供财务信息而是针对公司的投资、筹资和分配行为进行财务决策。会计注重过去的事实，而财务管理注重的是未来。

在中小企业中，由于对财务管理能力要求不高，会计主管和财务经理可由一人兼任，但在大企业，这两种职位往往由不同的人分别担任。许多财务经理在培训和受教育背景上是会计出身，但随着在商学院和高等教育课程中财务管理这门课的重要性与日俱增，财务经理这个职位就会越来越多地要求那些具有特定财务管理知识结构的专业人士来担任。

在现行会计制度中，会计人员主要关心各种资产和权益的历史成本，历史成本是现行会计制度的基本计量属性。财务管理人员主要关心公司现金流量，他们主要根据现金流量确定各种投资方案和融资方案的可行性。财务管理人员在财务决策过程中主要依靠会计人员提供的会计数据，无论是投资决策、融资决策还是资产管理，都离不开有关公司资产和权益的会计数据，特别是在公司预算控制和流动资产管理中，财务管理与会计更是紧密地结合在一起的，因为，会计是公司中唯一提供财务信息的信息系统。

2. 财务管理与经济学的关系

经济学包括微观经济学和宏观经济学。微观经济学主要研究个人、家庭和公司的经济决策，宏观经济学主要研究宏观经济的运行规律和宏观经济政策，财务管理人员必须熟悉微观经济学和宏观经济学。

公司业绩在很大程度上取决于宏观经济环境，并且依赖于资本市场状况，财务管理人员必须深刻地理解政府货币政策对公司资本成本和信用条件的影响。同时，对政府财政政策及其对经济的影响，财务管理人员也应该有深刻的认识。在财务预测中，宏观经济的未来走向也是公司销售收入预测及其他财务预测至关重要的因素。

微观经济理论是财务管理人员理解公司财务决策的基础理论。现代财务理论是建立在以新古典主义为基本特征的微观经济理论基础之上的，均衡分析是其基本特征，缺乏对微观经济理论的基本认识，就不可能深刻理解现代财务理论的本质。同时，财务管理的一些决策分析方法也是以微观经济理论为基础的，例如，资本预算中的投资决策分析方法和营运资本管理都是以微观经济理论中边际成本等于边际收益原则作为决策分析的。

3. 财务管理与管理学、数学的关系

财务管理本身是管理学的一个分支，它包括资源和行为的管理。数学方法为财务管理提供决策的计算工具。数学上的许多模型和方法，如统计和线性规划已被广泛地应用在财务管理、投资及金融市场上。学习财务管理如同学习会计学一样，会计学需要记会计分录，而财务管理则需要许多量化的分析。

总之，学习财务管理涉及经济学、管理学、数学和会计学等许多方面的知识，其中经济学是财务管理的理论基础课，财务管理是管理学的一个分支，数学是财务管理的分析工具，而会计学则为财务管理提供分析的数据和资料[1]。

---

① 刘建民，宋秀珍等.财务管理学［M］.北京：中国电力出版社，2006.

第二节 财务管理的内容

财务管理作为企业管理的一个组成部分，与企业其他管理工作相比，其最大的特点在于它是一种价值管理活动。这一特点决定了企业财务管理主要是对企业筹资、投资、营运资金及其利润分配的管理。企业财务管理的内容具体包括以下几个方面：

一、筹资管理

企业进行生产经营活动，首先面临的一个重要问题就是资金筹集。企业设立时必须有法定的资本金；企业经营必须有足够的流动资金。筹资是指为了满足企业投资或用资的需要，筹措和集中所需资金的过程。在这一过程中，一方面要确定筹资的总规模，另一方面要确定合理的资本结构。

企业面对不同的资金来源渠道可以采取不同的筹资方式进行筹资。筹资过程实际上是一个筹资的决策过程。企业在资本需要量总额一定的情况下，既可以从所有者那里筹集主权资本，也可以从债权人那里筹集债务资金；企业资金既可以从外部筹集，也可以通过企业内部留利筹集，从外部筹集资金时，既可以在公开的资本市场上筹集，也可以通过银行等金融机构筹集。这就需要企业在不同的筹资方式之间进行权衡。企业在筹集资金时，还要考虑长短期资金的比例、主权资本和负债资本的比例问题等。企业进行筹资管理，应遵循的基本原则是，尽可能扩大筹资的渠道，选择最有利的筹资方式，在满足企业资金需要量的情况下，降低筹资成本，减少企业的风险。

二、投资管理

投资管理是企业财务管理的重点。企业的效益来自投资，在激烈的市场竞争中，企业投资生产经营什么才能追求财富最大化是财务管理的核心问题。企业的投资活动形成企业的各种资产，这些资产在企业经营活动中发挥重要作用，从而为企业赚取利润。投资方案的正确与否，直接影响企业未来的收益。正确的投资决策，可以获取高额的投资回报；错误的投资决策，可能给企业造成损失，严重时还会导致企业经营失败。因此，投资决策构成企业财务管理的又一重要内容。

通过资金投放，将形成企业经营所需的资产。根据资金投放具体去向的不同，形成的资产项目也不同。企业若将资金投向劳动手段方面，将形成企业的固定资产；企业若将资金投向劳动对象方面，将形成企业的流动资产；企业若将资金投向其他生产经营条件方面，将形成企业的无形资产或递延资产；企业若将资金投向购买其他企业或单位发行的股票、债券等有价证券方面，将形成企业的对外投资或金融资产。

一般来说，不同的资产项目会对企业的效益在时间和形式上产生不同的影响，而且不同的投资去向及投资去向的不同组合会产生种类和程度各不相同的风险。因此，资金投放管理就是选择最恰当的投资方案，在成本与效益、风险与收益为最佳组合的条件下使用资金。资金投放管理所要研究和解决的问题包括：预测投资方案的资金投入数额，分析投资方案的现金流量，保证投资方案的低成本和高效益；预测投资方案的资金投入时间，分析投资去向及投资组合的风险因素，保证投资方案的低风险和高收益。

三、资金营运管理

资金营运是指企业对通过资金投放所形成的各项资产的利用和调度行为。资产的利用过程，既是资产耗费的发生过程，即经营成本的形成过程，也是对投放在资产上的资金收回的过程，即经营收益的形成过程。

如前所述，不同的资产项目会对企业效益在时间和形式上产生不同影响，而且最佳效益的获得是以经济资源（主要是资产）的合理配置为前提的。但是不管资金投放情况多么合理，都会因为资产的利用程度不同而遭到破坏。因此，资金营运管理就是选择最合理的资源配置方案，最大限度地利用企业的各项资产。资金营运管理所要研究和解决的问题包括以下内容：①研究和保持货币性资产的合理持有数量，及时取得和有效利用货币性资产，保证其流入与流出在时间上和数量上的平衡，以使资产保持较高的收益性和较强的流动性；②研究和保持非货币性资产持有数量和结构，以使非货币性资产与企业经营规模相适应；③在保证完成预定计划的前提下，有效控制成本耗费与费用支出，并认真研究其补偿问题；④认真而慎重地做好市场调查与研究工作，科学地进行市场预测，积极采取措施以确保收益的实现和投资的收回。

四、资金分配管理

资金分配是指企业根据政府的有关规定和自身经营的需要，将从经营过程中收回的资金分配用于不同方面的行为，包括对经营收入、纯收入、利润和税后利润等的分配。一般来说，对经营收入的分配主要是补偿经营成本的问题，而成本的补偿则是企业得以继续经营的前提，就此而言，企业的资金分配主要是对利润和税后利润的分配。

由于利润和税后利润的分配会涉及企业与内外部当事人之间的利益关系问题，同时也会影响企业自身的财务状况和财物能力。因此，资金分配管理，就是选择最佳的利润和税后利润分配方案，在保证各方利益的同时，使企业的财务状况得以改善，财务能力得以增强。资金分配管理所要研究和解决的问题如下：①研究既能保证企业自身利益，又不危及国家利益的利润分配政策；②研究既能保证所有人利益，又不危及债权人利益和员工利益的税后利润分配政策；③制定能够保证各方利益的利润和税后利润分配的具体方案。

财务管理四项内容之间的关系与四种重大财务行为之间的关系相同，也是一种相互影响、相互作用、相互制约、相互促进的关系，前一项内容都是后一项内容的前提和基础，后一项内容都是前一项内容的继续和延伸；而且，经过资金的分配，本来就使一部分资金留在企业内部，客观上产生了从企业内部筹集资金的效果。如此一来，财务管理的四项内容已经形成了一个完整的循环。每一次循环都不是简单的重复，都会使企业的各种财务行为更加合理和有效，从而也使财务管理的水平不断提高[①]。

---

① 刘建民，宋秀珍等. 财务管理学 [M]. 北京：中国电力出版社，2006.

第三节 财务管理的环境与目标

一、财务管理环境

财务管理环境是指对企业财务行为产生影响作用的内外部客观条件和因素的集合。这些条件和因素组成了一个有机整体，共同影响和制约着企业的财务行为。其中，财务行为是企业在资金筹集、资金投放、资金营运、资金分配等方面所进行的实践活动。

财务管理的环境只是企业经营管理环境的一部分。在企业经营管理所面临的全方位、多层次的环境中，只有那些影响和制约企业财务行为的条件和因素，才被称为财务管理的环境。无视这些条件和因素的存在是不客观和不科学的，同时，不适当地扩展这些条件和因素，也是不客观和不科学的。

财务管理环境包括内部环境和外部环境两种基本类型。财务管理的内部环境，是对存在于企业内部的，并对企业财务行为产生导向作用的条件和因素的统称，主要包括企业的组织形式、企业的各项规章制度、企业管理者的水平、企业的各种内在条件与能力。其中，最重要的是企业的组织形式和企业的各项规章制度。财务管理的外部环境是对存在于企业外部的，并对企业财务行为产生导向作用的条件和因素的统称，主要包括政治环境、经济环境、法律环境、文化环境等。然而，财务管理的外部环境所包括的政治、经济、法律、文化等环境因素，都将统一在特定时期的经济管理体制之下。就此而言，体制环境是财务管理外部环境中最为重要的内容。

一般来讲，财务管理的外部环境决定内部环境，财务管理的内部环境始终应与外部环境相适应。这就是说，企业财务管理应随时根据外部环境的变化，不断改善其内部环境。

1. 财务管理的内部环境

财务管理的内部环境，作为存在于企业内部并对企业财务行为产生导向作用的条件和因素，又可以细分为两个方面：一是无形环境，也称软环境，主要由企业的各项规章制度和企业管理者的水平构成；二是有形环境，也称硬环境，主要由企业的组织形式和企业的各种内在条件与能力构成。有形环境主要影响财务管理对企业财务行为的选择；而无形环境既影响财务管理对企业财务行为的选择，也影响财务管理自身目标的实现。鉴于企业组织形式和各项规章制度在财务管理内部环境中所处的重要地位，下面对其作专门讨论。

（1）企业的组织形式。企业是市场经济条件下的经营与管理主体。企业组织形式的不同决定着企业不同的财务结构、财务关系以及财务管理方式和管理体系。按照国际惯例，依据组建企业时出资人的数量来划分，企业的组织形式主要有三种，即独资企业、合伙制企业和公司制企业。随着企业规模的扩大，公司制这种企业组织形式的优点越来越显著，所以许多大型企业都采用了公司制这种组织形式。

1）独资企业。独资企业是指由单个自然人独自出资，独自经营，独自享受权益，独自承担风险的企业。独资企业经营规模一般都较小，在法律上为自然人企业，不具有法人资格，是最原始，也是最简单的企业组织形式。独资企业的财务优势主要表现为：企业主对企业的债务承担无限责任；法律对其的管理比较宽松，设立条件不高，程序简单方便；所有者与经营者合为一体，所有权可以自由转让；经营方式灵活，财务决策迅速。但独资企业也有无法避免的财务劣势：较小的企业规模导致筹资困难；企业存续期短，抵御风险的能力低下。

2）合伙制企业。合伙制企业是由少数合伙人共同出资、共同经营、共同享受权益并共同承担风险的企业。合伙企业与独资企业一样，也不具有法人资格，属自然人企业。在大多数情况下，每个合伙人都要对企业的债务承担无限责任，每个合伙人的行为都代表企业而不仅是其个人，合伙人之间须订立书面的或口头的合伙协议。合伙企业的财务优势：可以发挥每个合伙人的专长，提高合伙企业的管理决策水平；与独资企业相比，企业规模的扩大，在增强企业筹资能力的同时，也降低了为企业提供贷款的金融机构的风险；由于合伙人对企业的债务承担无限连带责任，从而有助于增强合作的责任心，提高企业的信誉。合伙企业的财务劣势：合伙企业的财务不稳定性较大。这是因为合伙企业是以人的相互信任为基础的，合伙企业中任何一个合伙人发生变化都会改变原有的合伙关系，需建立新的合伙企业，这将意味着合伙企业存续的不稳定性。由于合伙人要承担无限连带责任，因而合伙人承担的经营风险较大，这将不利于企业的进一步发展壮大。

从内部管理方面来看，合伙企业的重大财务、营销等决策问题由于必须征得所有合伙人的同意，因而可能导致决策效率低下，不能很好地适应快速多变的市场环境。

3）公司制企业。公司制企业是以盈利为目的而依法登记成立的社团法人。公司制企业分为无限责任公司、有限责任公司、两合公司、股份有限公司。常见的是有限责任公司和股份有限公司。

有限责任公司是指由两个或两个以上股东共同出资，每个股东以其认缴的出资额对公司承担有限责任，公司以其全部资产对债务人承担责任的企业法人。有限责任公司的特征如下：①设立程序较股份有限公司简单；②不必发布公告，也不必公开公司账目；③股东人数既有上限要求，也有下限要求；④股东所持股份（用股权证书表示）不能自由买卖，一般只能在股东之间转让，若需向股东以外的他人转让必须征得其他股东半数以上的同意，且原有股东在同等条件下可优先购买；⑤管理机构的设置较为灵活，股东人数较少时可不设董事会和监事会。

另外，有限责任公司还有一种特殊的形式，称作独资公司。独资公司是只有一个股东的有限责任公司。独资公司从所有者数目上看类似于独资企业，但两者又有本质的区别。具体表现为：独资企业不是法人，而独资公司是法人；独资企业的所有者只能是自然人，不能是法人，而独资公司的所有者可以是自然人，也可以是法人；在承担法律责任方面，独资企业的所有者对企业债务承担无限责任，独资公司的所有者则仅承担有限责任。

股份有限公司简称股份公司，是指通过发行股票筹集资本，全部注册资本由等额股份构成，股东以其所认股份对公司承担有限责任，公司以其全部资产对公司债务承担责任的企业法人。股份有限公司的特征如下：①它是典型的合资公司，股票的持有者作为股东，股东的所有权利都体现在股票上，并随着股票的转移而转移，任何人只要愿意出资购买股票即可成为股东，对股东没有严格限制；②股东人数有下限要求，但无上限要求；③公司的章程、股东大会的会议纪要、财务会计报告等必须公开。

股份有限公司的财务优势表现为：强大的筹资能力，可以在短时间内吸收大量的社会资金，从而使企业规模迅速扩大，竞争能力增强；大股东通过层层控股，可以控制数倍于自身资本数额的资本，巩固企业在市场中的有利地位；由于股票可以随时转让而使股东的流动性大，当企业因经营不善而面临亏损、倒闭、破产时，股东转让股票的行为会给经营人员造成一定的压力，从而促使其尽最大努力提高经营管理水平。股份有限公司的财务劣势：股东的流动性大，且大多以盈利为目的，从而很少考虑企业的长远发展问题。尤其是当公司经营出现困难时，股东转让股票的随意性会给企业的长远发展带来更为不利的影响。

（2）企业的各项规章制度。在财务管理方面，企业的各项规章制度集中体现为企业内部财务管理制度。企业内部财务管理制度是企业根据国家统一的财务制度制定的关于财务活动和财务管理工作的规范性要求。它是对《企业财务通则》和《行业财务制度》的具体化。企业内部财务管理制度在以《企业财务通则》为统帅、以《行业财务制度》为主体的财务管理制度体系中起着补充的作用。

企业内部财务管理制度，须由企业自行设计和制定。企业设计和制定内部财务管理制度的基本要求如下：①以国家的有关法律、法规、制度为依据；②体现商品经济和市场经济体制的客观要求；③适合企业自身的特点；④结合企业的具体情况。

企业内部财务管理制度，从不同的角度看应该包括不同的内容。企业财务管理部门为了对企业的财务活动进行合理而有效的组织与适当的控制，并对企业内部各部门的业绩进行考核与评价，就需要有财务预算制度、财务报告制度、财务分析制度；企业财务管理部门为了保证财务管理过程的有序和财务管理工作的有效，就需要有财务预测与决策制度、财务预算与控制制度、财务分析与检查制度；企业财务管理部门为了保证财务活动的顺利进行和财务管理内容的完善，就需要有筹资管理制度、投资管理制度、资产管理制度、收入与成本管理制度、利润与利润分配管理制度；企业财务管理部门为了落实财务管理人员的管理责任，就需要有财务管理人员岗位责任制度；等等。

在财务管理实践中，企业内部财务管理制度的设计和制定，通常要综合考虑上述各个方面的需要。因而，企业内部财务管理制度主要应包括如下内容：①筹资与投资管理制度；②资产管理制度；③成本费用管理制度；④财务收支与债权债务管理制度；⑤利润与利润分配管理制度；⑥财务预算与分析制度。其中，资产管理制度还应细分为存货与用品管理制度、现金与有价证券管理制度、固定资产管理制度、无形资产管理制度、递延资产和其他资产管理制度。此外，在有外币业务的企业，还应该有外汇资金管理制度。不仅如此，每项制度的内容还应具有综合性，即在每项制度中，既要规定财务管理人员的职责与权限，也要规定财务管理工作的具体内容和程序，还要规定具体、详细的操作要求与标准。

按照《企业财务通则》关于"结合企业具体情况"的要求，企业内部财务管理制度应随着具体情况的变化而随时修订与补充。但是，为了便于制度的执行，亦应注意保持其相对稳定性。

2. 财务管理的外部环境

财务管理的外部环境，总的来讲是一种"多元冲击、竞争激烈、充满希望，也遍布危机"的环境。现代企业财务管理处于商品经济或市场经济体制环境当中。这就决定了财务管理在规划和选择财务行为时，必须考虑市场经济条件下的各种多元因素的冲击，按照有利于企业竞争的要求来进行。

市场经济作为商品经济发展的高级阶段，商品货币作用的范围进一步扩大，商品货币关系的体现进一步深刻。市场经济由一套完善的市场体系和一套完善的能够体现商品货币关系的政治、经济、法律制度所构成。市场经济体制下的市场体系一般包括商品或产品市场、劳动力市场、金融市场、技术市场等。市场经济体制所要求的政治、经济、法律制度，除了涉及政体与国体的原则内容以外，主要是由政府的各项经济政策和管理制度来体现的。包括财政政策与财政管理制度、税收政策和税收管理制度、产业政策与产业管理制度、收入政策与收入管理制度、外汇政策与外汇管理制度等。可以说，市场经济体制下完整的市场体系，将构成企业财务管理外部环境中的有形环境，或称为硬环境；而市场经济体制下的各种经济政策和管理制度，将构成企业财务管理外部环境中的无形环境，或称为软环境。财务管理外部环境中的有形环境，会在时空条件和规模上影响和制约企业财务管理对企业财务行为的规划和选择；而无形环境则会在观念上影响和制约企业财务管理对企业财务行为的规划和选择。

企业财务管理的核心工作就是规划和选择企业的财务行为。具体来说就是：①在何时以何种方式花费多大代价筹集资金可以使风险最小；②在何时以何种方式按多大数额投放资金可以使收益最大；③在何时以何种方式按何种结构配置资金可以使资源的利用率最高而耗费最省；④在何时以何种方式按多大比例分配资金才有利于改善其财务状况，增强其财务能力和竞争能力。即通常所讲的及时地筹集资金、合理地投放资金、有效地利用资金、正确地分配资金。这一切都离不开金融市场，而且，财务管理对企业财务行为的规划和选择，实质上也是在正确处理各种财务关系。一般来说，处理财务关系主要是处理企业与国家之间、企业与内部和外部利害关系人之间的财务关系，履行企业应承担的社会责任和社会义务，这一切又都离不开政府税收管理制度的规范。据此，我们又可以把财务管理的外部环境划分为直接环境和间接环境。前者包括金融市场和税收管理制度，后者包括市场体系中其余各种市场和政府各项经济政策及经济管理制度中的其余各项政策和制度。

依据财务管理理论的完整性，并考虑到财务与经营的关系，研究财务管理外部环境中的市场体系，不但要研究金融市场，而且还要研究商品市场；研究财务管理外部环境中的政府政策和管理制度，则应着重研究税收制度。

(1) 商品市场。商品市场是整个市场体系中的一部分，但它却是这个体系中最早形成的部分，也是最基本的部分。

商品市场是商品供求双方进行商品交易所形成的相互关系。商品市场的主要功能是把商品供应者手中的商品有条件地转移到商品需求者手中，从而使商品的供应者和需求者各得其所，同时也使社会财富尽其所用，促进社会经济的发展。

(2) 金融市场。金融市场是资金供求双方买卖金融工具所形成的相互关系。金融市场除了具有将社会剩余资金有条件地从资金剩余者（也称资金提供者或投资者）手中转移到资金缺乏者（也称资金需求者或筹资者）手中的基本功能外，就其与商品市场的关系来看，它还有两个功能。其一是引导商品市场的功能。这是因为，在商品经济条件下，任何商品都有使用价值和价值，而代表商品价值的资金是可以与使用价值分离的，从而使得金融市场上的资金流向对商品市场上的商品流向具有引导作用。其二是调控商品市场的功能，即调控商品市场上商品供求关系的功能。主要表现为：当商品市场上出现某种商品供不应求的情况时，资金会通过金融市场主动流向该商品的生产企业，从而使该商品的市场供应量增加，供求趋于平衡；相反，当商品市场上出现某种商品供过于求的情况时，资金会通过金融市场主动流出生产该商品的企业，从而使该商品的市场供应量缩减，供求趋于平衡。

金融市场与商品市场相同，也可以从不同的角度，依据不同的标准，对其进行多种划分。常见的划分方法如下：①按照金融工具的期限，将金融市场划分为货币市场和资本市场；②按照市场功能，将金融市场划分为发行市场和流通市场；③按照交易对象，将金融市场划分为有价证券市场、黄金市场、外汇市场和信贷市场；④按照交易方式，将金融市场划分为现货市场、期货市场和期权市场；

⑤按照交易的范围和区域，将金融市场划分为国内市场和国际市场。

金融市场主要由交易主体、交易客体、交易中介三个要素构成。

金融市场的交易主体是指参与金融工具交易的买卖双方。通常金融工具的买方被称为投资者，卖方被称为筹资者。与商品市场相同，离开交易的任何一方，交易关系都不能形成。投资者既是金融市场上资金的供应者，也是金融工具的需求者；既是金融市场赖以生存的基本条件，也是推动金融市场发展的基本力量。如果没有投资者，金融市场便无法形成，更谈不上发展。金融市场上的投资者主要有金融机构、企业、家庭、政府部门、外国投资者。筹资者既是金融市场上资金的需求者，也是金融工具的创造者，即金融工具的供应者，它们的规模和结构直接决定了金融市场的发展规模和结构。金融市场上的筹资者主要有：企业、金融机构、政府部门。

金融市场的交易客体也是用于交易的对象。在金融市场上交易的对象是金融工具。金融工具的种类很多，但从财务管理的角度来看，可以产生筹资和投资效果的金融工具主要是各种证券，包括股票和债券。同时，各种衍生金融工具也可以产生同样效果。就此而言，金融市场的交易客体主要是基本金融工具中的股票和债券以及各种衍生金融工具。

金融市场的交易中介，也称为中介机构。它是介于买卖双方之间，并为其牵线搭桥的组织。金融市场的中介机构主要有投资银行、证券公司、商业银行、证券交易所、信托投资公司。此外，还有个人经纪人，但其作用只是拾遗补阙，是对中介机构作用的补充。在金融市场上，通过中介机构实现资金在供应者和需求者之间转移的方式有两种：其一是缺乏资金的资金需求者先将自己创造的金融工具卖给中介机构，再由中介机构转售给有剩余资金的资金供应者。在国外，这种资金转移方式下的中介机构主要是投资银行。其二是中介机构以它们本身所创造的金融工具从有剩余资金的资金供应者处获得资金，再将资金转移给缺乏资金的资金需求者。这些中介机构能在金融市场上将资金由一种形式转化为另一种形式，使得金融市场的效率大大提高。

与商品市场相同，金融市场的构成要素除了以上三个主要要素之外，也需要有交易场所、交易规则等辅助要素，而且金融市场上的交易规则较之于商品市场上的交易规则更加重要。

（3）税收制度。税收制度作为政府的一项重要管理制度，对财务管理规划和企业选择的财务行为具有重要的制约作用。同时，由于企业利润的一部分会被政府以课税方式收取，企业用于维持和改善财务状况的收益只是资产所带来的收益中的一部分，即税后利润。因此，税收制度在企业财务管理中扮演着一个相当重要的角色，把税收制度作为财务管理外部环境的一部分来研究，其目的如下：①提醒管理者必须清楚地了解税收制度并随时注意税法条文的变化，以免作出错误的决策；②提醒管理者充分利用税法规定的优惠条款，减少税收开支，以改善企业的财务状况。

下面结合国际惯例，讨论能对企业所得税产生影响的有关问题。

1) 折旧问题。折旧费作为一项费用，世界各国都允许企业从课税收入中扣除，因而折旧费的大小会影响企业的纳税额。而一定时期折旧费的大小，在资产价值、折旧年限、净残值等客观条件一定的条件下，主要取决于所采用的折旧计算方法。

在美国，允许企业采用两种方法来计算折旧费用。企业为了在报表上反映尽可能多的利润，就需要尽可能减少折旧费。在折旧的计算方法上，大多数企业选择直线法，而不使用加速折旧法。企业为了在缴税时尽可能多地抵减课税收入，就需尽可能增多折旧费。在折旧的计算方法上大多数企业选择了加速折旧法，甚至加速成本回收制度，而不使用直线法。

在我国，《企业财务通则》只是原则上允许企业采用加速折旧法，但又不允许折旧方法在报表与报税两个方面分离，即折旧的抵税作用将在我国失效。然而，折旧问题作为国际上惯用的一种合理避税的有效手段，应该为我国企业财务管理者所熟知。

2) 利息问题。企业对发行债券和使用借款所支付的利息可以作为费用处理，世界各国都允许企业从课税收入中扣除。然而，世界各国对企业发行股票所支付的股利或股息，都不允许抵减课税收入，只能在税后净利中开支。就此而言，企业支付一定数额的股利要比支付同等数额的利息花费更大的代价。

在我国，《企业财务通则》将短期借款的利息从产品成本中剔除，而归入财务费用；将长期借款的利息和长期债券的利息区分为建设期间的利息与经营期间的利息，分别归入资产价值与财务费用。然而这一切都未改变利息可以抵减课税收入这一特殊属性。对此，也应引起我国企业财务管理者在作出有关决策，特别是在作出筹资决策时的足够关注。

3）正常经营损失的递延问题。对于正常经营损失抵减其他年度课税收入的问题，世界各国的规定不尽一致。美国允许企业对正常经营损失做双向式递延，递延期限为向前 3 年，向后 15 年。即对企业某年度发生的正常经营损失顺次抵减过去 3 年的课税收入，若未能抵减完毕，则可顺次抵减未来 15 年的课税收入。

在我国，《企业财务通则》只允许企业对正常经营损失做单向式递延，递延期限为向后 5 年。即对企业某年度发生的正常经营损失顺次抵减未来 5 年的课税收入；对 5 年未能全部弥补的经营损失，则须用税后利润弥补。

4）特殊业务收益的减免税问题。与正常经营损失的递延问题一样，世界各国对特殊业务收益减免税问题的规定也不尽相同。在美国，可以享受减免税优惠的特殊业务收益主要如下：①股利收益。企业股利收益的大部分可以免税，只有一小部分须作为课税收入处理。②资本利得与资本损失。当企业发生资本损失时，可以与资本利得相抵后纳税，使资本利得得到减税的优惠。

在我国，考虑到《企业财务通则》与税法之间的关系，《企业财务通则》对可以享受减免税优惠的特殊业务收益未做具体规定，交由《企业所得税法》来完成。根据现行《企业所得税法》的规定，可以得到减免税优惠的收益主要有两个部分：一是真正的特殊业务收益，主要是企业销售"三废"产品所获得的利润；二是已纳税收益，包括企业进行境外投资分得的按投资所在国税法规定可以获得减免所得税的收益和企业进行境内投资从接受投资企业分得的税后利润或股利。

总之，成功的财务管理和管理者，在规划和选择企业的财务行为时，必须考虑税收制度对企业财务行为的规范和制约作用，同时也必须充分利用税法条款和税收制度所给予的各种优惠条件[①]。

二、财务管理目标

财务管理首先要有明确的目标，因为财务管理目标不仅决定了财务管理方向和最终所要达到的目的，而且是判断财务管理是否有效的重要依据。

明确财务管理目标是做好财务管理的前提。财务管理目标就是企业在特定的理财环境中，通过组织财务活动处理财务关系所要达到的目的。财务管理目标是企业理财活动希望实现的结果，也是评价企业财务活动是否合理的基本标准。

---

① 刘韬. 财务管理原理 [M]. 北京：中国财政经济出版社，2006.

企业的财务管理目标是多元的，有主导目标，也有辅助目标；同时财务管理目标也是多层次的，有整体目标、分部目标和具体目标。但本节所要讨论的财务管理目标主要是整体目标和分部目标。

1. 财务管理的整体目标

财务管理的整体目标与企业目标是一致的。但是，关于财务管理目标的理论问题至今尚有争论，对此主要介绍以下三种观点：利润最大化、股东财富最大化和企业价值最大化。

（1）利润最大化。在西方，许多经济学家都认为追求利润是企业的唯一目标，应以利润最大化作为分析和评价企业行为及经营业绩的标准。利润最大化观点认为，利润代表了企业所创造的财富，利润越多说明企业的财富增加得越多，越接近企业的目标。以利润最大化作为理财目标，有其合理的一面，这是因为：①投资者出资办企业都以盈利为目的，企业实现利润的多少直接关系到投资者的收益，企业只有在盈利的前提下才能满足投资者的投资需求。因此，可以把利润最大化推广为企业财务管理目标。②在自由竞争的资本市场中，资本是以追逐利润为目的的，利润最大化是企业获取资本的有效途径，资本的使用权最终将属于获利最大的企业，这也就意味着取得了对各种经济资源的支配权。因此，利润最大化有利于资源的合理配置。③企业追求利润最大化，就必须讲求经济核算，加强管理，改进技术，提高劳动生产率，降低产品成本，这些措施都有利于资源的合理配置。因此，利润最大化有利于提高企业的经济效益。④每个企业通过追求利润最大化的目标，也可以使整个社会的财富实现极大化。因此，从社会角度看，利润最大化有利于社会的进步和发展。

利润最大化作为企业的财务管理目标，是从 19 世纪初开始的，那时的企业大多为独资企业，业主拥有企业的全部财产，业主的唯一目的就是通过增加利润来不断增加私人财富。然而，现代企业的经营权与所有权分离，业主经理已经逐渐被职业经理所替代，与企业有关的利益相关者越来越多，在这种情况下，以利润最大化作为企业的财务管理目标就不再恰当。此外，利润最大化还存在以下几方面的缺点：

其一，利润最大化未能区分不同时间的报酬，没有考虑货币（资金）的时间价值。货币的时间价值是财务管理的重要价值观念，在财务管理决策过程中，必须充分考虑货币的时间价值，否则所作出的决策很可能是错误的。例如，同为利润 500 万元，今年盈利 500 万元和 10 年后盈利 500 万元明显是不一样的。如果将今年盈利的 500 万元存入银行，10 年后得到的本利和肯定要大于 500 万元。

其二，利润最大化没有考虑所获利润和投入资本额的关系。利润最大化是一个绝对指标，它不利于不同规模的企业或同一企业在不同时期之间的比较。例如，同样获利 50 万元，一个投入 100 万元，一个投入 200 万元，两者显然是不可比的。不考虑投入，会使企业的财务管理人员在进行财务决策时，不顾投入的多少而只去追求最大的利润。这样既不利于提高企业的经济效益和科学的经营管理水平，也有可能造成企业资源的大量浪费。

其三，利润最大化未能考虑风险问题。一般而言，收益与风险是对等的，收益越高，风险越大。不考虑风险因素，一味追求利润最大化，有可能使企业在财务决策过程中，追求高收益，选择高风险的项目，一旦过多的累积风险爆发，可能造成企业破产。

其四，利润最大化往往会使企业财务决策带有短期行为的倾向，即只顾实现目前的最大利润，而不顾及企业的长远发展。利润最大化容易使企业利润观念膨胀，如为了减少费用开支，忽视了新产品的开发、技术设备的更新、人才资源的投资以及社会责任的履行等，从而造成资源枯竭，进而影响企业的长远发展。因此，短期内，企业利润增加了，但是，从长远看，这将严重损害企业的将来利益。

（2）股东财富最大化。股东财富最大化是通过企业的合理经营，采用最优的财务管理政策，在考虑资金时间价值和风险报酬的情况下使企业的总价值达到最高，进而使股东财富达到最大。在股份制下，资金所有者将资金投资于股票，其本人就成为股东，此时，股东的财产就体现在股票这种虚拟的资产上，股东的财富就由其所拥有股票的数量和股票的市场价格来决定，当股票数量一定时，股票价格达到最高，就能使股东财富达到最大。所以，股东财富最大化又可以理解为股票价格最大化。

资金市场的作用是将资金所有者手中的资金集中起来，按照一定的经济标准进行分配，再将资金集中到资金使用者手中。在风险相同的情况下，资金流向报酬较高的企业；在报酬相等的情况下，资金流向风险较小的企业。由此可见，在资金市场上，预期报酬和预期风险之间的关系决定了资金流向，引导着每个资金所有者将资金投向报酬高、风险低的最有希望的资金使用者手中，从而使资金所有者获得最大财富，同时也会使社会财富最大限度地增加。

1) 股东财富最大化优点。股东财富最大化不仅克服了利润最大化的种种缺陷，使所有者的利益得到保障，而且能使各利益关系人的目标在此基础上得到统一。当前股东财富最大化观点是西方进行财务管理时广为流行的观点。与利润最大化观点相比，该观点的主要优点如下：①股东财富最大化科学地考虑了时间价值和风险因素，因为风险的高低，会对股票价格产生重要影响。因为股票的市场价格具有时间性，并且它反映了股票投资风险的高低。因此，企业的财务管理人员在进行财务决策、追求股东财富最大化时，肯定要考虑时间和风险因素。②股东财富最大化在一定程度上能够克服企业在追求利润上的短期行为，因为不仅目前的利润会影响股票价格，预期未来的利润对企业股票价格也会产生重要影响。③股东财富最大化比较容易量化，便于考核和奖惩。股东财富最大化即股东的股票市值总额最大化，又可以简化为股票价格最大化，所以将其作为财务管理目标，容易量化。

2) 股东财富最大化的缺点。股东财富最大化也存在以下缺点：①它只适合上市公司，对非上市公司则很难适用。由于上市公司数量有限，故将股东财富最大化当作企业财务管理的目标是不合适的。②它只强调股东的利益，而对企业的其他利益相关者重视不够。现代企业理论认为，企业是多边利益关系的总和，是有关利益各方所形成的契约。因此企业进行财务管理时，应保护有关各利益方的利益，它包括政府部门、投资人、债权人、被投资人、债务人和企业职工，而不仅是投资人——股东。因此，财务管理的目标应该强调所有利益相关者的财富最大化，而不应仅仅强调股东财富最大化。否则，就会损害其他关系人的利益，进而不利于调动有关利益各方的积极性。③股票价格受多种因素影响，并非都是公司所能控制的，把不可控因素引入理财目标是不合理的。如经济政策、大户炒作、谣言等都可能影响股价高低，因此，可以说股价属于不可控因素。

尽管股东财富最大化存在上述缺点，但如果一个国家的证券市场高度发达，市场效率极高，上市公司可以把股东财富最大化作为财务管理的目标。

(3) 企业价值最大化。财务管理的目标应与企业的多个利益相关者有关，它是这些利益相关者共同作用和相互妥协的结果，在一定时期和一定环境下，某一利益相关者可能会起主导作用，但从企业长远发展来看，不能只强调某一利益相关者的利益，而置其他相关者的利益于不顾，也就是说，不能将财务管理的目标仅仅归结为某一利益相关者的目标，从这一意义上说，股东财富最大化不是财务管理的最优目标，在社会主义市场经济条件下更是如此。从理论上讲，各个利益相关者的目标都可以折中为企业长期稳定发展和企业总价值的不断增长，各个利益相关者都可以借此来实现他们的最终目的。所以以企业价值最大化作为财务管理的目标，比以股东财富最大化作为财务管理目标更科学。

对于企业价值的概念一般有三种观点：第一种观点认为，企业价值是未来现金流入的现值；第二种观点认为，企业价值是企业所拥有的股票的市值；第三种观点认为，企业价值是企业所拥有股票和债券的现值。这三种观点虽然各有不同，但是都认为企业价值是在考虑成本、收益和风险时的价值。以此为基础，所谓企业价值最大化是指在考虑企业所有利益相关者利益的前提下，考虑成本、收益和风险，使企业价值最大，它体现为企业短期利润追求与长远经济效益最大目标的一致性。持此观点的学者认为，企业价值最大化是企业所有利益相关者追求的目标，因此也应该是企业财务管理的目标。

将企业价值最大化当作财务管理的目标，具有如下优点：①考虑了报酬取得的时间。在计算企业价值时，需运用时间价值原理对未来收益进行贴现，因此考虑了时间因素。②企业价值最大化能克服企业在追求利润上的短期行为，因为不仅目前的利润会影响企业的价值，预期未来的利润对企业价值的影响更大。③科学地考虑了风险与报酬的联系。在计算企业价值，运用时间价值原理对未来收益进行贴现时，需选择贴现率，而贴现率的选择必须考虑投资人所冒的风险，风险大则贴现率大，风险小则贴现率小。故该目标考虑了风险因素。④考虑了所有利益相关者的利益。企业价值最大化目标能满足企业所有利益相关者的需求，因此适合于所有企业，包括上市公司和非上市公司以及非公司制企业。对上市公司来说，企业价值最大化和股东财富最大化是一致的，故我国注册会计师考试《财务成本管理》一书认为，企业价值最大化就是股东财富最大化。

进行企业财务管理，就是要正确权衡报酬增加与风险增加的得与失，努力实现两者之间的最佳均衡，使企业价值达到最大。

如同从利润最大化向股东财富最大化转变一样，从股东财富最大化向企业价值最大化的转变是财务管理目标理论的又一次飞跃。企业价值最大化扩大了考虑问题的范围，注重在企业发展中考虑各方利益关系，更符合我国社会主义市场经济的实际情况。因此，企业价值最大化的观点，体现了对经济效益的深层次认识，它是现代财务管理的最优目标。

2. 财务管理的分部目标

财务管理的分部目标也叫分类目标，它是企业进行某一项具体财务活动时，所应达到的目标。财务管理的分部目标，取决于财务管理的具体内容。一般而言，有哪些财务管理的内容，就会随之有相应的各分部的目标。由于企业的财务活动主要包括筹资、投资、营运和股利分配四个部分，所以企业财务管理的分部目标也就主要包括筹资目标、投资目标、营运目标和分配目标四个组成部分。据此，财务管理的分部目标可以概括为如下几个方面：

（1）企业筹资管理的目标。企业筹资的主要目标：在满足生产经营资金需要的前提下，努力降低资本成本和筹资风险。任何企业，为了保证生产的正常进行或扩大再生产的需要，必须具有一定数量的资金，即筹资的首要目的是满足资金需要。企业的资金可以从多种渠道、用多种方式来筹集，不同来源的资金，其可使用时间的长短、附加条款的限制和资金成本的大小都不相同。这就要求企业在选择不同的筹资渠道和方式时，必须做到综合资本成本最低。最后，要处理好借入资金和吸收投入资金的比例关系，以降低负债经营的风险，从而实现财务管理的整体目标。

（2）企业投资管理的目标。企业投资的主要目标：在提高投资报酬的同时，降低投资风险。企业筹来的资金要尽快用于生产经营，以便取得盈利。但任何投资决策都带有一定的风险性，因此，在投资时，要处理好实物投资和证券投资的比例关系。对于新增的实物投资项目，一方面要考虑项目建成后给企业带来的投资报酬；另一方面也要考虑投资项目给企业带来的风险，以便在风险与报酬之间进行权衡，不断提高企业价值，实现企业财务管理的整体目标。对于证券投资，要做好证券投资的组合工作。所有这一切都必须以提高投资报酬、降低投资风险为目的。由于风险和报酬一般是对等的，所冒风险越大，一旦获利，获取的报酬也越多；所冒风险越小，获利时，获利的金额也越少。所以投资的主要目标也可以理解为处理好风险和报酬的比例关系。必须认真分析影响投资决策的各种因素，科学地进行可行性研究。

（3）企业营运管理的目标。企业营运的主要目标可分成资产营运目标和资本营运目标两个方面，其中资产营运目标是合理使用资金，加速资金周转，不断提高资金利用效果。在一定时期内资金周转越快，利用相同数量的资金生产的产品越多，取得的收入、获得的报酬越多。资本营运的目标是通过并购和重组来合理配置资源，以提高资源的利用效果，巩固垄断地位或提高竞争力。

（4）企业分配管理的目标。企业利润分配的主要目标：合理处理好企业自留和分给投资人的比例关系，正确处理好企业当前利益和长远利益的比例关系。利润分配合理与否，决定着企业新一轮的筹资活动能否正常进行，从而决定着企业的财务活动能否顺利实现循环周转。

企业在采取各种措施，努力提高企业利润水平的同时，还要合理分配企业利润。企业进行生产经营活动，要发生一定的生产消耗，并取得一定的生产成果，获得利润。企业财务管理必须努力挖掘企业潜力，促使企业合理使用人力和物力，以尽可能少的耗费取得尽可能多的经营成果，增加企业盈利，提高企业价值。企业实现的利润，要合理进行分配。企业的利润分配关系着国家、企业、企业所有者和企业职工的经济利益。在分配时，一定要从全局出发，正确处理国家利益、企业利益、企业所有者利益和企业职工利益之间可能发生的矛盾。要统筹兼顾，合理安排，而不能只顾一头，不顾其他[1]。

第四节　财务管理的原则

财务管理的原则，是指财务管理主体在组织财务活动、选择财务行为、处理财务关系时所必须执行的要求和必须遵循的规范。它是作为管理主体的人在对财务管理环境有了更深刻认识的基础上制定的，是使已经形成的对财务管理环境的理性认识（或财务管理观念）再回到财务管理实践中去的过程，是认识过程的第二次飞跃，是从认识到实践、从精神到物质的过程。就此而言，财务管理的原则，不但要体现市场经济的内在要求，还要体现财务管理自身的特点。

依据市场经济的客观要求和财务管理自身的特点，财务管理应遵循以下几项原则。

---

[1] 刘建民，宋秀珍等. 财务管理学 [M]. 北京：中国电力出版社，2006.

一、成本效益原则

成本效益原则是市场经济条件下通行于世界各国企业管理和财务管理的一项基本原则，因而也是我国市场经济条件下企业财务管理所要遵循的首要原则。成本效益原则中的"效益"是一个包含收入、收益、所得甚至有用性在内的多方位、多层次概念；而成本效益原则中的"成本"也是泛指与效益相关的各种耗费和价值牺牲。就处于市场经济条件下的现代企业而言，如果成本发生后未取得效益，或者发生的成本大于取得的效益，则既无微观经济效益可言，也无宏观经济效益可言。可见，成本效益原则是投入产出原则的价值体现，是社会再生产活动得以延续和发展的基本要求。就成本效益的关系来说，成本的耗费是效益取得的前提条件，而取得一定的效益则是成本耗费的直接目的。成本与效益是一对既对立又统一的矛盾体。

成本效益原则的核心是要求企业耗用一定的成本应取得尽可能大的效益或在效益一定的条件下应最大限度地降低成本。按照成本效益原则的要求，用长期、发展的观点看，在较长的时期内，成本必须呈现下降的趋势，而效益必须呈现上升的趋势。

二、风险与收益均衡原则

获取收益是市场经济条件下企业经营的基本出发点，而风险则是由企业未来情况的不确定性和不可预测性所引起的、与收益的获取相伴随的一种客观经济现象。而且，随着市场经济的发展和竞争的日趋加剧，会使企业在收益获取方面伴随着更大的风险。企业欲获得收益，必然要承担风险，承担风险的目的在于获取收益；风险越大，则收益也越大，风险越小，则收益亦越小。

风险与收益均衡原则的核心是要求企业不能承担超过收益限度的风险，在收益既定的条件下，应最大限度地降低风险。因为，若收益既定，承担较大的风险会导致效益的降低；承担超过收益限度的风险，会带来负效益。此两者都会对企业整体目标的实现产生不利影响，从而危及企业的发展甚至生存。可见，风险与收益均衡原则也是市场经济条件下财务管理必须遵循的一项非常重要的原则。

三、资源合理配置原则

资源通常是指经济资源，即企业所拥有的各项资产。资产的主要功能是带来收益，但并不意味着拥有资产就一定会取得收益，更不意味着取得最佳收益。资产所带来的收益大小，在很大程度上取决于资源配置的合理与否。而且，资源的合理配置也不仅指资产的合理配置，而是泛指企业的人、财、物等经营要素的有效搭配与协调。由于财务管理具有价值管理和综合性的特点，表现为各项经营要素的搭配情况直接体现在相关财务项目和有关财务指标上。

资源合理配置原则的核心是要求企业的相关财务项目必须在结构上和数量上相互配套与协调，以保证人尽其才、财尽其能、物尽其用，从而获得较为满意的收益。可见，资源合理配置原则是处于市场经济条件下的企业财务管理所应遵循的又一项重要原则。

四、利益关系协调原则

利益关系的协调状况直接影响到财务管理目标的实现程度。企业与内外部当事人之间的关系，包括与政府、投资人及接受投资人、债权人及债务人、内部员工之间的关系，说到底是一种利益关系。企业与内外部当事人之间的利益关系，会因为种种原因而经常出现不协调甚至矛盾的情况，这种不协调或者矛盾如果不能及时得到解决，轻则影响各方的积极性，导致企业财务状况的恶化和财务能力的弱化；重则对企业目标的实现产生不利影响，甚至引发社会问题。因而，财务管理必须把协调企业与内外部当事人之间的利益关系问题作为一个极严肃的问题来对待。

利益关系协调原则的核心是要求企业在收益分配中，包括税金的缴纳、股利的发放、利息的支付、工薪的计算等方面，既要保证国家的利益，也要保证自身和员工的利益；既要保证投资人的利益，也要保证债权人的利益；既要保证所有者的利益，也要保证经营者的利益。同时也使企业的财务状况得以改善，财务能力得以增强，为实现企业目标创造条件。可见，在社会主义市场经济条件下，财务管理遵循利益关系协调原则具有特别重要的意义[①]。

---

① 刘韬. 财务管理原理 [M]. 北京：中国财政经济出版社，2006.

第五节　财务管理方法体系

财务管理方法是为了实现财务管理目标，完成财务管理任务，在进行财务活动时所采用的各种技术和手段。财务管理方法有很多，可按多种标准进行分类。

根据财务管理的具体内容，可以分为资金筹集方法、投资管理方法、营运资金管理方法、利润及其分配管理方法。

根据财务管理方法的特点，可分为定性财务管理方法和定量财务管理方法。

根据财务管理的环节，可分为财务预测方法、财务决策方法、财务计划方法、财务控制方法和财务分析方法。

下面就以财务管理环节为依据，阐述各种财务管理方法以及相互之间的关系。

一、财务预测

财务预测是财务人员根据历史资料，依据现实条件，运用特定的方法对企业未来的财务活动和财务成果所做出的科学预计和测算。

1. 财务预测的意义

只有对企业未来的财务状况进行科学预测，在此基础上才能作出科学的财务决策，编制出切实可行的财务计划。因此，财务预测是财务决策的基础，是编制财务计划的前提。

2. 财务预测的步骤

财务预测工作通常包括以下四个具体步骤：

（1）要明确预测目的，只有目的明确才能有针对性地搜集资料，采取相应的方法进行预测。

（2）要收集和整理相关资料，必须根据预测目的搜集相关资料，并进行归类、汇总、调整，以便利用这些资料进行科学预测。

（3）建立适当的预测模型，以进行科学预测。

（4）利用预测模型，进行预测，提出预测值。

财务预测方法很多，具体可以分为两大类：一类是定性预测方法，即利用相关资料，依靠个人经验的主观判断和综合分析能力，对事物未来的状况和趋势作出预测。另一类是定量预测方法，即根据变量之间存在的数量关系建立数学模型来进行预测。

二、财务决策

财务决策是指财务人员按照财务目标的总体要求，利用专门方法对各种备选方案进行比较分析，并从中选出最佳方案的过程。管理的核心是决策，财务决策是财务管理的核心。

1. 财务决策步骤

财务决策通常包括以下几个具体步骤：确定决策目标；设计并提出各种方案；分析比较各种方案，选择最佳方案。

2. 财务决策方法

常见的财务决策方法如下：

（1）优选对比法。优选对比法是把各种不同方案排列在一起，按其经济效益的好坏进行优选对比，进而作出决策的方法。优选对比法是财务决策的基本方法。优选对比法按其对比方式的不同，又可分为总量对比法、差量对比法、指标对比法等。①总量对比法。总量对比法是将不同方案的总收入、总成本或总利润进行对比，以确定最佳方案的一种方法。②差量对比法。差量对比法是将不同方案的预期收入之间的差额与预期成本之间的差额进行比较，求出差量利润，进而作出决策的方法。③指标对比法。指标对比法是把反映不同方案经济效益的指标进行对比，以确定最优方案的方法。例如，在进行长期投资决策时，可把不同投资方案的净现值、内含报酬率、现值指数等指标进行对比，从而选择最优方案。

（2）线性规划法。是根据运筹学的原理，对具有线性联系的极值问题进行求解，进而确定最优方案的方法。

（3）微分法。是根据边际分析原理，运用数学上的微分方法，对具有曲线联系的极值问题进行求解，进而确定最优方案的方法。在用数学微分法进行决策时，凡以成本为判别标准的，一般是求极小值；凡以收入或利润为判别标准的，一般是求极大值。在财务决策中，最优资本结构决策、现金最佳余额决策、存货的经济批量决策都要用到数学微分法。

（4）决策树法。是风险决策的主要方法。决策面对的是未来，如果一个方案未来可能出现几种结果，并且各种结果及其概率可以预知，这种决策便是风险决策。风险决策必须用概率计算各个方案的期望值和标准离差，并把各个概率分支用树形图表示出来，因此，风险决策又称为决策树法。

（5）损益决策法。它包括最大最小收益值法和最小最大后悔值法，是不确定性决策的一种主要方法。如果一个方案未来可能出现几种结果，但各种结果发生的概率是不可预知的，这种决策便是不确定性决策。最大最小收益值法又称小中取大法，是把各个方案的最小收益值都计算出来，然后取其最大值。最小最大后悔值法又称大中取小法，是把各个方案的最大损失值都计算出来，然后取其最小值。

决策者作为理性的人或经济的人，选择方案的一般原则应当是选择"最优"方案，但由于决策者受认识能力和时间、成本、情报来源等方面的限制，有时不能坚持要求最理想的解答，常常只能满足于"令人满意"的决策。

三、财务计划

财务计划是指运用科学的技术手段和数量方法，对企业未来财务活动的内容及指标所进行的具体规划，如定额流动资金及其来源计划、成本费用计划、利润计划等。财务计划是以财务决策确定的方案和财务预测提供的信息为基础编制的，是财务预测和财务决策的具体化，是控制财务活动的依据。以货币表示的具体财务计划即为财务预算。

财务计划是财务管理的重要工具。它既是财务管理所希望达到的目标，同时也是财务控制的依据和作为财务分析考核的标准。

财务计划编制的一般程序如下：根据财务决策的要求，分析主客观条件，制定出主要的计划指标；对需要和可能进行协调，组织综合平衡；运用各种财务计划编制方法，编制财务计划。

财务计划的编制过程就是企业根据财务决策的要求，通过综合平衡，确定财务计划指标的过程。确定财务计划指标的具体方法包括平衡法、因素分析法、比例计算法、定额法等。平衡法是指利用有关指标之间的平衡关系来确定预算指标的一种方法，例如，可依据"期初结存+本期增加−本期减少=期末结存"的平衡公式，来计算、确定期末存货所占用的资金；因素分析法是根据某些指标的历史发展趋势，结合计划期的变化因素来确定预算指标的一种方法，如可比产品的成本降低额、降低率、管理费用预算等都可以采用这种方法；比例计算法是根据过去已经形成而又比较稳定的各项指标之间的比例关系，来确定有关预算指标的一种方法，如依据资产负债率和资产增加额可确定负债增加额等；定额法是指在编制财务计划时，以定额作为预算指标的一种方法，又称预算包干法。

　　财务预算的表现形式有固定预算与弹性预算、增量预算与零基预算、定期预算与滚动预算等。固定预算是对费用项目根据计划期一定的业务量水平为基础来确定其预算的金额，固定预算的缺点是每当实际发生的业务量与编制预算时所依据的业务量发生差异时，各费用项目的实际数与预算数就无可比基础。弹性预算是在编制费用预算时，预先估计到计划期间业务量可能发生的变动，编制出一套能适应多种业务量的费用预算，以便分别反映在各种业务量的情况下所应开支的费用水平。增量预算一般都以基期的各种费用项目的实际开支数为基础，然后结合计划期间可能会使该费用项目发生变动的有关因素，从而确定在计划期应增、减的数额。零基预算是不考虑基期的费用开支水平，而是一切以零为起点，依据各个费用项目的必要性及其开支规模进行预算。定期预算是固定以一年为期的预算，其优点是便于把实际数与预算数进行对比，有利于对预算的执行情况进行分析和评价；其缺点是原来的预算难以适应新的、变化了的情况，容易导致管理人员缺乏长期打算。滚动预算是使预算期永远保持十二个月，每过一个月，立即在期末增列一个月的预算，逐期向后滚动。

四、财务控制

　　财务控制是指在财务管理过程中，以财务预算或财务计划为依据，利用有关信息和手段，对企业财务活动进行适时的调节，以确保财务目标的实现。

　　从财务控制的类型上看，主要有三种方法：

1. 防护性控制

　　防护性控制又称排除干扰控制。它是指在财务活动发生前，就通过制定和执行一系列制度和规定，把可能产生的差异或目标的偏离予以排除的一种控制方法。例如，企业建立费用开支范围、标准和相应的审批权限等制度，以规范和节约各种费用开支。

2. 前瞻性控制

　　前瞻性控制又称补偿干扰控制。它是指通过对实际财务系统运行的监视，在掌握大量信息的基础上，运用科学方法预测可能出现的偏差，并及时采取一定的预防措施，使差异得以消除的一种控制方法。例如，为保持企业的偿债能力，应经常注意观察企业有关财务比率的现状，如流动比率、速动比率、现金比率和资产负债率等，研究其发展趋势，适时采取具有前瞻性的调整措施，以使这些财务比率经常保持在一个比较合适的水平上。

3. 反馈控制

反馈控制又称平衡偏差控制。它是通过对实际财务系统运行的监控，当发现实际与预算之间的差异后，认真分析并确定差异产生的原因，采取相关措施，调整实际财务活动或调整财务预算，使差异得以消除或避免今后再出现类似差异的一种控制方法。

在财务控制中，反馈控制是经常使用的控制方法，因为实际财务活动偏离财务预算是企业经常发生的现象。这些现象的产生可能源于财务预测或财务决策的偏差，也可能源于有些影响企业财务活动的因素事前根本无法预计或无法准确预计。因此，平衡偏差是财务控制中经常要做的一项工作。

从财务控制的过程上看，上述三种方法也可以表述为事前控制、事中控制和事后控制。

五、财务分析

财务分析是根据会计核算信息和其他相关信息，运用特定方法，对企业财务活动的过程及其结果进行分析和评价，以进一步获取财务管理信息的一项工作。通过财务分析，可以深入了解和评价企业的财务状况、经营成果；掌握企业各项财务预算指标的完成情况；查找企业管理中存在的问题并提供解决问题的对策。常用的财务分析方法有以下几种：

1. 对比分析法

对比分析法又称比较分析法。它是将同一指标从不同方面进行对比，以分析和评价企业财务状况与经营成果的一种方法。它具体可以采取三种对比的形式：①实际指标与预算指标的对比，以揭示预算的完成情况；②同一指标的横向对比，以揭示该企业在同行业中所处的地位；③同一指标的纵向对比，以反映企业某一方面的发展趋势。

2. 比率分析法

比率分析法是将互相联系的财务指标进行对比，以构成一系列财务比率，用来分析和评价企业财务状况和经营成果的一种方法。包括以下几种形式：①反映相关关系的比率。在财务分析中，将两个性质不同但又互相联系的指标进行对比，计算比率，用以深入反映企业的财务状况、经营成果和管理效率等情况。②反映构成关系的比率。在财务分析中，经常将总体中的有关组成部分的指标与总体指标进行对比，计算比率，用以深入反映企业财务活动中的有关情况。同时，也可以将总体中的各个组成部分，进行互相对比，用以反映某一总体内部的比例关系。③反映对应关系的比率。在财务分析中，将两个不属于同一类：但它们之间存在相互适应和相对平衡等对应关系的指标进行对比，计算比率，用以反映和评价企业某些财务关系的合理性程度。④反映发展变化的动态比率。它是将同一指标不同时期的数值进行对比，计算比率，用以反映某些方面财务活动的动态变化情况和变化程度。

3. 综合分析法

综合分析法是结合多种财务指标，综合考虑影响企业财务状况和经营成果的各种因素的一种分析方法。企业一定的财务状况和经营成果，是影响企业经营的内外部诸多因素共同作用的结果。单一指标和单一因素的分析，有助于了解和评价企业财务状况和经营成果的某些侧面，而如果想要比较全面地了解和评价企业的财务状况、经营成果，则综合分析法是合适的选择。综合分析法主要包括财务比率综合分析法和杜邦分析法两种。

六、财务管理各方法之间的关系

财务管理的核心是财务决策。财务预测是为财务决策服务的，是决策和预算的前提；财务决策是在财务预测的基础上作出的；财务预算是财务决策的具体化，是以财务决策确立的方案和财务预测提供的信息为基础编制的，同时它又是控制财务活动的依据；财务控制是落实计划任务、保证财务预算实现的有效措施；财务分析可以掌握各项财务预算的完成情况，评价财务状况，以改善财务预测、决策、计划和控制工作，提高管理水平。分析既是对前期工作的总结和评价，同时又是对下期工作的经验指导或警示，在财务管理方法中起着承上启下的作用，随着财务管理的持续进行，正是因为分析的存在，才使预测、决策、预算、控制、分析首尾相接，形成财务管理循环①。

【课后习题】

一、重要名词与术语

1. 财务管理

2. 资金筹集

3. 资金投放

4. 资金运营

5. 资金分配

6. 财务管理目标

7. 财务管理原则

二、复习思考题

1. 怎样理解财务管理的对象？

2. 在社会主义市场经济条件下，怎样定位财务管理的目标？

3. 什么是财务管理的原则？与市场经济环境相适应的财务管理原则有哪些？各是什么内容？

---

① 刘建民，宋秀珍等.财务管理学 [M].北京：中国电力出版社，2006.

第二章
财务管理价值计量基础

【本章提要】

货币时间价值和风险价值是现代财务管理的两个基本观念。货币时间价值是指货币在使用过程中随着时间推移而产生的价值增值。货币时间价值是评价投资方案和评价企业收益的基本依据。风险价值则是投资者因冒着风险进行投资而要求的超过时间价值的那部分额外报酬。

货币时间价值和风险价值是制定筹资决策、投资决策时必须考虑的重要因素，对于成本管理、利润管理也有重要的影响，应用很广泛。本章主要介绍货币的时间价值和风险价值理论，其中在货币时间价值部分，主要包括了货币时间价值的概念、复利终值、复利现值、年金终值和年金现值的计算；在风险价值部分，则主要包括了风险的分类、风险的衡量、风险和收益的关系。

【学习目标】

● 理解货币时间价值的概念
● 掌握复利终值、复利现值、年金终值和年金现值的计算
● 了解风险概念和种类
● 掌握风险和收益的计算

第一节 货币的时间价值

一、有关货币时间价值的基本问题

货币时间价值是我国翻译引入的一个西方财务管理概念。货币具有时间价值是财务活动中客观存在的经济现象，也是进行财务管理必须树立的价值观念。

1. 货币时间价值的概念与表现形式

货币时间价值是现代财务管理最常用的概念之一，是财务管理进行财务决策的基本依据。在商品经济中，有这样一种现象：现在的 1 元和一年后的 1 元其经济价值不相等，或者说其经济效用不同。现在的 1 元比一年后的 1 元经济价值要大一些，即使不存在通货膨胀和风险也是如此。为什么会这样呢？例如，将现在的 1 元存入银行，一年后可得到 1.10 元（假设存款利率为 10%），这 1 元钱经过一年时间的投资增加了 0.1 元，这就是货币的时间价值。又如，企业打算 5 年后更新一台价值为 10 万元的设备，为此，企业准备在 5 年内每年等额存入银行一笔钱，以便 5 年后用该笔存款的本利和购置新设备。显然，企业每年存入银行的钱可以少于 2 万元，因为每年存入银行的钱会产生利息，即随着时间的推移，货币出现了增值。

货币的时间价值是指货币在使用过程中随着时间的推移而产生的价值增值。由于货币是资金的原始形态和普遍形态，故也有人直接称其为资金的时间价值。

货币时间价值的产生，是以商品经济的高度发展和借贷关系的普遍存在为前提的。在自然经济条件下，社会经济生活的核心是自给自足，低下的生产力水平使人们无暇顾及价值的增值问题，更无法实现增值的价值。在简单商品经济条件下，社会经济生活的核心是为买而卖，即 W-G-W，社会经济生活的目的在于获取另一种使用价值，商品生产者既不考虑价值的增值问题，也无法实现增值的价值。在发达的商品经济条件下，社会经济生活的核心转化成为卖而买，即 G-W-G'，社会经济活动过程的两极都是货币。如果两极货币的数额相等，则这种活动将毫无意义。可见，在发达的商品经济条件下，社会经济活动的目的在于实现价值增值，而且随着借贷关系的产生和发展，货币变成了商品，使用权与所有权相分离，货币的所有者让渡货币的使用权，必然要求货币的使用者从货币所产生的增值额中拿出一部分，作为对其的补偿。此时，货币的时间价值才以人们看得见的形式——利息，在社会经济生活中发挥作用。当利息的概念普遍化和作用扩大化以后，货币的使用者对经营过程中使用的自己的货币也产生了补偿的要求，于是便出现了货币时间价值的第二种形式——股息或红利。

可以看出，货币的时间价值是与商品经济和借贷关系相伴随而存在的一种客观经济现象。只要有商品经济和借贷关系的存在，它的作用便不以人的意志为转移。市场经济作为商品经济发展的高级阶段，我国目前不仅具有货币时间价值存在的客观基础，而且具有充分运用其的迫切性。

2. 货币时间价值的规定性

虽然，我们把货币的时间价值定义为货币经历一定时间所增加的价值。但是，并不是所有的货币都能在经历一定时间之后增值，即产生时间价值。如果货币所有者把钱闲置在家中，或者像地主那样把钱装在罐子里并埋在地下，不管经历多长时间，都不能使货币增值。这是一个无须验证的事实。之所以出现这样的结果，是因为货币没有处于使用状态。就此而言，只有货币所有者把货币投入生产或流通过程中才能带来增值。货币投入生产经营过程后，其价值随着时间的推移而不断增长，是一种客观经济现象。这是因为：企业资金循环和周转的起点是投入的货币资金，企业用它来购买所需的资源，然后生产出新的产品。在正常情况下，产品出售时所得到的货币量都大于最初投入的货币量。资金的循环和周转以及因此实现的货币增值，需要或多或少的时间，每完成一次循环，货币就增加一定数额。货币在使用中经历的时间越长，周转的次数越多，增值额也越大。因此，随着时间的延续，货币总量在循环和周转中按几何级数增长，使得货币具有时间价值，这就是货币时间价值的质的规定性。

从量的规定性来看，货币的时间价值是在没有风险和通货膨胀条件下的社会平均资金利润率。由于竞争，市场经济中各部门投资的利润率趋于平均化。任何一个企业在投资于某一具体项目时，至少要得到相当于社会平均利润的收益水平，否则不如投资于另外的项目或另外的行业。因此，货币的时间价值成为评价投资项目可行性的基本标准。比如，某企业准备借入 10 万元进行投资，借款的年利率为 10%，则企业每年需支付的利息为 10000 元，所以，只有当企业的预期年投资收益大于 10000 元时，企业才会投资，否则，企业便会放弃这项计划。也就是说，能否获得大于 10000 元的年收益成为衡量投资是否可行的基本标准。再比如，已探明一个有工业价值的油田，目前立即开发可获利 100 亿元，若 5 年后开发，由于价格上涨可获利 160 亿元。如果不考虑资金的时间价值，可以认为 5 年后开发更为有利。如果考虑资金的时间价值，现在获利 100 亿元，可用于其他投资机会，平均每年获利 15%，则 5 年后将有资金 200 亿元（$100 \times 1.15^5 \approx 200$），因此，可以认为目前开发更为有利。后一种思考问题的方法，更符合现代经济学的观点。

3. 影响货币时间价值的因素

从理论上讲，影响货币时间价值的因素是本金、利率和期数，或者说，货币时间价值的大小，是由本金、利率和期数三个因素共同决定的。有时我们也将它们称为与货币时间价值有关的三个概念。

（1）本金。本金是货币增值的基础，没有本金的投入就不可能有货币的增值。从时间角度来看，本金是一笔货币的现在价值，简称现值，常用 P 表示。在其他因素不变的条件下，本金越大，货币的时间价值也越大。

（2）利率。利率是货币增值的标准。在理论上，它是货币的增值额与投入本金之比；在实践中，它是预先规定的；不管是在理论上还是在实践中，利率都与一定的时间相联系，经常表现为年利率、月利率、日利率等，常用 i 表示。在其他因素不变的条件下，利率越高，货币的时间价值越大。

（3）期数。期数即计息期数，是货币增值的时间限度，可以以年为单位，也可以以月为单位，还可以以天为单位，常用 n 表示。在其他因素不变的条件下，计息期数越多，货币的时间价值越大。

在财务管理实践中，随着货币时间价值概念的引入，以及货币时间价值作用的发挥，还会产生两个相关概念。一是利息。它是影响货币时间价值的三个因素共同作用的结果，是货币时间价值常见的表现形式，一般用 I 表示。二是本利和。它是本金与利息之和。从时间角度来看，它是一笔货币在一段时间终了时的价值，简称终值，一般用 F 表示。

4. 货币时间价值对财务管理的影响

由于货币时间价值的作用，使得同量资金在不同的时点上具有不同的价值。这一事实告诉我们，财务管理在作出有关财务决策时，不能将不同时点上的资金流入和资金流出进行直接比较。财务管理对货币时间价值的研究，一方面是为了给资金流入和资金流出的数量分析确立统一的时间基准和方法基础，另一方面是为了引导财务管理主体确立货币时间价值观念。在很大程度上，我们不断强调的"货币时间价值是企业筹资与投资决策的基本标准，是现代财务管理的重要工具"正是基于以上道理而提出的。

二、货币时间价值的计算

在货币时间价值的计算方面，依据利率的不同可以分为单利的计算与复利的计算；依据本金的不同可以分为复利的计算与年金的计算；依据计算内容的不同可以分为终值的计算与现值的计算。本书将综合考虑以上各种情况，重点讨论单利的终值与现值、复利的终值与现值、年金的终值与现值三类计算。

1. 单利的计算

（1）单利的含义。单利是计算利息的一种方法，是复利的相对称谓。按照这种方法，在借贷双方约定的期限以内，只按本金计算利息，利息不计算利息。即不管时间多长，所生利息均不加入本金重复计算利息。

（2）单利利息的计算。单利利息的计算公式如下：

$$I = P \times i \times n \tag{2-1}$$

【例 2-1】某企业有一张带息期票，票面金额为 1200 元，票面利率是 4%，出票日期为 6 月 15 日，本年 8 月 14 日到期（共 60 天）。则其利息计算如下：

$$I = 1200 \times 4\% \times \frac{60}{360} = 8 \ （元）$$

在计算利息时，除非特别指明，所给出的利率均为年利率；对于不是年利率的，以一年等于 360 天来折算。

（3）单利终值的计算。单利终值是指现在的一笔资金按单利计算的未来价值。其计算公式如下：

$$
\begin{aligned}
F &= P + I \\
&= P + P \times i \times n \\
&= P \times (1 + i \times n)
\end{aligned}
\tag{2-2}
$$

【例 2-2】某企业于 2010 年 1 月 1 日存入银行 1000 元，年利率为 4%，期限为 5 年，于 2015 年 1 月 1 日到期。则其终值计算如下：

$$F = 1000 \times (1 + 4\% \times 5) = 1200 \ (元)$$

（4）单利现值的计算。单利现值是指若干年后收入或支出一笔资金按单利计算的现在价值。其计算公式是由单利终值的计算公式 $F = P \times (1 + i \times n)$ 推导而来的。表述为公式（2-3）。

$$P = \frac{F}{1 + i \cdot n} \tag{2-3}$$

【例 2-3】 某企业打算在 2 年后用 10000 元购置新设备，银行年利率为 10%。则企业现在应存入：

$$P = \frac{10000}{1 + 10\% \times 2} = 8333.33 \ (元)$$

2. 复利的计算

（1）复利的含义。复利是计算利息的另一种方法，是单利的相对称谓。按照这种方法，每经过一个计息期，要将所生利息加入本金再计算利息，逐期滚算，俗称"利滚利"。这里所说的计息期，是指相邻两次计息的时间间隔，如年、月、日等。除非特别指明，计息期均为一年。

（2）复利终值的计算。复利终值是指现在的一笔资金按复利计算的未来价值。

假设，现在有 100 元，年复利率为 10%，则从第 1 年到第 n 年各年年末的终值为：

第 1 年的期终金额 $F = 100 \times (1 + 10\%) = 110 \ (元)$；

第 2 年的期终金额 $F = 110 \times (1 + 10\%) = 100 \times (1 + 10\%)^2 = 121 \ (元)$；

第 3 年的期终金额 $F = 121 \times (1 + 10\%) = 100 \times (1 + 10\%)^3 = 133.1 \ (元)$；

同理，第 n 年的期终金额 $F = 100 \times (1 + 10\%)^n$。

因此，复利终值的一般计算公式为：

$$F = P \times (1 + i)^n = P \times (F/P, i, n) \tag{2-4}$$

其中，$(1 + i)^n$ 被称为复利终值系数或 1 元的复利终值，用 $(F/P, i, n)$ 表示。例如 $(F/P, 5\%, 8)$ 表示在利率为 5%，期数为 8 时 1 元的复利终值。在实际工作中，为便于计算，可以查阅"复利终值系数表"。本表的第一行是利率 i，第一列是计息期数 n，对应的 $(1 + i)^n$ 即在其纵横相交处。通过该表可以查出：$(F/P, 5\%, 8) = 1.4775$。即表示在复利年利率为 5% 的情况下，现在的 1 元与 8 年后的 1.4775 元在价值上是等效的。本表还可以在已知复利终值系数和 n 值时查找 i 值或在已知复利终值系数和 i 值时查找 n 值。

【例 2-4】 某人有 1000 元，拟投向收益率为 8% 的投资项目。请问大约需要经过多少年可使该人的现有货币增加 1 倍？

依据题意：

F = 1000 × 2 = 2000（元）

依据复利终值的计算公式：

$F = 1000 \times (1 + 8\%)^n$

令两者相等，则：

$1000 \times (1 + 8\%)^n = 1000 \times 2$

即：

(F/P, 8%, n) = 2

查"复利终值系数表"，在 i = 8% 的项下寻找 2，最接近的值为 (F/P, 8%, 9) = 1.999，所以，9 年后可使现有货币增加 1 倍。

【例 2-5】 某企业现有 10 万元，欲使 5 年后达到原来的 2 倍，则其可选择投资机会的最低收益率应为多少？

依据题意：

F = 10 × 2 = 20（万元）

依据复利终值的计算公式：

$F = 10 \times (1 + i)^5 = 20$

令两者相等，则：

$10 \times (1 + i)^5 = 10 \times 2$

即：

(F/P, i, 5) = 2

查"复利终值系数表"，在 n = 5 的行中寻找与 2 最接近的值为 1.9254 和 2.0114，对应的 i 值分别为 14% 和 15%，即：

(F/P, 14%, 5) = 1.9254

(F/P, 15%, 5) = 2.0114

根据内插法的原理（也叫插值法原理），则：

$$\frac{i - 14\%}{15\% - 14\%} = \frac{2 - 1.9254}{2.0114 - 1.9254}$$

i = 14.42%

即投资机会的最低收益率为 14.42% 时，才可使现有货币于 5 年后达到 2 倍。

（3）复利现值的计算。复利现值是复利终值的对称概念，指未来一定时间的特定资金按复利计算的现在价值，或者说是为取得将来一定本利和现在所需要的本金。

复利现值的计算，就其实质来讲，是在已知 F、i、n 的条件下求 P。其计算公式可由复利终值的计算公式推导而来。

因为：

$F = P(1+i)^n$

所以：

$$P = \frac{F}{(1+i)^n} = F \times (1+i)^{-n} = F \times (P/F,\ i,\ n) \tag{2-5}$$

其中，$(1+i)^{-n}$ 被称作复利现值系数或 1 元的复利现值，用 $(P/F,\ i,\ n)$ 表示。例如 $(P/F,\ 8\%,\ 5)$ 表示在利率为 8%，期数为 5 时 1 元的复利现值。在实际工作中，为便于计算，可以查阅"复利现值系数表"。本表结构和使用方法与"复利终值系数表"相同。

【例 2-6】某企业欲在 3 年后获取本利和 1 万元，假设投资收益率为 12%，则其现在应投入多少元？

$P = F \times (P/F,\ i,\ n)$

$\quad = 10000 \times (P/F,\ 12\%,\ 3)$

$\quad = 10000 \times 0.7118$

$\quad = 7118$（元）

所以现在投入 7118 元，3 年后可获取本利和 1 万元。

（4）复利利息的计算。复利计息方式下的利息，不同于单利计息方式下的利息是本金、利率、期数三个因素的乘积。在复利计息方式下，利息实际上是复利终值与复利现值之间的差额。其计算公式如下：

$I = F - P$

按【例 2-6】，3 年的复利息等于 $10000 - 7118 = 2882$（元）。

3. 年金的计算

年金是指一定时期内每期相等金额的收付款项。在现实经济生活中，计提等额折旧、支付等额租金、分期付款购货、分期偿还借款、发放养老金、每期相等的销售收入等资金流动，都属于年金形式。年金按照每期收付款发生时间的不同，可以划分为后付年金、先付年金、递延年金和永续年金四种。其中，后付年金是现实生活中常见的年金形式，故它又称为普通年金。

（1）普通年金。普通年金即后付年金，是指收付款发生在每期期末的年金。普通年金的收付形式如图 2-1 所示。横线为时间轴，用阿拉伯数字表示各期的期末，竖线的位置表示收付发生的时点，下端的数字表示收付款的金额即年金，用A 表示。图 2-1 展示的是第 1 期至第 n 期每期期末收付款的情况。

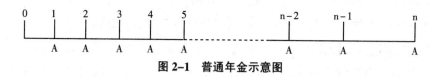

图 2-1 普通年金示意图

1）普通年金终值及其计算。普通年金终值是每期期末发生的收付款项按复利计算的终值之和。

假设每期期末的收付款金额（年金）为 A，利率为 i，计息期数为 n，每期复利一次。普通年金终值的计算可用图 2-2 表示。

即，普通年金终值 F 可表示为：

$$F = A + A(1+i)^1 + \cdots + A(1+i)^{n-4} + A(1+i)^{n-3} + A(1+i)^{n-2} + A(1+i)^{n-1}$$

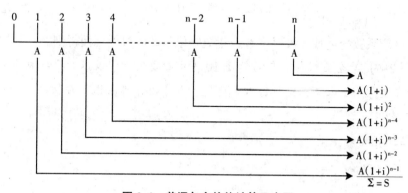

图 2-2 普通年金终值计算示意图

不难看出，A，$A(1+i)^1$，$A(1+i)^2$，…，$A(1+i)^{n-2}$，$A(1+i)^{n-1}$，构成等比数列，公比为 $(1+i)$，按照等比数列求和公式：

$$S = \frac{a_1(1-q^n)}{1-q} \tag{2-6}$$

其中，a_1 表示第一项数据；n 表示项数；q 表示公比。可得到其计算公式如下：

$$F = \frac{A\left[1-(1+i)^n\right]}{1-(1+i)}$$

$$= \frac{A\left[(1+i)^n-1\right]}{i} = A \times (F/A, i, n) \tag{2-7}$$

其中，$\dfrac{(1+i)^n-1}{i}$ 称为普通年金终值系数，或普通年金 1 元的终值。用 (F/A, i, n) 表示。它表示在利率为 i，期数为 n 的条件下，普通年金 1 元的终值。在实际工作中，为便于计算，可直接查阅"普通年金终值系数表"。

2) 偿债基金。偿债基金是指为使年金终值达到既定金额，每期期末应收付资金的数额。由其定义可知，偿债基金计算的原理为：已知普通年金终值 F，求普通年金 A。其计算公式可由普通年金终值的计算公式推导得到。

由于：

$$F = \frac{A\left[(1+i)^n-1\right]}{i}$$

故有：

$$A = F \times \frac{i}{(1+i)^n-1} = F \times (A/F, i, n) \tag{2-8}$$

其中，$\dfrac{i}{(1+i)^n-1}$ 称为偿债基金系数，用 (A/F, i, n) 表示。显然，它是普通年金终值系数的倒数，可根据普通年金终值系数经过处理而得到。

【例 2-7】某企业拟在 5 年后偿还 10 万元的负债，假设银行存款利率为 8%，问从现在起每年年末需向银行存入多少钱，到期时才可用银行存款的本利和还清该笔债务？

$$A = 100000 \times (A/F, 8\%, 5)$$

$$= 100000 \times \frac{1}{(F/A, 8\%, 5)}$$

$$= 100000 \times \frac{1}{5.8666}$$

$$= 17045.6 \ (元)$$

即当银行存款利率为 8% 时，每年年末存入 17045.6 元，5 年后可得到 10 万元用以清偿债务。

3）普通年金现值及其计算。普通年金现值是每期期末发生的收付款项按复利计算的现值之和。

假设每期期末的收付款金额（年金）为 A，利率为 i，计息期数为 n，每期复利 1 次。普通年金现值的计算如图 2-3 所示。

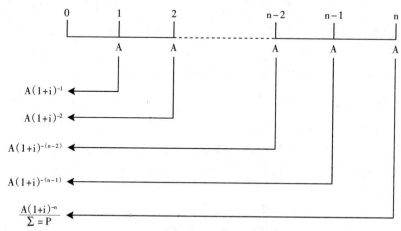

图 2-3 普通年金现值计算示意图

所以，普通年金现值的一般计算公式如下：

$$P=A(1+i)^{-1}+A(1+i)^{-2}+\cdots+A(1+i)^{-(n-1)}+A(1+i)^{-n}$$

显然 $A(1+i)^{-1}$，$A(1+i)^{-2}$，$\cdots$，$A(1+i)^{-(n-1)}$，$A(1+i)^{-n}$ 为等比数列，公比为 $(1+i)^{-1}$。

根据等比数列求和公式：$S=\dfrac{a_1(1-q^n)}{1-q}$，则有：

$$P=A\cdot\frac{1-(1+i)^{-n}}{i}=A\cdot(P/A,\ i,\ n) \tag{2-9}$$

其中，$\dfrac{1-(1+i)^{-n}}{i}$ 称为普通年金现值系数，或普通年金 1 元的现值。利率为 i，经过 n 期的年金现值，用（P/A，i，n）表示。它表示在利率为 i，期数为 n 的条件下，普通年金 1 元的现值。在实际工作中，为了方便，可以直接查阅"普通年金现值系数表"。

【例 2-8】某企业租赁一台生产设备，每年年末需付租金 5000 元，预计需租赁 3 年，假设银行存款利率为 8%，则企业为保证租金的按时支付，现应存入多少钱用以支付租金？

根据普通年金现值的计算公式可得：

$P = A \times (P/A, i, n)$

$= 5000 \times (P/A, 8\%, 3)$

查"普通年金现值系数表"：

$(P/A, 8\%, 3) = 2.5771$

$P = 5000 \times 2.5771$

$= 12885.5$（元）

所以，现在应存入 12885.5 元，可保证支付 3 年的租金。

4）投资回收额。投资回收额是指为使年金现值达到既定金额，每年年末应收付的资金数额。

由其定义可知，投资回收额的计算原理为：已知年金现值 P，求年金 A。其计算公式可由普通年金现值的计算公式推导得到。

由于：

$$P = A \cdot \frac{1 - (1+i)^{-n}}{i}$$

则有：

$$A = P \cdot \frac{i}{1 - (1+i)^{-n}} = P \cdot (A/P, i, n) \tag{2-10}$$

其中，$\dfrac{i}{1 - (1+i)^{-n}}$ 称作投资回收系数，用 $(A/P, i, n)$ 表示。它是普通年金现值系数的倒数，可根据普通年金现值系数经过处理而得到。

【例 2-9】某企业欲投资 20000 元购置一台生产设备，预计可使用 3 年，社会平均利润率为 8%，问该台设备每年至少给企业带来多少收益才是可行的？

根据投资回收额的计算公式可得：

$$A = P \cdot \frac{i}{1 - (1+i)^{-n}}$$

$$= P \cdot \frac{1}{(P/A, 8\%, 3)}$$

查"普通年金现值系数表"可得：

$(P/A, 8\%, 3) = 2.5771$

$$A = 20000 \times \frac{1}{2.5771}$$

=7761（元）

所以该台设备每年至少要给企业带来7761元收益才可行。

（2）预付年金。预付年金是指收付款发生在每期期初的年金，又称即付年金或先付年金。预付年金的支付形式如图2-4所示。

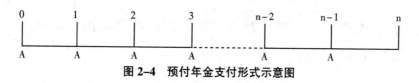

图2-4 预付年金支付形式示意图

1）预付年金终值及其计算。预付年金终值是每期期初发生的收付款项按复利计算的终值之和。预付年金终值的计算有两种思路。

思路一：按照预付年金终值的原始含义推算。其推算过程如图2-5所示。

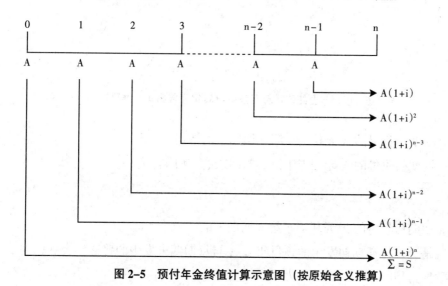

图2-5 预付年金终值计算示意图（按原始含义推算）

所以，预付年金终值的一般计算公式如下：

$$F = A(1+i)^1 + A(1+i)^2 + \cdots + A(1+i)^{n-3} + A(1+i)^{n-2} + A(1+i)^{n-1} + A(1+i)^n$$

$$(2-11)$$

根据等比数列求和公式可知：

$$F = A \cdot \left[\frac{(1+i)^{n+1} - 1}{i} - 1 \right] = A \cdot \left[(F/A, i, n+1) - 1 \right]$$

$$(2-12)$$

其中，$\dfrac{(1+i)^{n+1}-1}{i}-1$ 是预付年金终值系数，或称 1 元的预付年金终值。它

和普通年金终值系数 $\dfrac{(1+i)^{n}-1}{i}$ 相比，期数要加 1，系数要减 1。因此

$\dfrac{(1+i)^{n+1}-1}{i}-1$ 可通过"普通年金终值系数表"查得 $n+1$ 期的值，再减去 1 后

得到。借助普通年金终值系数的表示方法，可以将预付年金终值系数

$\dfrac{(1+i)^{n+1}-1}{i}-1$ 用 $[(F/A,\ i,\ n+1)-1]$ 表示。

思路二：将预付年金转化为普通年金，再利用普通年金终值的计算公式进行

计算。其转化过程如图 2-6 所示。

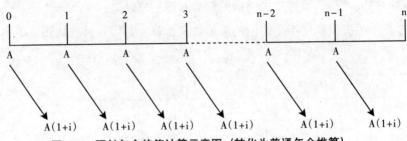

图 2-6　预付年金终值计算示意图（转化为普通年金推算）

第一期期初收付的 A 元相当于第一期期末的 A(1+i) 元；

第二期期初收付的 A 元相当于第二期期末的 A(1+i) 元；

……

第 n 期期初收付的 A 元相当于第 n 期期末的 A(1+i) 元。

也就是说，每期期初发生的预付年金 A 与每期期末发生的普通年金 A(1+i)

的经济效果是相同的。

所以，预付年金终值的计算问题，转化为已知每期期末发生 A(1+i) 元年

金，求其终值的问题。其计算公式为：

$$F=A(1+i)\cdot\dfrac{(1+i)^{n}-1}{i}=A(1+i)\cdot(F/A,\ i,\ n) \qquad (2\text{-}13)$$

其中，$\dfrac{(1+i)^{n}-1}{i}$ 为普通年金终值系数。

与第一种思路相比，第二种思路可能更易于理解和记忆。

【例 2-10】 A=1000，i=8%，n=5 的预付年金终值是多少？

思路一：

$F=A \cdot \left[(F/A, i, n+1)-1 \right]$

$\quad =1000 \cdot \left[(F/A, 8\%, 6)-1 \right]$

查"普通年金终值系数表"可得：

$(F/A, 8\%, 6)=7.3359$

$\therefore F=1000 \times 6.3359$

$\quad =6335.9$（元）

思路二：

$F=A(1+i) \cdot (F/A, i, n)$

$\quad =1000 \times (1+8\%) \times (F/A, 8\%, 5)$

查"普通年金终值系数表"可得：

$(F/A, 8\%, 5)=5.8666$

$F=1000 \times 1.08 \times 5.8666$

$\quad =6335.9$（元）

可以看出，两种思路的结果一致。

2）预付年金现值及其计算。预付年金现值是每期期初发生的收付款项按复利计算的现值之和。与预付年金终值的计算相同，预付年金现值的计算也有两种思路。

思路一：按预付年金现值等于每期期初收付款项的复利现值之和推算，其推算过程如图 2-7 所示。

所以，预付年金现值的一般计算公式如下：

$$P=A+A(1+i)^{-1}+A(1+i)^{-2}+\cdots+A(1+i)^{-(n-2)}+A(1+i)^{-(n-1)} \qquad (2-14)$$

根据等比数列求和公式，可得：

$$P=A \cdot \left[\frac{1-(1+i)^{-(n-1)}}{i}+1 \right]=A \cdot \left[(P/A, i, n-1)+1 \right] \qquad (2-15)$$

其中，$\dfrac{1-(1+i)^{-(n-1)}}{i}+1$ 是预付年金现值系数，或称 1 元的预付年金现值。

它和普通年金现值系数 $\dfrac{1-(1+i)^{-n}}{i}$ 相比，期数要减 1，而系数要加 1。因此，预付年金现值系数可通过"普通年金终值系数表"查得 n-1 期的值，再加上 1 后得

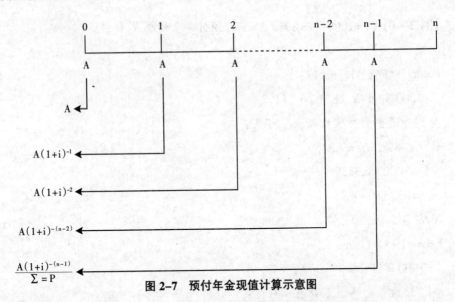

图 2-7　预付年金现值计算示意图

到。借助普通年金现值系数的表示方法，可以将预付年金现值系数，用〔(P/A，i，n-1)＋1〕表示。

思路二：将预付年金转化为普通年金，再利用普通年金现值的计算公式进行计算。转换过程见图 2-6。

即每期期初发生的预付年金 A 同每期期末发生的普通年金 A(1+i)的经济效果相同，所以计算预付年金 A 的现值同计算普通年金 A(1+i)的现值相同。根据普通年金现值的计算公式可得：

$$P = A(1+i)\frac{1-(1+i)^{-n}}{i}$$

即：

$$P = A(1+i)(P/A, i, n) \tag{2-16}$$

【例 2-11】某企业租用一台生产设备，在 5 年中每年初支付租金 10000 元，利息率为 8%，计算这些租金的现值。

思路一：

$P = A[(P/A, i, n-1)+1]$

$\quad = 10000 \times [(P/A, 8\%, 4)+1]$

$\quad = 10000 \times (3.3121+1)$

$\quad = 43121$（元）

思路二：

P=A(1+i)（P/A，i，n）

　=10000×(1+8%)×(P/A，8%，5)

　=−10000×1.08×3.9927

　=43121（元）

（3）递延年金。递延年金指第一次收付款发生在第一期期末以后的某个时点上的年金。即第一次收付款的发生时点可在第二期期末、第三期期末……第 n 期期末，但不能在第一期期初，也不能在第一期期末。因为第二期期初和第一期期末是相同的时点。递延年金的形式如图 2-8 所示。

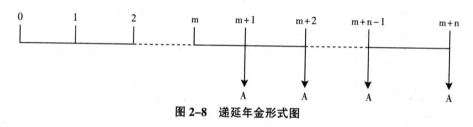

图 2-8　递延年金形式图

该图表示第一次收付款发生在第 m+1 期期末，连续收付 n 次，m 表示递延期数。

显然，递延年金终值的大小，与递延期无关，故计算方法与普通年金终值相同。

即：

F=A（F/A，i，n）　　　　　　　　　　　　　　　　　　　　（2-17）

递延年金现值的计算方法较多，常用的有以下三种：①假设递延期也有年金收付，先求出 m+n 期的年金现值，再扣除实际未收付的递延期 m 的年金现值。②先把递延年金视为普通年金，求出递延期期末的现值，再将此现值调整到第一期期初。③先把递延年金视为 n 期普通年金，求出第 n 期期末的终值，然后再将第 n 期期末的终值换算成第一期期初的价值。

下面举例子表述三种方法的应用。

【例 2-12】银行利率 i=8%，递延期 m=3，从第 4 期期末开始每年年末支付 100 元，连续支付 3 次，一直到第 6 期期末。问该递延年金的现值是多少？

该递延年金的支付形式如图 2-9 所示。

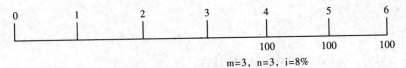

$$m=3, \quad n=3, \quad i=8\%$$

图 2-9　递延年金支付形式图

解法一：

$$P_{(m+n)} = 100 \times (P/A, \ i, \ m+n)$$

$$= 100 \times (P/A, \ 8\%, \ 6)$$

$$= 100 \times 4.6229$$

$$= 462.29 \ (元)$$

$$P_{(m)} = 100 \times (P/A, \ i, \ m)$$

$$= 100 \times (P/A, \ 8\%, \ 3)$$

$$= 100 \times 2.5771$$

$$= 257.71 \ (元)$$

$$P_{(n)} = P_{(m+n)} - P_{(m)} = 462.29 - 257.71$$

$$= 204.58 \ (元)$$

解法二：

$$P_{(3)} = A \times (P/A, \ i, \ n)$$

$$= 100 \times (P/A, \ 8\%, \ 3)$$

$$= 257.71 \ (元)$$

$$P_{(0)} = P_3 \times (P/F, \ i, \ m)$$

$$= 257.71 \times (P/F, \ 8\%, \ 3)$$

$$= 257.71 \times 0.7938$$

$$= 204.58 \ (元)$$

解法三：

$$F_{(6)} = A \times (F/A, \ i, \ n)$$

$$= 100 \times (F/A, \ 8\%, \ 3)$$

$$= 100 \times 3.2464$$

$$= 324.64 \ (元)$$

$$P_{(0)} = F_6 \times (P/F, \ i, \ m+n)$$

$$= F_6 \times (P/F, \ 8\%, \ 6)$$

$$= 324.64 \times 0.6302$$

$$= 204.58 \text{（元）}$$

（4）永续年金。永续年金是指收付款无限期发生的年金。即 $n \rightarrow \infty$ 时的年金。永续年金没有终止的时间，因此没有终值。永续年金现值的计算公式可以通过普通年金现值的计算公式推导得到：

$$P = \lim_{n \to \infty} A \cdot \frac{1-(1+i)^{-n}}{i}$$

$$= A \lim_{n \to \infty} \frac{1-(1+i)^{-n}}{i}$$

$$= \frac{A}{i} \qquad\qquad (2\text{--}18)$$

【例 2–13】拟建立一项永久性的奖学金，每年计划颁发 1000 元。若利率为 10%，现在应存入多少钱？

$$P = 1000 \times \frac{1}{10\%} = 10000 \text{（元）}$$

【例 2–14】如果一只优先股，每季分得股息 2 元，而年利率是 6%，对于一个准备购买这种股票的人来说，他应出多少钱呢？

$$P = \frac{2}{1.5\%} = 133.33 \text{（元）}$$

第二节　货币的风险价值

企业的经济活动大都是在风险和不确定的情况下进行的，离开了风险因素就无法正确评价企业收益的高低。资金风险价值原理，揭示了风险同收益之间的关系，它同资金时间价值原理一样，是财务决策的基本依据。财务管理人员应当理解和掌握资金风险价值的概念和有关计算方法。

一、资金风险价值的概念

资金时间价值是在没有风险和通货膨胀下的投资收益率。上节所述没有涉及风险问题，但是在财务活动中风险是客观存在的，所以，还必须考虑当企业冒风险投资时能否获得额外收益的问题。

资金风险价值（Risk Value of Investment）是指投资者由于冒风险进行投资而获得的超过资金时间价值的额外收益，又称投资风险收益、投资风险价值。

1. 确定性投资决策和风险性投资决策

在市场经济条件下进行投资决策，对所涉及的各个因素可能是已知的、可确定的，但许多时候对未来情况并不十分明了，有时甚至连各种情况发生的可能性如何也不清楚。因此，根据对未来情况的掌握程度，投资决策可分为三种类型：

（1）确定性投资决策。确定性投资决策是指未来情况能够确定或已知的投资决策。如购买政府发行的国库券，由于国家实力雄厚，事先规定的债券利息率到期肯定可以实现，就属于确定性投资，即没有风险和不确定的问题。

（2）风险性投资决策。风险性投资决策是指未来情况不能完全确定，但各种情况发生的可能性——概率为已知的投资决策。如购买某家用电器公司的股票，已知该公司股票在经济繁荣、一般、萧条时的收益率分别为15%、10%、5%；另根据有关资料分析，认为近期该行业繁荣、一般、萧条的概率分别30%、50%、20%，这种投资就属于风险性投资。

（3）不确定性投资决策。不确定性投资决策是指未来情况不仅不能完全确定，而且各种情况发生的可能性也不确定的投资决策。如投资于煤炭开发工程，若开发顺利可获得100%的收益率，但若找不到理想的煤层则将发生亏损；至于能否找到理想的煤层，获利与亏损的可能性各有多少事先很难预料，这种投资就属于不确定性投资。

各种长期投资方案通常都有一些不能确定的因素，完全的确定性投资方案是很少见的。不确定性投资决策，因为对各种情况出现的可能性不清楚，无法加以计量。但如果对不确定性投资方案规定一些主观概率，就可进行定量分析。不确定性投资方案有了主观概率以后，与风险投资方案就没有多少差别了。因此，在财务管理中对风险和不确定性并不作严格区分，往往把两者统称为风险。

2. 资金风险价值的表示方法

资金风险价值也有两种表示方法：风险收益额和风险收益率。投资者由于冒风险进行投资而获得的超过资金时间价值的额外收益，称为风险收益额；风险收益额与投资额的比率，则称为风险收益率。在实际工作中，对两者并不严格区分，通常以相对数——风险收益率进行计量。

在不考虑物价变动的情况下，投资收益率（即投资收益额对于投资额的比率）包括两部分：一部分是资金时间价值，它是不经受投资风险就能得到的价值，即无风险投资收益率；另一部分是风险价值，即风险投资收益率。其计算公式如下：

投资收益率＝无风险投资收益率＋风险投资收益率

3. 风险与收益的权衡

风险意味着有可能出现与人们取得收益的愿望相背离的结果，但是，人们在投资活动中，由于主观努力，把握时机，往往能有效地避免失败，并取得较高的收益。所以，风险不同于危险，危险只可能出现坏的结果，而风险则是指既可能出现坏的结果，也可能出现好的结果。

风险在长期投资中是经常存在的。投资者讨厌风险，不愿遭受损失，为什么又要进行风险性投资呢？这是因为有可能获得额外的收益——风险收益。人们总想冒较小的风险而获得较多的收益，至少要使所得的收益与所冒的风险相当，这是对投资的基本要求。因此，进行投资决策必须考虑各种风险因素，预测风险对投资收益的影响程度，以判断投资项目的可行性。

二、概率分布和预期收益

风险收益具有不易计量的特性。要计算在一定风险条件下的投资收益，必须利用概率论的方法，按未来年度预期收益的平均偏离程度来进行估量。

1. 概率

一个事件的概率是指这一事件的某种后果可能发生的机会。企业投资收益率25%的概率为0.40，就意味着企业获得25%的投资收益率的可能性是40%。如果把某一事件所有可能的结果都列示出来，对每一结果给予一定概率，便可构成概率的分布。

【例2-15】顺达公司某投资项目有A、B两个方案，投资额均为500万元，其收益的概率分布如表2-1所示。

概率以P_i表示。任何概率都要符合以下两条规则：

$$0 \leqslant P \leqslant 1, \ \text{且} \sum_{i=1}^{n} P_i = 1$$

这就是说，每一个随机变量的概率最小为0，最大为1，不可能小于0，也

表 2-1　某投资项目 A、B 两方案收益的概率分布表

经济情况	概率（P_i）	收益额（随机变量 X_i）（万元）	
		A 方案	B 方案
繁荣	$P_1 = 0.20$	$X_1 = 60$	$X_1 = 70$
一般	$P_2 = 0.60$	$X_2 = 50$	$X_2 = 50$
较差	$P_3 = 0.20$	$X_3 = 40$	$X_3 = 30$

不可能大于 1。全部概率之和必须等于 1，即 100%。n 为可能出现所有结果的个数。

2. 预期收益

根据某一事件的概率分布情况，可以计算出预期收益。预期收益又称收益期望值，是指某一投资方案未来收益的各种可能结果，用概率为权数计算出来的加权平均数，是加权平均的中心值。其计算公式如下：

$$\overline{E} = \sum_{i=1}^{n} X_i P_i \tag{2-19}$$

其中，$\overline{E}$——预期收益；X_i——第 i 种可能结果的收益；P_i——第 i 种可能结果的概率；n——可能结果的个数。

根据表 2-1 中的数据，可分别计算 A、B 两方案的预期收益如下：

A 方案：

$$\overline{E} = 60 \times 0.2 + 50 \times 0.6 + 40 \times 0.2 = 50 \text{（万元）}$$

B 方案：

$$\overline{E} = 70 \times 0.2 + 50 \times 0.6 + 30 \times 0.2 = 50 \text{（万元）}$$

3. 概率分布

在预期收益相同的情况下，投资的风险程度同收益的概率分布有密切的联系。概率分布越集中，实际可能的结果就会越接近预期收益，实际收益率低于预期收益率的可能性就越小，投资的风险程度也越小；反之，概率分布越分散，投资的风险程度也就越大。为了清晰地观察概率的离散程度，可根据概率分布表绘制概率分布图进行分析。

概率分布有两种类型。一种是非连续式概率分布，即概率分布在几个特定的随机变量点上，概率分布图形成几条个别的直线；另一种是连续式概率分布，即概率分布在一定区间的连续各点上，概率分布图形成由一条曲线覆盖的平面。

表2-1假定经济情况只有繁荣、一般、较差三种，概率个数为3。根据表2-1可绘制不连续的概率分布图，如图2-10所示。

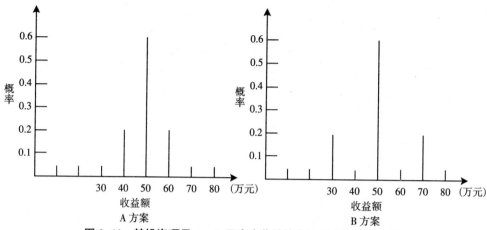

图2-10 某投资项目A、B两方案收益的非连续式概率分布图

在实践中，经济情况在极度繁荣和极度衰退之间可能产生许多可能的结果，有许多个概率，而不是只有繁荣、一般和较差三种可能性。如果对每一种可能的结果给予相当的概率，就可以绘制连续的概率分布图。以表2-1中的数据为依据加以展开，可绘制图2-11。

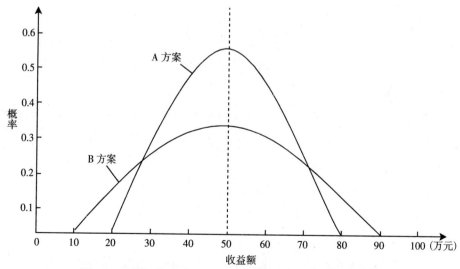

图2-11 某投资项目A、B两方案收益的连续式概率分布图

在图 2-10 中，收益为 50 万元的概率是 60%，而在图 2-11 中，其概率要小得多。因为在图 2-11 中经济情况不只是三种，而是有许多种，那么每一种经济情况的概率自然就要下降。

由此可见，概率分布越集中，概率分布中的峰度越高，投资风险就越低。因为概率分布越集中，实际可能的结果就会越接近预期收益，实际收益率低于预期收益率的可能性就越小。如图 2-11 所示，A 方案收益的概率分布比 B 方案要集中得多，因而其投资风险较低。所以，对有风险的投资项目，不仅要考察其预期收益率的高低，而且要考察其风险程度的大小。

三、投资风险收益的计算（一个方案选用与否的决策）

投资风险程度究竟如何计量，是一个比较复杂的问题。目前，通常以能反映概率分布离散程度的标准离差来确定，根据标准离差计算投资风险收益。现结合实例说明。

【例 2-16】南方公司某投资项目有甲、乙两个方案，投资额均为 100000元，其收益的概率分布如表 2-2 所示。

表 2-2　某投资项目甲、乙两方案收益的概率分布表

经济情况	概率（P_i）	收益率（随机变量 X_i）(%)	
		甲方案	乙方案
繁荣	$P_1 = 0.30$	$X_1 = 20$	$X_1 = 30$
一般	$P_2 = 0.50$	$X_2 = 10$	$X_2 = 10$
较差	$P_3 = 0.20$	$X_3 = 5$	$X_3 = 0$

1. 计算预期收益

预期收益是表明投资项目各种可能的结果集中趋势的指标，它是各种可能结果的数值乘以相应的概率而求得的平均值。根据前述预期收益的计算公式，甲、乙方案的预期收益可分别计算如下：

$$\overline{E}_1 = 20\% \times 0.3 + 10\% \times 0.5 + 5\% \times 0.2 = 12\%$$

$$\overline{E}_2 = 30\% \times 0.3 + 10\% \times 0.5 + 0\% \times 0.2 = 14\%$$

2. 计算收益标准离差

以上计算结果是指在所有各种风险条件下，期望可能得到的平均收益值为 12% 和 14%。但是，实际可能出现的收益往往偏离期望值。如甲方案市场繁荣时

偏离 8%，销路一般时偏离-2%，销路较差时偏离-7%。要知道各种收益可能值（随机变量）与期望值的综合偏离程度是多少，不能用三个偏差值相加的办法求得，而只能用求解偏差平方和的方法来计算标准离差。计算公式如下：

$$标准离差\delta = \sqrt{(X_i - \overline{E})^2 \times P_i} \tag{2-20}$$

代入表 2-2 中的数据，求得：

$$\delta_1 = \sqrt{(0.20-0.12)^2 \times 0.30 + (0.10-0.12)^2 \times 0.50 + (0.05-0.12)^2 \times 0.20} = 5.57\%$$

$$\delta_2 = \sqrt{(0.30-0.14)^2 \times 0.30 + (0.10-0.14)^2 \times 0.50 + (0.00-0.14)^2 \times 0.20} = 11.14\%$$

标准离差是由各种可能值（随机变量）与期望值之间的差距所决定的。它们之间的差距越大，说明随机变量的可变性越大，意味着各种可能情况与期望值的差别越大；反之，它们之间的差距越小，说明随机变量越接近于期望值，意味着风险就越小。所以，收益标准离差的大小，可以看作投资风险大小的具体标志。

3. 计算收益标准离差率

标准离差是反映随机变量离散程度的一个指标。但只能用来比较预期收益率相同的投资项目的风险程度，而不能用来比较预期收益率不同的投资项目的风险程度。为了比较预期收益率不同的投资项目的风险程度，还必须求得标准离差和预期收益的比值，即标准离差率。其计算公式如下：

$$V = \frac{\delta}{\overline{E}} \times 100\% \tag{2-21}$$

其中，V——标准离差率；δ——标准离差；$\overline{E}$——期望值。

根据以上公式，代入【例 2-16】数据求得：

$$V_1 = (5.57\% \div 12.00\%) \times 100\% = 46.42\%$$

$$V_2 = (11.14\% \div 14.00\%) \times 100\% = 79.57\%$$

通过计算得知，乙方案的标准离差率更大，乙方案的风险更大。

4. 计算应得风险收益率

收益标准离差率可以代表投资者所冒风险的大小，反映投资者所冒风险的程度，但它还不是收益率，必须把它变成收益率才能比较。标准离差率变成收益率的基本要求：所冒风险程度越大，得到的收益率也应该越高，投资风险收益应该与反映风险程度的标准离差率成正比。收益标准离差率要转换为投资收益率，其间还需要借助于一个参数，即风险价值系数。

应得风险收益率 R_R = 风险价值系数 b × 标准离差率 V　　　　　　　　(2-22)

在【例 2-16】中，假定投资者确定风险价值系数为 8%，则应得风险收益率为：

甲方案：

R_R = 8% × 46.42% = 3.71%

乙方案：

R_R = 8% × 79.57% = 6.37%

下面再对风险价值系数的计算加以说明。

投资收益率包括无风险收益率和风险收益率两部分。投资收益率与标准离差率之间存在着一种线性关系，如下式所示：

$$K = R_F + R_R = R_F + bV \qquad\qquad (2-23)$$

其中，K——投资收益率；R_F——无风险收益率；R_R——风险收益率；b——风险价值系数；V——标准离差率。

以上各项目之间的关系见图 2-12。

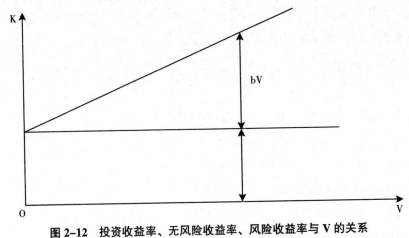

图 2-12　投资收益率、无风险收益率、风险收益率与 V 的关系

至于风险价值系数的大小，则是由投资者根据经验并结合其他因素加以确定的。通常有以下几种方法：

（1）根据以往同类项目的有关数据确定。根据以往同类投资项目的投资收益率、无风险收益率和标准离差率等历史资料，可以求得风险价值系数。假设企业进行某项投资，其同类项目的投资收益率为 10%，无风险收益率为 6%，标准离差率为 50%。根据公式 $K = R_F + bV$，可计算如下：

$$b = \frac{K - R_F}{V} = \frac{10\% - 6\%}{50\%} = 8\%$$

（2）由企业领导或有关专家确定。如果现在进行的投资项目缺乏同类项目的历史资料，不能采用上述方法计算，则可根据主观的经验加以确定。可以由企业领导，如总经理、财务副经理、财务主任等研究确定，也可由企业组织有关专家确定。这时，风险价值系数的确定在很大程度上取决于企业对风险的态度。比较敢于冒风险的企业，往往把风险价值系数定得低些；而比较稳健的企业，则往往定得高些。

（3）由国家有关部门组织专家确定。国家财政、银行、证券等管理部门可组织有关方面的专家，根据各行业的条件和有关因素，确定各行业的风险价值系数。这种风险价值系数的国家参数由有关部门定期颁布，供投资者参考。

5. 计算预测投资收益率，权衡投资方案是否可取

按照上述程序计算出来的风险收益率，是在现有风险程度下要求的风险收益率。为了判断某一投资方案的优劣，可将预测风险收益率同应得风险收益率进行比较，研究预测风险收益率是否大于应得风险收益率。对于投资者来说，预测的风险收益率越大越好。无风险收益率即资金时间价值是已知的，根据无风险收益率和预测投资收益率，可求得预测风险收益率。其计算公式如下：

预测风险收益率 = 预测投资收益率 – 无风险收益率

前面根据【例 2-16】已求得甲、乙方案预测投资收益率（即预期收益）为 12%、14%，假定无风险收益率为 6%，则其预测风险收益率应为：

甲方案：

$R_R = 12\% - 6\% = 6\%$

乙方案：

$R_R = 14\% - 6\% = 8\%$

求出预测的风险收益率后，与应得的风险收益率进行比较，即可对投资方案进行评价。如上述甲、乙方案：

甲方案：预测风险收益率 6% > 应得风险收益率 3.71%。

乙方案：预测风险收益率 8% > 应得风险收益率 6.37%。

甲、乙两方案预测可得的风险收益率均高于应得的风险收益率，因此，两个方案均为可取。

以上是就每一个方案选择与否的决策而言的。如果对多个方案进行选择，那么，进行投资决策总的原则应该是投资收益率越高越好，风险程度越低越好。具体说来有以下几种情况：①如果两个投资方案的预期收益率基本相同，应当选择标准离差率较低的那一个投资方案。②如果两个投资方案的标准离差率基本相同，应当选择预期收益率较高的那一个投资方案。③如果甲方案预期收益率高于乙方案，而其标准离差率低于乙方案，则应当选择甲方案。④如果甲方案预期收益率高于乙方案，而其标准离差率也高于乙方案，在此情况下则不能一概而论，而要取决于投资者对风险的态度。有的投资者愿意冒较大的风险，以追求较高的收益率，可能选择甲方案；有的投资者则不愿意冒较大的风险，宁肯接受较低的收益率，可能选择乙方案。但如果甲方案收益率高于乙方案的程度大，而其收益标准离差率高于乙方案的程度较小，则选择甲方案可能是比较适宜的。

应当指出，风险价值计算的结果具有一定的假定性，并不十分精确。研究投资风险价值原理，关键是要在进行投资决策时，树立风险价值观念，认真权衡风险与收益的关系，选择有可能避免风险、分散风险，并获得较多收益的投资方案。我国有些企业在进行投资决策时，往往不考虑多种可能性，更不考虑失败的可能性，孤注一掷，盲目引进设备、扩建厂房、增加品种、扩大生产，以致造成浪费，甚至面临破产。这种事例屡见不鲜，实当引以为戒。因此，在投资决策中应当充分运用风险价值原理，充分考虑市场、经营中可能出现的各种情况，对各种方案进行权衡，以求实现最佳的经济效益[1]。

【课后习题】

一、重要名词与术语

1. 货币时间价值

2. 普通年金

3. 预付年金

4. 风险

5. 风险价值

---

[1] 郭复初，王庆成.财务管理学（第2版）[M].北京：高等教育出版社，2005.

二、复习思考题

1. 什么叫货币时间价值？财务管理的哪些知识点涉及货币时间价值？

2. 什么叫年金？年金有哪些类型？举出相应的实例。

三、计算分析题

1. 某公司有一项付款业务，有甲、乙两种付款方式。甲：现在支付 10 万元，一次性结清。乙：分 3 年付款，1~3 年各年初的付款额为 3 万元、4 万元、4 万元，假定年利率为 10%。要求：按现值计算，从甲、乙两方案中选优。

2. 某人在 20×1 年 1 月 1 日存入银行 1000 元，年利率为 12%，要求计算：

（1）每年复利一次，20×6 年 1 月 1 日存款账户余额是多少？

（2）每季复利一次，20×6 年 1 月 1 日存款账户余额是多少？

3. 若某项投资 4 年后可得收益 50000 元，年利率 8%，则现在应投入多少元？

4. 某公司需用一台设备，买价为 15000 元，使用寿命为 10 年，如果租入则每年年末需支付租金 2200 元，除此之外，假设利率 8%，试说明购买还是租赁更优？

5. 某人准备存入银行一笔钱，以便在以后 10 年中每年年底得 2000 元，设银行利率为 9%，计算该人目前应存入多少钱？

6. 某人拟在 5 年后还清 10000 元债务，从现在起每年年末存入一笔款项，设利率为 10%，问每年年末需存入多少元？

7. 某企业拟进行一项投资，初始投资 200 万元，一年后追加投资 100 万元，该项目从第 3 年、第 4 年、第 5 年、第 6 年末开始投资回流资金，分别为 50 万元、70 万元、150 万元、150 万元，设投资回报率为 8%。试问该项目是否有投资价值？

8. 某企业准备投资开发新产品，现有 A、B 两个方案可供选择，经预测，A、B 两个方案的预期收益率如下表：

市场状况	概率	预期收益率（%）	
		A 方案	B 方案
繁荣	0.3	30	40
一般	0.5	15	15
衰退	0.2	−5	−15

要求：

（1）计算 A、B 两个方案预期收益率的期望值。

（2）计算两方案预期收益率的标准离差。

（3）计算两方案预期收益率的标准离差率。

表 2-3　本章相关公式总结

项目	计算公式	系数公式	系数名称	系数符号
单利终值	$F = P \times (1 + i \times n)$	$(1 + i \times n)$	单利终值系数	
单利现值	$P = F / (1 + i \times n)$	$1 / (1 + i \times n)$	单利现值系数	
复利终值	$FV_n = P \times (1 + i)^n$	$(1 + i)^n$	复利终值系数	$(F/P, i, n)$
复利现值	$PV_0 = F / (1 + i)^n$	$1 / (1 + i)^n$	复利现值系数	$(P/F, i, n)$
普通年金终值	$FVA_n = A \times \dfrac{(1+i)^n - 1}{i}$	$\dfrac{(1+i)^n - 1}{i}$	普通年金终值系数	$(F/A, i, n)$
偿债基金	$A = FVA_n \times \dfrac{i}{(1+i)^n - 1}$	$\dfrac{i}{(1+i)^n - 1}$	偿债基金系数	$(A/F, i, n)$
普通年金现值	$PVA_0 = A \times \dfrac{1 - (1+i)^{-n}}{i}$	$\dfrac{1 - (1+i)^{-n}}{i}$	普通年金现值系数	$(P/A, i, n)$
投资回收额	$A = PVA_0 \times \dfrac{i}{1 - (1+i)^{-n}}$	$\dfrac{i}{1 - (1+i)^{-n}}$	投资回收额系数	$(A/P, i, n)$
预付年金终值	或 $XFVA_n = A \times (F/A, i, n+1) - A = A \times \left[\dfrac{(1+i)^{n+1} - 1}{i} - 1\right]$ 或 $XFVA_n = A \times (F/A, i, n)(1+i) = A \times \dfrac{(1+i)^n - 1}{i} \times (1+i)$	$\left[\dfrac{(1+i)^{n+1} - 1}{i} - 1\right]$ 或 $\dfrac{(1+i)^n - 1}{i} \times (1+i)$	预付年金终值系数	$[(F/A, i, n+1) - 1]$
预付年金现值	$XPVA_0 = A \times [(P/A, i, n-1) + 1] = A \times \left[\dfrac{1 - (1+i)^{-(n-1)}}{i} + 1\right]$ 或 $XPVA_0 = A \times (P/A, i, n)(1+i) = A \times \dfrac{1 - (1+i)^{-n}}{i} \times (1+i)$	$\left[\dfrac{1 - (1+i)^{-(n-1)}}{i} + 1\right]$ 或 $\dfrac{1 - (1+i)^{-n}}{i} \times (1+i)$	预付年金现值系数	$[(P/A, i, n-1) + 1]$
递延年金现值	$V_0 = A \times (P/A, i, m+n) - A \times (P/A, i, m) = A \times (P/A, i, n) \times (P/A, i, m) = A \times (F/A, i, n) \times (P/F, i, m+n)$			
永续年金	$P = A/i$			

互为倒数的系数：复利终值系数与复利现值系数、偿债基金系数与普通年金终值系数、投资回收额系数与普通年金现值系数。

系数之间的关系：预付年金终值系数等于普通年金终值系数期数加 1，系数减 1；预付年金现值系数等于普通年金现值系数期数减 1，系数加 1。

第三章
财务分析

【本章提要】

财务分析是指对企业财务状况、经营成果和现金流量状况进行分析和评价。本章主要阐述以下四个内容：一是财务分析概述，主要介绍财务分析概念、目的、作用、基础和基本方法等；二是基本财务比率，通过具体案例，分析企业偿债能力、运营能力和盈利能力的具体比率指标；三是杜邦分析系统，介绍杜邦分析系统原理和不足；四是上市公司财务分析，介绍上市公司与企业股票价格或市场价值相关的指标分析，如每股收益、每股股利、市盈率、每股净资产等指标。

【学习目标】

- 理解财务分析概念、财务分析作用和程序
- 熟悉企业资产负债表、利润表
- 掌握衡量企业偿债能力比率、运营能力比率和盈利能力比率的各项指标
- 了解杜邦分析体系
- 掌握每股收益、每股股利、市盈率、每股净资产

要正确评价一个企业的财务状况及其成因，科学预测企业未来的发展趋势，并为财务预算的编制以及未来的财务管理提供借鉴，财务分析是必不可少的。本章将在介绍财务分析的基本概念、目的的基础上，分析讲解财务分析基本方法，最后将以杜邦分析体系为企业勾勒出财务管理的核心和重点。

第一节　财务分析概述

在现代企业的经营中，只有运用科学的分析方法，提供有说服力的量化数据和指标，才能评价企业经营成果和经营业绩，运筹企业未来的经营活动。本节介绍财务分析的概念、作用、目的、基础、方法和程序。

一、财务分析的概念与作用

分析是把事物分解为各个部分加以考察的方法。财务分析是以企业财务报告等会计资料为基础，对企业财务状况、经营成果和现金流量状况进行分析和评价的一种方法。一般认为，财务分析产生于19世纪末20世纪初，目的是为银行贷款提供服务。随着资本市场的建立、公司组织形式的改变和企业内部管理的要求，财务分析的用途、内容和方法也在不断发展和完善中。

财务分析是财务管理的重要方法之一，它是对企业一定期间的财务活动的总结，为企业进行下一步财务预测和财务决策提供依据。因此，财务分析在企业的财务管理工作中具有承上启下的作用。

财务分析是评价财务状况及经营业绩的重要依据。通过财务分析，可以了解企业的偿债能力、营运能力、盈利能力和现金流量状况，合理评价经营者业绩，促进管理水平的提高。

财务分析是实现理财目标的重要手段。企业理财的根本目标是股东财富最大化。通过财务分析，不断挖掘潜力，从各方面揭露矛盾，找出差距，充分认识未被利用的人力、物力资源，寻找利用不当的原因，促进企业经营活动按照企业价值最大化目标运行。

财务分析是实施正确投资决策的重要步骤。投资者通过财务分析，可以了解企业的获利能力、偿债能力，从而进一步预测投资后的收益水平和风险程度，以作出正确的投资决策[1]。

---

① 王文华，陈可喜. 财务分析学 [M]. 上海：立信会计出版社，2013.

二、财务分析的目的

财务分析的目的因报表使用者需要了解的信息的不同而不同。企业报表的使用者包括投资者、债权人、政府、企业自身以及其他利益关系人。这些报表使用者所关心问题的侧重点不同，因此，进行财务分析的目的也各不相同。如：企业经营者必须全面了解企业的生产经营状况和财务状况，他们进行财务分析的目的和要求是全面的；企业投资者的利益与企业的经营成果密切相关，他们更关心企业的资本盈利能力，企业生产经营的前景和投资风险；企业的债权人则主要关心企业能否按期还本付息，他们一般侧重于分析企业的偿债能力。综合起来，进行财务分析主要有以下目的：

1. 评价企业的偿债能力

通过对企业的财务报告等会计资料进行分析，可以了解企业资产的流动性、负债水平以及偿还债务的能力，从而评价企业的财务状况和经营风险，为企业经营管理者、投资者和债权人提供财务信息。

2. 评价企业的资产营运水平

企业的营运能力反映了企业对资产的利用和管理能力。企业的生产经营过程就是利用资产取得收益的过程。资产是企业生产经营活动的经济资源，资产的管理水平直接影响到企业的收益，它体现了企业的整体素质。进行财务分析，可以了解到企业资产的保值和增值情况，分析企业资产的管理水平、资金周转状况、现金流量情况等，为评价企业的经营管理水平提供依据。

3. 评价企业的获利能力

获取利润是企业的主要经营目标之一，它也反映了企业的综合素质。企业要生存和发展，必须争取获得较高的利润，这样才能在竞争中立于不败之地。投资者和债权人都十分关心企业的获利能力，获利能力强可以提高企业偿还债务能力，提高企业的信誉。对企业获利能力的分析不能仅看其获取利润的绝对数，还应分析其相对指标，这些都可以通过财务分析来实现[①]。

4. 评价企业的发展趋势

无论是企业的经营者，还是投资者、债权人，都十分关注企业的发展趋势，

---

① 荆新，王化成，刘俊彦.财务管理学（第6版）[M].北京：中国人民大学出版社，2006.

这关系到他们的切身利益。通过对企业进行财务分析，可以判断出企业的发展趋势，预测企业的经营前景，从而为企业经营管理者和投资者进行经营决策和投资决策提供重要的依据，避免决策失误给其带来重大的经济损失。

三、财务分析的基础

财务分析主要是以财务报告为基础，日常核算资料只作为财务分析的一种补充资料。财务报告是企业向政府部门、投资者、债权人等与本企业有利害关系的组织或个人提供的，反映企业在一定时期内的财务状况、经营成果以及影响企业未来经营发展的重要经济事项的书面文件。企业的财务会计报告由会计报表、会计报表附注和财务情况说明书组成（不要求编制和提供财务情况说明书的企业除外）。下面主要介绍财务分析常用的三张基本会计报表：资产负债表、利润表和现金流量表。

1. 资产负债表

资产负债表是反映企业某一定日期（年末、季末、月末）全部资产、负债和所有者权益情况的会计报表。资产负债表中的资产项目显示了企业拥有的各种经济资源及其分布；负债项目显示了企业所承担的债务的不同偿还期限，可据以了解企业面临的财务风险；所有者权益项目显示了企业投资者对本企业资产所持有的权益份额。具体见表3-1。

表 3-1　资产负债表

编制单位：A公司　　　　　　　　　20×6年12月31日　　　　　　　　　单位：万元

资产	年末数	年初数	负债及所有者权益	年末数	年初数
流动资产			流动负债		
货币资金	2974	7733	短期借款	7570	4512
交易性金融资产			交易性金融负债		
应收票据	2583	6083	应付票据	4585	1052
应收账款	1235	932	应付账款	3427	1908
预付账款	2731	6600	预收账款	3629	4569
应收股利			应付职工薪酬	329	310
应收利息			应交税费	(2771)	(251)
其他应收款	78	66	应付利息		
存货	10372	8701	应付股利		
一年内到期的非流动资产			其他应付款	3523	2737
其他流动资金			一年内到期的非流动负债	1031	5138

续表

资产	年末数	年初数	负债及所有者权益	年末数	年初数
流动资产合计	19973	30115	流动负债合计	21323	19975
非流动资产			非流动负债		
可供出售金融资产	45	271	长期借款	17565	12297
持有出售金融资产			应付债券		
长期股权投资	2262	885	递延所得税负债	47	102
投资性房地产			其他非流动负债	141	146
固定资产	43252	32656	非流动负债合计	17753	12545
在建工程	12547	9985	负债合计	39076	32520
工程物资	6242	7130	股东权益		
无形资产	6761	5577	实收资本	7235	7235
递延所得税资产	1097	164	资本公积	31423	31593
其他非流动资产			盈余公积	3301	2992
非流动资产合计	72206	56668	未分配利润	11144	12443
			归属于母公司股东权益合计	15103	54263
			少数股东权益		
			股东权益合计	53103	54263
资产总计	92179	86783	负债及所有者权益合计	92179	86783

2. 利润表

利润表也称损益表，是反映企业在一定期间生产经营成果的财务报表。利润表以"利润＝收入－费用"这一会计等式为依据编制而成。利润表中收入主要包括主营业务收入（产品销售收入）、其他业务收入、投资收益以及营业外收入。利润表中费用支出主要包括营业成本（产品销售成本）、销售费用、管理费用、财务费用、营业税金、其他业务支出、投资损失以及营业外支出等。总收入减去总费用就是利润总额。具体见表 3-2。

企业的利润因收入与费用的不同配比，可以分为四个层次：毛利润、营业利润、利润总额（税前利润）和净利润。毛利润是营业收入减去营业成本后的利润，它反映了企业的产品售价与生产成本的差额；营业利润是毛利润扣除营业费用、营业税金、管理费用、财务费用等后的利润，主要反映企业的经营所得；营业利润加上营业外收支净额后就是利润总额，是计算所得税的基础；利润总额扣除应纳的所得税以后就是企业的净利润，这是企业所有者可以得到的实际收益。

表 3–2　利润表

编制单位：A公司　　　　　　　　　　20×6年　　　　　　　　　　单位：万元

项目	本期金额	上期金额
一、营业总收入	79616	65449
其中：营业收入	79616	65449
二、营业总成本	75834	55119
其中：营业成本	66611	48346
营业税金及附加	948	764
销售费用	1687	1598
管理费用	3788	3509
财务费用	694	755
资产减值损失	2106	147
加：公允价值变动收益（损失以"–"号填写）		
投资收益（损失以"–"号填写）	96	81
其中：对联营企业和合营企业的投资收益	80	77
三、营业利润（亏损以"–"号填写）	3878	10461
加：营业外收入	33	44
减：营业外支出	69	121
其中：非流动资产处置损失	63	119
四、利润总额（亏损总额以"–"号填写）	3842	10384
减：所得税费用	852	2851
五、净利润（净亏损以"–"号填写）	2989	7533
归属于母公司所有者的净利润	2989	7533
少数股东损益		
六、每股收益		
基本每股收益	0.413	1.121
稀释每股收益	0.413	1.121

3. 现金流量表

现金流量表是以现金和现金等价物为基础编制的，提供企业在某一特定期间内有关现金和现金等价物的流入和流出信息的报表。其中现金包括企业的库存现金、银行存款和其他货币资金。现金等价物是以企业持有期限短、流动性强、易于转换为已知金额的现金、价值变动风险小的投资，一般指企业购买期限为三个月内的国库券。具体见表3–3。

表3-3 现金流量表

编制单位：A公司　　　　　　　　20×6年　　　　　　　　单位：万元

一、经营活动产生的现金流量	年末数	年初数
销售商品、提供劳务收到的现金	92862	70531
收到的税费返还		123
收到的其他与经营活动有关的现金	59	6
经营活动现金流入小计	92921	70660
购买商品、接受劳务支付的现金	68780	52255
支付给职工以及为职工支付的现金	2589	2027
支付的各项税费	8611	7384
支付的其他与经营活动有关的现金	1003	1088
经营活动现金流出小计	80983	62754
经营活动产生的现金流量净额	11983	7906
二、投资活动产生的现金流量		
收回投资所收到的现金		
取得投资收益所收到的现金	17	4
处置固定资产、无形资产和其他长期资产所收回的现金净额	5	61
处置子公司及其他营业单位收到的现金净额		
收到的其他与投资活动有关的现金	409	405
投资活动现金流入小计	431	470
购建固定资产、无形资产和其他长期资产所支付的现金	14684	18181
投资所支付的现金	1301	248
取得子公司及其他营业单位支付的现金净额		
支付的其他与投资活动有关的现金		
投资活动现金流出小计	15985	18429
投资活动产生的现金流量净额	(15554)	(17959)
三、筹资活动产生的现金流量		
吸收投资收到的现金		19978
其中：子公司吸收少数股东投资收到的现金		
取得借款收到的现金	16220	19122
收到其他与筹资活动有关的现金		
筹资活动现金流入小计	16220	39100
偿还债务支付的现金	11795	17917
分配股利、利润或偿付利息支付的现金	5509	4797
其中：子公司支付给少数股东的股利、利润		
支付的其他与筹资活动有关的现金	59	57
筹资活动现金流出小计	17363	22771
筹资活动产生的现金流量净额	(1143)	16329
四、汇率变动对现金及现金等价物的影响		(23)

续表

五、现金及现金等价物净增加额	(4759)	6253
加：期初现金及现金等价物余额	7733	1480
六、年末现金及现金等价物余额	2974	7733

四、财务分析基本方法

1. 比较分析法

比较分析法是对不同时期和空间的同质财务指标进行对比，以确定其增减差异，用以评价财务指标状况优劣的方法。比较分析法的主要作用：揭示客观存在的差异，利用这种差异考察任务完成情况，显示财务指标变动趋势，从而评价企业经营管理的工作绩效。通过比较分析法可以找出指标数值的差距，描述财务经营的状况，提出所应分析的问题，但不能测定指标数值变动的原因。根据所考察的对象和分析要求，比较分析法可划分为直比分析和趋势分析。

（1）直比分析。直比分析是指将同一指标两个数值进行直接对比的分析方法。在直比分析中，用以比较的数值叫基数，它是比较的依据和标准；被比较的数值叫比较数。直比分析有绝对数比较和相对数比较两种形式。

绝对数比较是将指标数值进行绝对数比较，主要揭示指标数值的变化数量，直观地判断指标变动规模的大小。其计算公式为：

$$绝对差异 = 比较数 - 基数 \tag{3-1}$$

相对数比较是将指标数值进行相对数比较，主要揭示指标数值的变动程度或幅度，判断指标相对变动的水平。其计算公式为：

$$相对差异 = \frac{绝对差异}{基准数} \times 100\% \tag{3-2}$$

（2）趋势分析。趋势分析是将同一指标不同时期的数值进行对比，以确定时间动态数列（把反映某种经济现象发展的一系列指标数值按时间先后顺序排列而成的数列叫时间动态数列）增减变动趋势的分析方法。利用趋势分析法能从动态上考察指标的发展特征和变化规律，得出上升、下降或稳定不变等结论，从而鉴定企业管理水平，据以对企业未来变动方向作出预测。

在进行趋势分析时，确定基期方法是首要问题。分析实务中一般有两种选择：一种是以某一选定时期为基期，即固定基期，以后各期数值均以该期数值作为共同基期数值进行比较，这种比较说明了各期累积变化情况，称为定比；另一种是以相邻上期为基期，即移动基期，各期数值分别与前期数值进行比较，基期不固定而且顺次移动，这种比较说明了各期逐期变化情况，称为环比。

2. 因素分析法

因素分析法是指为了深入分析某一指标，而将该指标按构成因素进行分解，分别测定各因素变动对该项指标影响程度的一种分析方法。其作用在于揭示指标差异的成因，以便更深入、更全面地理解和认识企业的财务状况及经营情况。因素分析法根据其分析特点可分为连锁替代法和差额计算法。较常用的是连锁替代法，所以本章重点介绍连锁替代法。

连锁替代法的基本思路：总体指标是受各种有相互依存关系的连锁因素的相互影响的，首先把总指标分解为各项有次序性的连锁因素；然后顺次地把其中一个因素视为可变，其他因素暂时视为不变，依次逐项进行替代，每一次替代在上一次基础上进行；最后将每一次替代后的结果反向两两相减，测算出各项因素变动对总体指标的影响程度和影响方向[1]。

假定某个指标 K 是受三个连锁因素 a、b、c 的影响，三个连锁因素的依次关系为 $K=a\times b\times c$，则有：

基期指标：

$$K_0=a_0\times b_0\times c_0$$

实际指标：

$$K_1=a_1\times b_1\times c_1$$

第一步：确定分析对象。对总体指标的因素分析，一般是分析该指标用比较分析法所计算出的绝对差异，即分析对象为：

$$\Delta K=K_1-K_0$$

第二步：进行因素替代。我们假定影响指标的因素是依次变动的，当某个因素由基期数值变为实际数值时，就会引起指标数值的变动。因此：

基期数值：

$$a_0\times b_0\times c_0=K_0$$

替代 a 因素：

$$a_1\times b_0\times c_0=K_a$$

---

① 郭夏初，王庆成. 财务管理学（第 2 版）[M]. 北京：高等教育出版社，2006.

替代 b 因素：

$a_1 \times b_1 \times c_0 = K_b$

替代 c 因素：

$a_1 \times b_1 \times c_1 = K_c$

第三步：测算各因素的影响。各因素变化后总体指标的数值与因素变化前总体指标的数值的差额，就是该因素变动对总指标的影响。即有：

a 因素的影响 $= K_a - K_0 = (a_1 - a_0) \times b_0 \times c_0$

b 因素的影响 $= K_b - K_a = a_1 \times (b_1 - b_0) \times c_0$

c 因素的影响 $= K_c - K_b = a_1 \times b_1 \times (c_1 - c_0)$

因素影响的汇总 $\sum = K_c - K_0 = K_1 - K_0 = \Delta K$

3. 比率分析法

比率分析法是将影响财务状况的两个相关因数联系起来，通过计算比率，反映它们之间的关系，借以揭示并评价企业相关财务状况和经营成果的一种财务分析方法。根据分析的目的和要求的不同，比率分析主要有以下两种：

（1）相关比率。相关比率是指把企业经济活动中两个性质不同，但又相互联系的指标，以其中某项指标数值为基数和而求得的两个指标数值之比，用以反映企业的经营状况和经济效益。如甲、乙两个企业的年利润额均为 100 万元，但甲企业权益资本为 500 万元，乙企业权益资本只有 400 万元，则甲企业的权益资本利润率为 0.2，乙企业的权益资本利润率为 0.25，乙企业的效益高于甲企业。

（2）结构比率。结构比率是指计算某项经济指标各个组成部分占指标总体的比重，以分析其构成内容的特征和构成合理性，进一步掌握事物变化的规律性。比如，将各项资产数额分别与资产总额相比较，可计算各项资产占总资产的比重，它反映了企业的资产结构，为进一步分析企业资产结构的合理性、优化企业资产结构提供数据。其计算公式为：

$$结构比率 = \frac{指标部分数}{指标总体数} \times 100\% = \frac{A_i}{\sum A_i} \times 100\% \qquad (3\text{--}3)$$

五、财务分析的程序

财务分析是一项比较复杂的工作，必须遵循科学的程序。财务分析的程序就是进行财务分析的步骤，一般包括以下几步：

1. 搜集有关的经济资料

财务分析的范围取决于财务分析的目的。它可以是企业经营活动的某一方面，也可以是企业经营活动的全过程。如债权人可能只关心企业偿还债务的能力，这样他就不必对企业经营活动的全过程进行分析；而企业的经营管理者则需进行全面的财务分析。财务分析的范围决定了所要搜集的经济资料的数量，范围小，所需资料也少；全面的财务分析，则需要搜集企业各方面的经济资料。

2. 评价财务信息的真实性

在信息完全对称的条件下不存在财务信息的失真问题。但由于多种原因，财务信息失真是客观存在的，这就使得作为主要分析依据的财务报表资料缺乏可靠性。缺乏可靠性的资料将不能对企业的财务状况、经营成果和现金流量状况做出客观公正的评价。因此，收集和选取分析资料仅仅是财务分析工作的第一步，而分析资料的真实性程度对分析结果的影响至关重要。

3. 选择适当的分析方法作出评价

财务分析的目的和范围不同，所选用的分析方法也不同。常用的财务分析方法有比率分析法、比较分析法等，这些方法各有特点，在进行财务分析时可以结合使用。局部的财务分析，可以选择其中的某一种方法；全面的财务分析，则应该综合运用各种方法，以便进行对比，做出客观的、全面的评价。利用这些分析方法，比较分析企业的有关财务数据、财务指标，对企业的财务状况做出评价。

4. 进行因素分析

通过财务分析，可以找出影响企业经营活动和财务状况的各种因素。在诸多因素中，有的是有利因素，有的是不利因素；有的是外部因素，有的是内部因素。在进行因素分析时，必须抓住主要矛盾，即影响企业生产经营活动财务状况的主要因素，然后才能有的放矢，提出相应的办法、做出正确的决策。

5. 编写财务分析报告

财务分析报告就是反映企业财务状况和财务成果的意见性的报告性书面文件。它是将财务分析中形成的认识以书面文字的形式记录下来，也是对财务分析的总结。此外，财务分析报告的内容应包括财务状况的总体评价、存在的问题、取得的成绩、今后的措施等。

第二节　基本财务比率分析

　　财务比率分析是企业财务分析中最基本、最重要的分析方法。在企业财务分析中，需要计算和分析的基本财务比率有偿债能力比率、营运能力比率、盈利能力比率和发展能力比率。

一、偿债能力比率

　　偿债能力是指企业偿还各种到期债务的能力。偿债能力分析是企业财务分析的一个重要方面，通过这种分析可以揭示企业的财务风险。企业财务管理人员、企业债权人及投资者都十分重视企业的偿债能力分析。偿债能力主要分短期偿债能力和长期偿债能力。

1. 短期偿债能力比率

　　短期偿债能力是指企业偿付流动负债的能力。流动负债是将在1年内或超过1年的一个营业周期内需要偿付的债务，这部分债务对企业的财务风险影响比较大，如果不及时偿还，就可能使企业面临倒闭的危险。在资产负债表中，流动负债与流动资产形成一种对应关系。一般来说，流动负债需以流动资产来偿付，特别是，通常它需要以现金来直接偿还。因此，可以通过分析企业流动负债与流动资产之间的关系来判断企业短期偿债能力。通常，分析短期偿债能力的指标主要有流动比率、速动比率、现金比率等。

　　（1）流动比率。流动比率是用比率形式反映的流动资产与流动负债之间的对比关系，说明企业日常支付能力。

　　计算式为：

$$流动比率 = \frac{流动资产}{流动负债} \tag{3-4}$$

　　以表3-1中A公司为例，其20×6年该指标计算如下：

$$流动比率 = \frac{19973}{21323} = 0.94$$

　　流动资产包括现金、短期投资、应收及预付款项、存货、待摊费用和一年内到期的长期债券投资，一般用资产负债表中的期末流动资产总额表示；流动负债主要包括短期借款、应付及预收款项、各种应交款项、一年内即将到期的长期负债等，通常用资产负债表中的期末流动负债总额表示。应用流动比率进行分析时应注意以下几个问题：

1）流动比率是衡量企业短期偿债能力的一个重要指标，对短期债权人来说，这个比率越高，表示短期偿债能力越强，流动负债获得清偿的机会越大，安全性也越高。但对企业而言，过高的流动比率并非好现象。因为过高的流动比率可能是企业滞留在流动资产上的资金过多所致或是使用较少的低成本资金所致，这恰恰反映了企业未能有效地利用资金，从而会影响企业的获利能力。

2）根据西方的经验，流动比率在2∶1左右比较合适。这是因为流动资产中变现能力最差的存货等金额，约占流动资产总额的一半，剩下的流动性较强的流动资产至少要等于流动负债，企业的短期偿债能力才会有保障。

3）究竟怎样一个流动比率对企业才是最佳的，应视不同行业、不同企业的具体情况而定。不同的行业，由于其生产经营周期长短不一，或季节性因素，评定流动比率的标准也不一样。一般而言，生产经营周期越短，其流动比率就越低。理由是，生产经营周期短，表明企业不需要大量存货，故其流动比率可相应降低。此外，应收账款和存货的周转速度及变现能力也会对流动比率产生影响。一般说来，应收账款和存货周转速度快，其流动比率可相应降低。

4）用流动比率评价企业的短期偿债能力也有一定的局限性。有时流动比率较高，但其短期偿债能力也未必很强，因为可能是存货积压或滞销，也可能是应收账款长期收不回来。这些情况恰好反映了企业短期偿债能力不足。因此，这个指标的使用前提是应收账款和存货的周转情况正常，如有大量呆坏账或存货长期积压，则流动比率便没有意义了。而且，企业很容易伪造这个比率，以掩饰其偿债能力。如年终时故意将借款还清，下年初再借入，这样就可以人为地提高流动比率。

例如，某公司拥有流动资产20万元、流动负债10万元，则流动比率为2∶1。如果该公司在年终编制会计报表时，故意还清5万元短期借款，待下年初再借入，则该公司的流动资产就变成了15万元，流动负债变成了5万元，流动比率为3∶1。这样，流动比率提高了，粉饰了短期偿债能力。因此，利用流动比率来评价企业短期偿债能力存在一定的片面性。

（2）速动比率。流动比率虽然可以用来分析流动资产总体的变现能力。但人们还希望能获得比流动比率分析变现能力更强的比率指标。这个指标就是速动比率。速动比率是企业流动资产中速动资产与流动负债的比率，其计算式为：

$$速动比率 = \frac{速动资产}{流动负债} \tag{3-5}$$

以表3-1中A公司为例，其20×6年速动比率计算如下：

$$速动比率 = \frac{19973-10372}{21323} = 0.45$$

速动资产是流动资产减去存货后的差额。之所以要从流动资产中扣除存货，是基于以下几方面的原因：①在流动资产中存货的变现速度较慢；②部分存货可能未做处理；③存货计价方法还存在成本价与合理市价之间相差悬殊的问题；④部分存货可能已经抵押给债权人。

速动比率用于衡量企业流动资产中可以立即用于偿还流动负债的能力，它是对流动比率的重要补充。比率值越高，表明企业的短期偿债能力越强；反之，越弱。

通常认为，正常的速动比率是1，低于1的速动比率被认为是短期偿债能力偏低。短期债权人希望该比率越高越好，但若站在企业角度，速动比率高说明企业债务偿还的安全性强，但企业会因现金和应收账款的占用过多而增加机会成本。

在分析速动比率时需要结合行业特征。因为行业不同，这一比率存在较大的差异。例如，采用大量现金销售的商店，几乎没有应收账款，速动比率大大低于1是正常；相反，一些应收账款比较多的企业，速动比率可能要大于1，比如制造业。

（3）现金比率。有时，为了更稳健起见，还经常把有回收风险的应收账款和应收票据从速动资产中剔除，只计算现金及其等价物与流动负债的比率。现金及其等价物包括一般是现金形式的货币资金、肯定可以出售的短期有价证券、基本上无回收风险的一年内长期投资等项目。这种比率为现金比率，计算公式为：

$$现金比率 = \frac{现金及其等价物}{流动负债} \tag{3-6}$$

以表3-1中A公司为例，其20×6年现金比率计算如下：

$$现金比率 = \frac{19973-10372-2583-1235}{21323} = 0.27$$

现金比率反映了企业的即刻变现能力，它比速动比率所反映的即时支付能力更迅速。这个比率太高，不一定是好现象，可能是企业不善于利用现金资源，未能及时把现金投入经营以获取更多的利润造成的。现金比率一般只要求保持在0.2左右。

在某些行业中，现金比率相当重要。例如，企业的存货和应收账款周转时期很长，而且经营活动又具有高度的投机性和风险性，对于这类企业来说，应重视分析其现金比率指标。不过，现金比率只把货币资金、短期有价证券和一年内到期的长期投资和流动负债进行对比，在分析企业变现能力中，这个比率重要程度不大。这是因为，在大多数情况下，不可能要求企业只用货币资金和有价证券来偿付流动负债，企业也没有必要保持这些流动负债的数额。一般来说，只有在企业财务发生困难时，才能用现金比率衡量企业最坏情况下的短期偿债能力。所以，现金比率只是速动比率指标的辅助比率。

2. 长期偿债能力比率

长期偿债能力，是指企业偿付长期负债的能力。长期负债是期限在1年或一个营业周期以上的债务，主要有长期借款、应付长期债券、长期应付款等。企业对长期债务的清偿义务包括两个方面：一是财务本金的偿还，二是债务利息的支付。因此，用于评价长期偿债能力的基本财务指标主要有资产负债率、资产权益率、权益乘数、产权比率和利息保障倍数。

（1）资产负债率。资产负债率是企业在一定时点（通常为期末）的负债总额对资产总额的比率，资产负债率表示企业资产总额中债权人提供的资金所占的比重，以及企业在清算时保护债权人利益的程度，反映了企业的资本结构。其计算公式为：

$$资产负债率 = \frac{负债总额}{资产总额} \qquad (3-7)$$

以表3-1中A公司为例，其20×6年资产负债率计算如下：

$$资产负债率 = \frac{39076}{92179} = 0.42$$

公式（3-7）中的负债总额指企业的全部负债，包括长期负债和流动负债。资产负债率是反映企业负债水平及风险程度的综合指标。该比率越高，说明企业总资产中有越多部分是通过负债筹资的，企业资产对债权人权益的保障程度就越低，偿还长期债务的能力越弱；反之，偿还长期债务的能力则越强。

对债权人而言，资产负债比率越低越好。如果该比率过高，表明在企业总资产中，股东提供的资本所占比重太低，此时，企业的资金力量较弱，企业的财务风险就主要由债权人负担，其贷款的安全性缺乏较可靠的保障。对股东而言，其关心的主要是投资收益率的高低。债务利息率低于资产报酬率时，资产负债率越高越好。因为如果企业负债所支付的利息率低于资产报酬率，资产负债率越高，在财务杠杆的作用下，股东利用举债经营获得的利润就越多。对企业经营者而言，资产负债率要合理。企业经营者既要考虑企业发展前景和预期利润，又要考虑对外来财务风险的承受能力，在两者之间权衡作出正确的决策。

资产负债率没有一个固定的标准。比较保守的观点认为，资产负债率不应高于 50%，国际上一般公认为 60% 比较好。在西方，一般认为 70% 为该指标的警戒线。当资产负债率超过 100% 时，表明企业面临破产的危险。不同的行业及不同类型企业的资产负债率有显著的差异。一般而言，商贸业的负债比率比交通等基础行业高一些；处于高速成长时期的企业，其负债比率可能高一些，这样企业能得到更多的杠杆利益。即使如此，资产负债率也最好控制在 70% 以内。此外，分析该比率时将其与行业平均数比较是十分必要的，同时要注意综合应用其他指标。

（2）资产权益率与权益乘数。资产权益率是股东权益与资产总额的比率，表示企业资产总额中投资者投入的资金所占的比重。其计算公式为：

$$资产权益率 = \frac{股东权益总额}{资产总额} \tag{3-8}$$

以表 3-1 中 A 公司为例，其 20×6 年资产权益率计算如下：

$$资产权益率 = \frac{53103}{92179} = 0.58$$

资产权益率较高，说明企业获取资产时主要依赖投资者投入，做偿债保障的企业自有资产较多，企业偿还长期债务的能力强，财务风险小；反之，偿还长期债务的能力弱，财务风险大。

该比率与资产负债率之和为 1。因此，该比率与资产负债率是此消彼长的关系，两者从不同的侧面反映了企业的长期财务状况。该比率越高，资产负债率越低，企业偿还长期债务的能力越强；反之，企业偿还长期债务的能力越弱。

权益乘数是资产权益率的倒数，表示企业资产总额与股东权益总额的倍数关系。其计算公式为：

$$权益乘数 = \frac{资产总额}{股东权益总额} \qquad (3-9)$$

以表 3-1 中 A 公司为例，其 20×6 年权益乘数计算如下：

$$权益乘数 = \frac{92179}{53103} = 1.74$$

在计算权益乘数时，资产总额和股东权益总额可以用期末数也可以用平均数。与股东权益比率相反，权益乘数较高时，说明股东投入的资本在资产中所占比重较小，企业偿债保障的自有资产较少，财务风险较大，偿还债务的能力较弱。

权益乘数是资产负债率的补充，两者都是衡量企业偿还长期负债能力的指标；但是，前者侧重于说明企业资产总额与股东权益总额的倍数关系，后者侧重于说明企业资产总额中债权人提供的资金所占的比重。

（3）产权比率。产权比率是负债总额和股东权益总额的比率。一般来说，产权比率可反映股东所持股权是否过多，或者是尚不够充分等情况，从另一个侧面表明企业借款经营的程度。其计算公式为：

$$产权比率 = \frac{负债总额}{股东权益总额} \qquad (3-10)$$

以表 3-1 中 A 公司为例，其 20×6 年产权比率计算如下：

$$产权比率 = \frac{39076}{53103} = 0.74$$

产权比率用来表明由债权人提供的和由投资者提供的资金来源的相对关系，反映企业基本财务结构是否稳定。产权比率越高，说明企业偿还长期债务的能力越弱；产权比率越低，说明企业偿还债务的能力越强。一般认为这一比率为 1:1，即 100% 以下时，应该是有偿债能力的，但还应该结合企业的具体情况加以分析。

（4）利息保障倍数。利息保障倍数是指企业息税前利润（EBIT）对利息费用的比率，用于衡量企业偿付借款利息的能力。它反映了获利能力对债务偿付的保障程度，以利润表资料为依据。其计算公式如下：

$$利息保障倍数 = \frac{息税前利润}{利息费用} \qquad (3-11)$$

其中，"息税前利润"是指利润表中未扣除利息费用和所得税之前的利润。它可以用"利润总额加利息费用"来测算。由于我国现行利润表"利息费用"没有单列，而是混在"财务费用"之中，外部报表使用人只好用"财务费用"来替代"利息费用"。

公式（3-11）中的"利息费用"是指本期发生的全部应付利息，不仅包括财务费用中的利息费用，还包括计入存货、固定资产成本、投资性房地产的资本化利息。资本化利息虽然不在利润表中扣除，但仍然是要偿还的。利息保障倍数重点衡量企业支付利息的能力，没有足够大的息税前利润，利息的支付就会发生困难。

运用利息保障倍数分析评价企业长期偿债能力，从静态来看，该指标至少应大于1，否则说明企业偿债能力很差，不能举债经营；从动态来看，利息保障倍数提高，说明企业偿债能力在增强。

利息保障倍数不仅反映了企业获利能力的大小，而且反映了获利能力对偿还到期债务的保证程度。它既是企业举债经营的依据，也是衡量企业长期偿债能力的重要标准。一般情况下，利息保障倍数越大，企业长期偿债能力越强。

如何合理确定企业的利息保障倍数？这需要将该企业的这一指标与其他企业特别是本行业平均水平进行比较。同时，从稳健性的角度出发，最好比较本企业连续几年的该项指标，并选择最低指标年度的数据作为标准。这是因为，企业在经营好的年份要偿债，而在经营不好的年份也要偿还大约同等数量的债务。某年度利润很高，利息保障倍数也会很高，但不能年年如此。采用指标最低年度的数据，可保证最低的偿债能力。但若遇有特殊情况，须结合实际来确定[1]。

二、营运能力比率

营运能力比率是企业资产管理能力，主要用来分析企业的资产管理水平。存货的积压状况，应收账款的回收天数，资产结构是否合理，都可以通过营运能力比率作出分析判断。按照企业的资产构成，与营业收入有关的资产主要包括流动资产和固定资产，因此，在实务中，营运能力，主要是计算存货周转率、应收账款周转率、流动资产周转率、固定资产周转率和总资产周转率。

1. 存货周转率

存货（Inventory）是指企业或商家在日常活动中持有以备出售的原料或产品，处在生产过程中的在产品，在生产过程或提供劳务过程中耗用的材料、物

---

① 袁天荣.企业财务分析［M］.北京：机械工业出版社，2010.

料，销售存仓等。存货周转率是企业一定时期的营业成本与平均存货之间的比率，也叫存货的周转次数。其计算公式如下：

$$存货周转率 = \frac{营业成本}{平均存货} \tag{3-12}$$

$$平均存货 = \frac{期初存货 + 期末存货}{2} \tag{3-13}$$

以表 3-1、表 3-2 中 A 公司为例，其 20×6 年存货周转率计算如下：

$$存货周转率 = \frac{66611}{9356.50} = 7.12（次）$$

在计算存货周转率时应注意以下几个问题：

（1）营业成本可以从利润表中获得，平均存货余额是期初存货与期末存货的平均数，可以根据资产负债表计算得出。分子采用营业成本而不是营业收入，可以剔除毛利对周转速度的虚假影响。

（2）分子、分母数据应注意时间上的对应性。

（3）存货计价方法对存货周转率具有较大的影响，因此，在分析企业不同时期或不同企业的存货周转率时，应注意存货计价方法的口径是否一致。

反映应收账款周转速度也可以用"周转天数"来表示。其计算公式为：

$$存货周转天数 = \frac{360}{存货周转率} = \frac{360 \times 平均存货}{本期销售成本} \tag{3-14}$$

以表 3-1 中 A 公司为例，其 20×6 年存货周转天数计算如下：

$$存货周转天数 = \frac{360}{7.12} = 50.56（天）$$

存货周转速度的快慢，不仅反映出企业在采购、生产、营销等环节工作的好坏，而且对企业的盈利能力和偿债能力产生决定性影响。存货周转率高，周转天数少，表明存货的周转速度快，变现能力强，进而则说明企业具有较强的存货营运能力和较高的存货管理效率。

存货周转率反映企业销售存货的速度，反映企业的销售能力。在正常经营条件下，保持合理的存货水平对企业盈利能力有重要影响。一方面，存货量过高会占用企业资金，形成低效率资产，降低企业的资产周转率和盈利水平；另一方面，存货量过低，可能出现存货满足不了销售需要的情况，同样影响企业的盈利能力。在分析存货周转率时，应结合企业自身的特点进行。适当的存货量与合理的存货结构也应结合企业自身特点、市场状况、行业特征进行确定。

2. 应收账款周转率

应收账款是企业销售商品和提供劳务后应向接受单位收取的款项。应收账款周转率是企业一定时期赊销收入净额与应收账款平均余额的比率。它反映了企业应收账款的周转速度。其计算公式如下：

$$应收账款周转率 = \frac{赊销收入净额}{应收账款平均余额} \tag{3-15}$$

$$应收账款平均额 = \frac{期初应收账款 + 期末应收账款}{2} \tag{3-16}$$

以表 3-1 中 A 公司为例，其 20×6 年应收账款周转率计算如下：

$$应收账款周转率 = \frac{79616}{1083.50} = 73.48 \text{（次）}$$

公式（3-15）中赊销收入净额是指销售收入扣除了销货退回和销货折扣及折让后的赊销净额，是企业当期销售收入扣除现金销售以后的部分。营业收入可以从利润表中直接获取，现金销售部分来源于现金流量表。由于企业外部报表使用者不能直接从现金流量表中找到该项数据，因此，在实务中，对于外部报表使用者来说只能采用营业收入指标计算应收账款周转率。

在市场经济条件下，商业信用被广泛使用，应收账款成为一项重要的流动资产。应收账款周转率是评价应收账款流动性大小的一个重要财务比率，它反映了企业在一个会计年度内应收账款的周转次数，可以用来分析企业应收账款的变现速度和管理效率。这一比率越高，说明企业催收账款的速度越快，可以减少坏账损失，而且资产的流动性强，企业的短期偿债能力也会增强，在一定程度上可以弥补流动比率低的不利影响。

如果应收账款周转率过高，可能是因为企业奉行比较严格的信用政策，信用标准和付款条件过于苛刻。这样会限制企业销售量的扩大，从而会影响企业的盈利水平；这种情况往往表现为存货周转率同时偏低。如果企业的应收账款周转率过低，则说明企业催收账款的效率太低，或者信用政策十分宽松，这样会影响企业资金利用率和资金的正常周转。

反映应收账款周转速度也可以用"周转天数"来表示。其计算公式如下：

$$应收账款周转天数 = \frac{360 \times 应收账款平均余额}{本期销售收入} \tag{3-17}$$

以表 3-1 中 A 公司为例，20×6 年其应收账款周转天数计算如下：

$$应收账款周转天数 = \frac{360}{73.48} = 4.90 \ (天)$$

应收账款周转天数表示应收账款周转一次所需天数。周转天数越少，说明企业的应收账款周转速度越快。应收账款周转天数与应收账款周转次数成反比，对该指标的分析也可作为制定信用政策、评价收账效率的重要依据。

3. 流动资产周转率

流动资产是指企业可以在一年或者超过的一个营业周期内变现或者运用的资产，是企业资产中必不可少的组成部分。流动资产周转率是用于衡量企业流动资产综合营运效率和变现能力的财务比率。其可以用周转率和周转天数来表示，计算公式如下：

$$流动资产周转率 = \frac{营业收入}{流动资产平均余额} \tag{3-18}$$

$$流动资产周转天数 = \frac{360 \times 流动资产平均余额}{本期销售收入} \tag{3-19}$$

其中，流动资产平均余额 = (期初流动资产 + 期末流动资产) /2。

以表 3-1 中 A 公司为例，其 20×6 年流动资产周转率计算如下：

$$流动资产周转率 = \frac{79616}{25044} = 3.18 \ (次)$$

流动资产周转率越高，周转天数越少，表明企业对流动资产的综合营运能力越强，效率越高，否则反之。

流动资产周转率是分析流动资产周转情况的一个综合指标。流动资产周转得快，可以节约流动资金，相当于扩大了企业的资产投入，增强了企业的盈利能力。但是，究竟流动资产周转率为多少才算好，并没有一个确定的标准。通常分析流动资产周转率应比较企业历年的数据并结合行业特点。

4. 固定资产周转率

固定资产是指企业为生产产品、提供劳务、出租或者经营管理而持有的，使用时间超过 12 个月的，价值达到一定标准的非货币性资产，包括房屋、建筑物、机器、机械、运输工具以及其他与生产经营活动有关的设备、器具、工具等。固定资产周转率，也称固定资产利用率，是企业营业收入与固定资产平均余额的比率。计算公式如下：

$$固定资产周转率 = \frac{营业收入}{固定资产平均余额} \tag{3-20}$$

以表 3-1 中 A 公司为例，其 20×6 年固定资产周转率计算如下：

$$固定资产平均余额 = \frac{43252+32656}{2} = 37954（万元）$$

$$固定资产周转率 = \frac{79616}{37954} = 2.10（次）$$

这项比率主要用于分析企业对厂房、设备等固定资产的利用效率。该比率越高，说明固定资产的利用率越高，管理水平越好。如果固定资产周转率与同行业平均水平相比偏低，说明企业的生产效率较低，可能会影响企业的获利能力。

在进行固定资产周转率分析时，应以企业历史水平和同行业平均水平为标准进行对比分析，从中找出差距，努力提高固定资产周转率。周转率越高，说明固定资产利用效率越高；周转率越低，说明固定资产数量过多或设备闲置。

5. 总资产周转率

总资产是指某一经济实体拥有或控制的、能够带来经济利益的全部资产。总资产由流动资产、长期投资、固定资产、无形资产和递延资产等构成。总资产周转率是指企业在一定时期营业收入同总资产平均余额的比率。计算公式如下：

$$总资产周转率 = \frac{营业收入}{总资产平均余额} \qquad (3-21)$$

$$总资产周转天数 = \frac{360×总资产平均余额}{营业收入} \qquad (3-22)$$

其中，总资产平均余额 = (期初总资产 + 期末总资产)/2。

以表 3-1 中 A 公司为例，其 20×6 年总资产周转率计算如下：

$$总资产平均余额 = \frac{92179+86783}{2} = 89481（万元）$$

$$总资产周转率 = \frac{79616}{89481} = 0.89（次）$$

总资产周转率是反映企业资产运营效率的一项重要指标。一般而言，总资产周转率越高，总资产周转速度越快，表明企业资产经营管理得越好，取得的销售收入越多，资产的利用效率就越高，总资产较充分地发挥其整体效能，企业的获利能力与偿债能力也较高；反之，则表明企业利用全部资产进行经营活动的效率较差，获利能力较弱，资产创造的销售收入与现金收入量较少，经营风险水平相对较高，管理者应采取缩减投资规模等调整措施。

总资产周转率的高低主要受两方面因素的影响：一方面是流动资产的周转

率，另一方面是流动资产占总资产的比例，即流动资产和非流动资产的结构比例关系。在总资产中，流动资产的周转速度最快，因此，总资产周转速度受流动资产周转速度的影响较大。可以用公式（3-23）表示出两者之间的关系：

$$总资产周转天数 = \frac{流动资产平均余额}{总资产平均余额} \times \frac{营业收入}{流动资产平均余额}$$

$$= 流动资产占总资产比重 \times 流动资产周转率 \tag{3-23}$$

公式（3-23）表明，要加速总资产周转，一是加速流动资产周转；二是提高流动资产在总资产中所占比重。但由于资产结构主要由企业的行业性质和经营特点所决定，企业不能随意调整，因此，要加速总资产周转，从根本上说有赖于加速流动资产的周转。

三、盈利能力比率

盈利能力是指企业获取利润的能力，也称为企业的资金或资本增值能力，通常表现为一定时期内企业收益数额的多少及其水平的高低。盈利能力分析是企业财务分析的重要组成部分，也是评价企业经营管理水平的重要依据。企业的各项经营活动都会影响企业的盈利，但是，分析盈利能力时，一般只分析企业正常经营活动的盈利能力，不涉及非正常经营活动。盈利能力指标主要包括营业利润率、资产利润率、权益净利率。

1. 营业利润率

从收入的角度对盈利能力进行分析，只研究利润与收入的比率关系。营业利润率是指企业的营业利润与营业收入的比率，反映了每1元收入中利润所占的比重。在利润表中，企业的营业收入包括主营业务收入和其他业务收入；利润有毛利润、营业利润、净利润和息税前利润四种形式。因此，从收入的角度对盈利能力进行分析的指标多采用营业毛利率、营业利润率、营业净利率、营业息税前利润率。

（1）营业毛利率。营业毛利率是毛利润与营业收入的比率，即毛利润占营业收入的百分比，体现了企业生产经营活动最基本的获利能力。毛利润是指商业企业商品售价减去商品原进价后的余额，在利润表中为当期的营业收入与当期的营业成本之差。其计算公式如下：

$$营业毛利率 = \frac{毛利润}{营业收入} \tag{3-24}$$

以表 3-1 中 A 公司为例，其 20×6 年营业毛利率计算如下：

$$营业毛利率 = \frac{79616 - 66611}{79616} = 0.16$$

营业毛利率体现了企业生产经营活动最基本的获利能力。该指标在商业销售和批发企业中具有重要的作用。通常情况下，该指标越高，单位营业收入的毛利润越高，抵补企业各项经营支出的能力越强，销售（营业）利润越高，企业的盈利能力越强。

（2）营业利润率。营业利润率是企业一定时期营业利润与营业收入的比率。其中，营业利润是指企业营业收入扣除营业成本、销售费用、管理费用、财务费用、营业税金及附加后，资产减值损失加上公允价值变动净收益和投资净收益的余额。其计算公式如下：

$$营业利润率 = \frac{营业利润}{营业收入} \tag{3-25}$$

以表 3-1 中 A 公司为例，其 20×6 年营业利润率计算如下：

$$营业利润率 = \frac{3878}{79616} = 0.05$$

营业利润率表示每赚取 1 元营业收入能够带来的营业利润是多少，反映营业收入的收益水平。该指标与销售毛利率都是评价产品盈利能力的主要指标，只不过是分子发生了变化而已。相比较而言，该指标对企业盈利能力的考察更为准确、全面。一般来说，该指标越高，企业的产品竞争力越强，盈利水平越高；反之则越低。

（3）营业净利率。营业净利率是净利润与营业收入的比率。净利润是指在利润总额中按规定缴纳了所得税后公司的利润留成，一般也称为税后利润。其计算公式如下：

$$营业净利率 = \frac{净利润}{营业收入} \tag{3-26}$$

以表 3-1 中 A 公司为例，其 20×6 年营业净利率计算如下：

$$营业净利率 = \frac{2989}{79616} = 0.04$$

营业净利率是企业销售的最终获利能力指标，比率越高，说明企业的获利能力越强。但它受行业特点影响较大，通常来说，越是资本密集型企业，营业净利率就越高；反之，资本密集程度较低的企业，营业净利率也较低。对该比率的分析应结合不同行业的具体情况进行。

（4）营业息税前利润率。营业息税前利润率是企业一定时期息税前利润与营业收入的比率，反映了企业经营活动的获利能力，是评价产品经营能力的指标之一。息税前利润（EBIT）通俗地说就是不扣除利息也不扣除所得税的利润，即息税前利润（EBIT）=净利润+所得税+利息费用，也可以称为息前税前利润。营业息税前利润率计算公式如下：

$$营业息税前利润率 = \frac{息税前利润}{营业收入} \qquad (3-27)$$

以表 3-1 中 A 公司为例，假设 20×6 年的财务费用全部是利息费用，营业息税前利润率计算如下：

$$营业息税前利润率 = \frac{2989+852+694}{79616} = 0.06$$

息税前利润率表示每 1 元营业收入带来的息税前利润是多少。该指标值越高表示企业的息税前利润水平越高，盈利能力也越强。

2. 资产利润率

资产利润率又称投资盈利率、资产报酬率、企业资金利润率，是反映企业资产盈利能力的指标，是指企业在一定时间内实现的利润与同期总资产平均余额的比率。企业资产利润率这项指标能促使企业全面改善生产经营管理，不断提高企业的经济效益。

（1）总资产利润率。总资产利润率又称总资产收益率，是企业一定时期内息税前利润与总资产平均余额的比率，是企业资产经营的核心目标，它是评价企业资产盈利能力的指标之一。其计算公式如下：

$$总资产利润率 = \frac{息税前利润}{总资产平均余额} \qquad (3-28)$$

以表 3-1 中 A 公司为例，假设 20×6 年的财务费用全部是利息费用，总资产利润率的计算如下：

$$总资产利润率 = \frac{2989+852+694}{\dfrac{92179+86783}{2}} = 0.0507$$

总资产利润率全面反映了企业资产利用的综合结果，反映了企业利用全部经济资源的获利能力，全面反映了企业的投入产出状况。一般情况下，该指标较高时，表明企业资产运营有效，企业的投入产出水平较高，运用资产获取利润的能力较强；反之，则表明资产的利用效果欠佳，企业可能存在不良资产或资产利用率低的现象，财务管理水平较低。因此，此指标为正指标，越高越好。

总资产利润率视行业性质不同而不同，但长时期的总资产平均利润率各行业呈趋于一致的倾向。一般来说，各行业部门的总资产利润率基本是一致的，该指标可以用于各行业之间的比较。

（2）总资产净利率。总资产净利率，是企业一定时期内获得的净利润与总资产平均余额的比率。它是反映企业资产综合利用效果的指标，也是衡量企业利用债权人和所有者权益总额所取得盈利的重要指标。其计算公式如下：

$$总资产净利率 = \frac{净利润}{总资产平均余额} \tag{3-29}$$

以表 3–1 中 A 公司为例，其 20×6 年总资产净利率计算如下：

$$总资产净利率 = \frac{2989}{89481} = 0.03$$

总资产净利率越高越好。总资产净利率越高，意味着资产利用的效果越好，利用资产创造的利润越多，整个企业盈利能力越强，经营管理水平越高。通过总资产净利率分析，能够测验各部门、各生产与经营环节的工作效率和质量，能够明确内部各有关部门的责任，从而调动各方面生产经营和提高经济效益的积极性。当然，对该指标进行分析时，应与企业标准值进行比较。

3. 权益净利率

权益利润率是从所有者权益的角度分析企业的获利能力。该项分析指标主要是指权益净利率。所谓权益净利率是指一定时期企业的净利润与所有者权益平均余额的比率，其计算公如下：

$$权益净利率 = \frac{净利润}{所有者权益平均余额} \tag{3-30}$$

$$所有者权益平均余额 = \frac{期初所有者权益 + 期末所有者权益}{2} \tag{3-31}$$

以表 3–1 中 A 公司为例，其 20×6 年权益净利率计算如下：

$$权益净利率 = \frac{2989}{53683} = 0.06$$

权益净利率是评价企业获利能力的一个重要财务比率，也是一个核心指标，它反映权益资本中每 1 元所产生的盈利，表明了企业股东获取投资报酬的高低。该比率越高，说明企业的获利能力越强。将该项指标分解后可以有以下结果：

$$权益净利率 = \frac{净利润}{平均所有者权益}$$

$$= \frac{净利润}{营业收入} \times \frac{营业收入}{总资产平均余额} \times \frac{总资产平均余额}{所有者权益平均余额}$$

$$= 营业净利率 \times 总资产周转率 \times 权益乘数 \tag{3-32}$$

从该指标分解的结果可以看出，权益净利率与资产净利率的区别在于前者等于后者再乘以权益乘数。权益乘数反映了财务杠杆对权益净利率的影响。权益乘数实际上是要求企业从提高权益净利率的角度合理安排企业的资本结构，充分发挥财务杠杆作用。以上分析说明，要提高权益净利率，不仅要提高营业净利率，而且要提高资产周转率，合理安排企业的负债比重。财务杠杆对提高权益净利率有重要作用，但只有在资产息税前利润率大于债务利率时，才能通过财务杠杆提高企业的权益净利率。

以上分解的权益净利率是美国杜邦公司进行杜邦分析的依据，也是其他企业进行财务分析的重要方法。其最重要的价值在于分析影响企业权益净利率的因素和原因。

四、发展能力比率

企业发展能力是指企业扩大规模、壮大实力的潜在能力。分析发展能力主要考察以下五项指标：营业收入增长率、营业收入三年平均增长率、总资产增长率、资本积累率和资本三年平均增长率。

1. 营业收入增长率

营业收入增长率是企业本年营业收入增长额与上年营业收入总额的比率，该指标反映了企业营业收入的增减情况。其计算公式如下：

$$营业收入增长率 = \frac{本年营业收入增长额}{上年营业收入总额} \tag{3-33}$$

其中，营业收入增长额＝本年营业收入总额－上年营业收入总额。

以表3-1中A公司为例，其20×6年营业收入增长率计算如下：

$$营业收入增长率 = \frac{79616 - 65449}{65449} = 0.22$$

营业收入增长率是衡量企业成长状况和发展能力的重要标志。不断增加的营业收入，是企业生存的基础和发展的条件。该指标若大于零，表示企业的营业收入不断增长，这一比率越高，表明增长速度越快，企业市场前景越好；若该指标小于零，则说明企业的产品或服务存在不适销对路、质次价高等方面问题，导致产品销售不出去，市场份额萎缩。该指标在实际操作时，应结合企业历年的营业收入水平、企业产品或服务市场占有情况、行业未来发展及其他影响企业发展的潜在因素进行前瞻性预测，或者结合企业前三年的营业收入增长率作出趋势性分析判断[1]。

2. 营业收入三年平均增长率

营业收入三年平均增长率表明企业营业收入连续三年的增长情况，反映企业的持续发展态势和市场扩张能力。其计算公式如下：

$$营业收入三年平均增长率 = \sqrt[3]{\frac{本年营业收入总额}{三年前营业收入总额}} - 1 \tag{3-34}$$

一般认为，营业收入三年平均增长率越高，表明企业营业持续增长势头越好，市场扩张能力越强。

3. 总资产增长率

总资产增长率是企业本年总资产增长额同年初总资产的比率，反映企业本期资产规模的增长情况。其计算公式如下：

$$总资产增长率 = \frac{本年总资产增长额}{年初总资产} \tag{3-35}$$

其中，本年总资产增长额 = 年末资产总额 - 年初总资产。

以表 3-1 中 A 公司为例，其 20×6 年总资产增长率计算如下：

$$总资产增长率 = \frac{92179 - 86783}{86783} = 0.06$$

该指标是从资产总量扩张方面衡量企业的发展能力，表明企业规模增长水平对企业发展后劲的影响。总资产增长率越高，说明企业本年内资产经营规模扩张的速度越快。但在实际分析时，应注意资产规模扩张的质与量之间的关系，以及企业的后续发展能力，避免盲目扩张。

4. 资本积累率

资本积累率是指企业本年所有者权益增长额同年初所有者权益的比率，反映了企业当年自有资本的积累能力。计算公式如下：

---

[1] 刘小清. 财务管理学 [M]. 上海：上海财经大学出版社，2014.

$$资本积累率 = \frac{本年所有者权益增长额}{年初所有者权益} \qquad (3-36)$$

其中，本年所有者权益增长额=年末所有者权益总额-年初所有者权益总额。

以表3-1中A公司为例，其20×6年资本积累率计算如下：

$$资本积累率 = \frac{53103 - 54263}{54263} = -0.02$$

资本积累率体现了企业资本的积累情况，是企业发展强盛的标志，也是企业扩大再生产的源泉，展示了企业的发展潜力。一般来说，资本积累率越高，表明企业的资本积累越多，企业资本保全性越强，应对风险、持续发展的能力越大。而如果该指标为负值，表明企业资本受到侵蚀，所有者利益受到损害[①]。

5. 资本三年平均增长率

资本三年平均增长率表示企业资本连续三年的积累情况，在一定程度上反映了企业的持续发展水平和发展趋势。其计算公式为：

$$资本三年平均增长率 = \sqrt[3]{\frac{年末所有者权益总额}{三年前年末所有者权益总额}} - 1 \qquad (3-37)$$

资本积累率指标有一定的滞后性，仅反映当期情况；为反映企业资本保全增值的历史发展情况，了解企业的发展趋势，需要计算连续几年的资本积累情况。该指标越高，表明企业所有者权益得到的保障程度越大，企业可以长期使用的资金越充裕，抗风险和连续发展的能力越强。

五、企业财务状况综合评价

从偿债能力、营运能力、盈利能力和发展能力的角度对企业进行分析是单独从某一特定角度，就企业某一方面的经营活动所做的分析，分析结果难免具有片面性。要做全面的分析，必须采取适当的方法，对企业财务进行综合分析与评价。所谓财务综合分析就是将企业营运能力、偿债能力和盈利能力等方面的分析纳入一个有机的分析系统之中，全面地对企业财务状况、经营状况进行解剖和分析，从而对企业经济效益作出较为准确的评价与判断。下面介绍一种常用的综合分析法：杜邦分析法。

[①] 杨淑娥.财务管理学 [M].北京：高等教育出版社，2014.

1. 杜邦财务分析体系

杜邦分析法，亦称杜邦财务分析体系，是指根据各主要财务比率指标之间的内在联系，建立一套相互制约的财务分析指标体系，以此来综合分析企业财务状况和经营成果的方法。由于该指标体系是由美国杜邦公司最先采用的，故称杜邦财务分析体系。

该分析方法以权益净利率为起点，按从综合到具体的逻辑关系层层分解，直到财务报表原始构成要素或项目。杜邦财务分析体系如图 3-1 所示。

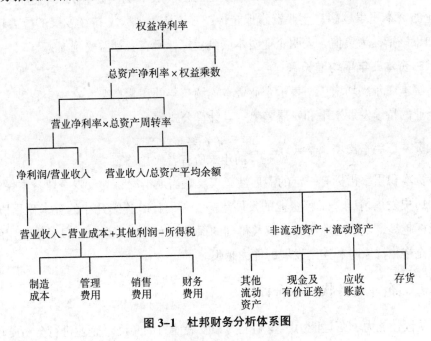

图 3-1　杜邦财务分析体系图

根据图 3-1，我们可以看到，提高权益净利率的途径有以下三个方面：

（1）提高营业净利率。影响营业净利率的主要因素是营业收入与成本费用，这就要求企业一方面要提高产能，扩大销售量，增加营业收入；另一方面要降低成本费用，合理安排成本结构。因此，扩大销售收入、降低成本是提高销售利润率的基本途径。利用杜邦分析，可以分析企业成本费用是否合理。通过分析企业盈利水平，可以发现企业收入和费用积极或消极变化的原因，寻找有效对策，从而提高企业利润水平。

（2）提高总资产周转率。提高总资产周转率，必须一方面扩大营业收入，另一方面加速企业经营性资产的流动性，减少闲置资金占用。这就要求企业合理安排资产结构，降低资产存量，特别是找出长期闲置和利用程度较低的资产项目，通过加强企业管理调整产品结构，降低存货存量，加快应收账款的收现，加快资产周转速度，降低资金的占用。

（3）提高权益乘数。按杜邦分析法，如果企业总资产的需要量不变，适度开展负债经营，相对减少股东权益所占份额，可使权益乘数提高，从而提高权益净利率。因此，企业既要合理使用全部资产，又要妥善安排资本结构，这样才能有效提高权益净利率。较高的权益乘数固然可以较好地发挥财务杠杆作用，但也会导致较大的财务风险。因此，这就要求企业将负债控制在一个合理的水平上，不能太高，也不能太低。

2. 杜邦分析体系的不足

杜邦财务分析体系提供的上述财务信息，较好地揭示了指标变动的原因和趋势，为进一步采取具体措施指明了方向，还为决策者优化经营结构和理财结构、提高企业偿债能力和经营效益提供了基本思路。杜邦分析法虽然有很多优点，能够发现影响净资产收益率的主要因素，但仍然存在以下不足：

（1）杜邦分析法不能清晰地显示资本结构对公司获利能力的影响。在杜邦分析法的平衡式中，第一个比率营业净利率，其分子净利润是由营业收入减去变动成本、固定成本与利息费用得到的，包含经营活动与融资活动的共同影响，没有对这两种活动进行彻底的分离，不能衡量负债对公司获利能力到底带来了正面的作用还是负面的作用。

（2）杜邦分析法不能满足企业加强内部管理的需要。杜邦分析法基本局限于事后财务分析，事前预测、事中控制的作用较弱，不利于计划、控制和决策。这主要是因为杜邦分析法的资料主要来源于财务报表，没有充分利用管理会计的数据资料，如管理会计的成本分析资料和风险分析资料等，没有按照成本性态反映并分析成本信息，所以不利于成本控制和加强内部管理。

第三节　上市公司财务分析

上市公司是指所发行的股票经过国务院或者国务院授权的证券管理部门批准

在证券交易所上市交易的股份有限公司。其盈利能力除了可以通过一般企业盈利能力的指标分析外，还应进行一些特殊指标的分析，特别是一些与企业股票价格或市场价值相关的指标分析，如每股收益、每股股利、市盈率、每股净资产、市净率等指标。

一、每股收益

每股收益又称每股盈余，是本年度企业净利润扣除优先股利息后的余额与普通股加权平均数的比值。它是评价上市公司盈利能力最基本和最核心的指标，是影响股票价格变化的重要财务指标之一。其计算公式为：

$$每股收益 = \frac{净利润}{普通股加权平均数} \tag{3-38}$$

其中，普通股加权平均数=期初发行在外普通股股数+当期新发行普通股股数×发行在外月份数/12-当期回购普通股股数×已回购月份数/12。

【例3-1】 某上市公司20×5年度的有关资料如下：净利润120000元；累积优先股的面值100元，票面利率6%，发行在外1000股；20×5年1月1日发行在外的普通股为100000股；20×5年4月1日新发行普通股20000股；20×5年10月1日回购本公司普通股票10000股。要求：计算该公司基本每股收益。

具体计算如下：

优先股股利=100×1000×6%

$\qquad\qquad$ =6000（元）

普通股加权平均数=100000+20000×9/12-10000×3/12

$\qquad\qquad$ =100000+15000-2500=112500（股）

每股收益=(120000-6000)/112500=1.01（元/股）

通常情况下，该指标越高，表明企业每一普通股所能取得的收益越多，投资的盈利能力越强，说明企业经济效益越好；反之，每股收益越低，表明企业获利能力越差，每一普通股所获得的利润越少，股东的投资收益水平越低。该指标直接影响短期投资者在二级市场的收益，因为每股收益是反映或确定上市公司股票价格的主要参考指标。在其他因素不变的情况下，每股收益越高，股票市价就越高，股票的市价上升空间越大；反之，每股收益越低，股票市价就越低，股票的市价上升空间越小。

然而，每股收益指标也具有局限性，因为每股收益没有考虑为达到一定的盈余水平所需要的资产或资本数额。如果两个公司具有相同的每股收益，但 A 公司的资产或资本是 B 公司的两倍，那么这两个公司的盈余能力实际上是不同的，B 公司比 A 公司的盈余能力实际高一倍。同理，如果向外发行股数不同，相同的净收益也会产生不同的每股收益。所以该指标不便于在公司之间进行比较。它不能反映相应的公司财务风险的变化，不能反映股东实际分到股利的多少，同时，每股收益具有一些局限性，这是因为分红的多少还取决于公司的股利分配政策。

二、每股股利

每股股利是指本年度股利总额与年末普通股股份总数的比值。它反映每一普通股取得的现金股利是多少，反映股东实际取得的收益，是评价公司盈利能力的主要指标。其计算公式为：

$$每股股利 = \frac{普通股股利}{期末普通股股数} \tag{3-39}$$

该指标越高，表明投资于每一普通股所获得的报酬越多，公司股本的盈利能力越强；反之，则越弱。此外，每股股利比前面提到的每股收益指标，更为直接地反映了股东所获报酬的多少。在具体运用该比率时，应注意以下几点：①在计算该项比率时，分母仅限于普通股股数，分子也仅限于普通股股利，而不包括优先股股数及其应分配的股利。②当每股收益一定时，每股股利的高低取决于多种因素，如公司的投资机会、资产流动性、举债能力、现金流量以及累积未分配利润等。因此，在评价该项比率时，应全面分析，综合考察，以便能客观地评价公司股票的投资价值。③在利用该比率进行投资收益预测时，应注意前后各期的比较，以了解股利分配是否在各期间具有一贯性和稳定性，谨防以点概面而影响收益预测和投资决策的正确性。

【例 3-2】某公司 20×6 年决定发放股利总额为 4200 万元，该公司普通股总数为 1400 万股，未发行优先股，则每股股利为：

每股股利 = 4200 ÷ 1400 = 3（元）

三、市盈率

市盈率（Price-Earning Ratio, P/E），是指股票每股市价对每股盈余的比率，也即普通股每股市价相当于每股收益的倍数。它可用来判断企业股票与其他企业股票相比较潜在的价值。其计算公式如下：

$$市盈率 = \frac{每股市价}{每股收益} \tag{3-40}$$

该指标可以用来估计股票的投资报酬。市盈率越高，表明投资者对上市公司每股收益愿意支付的价格越高，说明投资者对该公司的发展前景看好；反之，市盈率越低，表明投资者对上市公司每股收益愿意支付的价格越低，意味着投资者对该公司的发展前景不太看好。市盈率的变动趋势可在一定程度上反映企业盈利能力的稳定性及潜在的发展能力。所以，一些成长性较好的高科技公司股票的市盈率往往较高，而一些传统行业公司股票的市盈率一般较低。

同时，该指标反映投资者对上市公司每股收益愿意支付的价格，还反映投资者所承担的风险。市盈率越高，投资者承担的风险越大；反之，投资者承担的风险越小。

四、每股净资产

每股净资产又被称为每股账面净值或每股权益，是期末股东权益与期末普通股股数的比值。它反映普通股所代表的期末的账面价值，在理论上提供了股票的最低价值。其计算公式为：

$$每股净资产 = \frac{期末股东权益}{期末普通股股数} \tag{3-41}$$

净资产的多少是由股份公司经营状况决定的，公司的经营业绩越好，其资产增值越快，每股净资产就越高。因此，每股净资产可用于反映公司盈利能力的强弱，反映公司的财务实力。股票的净资产水平高，则股票价格必然上涨；反之，每股净资产少，代表股东共享的权益少，股票价格上涨较慢甚至下降。所以，每股净资产是决定股票价格走向的主要依据。同时，它还在理论上提供了股票最低市价的参考依据，若公司的股价低于净资产的成本，说明公司已无存在价值。

该指标使用历史成本计量，反映了股票的账面价值，如果企业的经营时间较长又没有定期进行资产评估，那么其反映的账面价值将与股票的发行价值、市场价值之间存在较大的差异，不能反映净资产的实际产出能力。因此，在实务中每股净资产的使用有限。

五、市净率

市净率是普通股每股市价与每股净资产的比率。它反映了股票市价相当于每股净资产的倍数关系，体现出市场对公司资产质量的评价。其计算公式为：

$$市净率 = \frac{每股市价}{每股净资产} \tag{3-42}$$

市净率可以反映股份公司投资价值和投资风险的大小，可用于投资分析。一般地，市净率越高，说明投资者对每股净资产愿意支付的价格越高，意味着企业资产质量越好，股票投资的风险越小；反之，市净率越低，说明投资者对每股净资产愿意支付的价格越低，企业资产质量较差，股票投资的风险较大。通常优质公司的市净率往往较高。

该指标也存在一定的不足之处，其计算公式的分子与分母，前者采用的是市场数据，后者采用的是历史数据，两者的口径不一致，影响指标的说服力。与市盈率指标侧重于从股票的获利性角度进行分析不同，市净率指标侧重于从股票的账面价值考虑。

【课后习题】

一、重要名词与术语

1. 财务分析
2. 短期偿债能力
3. 长期偿债能力
4. 营运能力
5. 盈利能力
6. 杜邦分析法
7. 每股收益
8. 每股股利
9. 市盈率
10. 每股净资产

二、复习思考题

1. 财务分析的目的与作用有哪些？

2. 企业财务分析有哪些方法？

3. 阐述财务分析的程序？

4. 分析短期偿债能力指标有哪些？

5. 用于评价长期偿债能力的财务指标有哪些？

6. 分析企业营运能力指标有哪些？

7. 用于分析企业盈利能力的指标有哪些？

8. 根据杜邦分析系统，分析提高权益净利率的途径有哪些？

三、计算分析题

1. 某公司 20×5 年有关资料如下：

单位：万元

项目	年初数	年末数
资产	400	500
负债	225	300
所有者权益	175	200

该公司 20×5 年实现利润 25 万元。

要求：

（1）计算权益净利率。

（2）计算总资产净利率。

（3）分别计算年初、年末的资产负债率。

2. M 公司 20×5 年财务数据如下：

（1）该公司 20×5 年初的流动资产总额为 800 万元（其中应收票据 250 万元，应收账款 200 万元，存货 350 万元），流动资产占资产总额的 20%；流动负债总额为 500 万元，流动负债占负债总额的 25%。

（2）该公司 20×5 年末的流动资产总额为 1200 万元（其中应收票据 350 万元，应收账款 400 万元，存货 450 万元），流动资产占资产总额的 24%，流动负债占负债总额的 35%。该公司 20×5 年末股东权益总额较年初增加 20%。

（3）已知该公司 20×5 年的营业收入为 5000 万元，营业毛利率为 20%，三项期间费用合计 400 万元，负债的平均利息率为 8%，适用的所得税税率为 33%。

要求：

（1）计算20×5年初的负债总额、资产总额、流动比率和速动比率。

（2）计算20×5年末的股东权益总额、负债总额。

（3）计算20×5年的应收账款周转率、存货周转率（按营业成本计算）和总资产周转率（涉及资产负债表数据使用平均数计算）。

3. 已知20×5年度某公司股票的变动情况如下：1月1日，普通股股票发行数为2500万股；4月1日，追加发行普通股股数为500万股；10月6日，回购股数为1000万股。该公司发行在外的普通股加权平均数是多少？

4. 某公司流动资产由速动资产和存货构成，年初存货为170万元，年初应收账款为150万元，年末流动比率为200%，年末速动比率为100%，存货周转率为4次，年末流动资产余额为300万元。一年按360天计算。

要求：

（1）计算该公司流动负债年末余额。

（2）计算该公司存货年末余额和年平均余额。

（3）计算该公司本年营业成本。

（4）假定本年赊销净额为1080万元，应收账款以外的其他速动资产忽略不计，计算该公司应收账款周转天数。

5. 20×6年初的负债总额为1500万元，股东权益是负债总额的2倍，年资本积累率为30%，20×6年末的资产负债率为40%，负债的年均利率为5%。20×6年实现净利润900万元，所得税率为33%。20×6年末的股份总数为600万股（普通股股数年内无变动），普通股市价为15元/股。

要求（计算结果保留两位小数）：

（1）计算20×6年初的股东权益总额、资产总额、年初的资产负债率。

（2）计算20×6年末的股东权益总额、负债总额、资产总额、产权比率。

（3）计算20×6年的总资产净利率、权益乘数（使用平均数计算）、平均每股净资产、基本收益、市盈率。

6. 已知：MT公司20×3年初所有者权益总额为1500万元，该年的资本保值增值率为125%（该年度没有出现引起所有者权益变化的客观因素）。20×5年初，负债总额为4000万元，所有者权益是负债的1.5倍，该年的资本积累率为150%，年末资产负债率为0.25，负债的年均利率为10%，全年固定成本总额为

975 万元，净利润为 1005 万元，适用的企业所得税税率为 33%。

根据上述资料，计算 MT 公司的下列指标：

(1) 20×3 年末的所有者权益总额。

(2) 20×5 年初的所有者权益总额。

(3) 20×5 年初的资产负债率。

(4) 20×5 年末所有者权益总额和负债总额。

(5) 20×5 年末的产权比率。

(6) 20×5 年的所有者权益平均余额和负债平均余额。

(7) 20×5 年的息税前利润。

(8) 20×5 年总资产报酬率。

(9) 20×5 年利息保障倍数。

7. 某公司 20×4 年初的股东权益总额为 600 万元，年资本保值增值率为 1.6，20×6 年初的负债总额为 400 万元，股东权益是负债总额的 3 倍，年资本积累率为 50%，20×6 年末的资产负债率为 60%，普通股股数为 300 万股（年内股数未发生变化)，普通股市价为 5 元/股。20×6 年全年的利息为 210 万元，固定成本总额为 170 万元，实现净利润 308.2 万元，所得税率为 33%。经营现金净流量为 616.4 万元，成本费用总额为 500 万元，20×6 年发放的普通股现金股利为 30 万元。

要求：

(1) 计算 20×4 年末的股东权益总额。

(2) 计算 20×6 年初的股东权益总额、年初的资产负债率。

(3) 计算 20×6 年末的股东权益总额负债总额、产权比率。

(4) 计算 20×6 年 EBIT、总资产报酬率、权益收益率、利息保障倍数。

(5) 计算 20×6 年的成本费用利润率、盈余现金保障倍数、基本每股收益、每股股利、每股净资产。

(6) 计算 20×6 年末的市盈率。

8. 海虹公司 20×6 年的资产负债表和利润表如下：

资产负债表

单位：万元

资产	年初数	年末数	负债及所有者权益	年初数	年末数
货币资金	110	116	短期借款	180	200
短期投资	80	100	应付账款	182	285
应收账款	350	472	应付工资	60	65
存货	304	332	应交税金	48	60
流动资产合计	844	1020	流动负债合计	470	610
			长期借款	280	440
固定资产	470	640	应付债券	140	260
长期投资	82	180	长期应付款	44	50
无形资产	18	20	负债合计	934	1360
			股本	300	300
			资本公积	50	70
			盈余公积	84	92
			未分配利润	46	38
			股东权益合计	480	500
资产合计	1414	1860	负债及股东权益合计	1414	1860

利润表

单位：万元

项目	本年累计数
主营业务收入	5680
减：主营业务成本	3480
主营业务税金及附加	454
主营业务利润	1746
加：其他业务利润	120
减：销售费用	486
管理费用	568
财务费用	82
营业利润	730
加：投资收益	54
营业外收入	32
减：营业外支出	48
利润总额	768
减：所得税	254
净利润	514

其他资料：

（1）该公司 20×6 年末有一项未判决诉讼，如果败诉预计要赔偿对方 50 万元。

（2）20×6 年是该公司享受税收优惠的最后一年，从 20×7 年起不再享受税收优惠政策，预计主营业务税金的综合税率将从现行的 8% 上升到同行业平均税率的 12%。

（3）该公司所处行业的财务比率平均值如下表所示：

该公司所处行业的财务比率平均值

财务比率	行业均值
流动比率	2
速动比率	1.2
资产负债率	0.42
应收账款周转率	16
存货周转率	8.5
总资产周转率	2.65
资产净利率	19.88%
销售净利率	7.5%
净资产收益率	34.21%

要求：

（1）计算该公司 20×6 年初与年末的流动比率、速动比率和资产负债率，并分析该公司的偿债能力。

（2）计算该公司 20×6 年应收账款周转率、存货周转率和总资产周转率，并分析该公司的营运能力。

（3）计算该公司 20×6 年的总资产净利率、营业净利率和权益收益率，并分析该公司的获利能力。

（4）通过以上的计算，分析、评价该公司财务状况存在的主要问题，并提出改进意见。

第四章
预算管理

【本章提要】

本章主要介绍企业预算管理的相关理论、研究方法以及企业营业预算、资本预算和财务预算等全面预算体系的内容，由于资本预算在第六章——内部长期投资管理中还会再探讨，因此，本章节的预算主要着重于企业短期预算，即营业预算与财务预算。

企业全面预算常见的方法包括增量预算法与零基预算法、固定预算法和弹性预算法、定期预算法与滚动预算法，这些方法广泛应用于营业活动有关预算的编制。全面预算一般包括营业预算、资本预算和财务预算三大类。其中，营业预算是企业日常营业活动的预算，企业的营业活动涉及供产销等各个环节及业务；资本预算主要目的是评估长期投资项目的生存能力和盈利能力，以便判断企业是否值得投资；财务预算一般包括现金流量预算、利润预算和财务状况预算。

【学习目标】

● 理解全面预算的构成、作用和依据

● 掌握全面预算的编制方法

● 掌握营业预算的编制

● 掌握利润预算的编制

● 掌握财务状况预算的编制

第一节　全面预算管理概述

一、全面预算的含义及特点

1. 全面预算的含义

预算是企业在预测、决策的基础上，以数量和金额的形式反映企业未来一定时期内经营、投资、财务等活动的具体计划，是为实现企业目标而对各种资源和企业活动做的详细安排。预算是一种可据以执行和控制经济活动的、最为具体的计划，是对目标的具体化，是将企业活动导向预定目标的有力工具。

在财务管理中，我们所说的预算通常强调全面预算。企业财务全面预算（Overall Budget）是企业根据战略规划、经营目标和资源状况，运用系统方法编制企业经营、资本、财务等一系列业务管理标准和行动计划，据以进行控制、监督和考核、激励。

企业的全面预算一般包括营业预算、财务预算和资本预算三大类。其中，营业预算和财务预算主要是预算期在一年以内的短期预算，如年度预算、季度预算和月度预算；资本预算主要是预算期在一年以上的长期预算。

2. 全面预算的特点

全面预算是企业的总体计划，涉及企业的方方面面，具有如下特征。

（1）以战略规划和经营目标为导向。全面预算应体现企业长期发展的阶段性，围绕企业不同发展阶段的经营目标，设计资产、负债、收入、成本、费用、利润、投资、筹资等核心指标。

（2）以业务活动环节及部门为依托。全面预算必须结合企业的业务活动，落实到企业业务活动的各个环节和各个部门。

（3）以人、财、物等资源要素为基础。全面预算是对企业全部资源要素进行合理、有效配置。

（4）与管理控制相衔接。全面预算实际上是系统的管理控制制度和过程。一方面，全面预算为管理控制制定行为标准；另一方面，全面预算的目标需要通过有效的管理控制来实现。

二、全面预算的构成

企业的全面预算主要由营业预算、财务预算和资本预算构成。

1. 营业预算

营业预算又称经营预算，是企业日常经营业务的预算，属于短期预算。营业预算通常与企业经营业务环节相结合。营业预算一般包括营业收入预算、营业成本预算、期间费用预算等。

2. 财务预算

财务预算包括企业财务状况、经营成果和现金流量的预算，属于短期预算。财务预算是企业的综合预算。为便于与企业财务会计报表相比较，财务预算一般包括现金预算、利润预算、财务状况预算等。

3. 资本预算

资本预算是指企业长期投资和长期筹资业务的预算，属于长期预算。资本预算包括长期投资预算和长期筹资预算。

总之，全面预算是由一系列预算构成的体系，各项预算之间相互联系、相互影响。企业应根据长期市场预测和生产能力，编制长期销售预算，以此为基础，确定年度的销售预算，并根据企业财力确定资本支出预算。销售预算是年度预算的编制起点，按照以销定产的原则编制生产预算，同时编制销售费用预算。生产预算的编制，除考虑计划销售量外，还要考虑现有存货和年末存货。根据生产预算来确定直接材料费用、直接人工费用和制造费用预算以及材料采购预算。产品成本预算和现金流量预算（或现金预算）是有关预算的汇总。利润预算和财务状况预算是全面预算的综合。

三、全面预算的作用

全面预算是企业未来的系统规划，对企业的未来发展和业务工作具有重要的作用，主要表现在以下几个方面：

1. 落实企业长期战略目标规划

企业的全面预算要与长期战略目标及规划相衔接，企业长期战略目标规划要通过各期的全面预算予以分期落实和分步实现。

2. 明确业务环节和部门的目标

全面预算是企业未来的总体计划。企业通过全面预算，分解落实企业的总体和综合目标，为其业务活动的各个环节和部门规定预期目标和责任，为各个业务环节和部门开展业务工作指明方向。

3. 协调业务环节和部门的行动

全面预算是企业未来的行动计划。企业通过全面预算，合理设计预算指标体系，注重预算指标之间的相互衔接，整合、规划企业各种资源，协调业务活动的各个环节和部门的工作计划和职责，指导各个业务环节和部门开展业务工作。

4. 控制业务环节和部门的业务

全面预算为企业各个业务环节和部门设定了一系列的管理标准，用于业务的实际结果与预算标准的比较分析。

5. 考核业务环节和部门的业绩

全面预算是企业各个业务环节和部门以及全体员工业绩考核的基本标准，也是实施激励的重要依据

四、全面预算的依据

企业在全面预算的过程中，需要分析、研究企业内部和外部的各种情况和因素，分析、考虑全面预算的有效依据主要有宏观经济周期、企业发展阶段、企业战略规划、企业经营目标、企业资源状况和企业组织结构。

1. 宏观经济周期

实践表明，宏观经济周期对企业具有重大的影响。宏观经济周期包括经济周期、产业周期、消费周期、利率周期等，它们均有各种波动变化，企业必须研究各种周期的波动状态，在全面预算尤其是资本预算中采取有效的应对措施。

2. 企业发展阶段

一个企业往往要经历一定的发展历程，在一定时期处于一定的发展阶段。企业必须准确把握所处的具体发展阶段，在全面预算尤其是资本预算中密切结合本身的发展阶段，制定科学合理的全面预算。

3. 企业战略规划

全面预算应围绕企业战略规划，分期落实企业战略目标，逐步实现企业的长期发展。

4. 企业经营目标

全面预算必须以企业经营目标为直接和主要的指导依据，将企业预算期的总体经营目标予以具体化和系统化的分解和落实。

5. 企业资源状况

企业的资源状况是全面预算的客观依据。企业制定全面预算必须分析企业内部现有人、财、物等各种资源的规模及分布状况，研究企业从外部市场获取资源的潜力，保证全面预算具备可获得和可使用的资源支撑。

6. 企业组织结构

内部的组织结构是全面预算的基本依托，科学合理的组织结构是落实预算目标、明确管理责任、协调业务工作的重要保障。为有效实施全面预算，必要时，企业可以改进内部组织结构的设计。

五、全面预算的组织与程序

编制和实施全面预算，企业需要设立预算委员会和预算管理部，赋予相应的职责，并设计预算工作程序。

1. 全面预算的组织

（1）预算委员会。企业应当设立预算委员会或预算领导小组，履行有关预算的职责，主要包括：①拟定企业预算编制与管理的原则和目标；②审议企业预算方案及其调整方案；③协调解决企业全面预算编制和执行中的重大问题；④根据预算执行结果提出考核和奖惩意见。

（2）预算管理部。企业应当设立预算管理部或计划财务部，负责组织全面预算的编制、报告、执行和日常监控工作。预算管理部应当履行以下主要职责：①组织企业预算的编制、审核、汇总工作；②组织下达预算，监督企业预算执行情况；③制定企业预算调整方案；④协调解决企业预算编制和执行中的有关问题；⑤分析和考核企业内部各业务部门及所属子公司的预算完成情况。

2. 全面预算的程序

企业编制全面预算应当遵循以下基本工作程序：

（1）企业预算委员会及预算管理部应于每年9月底以前提出下一年度本企业预算总体目标。

（2）企业所属各级预算执行单位根据企业预算总体目标，结合本单位的实际

111

情况，于每年第四季度上报本单位下一年度预算目标。

（3）企业预算委员会及预算管理部对各级预算执行单位的预算目标进行审核汇总并提出调整意见，经董事会会议或总经理办公会议审议后下达至各级预算执行单位。

（4）企业所属各级预算执行单位应当按照下达的预算目标，于每年年底以前上报预算。

（5）企业在对所属各级预算执行单位预算方案审核、调整的基础上，编制企业总体预算①。

第二节　全面预算的编制方法

企业全面预算的构成内容比较复杂，编制预算需要采用适当的方法。常见的预算方法主要包括增量预算法与零基预算法、固定预算法和弹性预算法、定期预算法与滚动预算法，这些方法广泛应用于营业活动有关预算的编制。

一、增量预算法与零基预算法

按出发点的特征不同，编制预算的方法可分为增量预算法和零基预算法两大类。

1. 增量预算法

增量预算法是指以基期成本费用水平为基础，结合预算期业务量水平及有关降低成本的措施，通过调整有关费用而编制预算的方法。增量预算法以过去的费用发生水平为基础，主张不需在预算内容上作较大的调整，它的编制遵循如下假定：

第一，企业现有业务活动是合理的，不需要进行调整。

第二，企业现有各项业务的开支水平是合理的，在预算期予以保持。

---

① 中国注册会计师协会.财务成本管理（注册会计师2015年教材）[M].北京：中国财政经济出版社，2015.

第三，以现有业务活动和各项活动的开支水平，确定预算期各项活动的预算数。

增量预算法的缺陷是可能导致无效费用开支项目无法得到有效控制，因为不加分析地保留或接受原有的成本费用项目，可能使原来不合理的费用继续开支而得不到控制，导致不必要的开支合理化，造成预算上的浪费。

2. 零基预算法

零基预算法的全称为"以零为基础的编制计划和预算的方法"，它不考虑以往会计期间所发生的费用项目或费用数额，而是一切以零为出发点根据实际需要逐项审议预算期内各项费用的内容及开支标准是否合理，在综合平衡的基础上编制费用预算。

零基预算法的程序如下：

第一，企业内部各级部门的员工，根据企业的生产经营目标，详细讨论计划期内应该发生的费用项目，并对每一费用项目编写一套方案，提出费用开支的目的以及费用数额。

第二，划分不可避免费用项目和可避免费用项目。在编制预算时，对不可避免费用项目必须保证资金供应；对可避免费用项目，则需要逐项进行成本与效益分析，尽量控制将可避免项目纳入预算当中。

第三，划分不可延缓费用项目和可延缓费用项目。在编制预算时，应把预算期内可供支配的资金在各费用项目之间分配。应优先安排不可延缓费用项目的支出。然后再根据需要按照费用项目的轻重缓急确定可延缓项目的开支。

零基预算的优点于：①不受现有费用项目的限制；②不受现行预算的束缚；③能够调动各方面节约费用的积极性；④有利于促使各基层单位精打细算，合理使用资金。其缺点是编制工作量大。

二、固定预算法与弹性预算法

编制预算的方法按其业务量基础的数量特征不同，可分为固定预算法和弹性预算法。

1. 固定预算法

固定预算法又称静态预算法，是指在编制预算时，只根据预算期内正常、可实现的某一固定的业务量（如生产量、销售量等）水平作为唯一基础来编制预算的方法。

固定预算法适应性以及可比性均比较差，主要适用于固定费用或数额比较稳定的预算项目。

2. 弹性预算法

弹性预算法又称动态预算法，是在成本性态分析的基础上，依据业务量、成本和利润之间的联动关系，按照预算期内可能的一系列业务量（如生产量、销售量、工时等）水平编制系列预算的方法。

理论上，弹性预算法适用于编制全面预算中所有与业务量有关的预算，但实务中主要用于编制成本费用预算和利润预算，尤其是成本费用预算。

弹性预算法所采用的业务量范围，视企业或部门的业务量变化情况而定，务必使实际业务量不至于超出相关的业务量范围。一般来说，可定在正常生产能力的 70%~110%或以历史上最高业务量和最低业务量为其上下限。弹性预算法编制预算的准确性，在很大程度上取决于成本性态分析的可靠性。

运用弹性预算法编制预算的基本步骤如下：

第一步：选择业务量的计量单位。

第二步：确定适用的业务量范围。

第三步：逐项研究并确定各项成本和业务量之间的数量关系。

第四步：计算各项预算成本，并用一定的方式来表达。

弹性预算法又分为公式法和列表法两种具体方法：

（1）公式法。公式法是运用总成本性态模型，测算预算期的成本费用数额，并编制成本费用预算的方法。根据成本性态，成本与业务量之间的数量关系可用公式（4-1）表示：

$$y = a + bx \qquad (4-1)$$

其中，y 表示某项预算成本总额，a 表示该项成本中的预算固定成本额，b 表示该项成本中的预算单位变动成本额，x 表示预计业务量。

【例 4-1】某企业制造费用中的修理费用与修理工时密切相关。经测算，预算期修理费用中的固定修理费用为 3000 元，单位工时的变动修理费用为 2 元；预计预算期的修理工时为 3500 小时。运用公式法，测算预算期的修理费用总额为 $3000 + 2 \times 3500 = 10000$（元）。

因为任何成本都可用公式"$y = a + bx$"来近似地表示，所以只要在预算中列示 a（固定成本）和 b（单位变动成本），便可随时利用公式计算任一业务量（x）的预算成本（y）。

（2）列表法。列表法是在预计的业务量范围内将业务量分为若干个水平，然后按不同的业务量水平编制预算。应用列表法编制预算，首先要在确定的业务量范围内，划分出若干个不同水平，然后分别计算各项预算值，汇总列入一个预算表格。

【例4-2】A企业采用列表法编制的20×6年6月制造费用预算如表4-1所示。

表 4-1 制造费用预算（列表法）

业务量（直接人工工时）	420	480	540	600	660
占正常生产能力百分比（%）	70	80	90	100	110
变动成本					
运输费用（b = 0.2）	84	96	108	120	132
电力费用（b = 1）	420	480	540	600	660
材料费用（b = 0.1）	42	48	54	60	66
合计	546	624	702	780	858
混合成本					
修理费用	442	493	544	595	746
油料费用	192	204	216	228	240
合计	634	697	760	823	986
固定成本					
折旧费用	300	300	300	300	300
人工费用	100	100	100	100	100
合计	400	400	400	400	400
总计	1580	1721	1862	2003	2244

列表法的优点：不管实际业务量多少，不必经过计算即可找到与业务量相近的预算成本；混合成本中的阶梯成本和曲线成本，可按总成本性态模型计算填列，不必用数学方法修正为近似的直线成本。但是，运用列表法编制预算，在评价和考核实际成本时，往往需要使用插值法来计算"实际业务量的预算成本"，比较麻烦。

三、定期预算法与滚动预算法

编制预算的方法按其预算期的时间特征不同，分为定期预算法和滚动预算法两大类。

1. 定期预算法

定期预算法是指在编制预算时，以不变的会计期间（如年度、季度、月份）作为预算期的一种编制预算的方法。这种方法的优点是能够使预算期间与会计期间相对应，便于将实际数与预算数进行对比，也有利于对预算执行情况进行分析和评价。但这种方法以 1 年为固定预算期，在执行一段时期之后，往往使管理人员只考虑剩余几个月的业务量，缺乏长远打算，导致一些短期行为的出现。

2. 滚动预算法

滚动预算法又称连续预算法或永续预算法，是指在编制预算时，将预算期与会计期间脱离开，随着预算执行不断地补充预算，逐期向后滚动，使预算期始终保持为一个固定长度（一般为 12 个月）的一种预算方法。滚动预算的基本做法是使预算期始终保持 12 个月，每过 1 个月或 1 个季度，立即在期末增列 1 个月或 1 个季度的预算，逐期往后滚动，因而在任何一个时期都使预算保持为 12 个月的时间长度。这种预算能使企业各级管理人员对未来始终保持整整 12 个月时间的考虑和规划，从而保证企业的经营管理工作能够稳定而有序地进行。采用滚动预算法编制预算，按照滚动的时间单位不同可分为逐月滚动、逐季滚动和混合滚动。

（1）逐月滚动。逐月滚动是指在预算编制过程中，以月份为预算的编制和滚动单位，每个月调整一次预算的方法。按照逐月滚动方式编制的预算比较精确，但工作量较大。

如在 20×5 年 1 月至 12 月的预算执行过程中，需要在 1 月末根据当月预算的执行情况，修订 2 月至 12 月的预算，同时补充 20×6 年 1 月的预算；到 2 月末可根据当月预算的执行情况，修订 3 月至 20×6 年 1 月的预算，同时补充 20×6 年 2 月的预算；以此类推。

逐月滚动预算方式如图 4-1 所示。

（2）逐季滚动。逐季滚动是指在预算编制过程中，以季度为预算的编制和滚动单位，每个季度调整一次预算的方法。逐季滚动编制预算比逐月滚动的工作量小，但精确度较差。

（3）混合滚动。混合滚动是指在预算编制过程中，同时以月份和季度作为预算的编制和滚动单位的方法。这种预算方法的理论依据是人们对未来的了解程度具有对近期的预计把握较大、对远期的预计把握较小的特征。见图 4-2。

20×5 年度预算										
1月	2月	3月	4月	5月	6月	7月	8月	9月	10月	11月	12月

20×5 年度预算											20×6 年度预算
2月	3月	4月	5月	6月	7月	8月	9月	10月	11月	12月	1月

20×5 年度预算											20×6 年度预算
3月	4月	5月	6月	7月	8月	9月	10月	11月	12月	1月	2月

图 4–1　逐月滚动预算方式示意图

20×5 年度预算					
第一季度			第二季度	第三季度	第四季度
1月	2月	3月	预算总数	预算总数	预算总数

20×5 年度预算					20×6 年度预算
第二季度			第三季度	第四季度	第一季度
4月	5月	6月	预算总数	预算总数	预算总数

20×5 年度预算				20×6 年度预算	
第三季度			第四季度	第一季度	第二季度
7月	8月	9月	预算总数	预算总数	预算总数

图 4–2　混合滚动预算方式示意图

运用滚动预算法编制预算，使预算期间依时间顺序向后滚动，能够保持预算的持续性，有利于结合近期目标和长期目标；预算随时间的推进不断加以调整和修订，使预算与实际情况更相适应，有利于充分发挥预算的指导和控制作用[1]。

第三节　营业预算的编制

营业预算是企业日常营业活动的预算，企业的营业活动涉及供产销等各个环

---

[1] 会计专业技术资格考试研究中心. 中级财务管理（2015 年全国会计专业技术资格考试辅导教材）[M]. 北京：电子工业出版社，2015.

节及业务。营业预算包括销售预算、生产预算、直接材料预算、直接人工预算、制造费用预算、产品成本预算、销售费用预算和管理费用预算等。

一、销售预算

销售预算是整个预算的编制起点，其他预算的编制都以销售预算作为基础。表 4-2 所示是 M 公司的销售预算。

表 4-2　销售预算

单位：元

季度	一	二	三	四	全年
预计销售量（件）	100	150	200	180	630
预计单位售价	200	200	200	200	200
销售收入	20000	30000	40000	36000	126000
预计现金收入					
上年应收账款	6200				6200
第一季度（销货20000元）	12000	8000			20000
第二季度（销货30000元）		18000	12000		30000
第三季度（销货40000元）			24000	16000	40000
第四季度（销货36000元）				21600	21600
现金收入合计	18200	26000	36000	37600	117800

销售预算的主要内容是销量、单价和销售收入。销量是根据市场预测或销货合同并结合企业生产能力确定的。单价是通过价格决策确定的。销售收入是两者的乘积，在销售预算中计算得出。

销售预算通常要按照品种、月份、销售区域、推销员来编制，为了简化，本例只划分了季度销售数据。

销售预算中通常还包括预计现金收入的计算，其目的是为编制现金预算提供必要的材料。第一季度的现金收入包括两部分，即上年应收账款在本年第一季度收到的货款，以及本季度销售中可能得到的部分货款。本例中，假设在每季度销售收入中，本季度收到现金 60%，另外的 40% 现金要到下季度才能收到。

二、生产预算

生产预算是在销售预算的基础上编制的，其主要内容有销售量、期初和期末存货、生产量。表 4-3 所示是 M 公司的生产预算。

表 4-3　生产预算

单位：件

季度	一	二	三	四	全年
预计销售量	100	150	200	180	630
加：预计期末存货	15	20	18	20	20
合计	115	170	218	200	650
减：预计期初存货	10	15	20	18	10
预计生产量	105	155	198	182	640

通常，企业的生产和销售不能做到"同步同量"，需要设置一定的存货，以保证能在发生意外需求时按时供货，并可均衡生产，节省赶工的额外支出。存货数量通常按下期销售量的一定百分比确定，本例按 10% 安排期末存货。年初存货是编制预算时预计的，年末存货根据长期销售趋势来确定。本例假设年初有存货10 件，年末留存 20 件。存货预算也可单独编制。

生产预算的"预计销售量"来自销售预算，其他数据根据表 4-3 计算得出。

预计期末存货 = 下季度销售量 × 10%

预计期初存货 = 上季度期末存货

预计生产量 = (预计销售量 + 预计期末存货) - 预计期初存货

生产预算在实际编制时是比较复杂的，产量受到生产能力的限制，存货数量受到仓库容量的限制，只能在此范围内安排存货数量和各期生产量。此外，有的季度可能销量很大，可以用赶工方法增产，为此要多付加班费。如果提前在淡季生产，会因增加存货而多付资金利息。因此，要权衡两者得失，选择成本最低的方案。

三、直接材料预算

直接材料预算，是以生产预算为基础编制的，同时要考虑原材料存货水平。表 4-4 所示是 M 公司的直接材料预算。其主要内容有直接材料的单位产品用量、生产需用量、期初和期末存量等。"预计生产量"的数据来自生产预算，"单位产品材料用量"的数据来自标准成本资料或消耗定额资料，"生产需用量"是上述两项的乘积。年初和年末的材料存货量，是根据当前情况和长期销售预测估计的。各季度"期末材料存量"根据下一季度生产量的一定百分比确定，本例按20% 计算。各季度"期初材料存量"是上季度的期末存货。各季度"预计采购

119

量"根据下式计算确定：

预计采购量＝(生产需用量＋期末存量)－期初存量

为了便于以后编制现金预算，通常要预计材料采购各季度的现金支出。每个季度的现金支出包括偿还上期应付账款和本期应支付的采购货款。本例假设材料采购的货款有50%在本季度内付清，另外50%在下季度付清，这个百分比是根据经验确定的。如果材料品种很多，需要单独编制材料存货预算。

表4-4　直接材料预算

季度	一	二	三	四	全年
预计生产量（件）	105	155	198	182	640
单位产品材料用量（千克/件）	10	10	10	10	10
生产需用量（千克）	1050	1550	1980	1820	6400
加：预计期末存量（千克）	310	396	364	400	400
合计	1360	1946	2344	2220	6800
减：预计期初存量（千克）	300	310	396	364	300
预计材料采购量（千克）	1060	1636	1948	1856	6500
单价（元/千克）	5	5	5	5	5
预计采购金额（元）	5300	8180	9740	9280	32500
预计现金支出					
上年应付账款	2350				2350
第一季度（采购5300元）	2650	2650			5300
第二季度（采购8180元）		4090	4090		8180
第三季度（采购9740元）			4870	4870	9740
第四季度（采购9280元）				4640	4640
合计	5000	6740	8960	9510	30210

四、直接人工预算

直接人工预算也是以生产预算为基础编制的。其主要内容有预计产量、单位产品人工工时、人工总工时、每小时人工成本和人工总成本。"预计产量"数据来自生产预算，单位产品人工工时和每小时人工成本数据来自标准成本资料，人工总工时和人工总成本是在直接人工预算中计算出来的。M公司的直接人工预算见表4-5。由于人工工资都需要使用现金支付，所以，不需另外预计现金支出，可直接参加现金预算的汇总。

表 4–5 直接人工预算

季度	一	二	三	四	全年
预计产量（件）	105	155	198	182	640
单位产品人工工时（小时/件）	10	10	10	10	10
人工总工时（小时）	1050	1550	1980	1820	6400
每小时人工成本（元/小时）	2	2	2	2	2
人工总成本（元）	2100	3100	3960	3640	12800

五、制造费用预算

制造费用预算，分为变动制造费用和固定制造费用两部分。变动制造费用以生产预算为基础来编制。如果有完善的标准成本资料，用单位产品的标准成本与产量相乘，即可得到相应的预算金额。如果没有标准成本资料，就需要逐项预计计划产量需要的各项制造费用。固定制造费用，需要逐项进行预计，通常与本期产量无关，按每季度实际需要的支付额预计，然后求出全年数。表 4-6 所示是 M 公司的制造费用预算。

表 4–6 制造费用预算

单位：元

季度	一	二	三	四	全年
变动制造费用					
间接人工（1元/件）	105	155	198	182	640
间接材料（1元/件）	105	155	198	182	640
修理费	210	310	396	364	1280
水电费	105	155	198	182	640
小计	525	775	990	910	3200
固定制造费用					
修理费	1000	1140	900	900	3940
折旧	1000	100	1000	1000	4000
管理人员工资	200	200	200	200	800
保险费	75	85	110	190	460
财产税	100	100	100	100	400
小计	2375	1625	2310	2390	9600
合计	2900	2400	3300	3300	12800
减：折旧	1000	100	1000	1000	4000
现金支出费用	1900	2300	2300	2300	8800

为了便于以后编制产品成本预算，需要计算小时费用率。

变动制造费用分配率 = 3200/6400 = 0.5（元/小时）

固定制造费用分配率 = 9600/6400 = 1.5（元/小时）

为了便于以后编制现金预算，需要预计现金支出。在制造费用中，除折旧费外都须支付现金，所以，将每个季度制造费用数额扣除折旧费后，即可得出"现金支出的费用"。

六、产品成本预算

产品成本预算，是生产预算、直接材料预算、直接人工预算、制造费用预算的汇总。其主要内容是产品的单位成本和总成本。单位产品成本的有关数据来自前述三个预算，生产量、期末存货量来自生产预算，销售量来自销售预算。生产成本、存货成本和销货成本等数据，根据单位成本和有关数据计算得出。表 4-7 所示是 M 公司的成本预算。

表 4-7 产品成本预算

	单位成本			生产成本（640 件）	期末存货（20 件）	销货成本（630 件）
	每千克或每小时（元）	投入量	成本（元）			
直接材料	5	10 千克	50	32000	1000	31500
直接人工	2	10 小时	20	12800	400	12600
变动制造费用	0.5	10 小时	5	3200	100	3150
固定制造费用	1.5	10 小时	15	9600	300	9450
合计			90	57600	1800	56700

七、销售及管理费用预算

销售费用预算，是指为了实现销售预算所需支付的费用预算。它以销售为预算基础，分析销售收入、销售利润和销售费用的关系，力求实现销售费用的最有效使用。在安排销售费用时，要利用本量利分析方法，费用的支出应能获取更多的收益。在草拟销售费用预算时，要对过去的销售费用进行分析，考察过去销售费用支出的必要性和效果。销售费用预算应和销售预算相配合，应有按品种、按地区、按用途的具体预算数额。表 4-8 所示是 M 公司的销售及管理费用预算。

表 4-8　M 公司的销售及管理费用预算

单位：元

项目	金额
销售费用	
销售人员工资	2000
广告费	5500
包装、运输费	3000
保管费	2700
管理费用	
管理人员薪资	4000
福利费	800
保险费	600
办公费	1400
销售及管理费用合计	20000
每季度支付现金	5000（20000/4）

　　管理费用是搞好一般管理业务所必要的费用。随着企业规模的扩大，一般管理职能日益重要，其费用也相应增加。在编制管理费用预算时，要分析企业的业务成绩和一般经济状况，务必做到费用合理化。管理费用多属于固定成本，所以，一般以过去的实际开支为基础，按预算期的可预见变化来调整。重要的是，必须充分考察每种费用是否必要，以便提高费用效率。

第四节　财务预算的编制

　　财务预算一般包括现金预算、利润预算和资产负债表预算。

一、现金预算

　　现金预算是以业务预算和专门决策预算为依据编制的，专门反映预算期内预计现金收入与现金支出，以及为满足理想现金余额而进行筹资或归还借款等的预算。

　　现金预算由四部分组成：现金收入、现金支出、现金多余或不足、现金的筹措和运用, 如表4-9所示。

表4-9 现金预算

单位: 元

季度	一	二	三	四	全年
期初现金余额	8000	8200	6060	6290	8000
加: 销货现金收入 (见表4-2)	18200	26000	36000	37600	117800
可供使用现金	26200	34200	42060	43890	125800
减: 各项支出					
直接材料 (见表4-4)	5000	6740	8960	9510	30210
直接人工 (见表4-5)	2100	3100	3960	3640	12800
制造费用 (见表4-6)	1900	2300	2300	2300	8800
销售及管理费用 (见表4-8)	5000	5000	5000	5000	20000
所得税费用	4000	4000	4000	4000	16000
购买设备		10000			10000
股利		8000		8000	16000
支出合计	18000	39140	24220	32450	113810
现金多余或不足	8200	-4940	17840	11440	11990
向银行借款		11000			11000
还银行借款			11000		11000
短期借款利息 (年利10%)			550		550
长期借款利息 (年利12%)				1080	1080
期末现金余额	8200	6060	6290	10360	10360

"现金收入"部分包括期初现金余额和预算期现金收入, 销货取得的现金收入是其主要来源。期初的"现金余额"是在编制预算时预计的, "销货现金收入"的数据来自销售预算, "可供使用现金"是期初余额与本期现金收入之和。

"现金支出"部分包括预算期的各项现金支出。"直接材料"、"直接人工"、"制造费用"、"销售及管理费用"的数据分别来自前述有关预算。此外, 还包括所得税费用、购置设备、股利分配等现金支出, 有关的数据分别来自另行编制的专门预算。

"现金多余或不足"部分列示现金收入合计与现金支出合计的差额。差额为正说明收大于支, 现金有多余, 可用于偿还过去向银行取得的借款, 或者用于短期投资。差额为负说明支大于收, 现金不足, 要向银行取得新的借款。在本例中, 该企业需要保留的现金余额为6000元, 不足此数时需要向银行借款。假设银行借款的金额要求是1000元的倍数, 那么, 第二季度借款额为:

借款额＝最低现金余额＋现金不足额＝6000＋4940＝10940（考虑借款额应是千元整数，即为 11000 元）。

第三季度现金多余，可用于偿还借款。一般按"每期期初借入，每期期末归还"来预计利息：故本例借款期为 6 个月。假设利率为 10%，则应计利息为：

利息＝11000×10%×6/12＝550（元）

此外，还应将长期借款利息纳入预算。本例中，长期借款余额为 9000 元，利率为 12%，预计在第四季度支付利息 1080 元。

还款后，仍须保持最低现金余额，否则，只能部分归还借款。

现金预算的编制，以各项营业预算和资本预算为基础，它反映各预算期的收入款项和支出款项，并作对比说明。其目的在于资金不足时筹措资金，资金多余时及时处理现金余额，并且提供现金收支的控制限额，发挥现金管理的作用。

二、利润预算

利润预算是企业预算期营业利润、利润总额和税后利润的综合预算，预计利润表用来综合反映企业在计划期的预计经营成果，是企业最主要的财务预算表之一。通过编制预计利润表，可以了解企业预期的盈利水平。如果预算利润与最初编制方针中的目标利润有较大的不一致，就需要调整部门预算，设法达到目标，或者经企业领导同意后修改目标利润。编制预计利润表的依据是各业务预算、专门决策预算和现金预算。

1. 利润预算的内容

利润是企业一定时期经营成果的综合反映，构成内容比较复杂，利润预算主要包括营业利润预算、利润总额预算和税后利润预算以及每股收益预算。

（1）营业利润预算。企业一定时期的营业利润包括营业收入、营业成本、期间费用、投资收益等项目。因此，营业利润预算包括营业收入、营业成本、期间费用等项目的预算。

（2）利润总额预算。在营业利润预算的基础上，利润总额预算还包括营业外收入预算和营业外支出的预算。

（3）税后利润预算。在利润总额预算的基础上，税后利润预算还包括所得税的预算。

（4）每股收益预算。在税后利润预算的基础上，每股收益预算包括基本每股收益预算和稀释每股收益的预算。

2. 利润预算表的编制

利润预算是企业的综合性预算，是在营业收入预算、产品成本预算、销售费用预算、管理费用预算、财务费用预算、资本预算等基础上汇总编制的。利润预算通常按年度编制，可以分季度反映，亦可按业务、产品分别编制部分利润预算，再汇总编制企业整体的利润预算。

为便于与财务会计上的利润表相比较，评价利润预算的实现情况，财务管理上的利润预算表可以采用年度利润表的格式。表 4–10 是根据上述各有关预算编制的 M 公司的利润表预算。

表 4–10   利润表预算

单位：元

项目	金额
销售收入（见表 4–2）	126000
销货成本（见表 4–7）	56700
毛利润	69300
销售及管理费用（见表 4–8）	20000
利息（见表 4–9）	1630
利润总额	47670
所得税费用（估计）	16000
税后净收益	31670

其中，"销售收入"项目的数据，来自销售收入预算；"销售成本"项目的数据，来自产品成本预算；"毛利润"项目的数据是前两项的差额；"销售及管理费用"项目的数据，来自销售费用及管理费用预算；"利息"项目的数据，来自现金预算。

另外，"所得税费用"项目是在利润规划时估计的，并已列入现金预算。它通常不是根据"利润"和所得税税率计算出来的，因为有诸多纳税调整的事项存在。此外，从预算编制程序上看，如果根据"本年利润"和税率重新计算所得税，就需要修改"现金预算"，引起信贷计划修订，进而改变"利息"，最终又要修改"本年利润"，从而陷入数据的循环修改。

利润表预算与实际利润表的内容、格式相同，只不过数据是面向预算期的。它是在汇总销售收入、销货成本、销售及管理费用、营业外收支、资本支出等预算的基础上加以编制的。通过编制预计利润表可以了解企业预期的盈利水平。如果预算利润与最初编制方针中的目标利润有较大的不一致，就需要调整部门预算，设法达到目标，或者经企业领导同意后修改目标利润。

三、资产负债表预算的编制

预计资产负债表用来反映企业在计划期末预计的财务状况。编制预计资产负债表的目的，在于判断预算反映的财务状况的稳定性和流动性。如果通过预计资产负债表的分析，发现某些财务比率不佳，必要时可修改有关预算，以改善财务状况。预计资产负债表的编制需以计划期开始日的资产负债表为基础，结合计划期间各项业务预算、专门决策预算、现金预算和预计利润表进行编制。它是编制全面预算的终点。

1. 财务状况预算的内容

财务状况预算是最综合的预算，其构成内容全面而复杂。主要包括短期资产预算、长期资产预算、短期债务资本预算、长期债务资本预算和股权资本预算。

（1）短期资产预算。企业一定时点的短期资产主要包括现金、应收票据、应收账款、存货等项目。因此，短期资产预算主要包括现金（货币资金）、应收票据、应收账款、存货等项目的预算。

（2）长期资产预算。企业一定时点的长期资产主要包括持有至到期投资、长期股权投资、固定资产、无形资产等项目。因此，长期资产预算主要包括持有至到期投资、长期股权投资、固定资产、无形资产等项目的预算。

（3）短期债务资本预算。企业一定时点的短期债务资本主要包括短期借款、应付票据、应付账款等项目。因此，短期债务资本预算主要包括短期借款、应付票据、应付账款等项目的预算。

（4）长期债务资本预算。企业一定时点的长期债务资本主要包括长期借款、应付债券等项目。因此，长期债务资本预算主要包括长期借款、应付债券等项目的预算。

（5）股权资本预算。企业一定时点的股权资本（权益资本）主要包括股本（实收资本）、资本公积、盈余公积和未分配利润等项目。因此，股权资本的预算主要包括股本（实收资本）、资本公积、盈余公积和未分配利润等项目的预算。

2. 财务状况预算表的编制

财务状况预算是在基期实际资产负债表的基础上，根据预算期营业预算、投资预算和筹资预算以及利润预算等有关资料汇总调整编制而成的。利润预算通常按年度编制，可以分季度、半年度反映。在企业存在事业部和子公司的情况下，应当按事业部和子公司分别编制财务状况预算，并汇总编制企业整体的财务状况预算。

为便于与财务会计上的资产负债表进行比较，评价财务状况预算的实现情况，财务管理上的财务状况预算表可以采用资产负债表的格式。其中，财务状况预算中的短期资产和长期资产分别相当于流动资产和非流动资产，短期债务资本和长期债务资本分别相当于流动负债和非流动负债，股权资本相当于股东权益。

表4-11所示是M公司的资产负债表预算。大部分项目的数据来源已在表中注明。普通股、长期借款两项指标本年度没有变化。

"未分配利润"计算如下：

期末未分配利润 = 期初未分配利润 + 本期利润 − 本期股利

$$= 16250 + 31670 - 16000 = 31920 （元）$$

"应收账款"是根据表4-2中的第四季度销售额和本期贴现率来计算的。

期末应收账款 = 本期销售额 × （1 − 本期贴现率）

$$= 36000 \times (1 - 60\%) = 14400 （元）$$

"应付账款"是根据表4-4中的第四季度采购金额和付现率计算的。

期末应付账款 = 本期采购金额 × （1 − 本期付现率）

$$= 9280 \times (1 - 50\%) = 4640 （元）$$

表4-11　资产负债表预算

单位：元

资产			负债及所有者权益		
项目	年初	年末	项目	年初	年末
现金（见表4-9）	8000	10360	应付账款（见表4-4）	2350	4640
应收账款（见表4-2）	6200	14400	长期借款	9000	9000
直接材料（见表4-4）	1500	2000	普通股	20000	20000
产成品（见表4-7）	900	1800	未分配利润	16250	31920
固定资产	35000	45000			
累计折旧（见表4-6）	4000	8000			
资产总额	47600	65560	负债及权益总额	47600	65560

财务状况预算还在一定程度上反映企业预算期多种财务结构的预算安排。企

业与财务状况有关的财务结构主要有资产期限结构（流动资产与非流动资产的结构）、债务资本期限结构（流动负债与非流动负债的结构）、全部资本属性结构（负债与股东权益的结构）、长期资本属性结构（非流动负债与股东权益的结构）和股权资本结构（永久性股东权益与非永久性股东权益的结构）。其中，永久性股东权益包括实收资本、资本公积和盈余公积，非永久性股东权益即未分配利润。

根据表 4-11 M 公司的财务状况预算表资料，现将该企业与财务状况预算有关的财务结构的计算公式和预算安排列示在表 4-12 中。

表 4-12　M 公司财务结构预算安排表

财务结构名称	财务结构计算公式	财务结构预算（%）
资产期限结构	流动资产/全部资产	43.56
债务资本期限结构	流动负债/全部负债	34.18
全部资本属性结构	全部负债/全部资产	20.81
长期资本属性结构	非流动负债/（非流动负债＋股东权益）	14.77
股权资本结构	永久性股东权益/全部股东权益	48.69

编制资产负债表预算的目的，在于判断预算反映的财务状况的稳定性和流动性。如果通过资产负债表预算的分析，发现某些财务比率不佳，必要时可修改预算，以改善财务状况[①]。

【课后习题】

一、重要名词与术语

1. 全面预算
2. 增量预算法
3. 零基预算法
4. 固定预算法
5. 弹性预算法
6. 利润表预算
7. 定期预算法
8. 滚动预算法
9. 营业预算
10. 资本预算
11. 现金预算
12. 资产负债表预算

---

① 中国注册会计师协会.财务成本管理（注册会计师 2015 年教材）[M].北京：中国财政经济出版社，2015.

二、复习思考题

1. 请总结全面预算的概念以及特点。

2. 试归纳说明全面预算的内容。

3. 试概括全面预算的分析方法。

4. 试分析营业预算、资本预算和财务预算三者之间的相互关系。

5. 试归纳说明利润预算的内容。

6. 试归纳说明企业财务结构的类型。

7. 试归纳说明财务状况预算的内容。

三、计算分析题

1. 某企业生产和销售 A 种产品，计划期为 20×6 年四个季度，预计销售数量分别为 1000 件、1500 件、2000 件和 1800 件；A 种产品预计单位售价为 100元。假设在每季度销售收入中，本季度收到现金 60%，另外 40% 要到下季度才能收回，上年末应收账款余额为 62000 元。

要求：

（1）编制 20×6 年销售预算。

（2）确定 20×6 年末应收账款余额。

2. 已知：某公司 20×6 年 1~3 月实际销售额分别为 38000 万元、36000 万元和 41000 万元，预计 4 月份销售额为 40000 万元。每月销售收入中有 70% 能于当月收现，20% 于次月收现，10% 于第三个月收讫，不存在坏账。假定该公司销售的产品在流通环节只需缴纳消费税，税率为 10%，并于当月以现金缴纳。该公司 3 月末现金余额为 80 万元，应付账款余额为 5000 万元（需在 4 月付清），不存在其他应收应付款项。

4 月份有关项目预计资料如下：采购材料 8000 万元（当月付款 70%）；工资及其他支出 8400 万元（用现金支付）；制造费用 8000 万元（其中折旧费等非付现费用为 4000 万元）；销售费用和管理费用 1000 万元（用现金支付）；预交所得税 1900 万元；购买设备 12000 万元（用现金支付）。现金不足时，通过向银行借款解决。4 月末现金余额要求不低于 100 万元。

根据上述资料，计算该公司 4 月的下列预算指标：

（1）经营性现金流入。

（2）经营性现金流出。

（3）现金余缺。

（4）应向银行借款的最低金额。

（5）4月末应收账款余额。

3. 已知某企业销售收现率：当月收现50%，下月收现30%，再下月收现20%。若该企业预计20×6年第四季度各月销售收入分别为50000元、60000元、80000元，则20×6预计资产负债表中年末应收账款项目的金额应为多少？

4. 某企业2015年第一季度产品生产量预算为1500件，单位产品材料用量5千克/件，季初材料库存量1000千克，第一季度还要根据第二季度生产耗用材料的10%安排季末存量，预计第二季度生产耗用7800千克材料。材料采购价格预计为12元/千克，则该企业第一季度材料采购的金额应为多少？

5. 某企业正在编制第四季度的材料采购预算，预计直接材料的期初存量为1000千克，本期生产消耗量为3500千克，期末存量为800千克；材料采购单价为每千克25元，材料采购货款有30%当季付清，其余70%在下季付清。该企业第四季度采购材料形成的"应付账款"期末余额应为多少？

6. 某企业编制"现金预算"，预计6月初短期借款为100万元，月利率为1%，该企业不存在长期负债，预计6月现金余缺为55万元。现金不足时，通过银行借款解决（利率不变），借款额为1万元的倍数，6月末现金余额要求不低于20万元。假设企业每月支付一次利息，借款在期初，还款在期末，则向银行借款的最低金额应为多少？

7. 某公司20×5年实际利润表（简化）和实际资产负债表（简化）的主要项目金额如表4-13、表4-14中的第二栏所示，企业所得税税率为25%。该公司20×6年预计营业收入为50000万元，税后利润的留用比率为40%。

要求：

（1）试将该公司20×6年预计利润表（简化）（见表4-13）的空白部分填列完整，并给出预测留用利润的计算式。

（2）试将该公司20×6年预计资产负债表（简化）（见表4-14）的空白部分填列完整，并给出预测需要追加的外部筹资额的计算式。

（3）若该公司将这两张预计财务报表中的数据分别作为20×6年的利润预算和财务状况预算的对应数据，试计算该公司20×6年财务结构预算中的五项财务结构，即资产期限结构、债务资本期限结构、全部资本属性结构、长期资本属性结构和股权资本结构。

（4）假设在20×6年，该公司情况有所变化，敏感资产项目中的存货与营业收入的比例提高为220%，敏感负债项目中应付账款与营业收入的比例降低为50%，预计固定资产（系非敏感资产项目）增加2000万元、长期借款（系非敏感负债项目）增加1000万元。针对这些变动，该公司20×6对资产总额、负债总额和追加外部筹资额的预测分别需要做哪些调整？

表4-13　20×6年某公司预计利润表（简化）

单位：万元

项目	20×5年实际数	占营业收入的比例（%）	20×6年预计数
营业收入	40000		
减：营业成本	25000		
营业税金及附加	4500		
销售费用	1900		
管理费用	1500		
财务费用	600		
营业利润	6500		
加：营业外收入	600		
减：营业外支出	100		
利润总额	7000		
减：所得税费用	1750		
税后净利润	5250		

表4-14　20×6年某公司预计资产负债表（简化）

单位：万元

项目	20×5年实际数	占营业收入的比例（%）	20×6年预计数
资产			
现金	20000		
应收账款	1000		
存货	86000		
固定资产	15000		
其他非流动资产	2000		
资产总计	124000		
负债及股东权益			
应付票据	5000		
应付账款	13000		
其他非流动负债	24000		
非流动负债	35000		

项目	20×5 年实际数	占营业收入比例（%）	2016 年预计数
负债合计	77000		
股本	11000		
资本公积	23000		
盈余公积	7000		
未分配利润	6000		
股东权益合计	47000		
追加外部筹资额			
负债及股东权益合计	124000		

第五章
长期筹资管理

【本章提要】

按照筹集资金的使用年限，筹资可分为长期筹资和短期筹资。本章介绍长期筹资管理，主要内容：一是筹资管理，主要介绍筹资的动机、要求、渠道和类型。二是筹资数量的预测，筹资数量的预测方法有很多种，本书主要介绍销售百分比法。三是股权筹资，主要介绍股权筹资的两种方式：吸收直接投资和发行普通股票。四是债务筹资，重点阐述债务筹资的三种方式，银行借款、发行公司债券、融资租赁。五是资本成本，本书着重从公司长期资本的角度，阐述资本成本的作用和计算方法。六是杠杠效应，主要介绍经营杠杆、财务杠杆。七是资本结构决策，主要介绍资本结构决策的三种基本分析方法，包括每股收益分析法、资本成本比较法和公司价值比较法。

【学习目标】

● 理解筹集资金的必要性和重要性
● 熟悉企业筹资的动机和筹资原则、企业筹资渠道
● 掌握筹资数量的预测方法、企业权益资本筹资和债务资本筹集方式
● 掌握资本成本
● 掌握每股收益分析法、资本比较法

筹资是指企业向外部有关单位或个人以及从企业内部筹措和集中生产经营所

需资金的财务活动。筹资管理对于企业的设立、生产、发展乃至企业财务管理目标的实现都具有十分重要的作用。企业的筹资有各种分类，按照筹集资金的使用年限，可分为长期筹资和短期筹资。本章主要阐述长期筹资管理。

第一节　筹资管理概述

资本是企业经营活动的一个基本要素，是企业创建和生存发展的一个必要条件。一个企业从创建到生存发展的整个过程都需要筹集资本。企业最初创建就需要筹资，以获得设立一个企业必需的初始资本；企业扩大生产经营规模、调整生产经营结构、研制开发新产品都需要及时地筹集资本。企业为了保证其产品生产所必需的原材料的供应，向供应厂商投资并获得控制权，需要筹措和集中资本。企业筹资活动是企业的一项基本财务活动，企业筹资管理是企业财务管理的一项主要内容。

一、筹资动机

企业筹资的基本目的是为了自身的生存与发展，但企业在持续的生存与发展中，其具体的筹资活动通常受特定的筹资动机所驱使，企业筹资的具体动机是多种多样的。例如，为购置设备、引进新技术、开发新产品而筹资；为对外投资、并购其他企业而筹资；为现金周转与调度而筹资；为偿付债务和调整资本结构而筹资；等等。在企业筹资的实际中，这些具体的筹资动机有时是单一的，有时是结合的。总的来说，企业筹资动机主要有三种基本类型，即扩张性筹资动机、调整性筹资动机和混合性筹资动机①。

1. 扩张性筹资动机

扩张性筹资动机是指企业因扩大生产经营规模或增加对外投资而产生的追加筹资的动机。具有良好发展前景、处于成长期的企业通常会产生这种筹资动机。例如，企业产品需求大于供给，需要扩大生产规模，增加产品生产；开发生产适

---

① 荆新，王化成，刘俊彦.财务管理学（第5版）[M].北京：中国人民大学出版社，2009.

应市场需求的新产品；追加有利的对外投资规模；开拓有发展前途的对外投资领域等，往往都需要追加筹资。

2. 调整性筹资动机

企业的调整性筹资动机是企业因调整现有资本结构的需要而产生的筹资动机。资本结构是指企业各种资本的价值构成及其比例关系，是企业一定时期筹资组合的结果。随着企业内外部环境的变化，现有的资本结构可能不再合理，需要相应地予以调整，使之趋于合理。

企业产生调整性筹资动机形式有：借新债还旧债，以债转股，以股抵债。例如，一个企业有些债务到期必须偿付，企业虽然具有足够的偿债能力偿付这些债务，但为了调整现有的资本结构，仍然举债，从而使资本结构更加合理。再如，一个企业由于客观情况的变化，现有的资本结构中债务筹资所占的比例过大，财务风险过高，偿债压力过重，需要降低债权筹资的比例，采取债转股等措施予以调整，使资本结构适应客观情况的变化而趋于合理。

3. 混合性筹资动机

企业同时既为扩张规模或增加对外投资又为调整资本结构而产生的筹资动机称为混合性筹资动机，即这种混合性筹资动机中兼容了扩张性和调整性筹资两种筹资动机。在这种混合性筹资动机的驱动下，企业通过筹资，既扩大了资产和资本规模，又调整了资本结构。

二、筹资要求

筹资是企业财务管理工作的起点，关系到企业能否正常开展生产经营活动，所以，企业应科学合理地进行筹资活动。企业在筹资过程中，为了能够筹集到满足投资需求，并且代价合理和风险适度的资金，必须遵循以下几个方面的要求。

1. 效益性原则

效益性原则是指企业在筹资活动中，应当考虑筹资成本和投资收益，实现收入大于成本。企业的投资是决定企业是否要筹资的重要因素，投资收益和资本成本相比较，决定着是否要追加筹资；而一旦采纳某种投资项目，其投资数量就决定了所需筹资的数量。因此，企业在筹资活动中，一方面，要认真分析投资机会，讲究投资收益，避免不顾投资效益的盲目筹资；另一方面，由于不同筹资方式的资本成本高低不尽相同，也需要综合研究各种筹资方式，寻求最优的筹资组合，以便降低资本成本，经济有效地筹集资本。

2. 合理性原则

企业筹资必须合理确定所需筹资的数量。企业筹资不论通过哪些筹资渠道，运用哪些筹资方式，都要预先确定筹资的数量。企业筹资固然应当广开财路，但必须有合理的限度，使所需筹资的数量与投资所需数量达到平衡，避免因筹资数量不足而影响投资活动或因筹资数量过剩而影响筹资效益。

企业筹资还必须合理确定资本结构。合理地确定企业的资本结构，主要有两方面的内容：一方面是合理确定股权资本与债权资本的结构，也就是合理确定企业债权资本的规模或比例问题，债权资本的规模应当与股权资本的规模和偿债能力的要求相适应；另一方面是合理确定长期资本与短期资本的结构，也就是合理确定企业全部资本的期限结构问题，这要与企业资产所需持有的期限相匹配。

3. 及时性原则

企业筹资必须根据企业资本的投放时间安排予以筹划，及时取得资本来源，使筹资与投资在时间上相协调。企业投资一般都有投放时间上的要求，尤其是证券投资，其投资的时间性要求非常重要，筹资必须与此相配合，避免筹资过早而造成投资前的资本闲置或筹资滞后而贻误投资的有利时机。

4. 合法性原则

企业的筹资活动，影响着社会资本及资源的流向和流量，涉及相关主体的经济权益。为了规范企业的筹资行为，国家制定了一系列的法律法规，如《公司法》、《证券法》和《上市公司证券发行管理办法》等。为此，企业筹资时必须遵守国家有关法律法规，依法履行约定的责任，维护有关各方的合法权益，避免非法筹资行为给企业本身及相关主体造成损失。

三、筹资渠道

筹资渠道是指企业筹集资金的来源和通道，体现着所筹集资金的源泉和性质。认识筹资渠道的种类及每种筹资渠道的特点，有利于企业充分开拓和正确利用筹资渠道。

1. 政府财政资金

政府财政资金以国家财政为中心，它不仅包括中央政府和地方政府的财政收支，还包括与国家财政有关系的企业、事业和行政单位的货币收支。这种资金政策性很强，通常只有国有企业才能利用，是国有企业筹资的主要来源。政府财政资金具有广阔的源泉和稳固的基础，并在国有企业资本金预算中安排，今后仍然是国有企业权益资本筹集的重要渠道。

2. 银行信贷资金

银行信贷资金是各类企业筹资的重要来源。银行一般分为商业银行和政策银行。商业银行是一个以盈利为目的，以多种金融负债筹集资金，多种金融资产为经营对象，具有信用创造功能的金融机构，主要有中国工商银行、中国农业银行、中国建设银行、中国银行以及交通银行等；政策性银行是由政府创立、参股或保证，不以盈利为目的，为贯彻、配合社会经济政策或意图，在特定的业务领域内直接或间接地从事政策性融资活动的金融机构，主要有国家开发银行、农业发展银行和中国进出口银行。商业性银行可以为各类企业提供各种商业性贷款；政策性银行主要为特定企业提供一定的政策性贷款。银行信贷资金的贷款方式灵活多样，可以适应各类企业债权资金筹集的需要。

3. 非银行金融机构资金

非银行金融机构资金也可以为一些企业提供一定的筹资来源。非银行金融机构是指除了银行以外的各种金融机构及金融中介机构，以发行股票和债券、接受信用委托、提供保险等形式筹集资金，并将所筹资金运用于长期性投资的金融机构。在我国，非银行金融机构主要包括信托、证券、保险、融资租赁等机构以及财务公司等。它们有的集聚社会资金，融资融物；有的承销证券，提供信托服务，为一些企业直接筹集资金或为一些公司发行证券筹资提供承销信托服务。

4. 其他法人资金

其他法人资金有时亦可为筹资企业提供一定的筹资来源。法人是在法律上人格化了的、依法具有民事权利能力和民事行为能力并独立享有民事权利、承担民事义务的社会组织。在我国，法人可分为企业法人、事业单位法人、社会团体法人和机关法人。它们在日常的生产经营过程中，有时也可能形成部分暂时闲置的资金，为了让其发挥一定的效益，也需要相互融通，这就为企业提供了一定的筹资来源。

5. 民间资金

民间资金可以为企业直接提供筹资来源。民间资金主要包括居民储蓄存款、城乡居民手持的现金、个体经济和私营经济所运营的自有资金部分等。企业可以通过发行股票、债券等方式向他们筹资。

6. 企业内部资金

企业内部资金是企业生产经营资金的重要补充和来源。它主要是指企业通过提留盈余公积和保留未分配利润而形成的资金。这种企业内部形成的资金，使用便捷，有盈利的企业通常都可以加以利用。

7. 国外和我国港澳台地区资金

在改革开放的条件下，国外以及我国港澳台地区的投资者持有的资金，亦可加以吸收，从而形成一个重要的筹资渠道。

在上述各种筹资渠道中，政府财政资金、其他法人资金、民间资金、企业内部资金、国外和我国港澳台地区资金，可以成为特定企业股权资金的筹资渠道；银行信贷资金、非银行金融机构资金、其他法人资金、民间资金、国外和我国港澳台地区资金，可以成为特定企业债权资金的筹资渠道。

四、筹资类型

企业的筹资渠道和方式是多种多样的，不同的来源渠道、方式和期限，形成不同筹资类型。企业的筹资可分为股权筹资与债权筹资、长期筹资与短期筹资、内部筹资与外部筹资、直接筹资与间接筹资等类型。

1. 股权筹资与债权筹资

按照所筹资金的权益不同，可分为股权筹资和债权筹资。

股权筹资是指以发行股票的方式进行筹资，是企业经济运营活动中一个非常重要的筹资手段。股权筹资具有没有固定的到期日，无须偿还，是企业的永久性资本，企业财务风险较小等优点；也有资本成本负担较重，容易分散企业的控制权等缺点。

债权筹资是指企业按约定代价取得且需要按期还本付息的一种筹资方式。该种筹资具有筹资速度较快、筹资弹性大和稳定公司的控制权等优点；但同时也有筹资数额有限和财务风险较大等缺点。

2. 长期筹资与短期筹资

按照筹集资金的使用年限，可分为长期筹资和短期筹资。

长期筹资是指筹集可供企业长期（一般为 1 年以上）使用的资本的筹资。长期筹资的资本主要用于企业新产品、新项目的开发与推广，生产规模的扩大，设备的更新与改造等，因此这类资本的回收期较长，成本较高，对企业的生产经营有较大的影响。企业的长期资本一般采用投入资本、发行股票、发行债券、银行长期借款和租赁筹资方式取得或形成。

短期筹资是指筹集可供企业短期（一般为 1 年以内）使用的资本的筹资。企业由于在生产经营过程中资本周转调度等原因，往往需要一定数量的短期资本。企业的短期资本一般包括短期借款、应付账款和应付票据等项目，通常是采用银行借款、商业信用等筹资方式取得或形成的。

3. 内部筹资与外部筹资

根据所筹资金来源于企业内外部，可分为内部筹资和外部筹资。

内部筹资是指企业内部通过计提折旧、留用收益等形成资金来源的筹资。计提折旧会增加企业的现金收入，其数量的多少取决于企业固定资产的规模和折旧政策的选择。留用收益包括盈余公积金和未分配利润，其数量取决于企业的利润水平和利润分配政策。内部筹资是在企业内部"自然"形成的，因此被称为"自动化的资本来源"，一般无须花费筹资费用。

外部筹资是向企业外部筹资的形式。处于初创期的企业，内部筹资的可能性是有限的；处于成长期的企业，内部筹资往往难以满足需要。于是，企业就要广泛开展外部筹资。企业外部筹资的渠道和方式很多，主要包括吸收投资、借款、发行债券、商业信用和租赁等。外部筹资一般都需要支付一定的筹资费用。

4. 直接筹资与间接筹资

按筹资过程是否借助银行等金融机构，可分为直接筹资和间接筹资两种类型。

直接筹资是指企业不借助银行等金融机构，直接与资金所有者协商取得资金的一种筹资活动。在直接筹资活动过程中，筹资企业无须借助银行等金融机构，而是直接与资本所有者协商，采用一定的筹资方式取得资金。具体而言，直接筹资方式主要有吸收直接投资、发行股票、发行债券和商业信用等。

间接筹资是指企业借助银行等金融机构而取得资金的筹资活动，这是一种传统的筹资类型。在间接筹资活动过程中，银行等金融机构发挥着中介作用。它们先从资金供应者那里吸收资金，然后提供给筹资企业。间接筹资的范围比较窄，其筹资渠道和方式也比较单一，主要包括借款和租赁等方式。

第二节　筹资数量的预测

一、筹资数量预测方法

企业筹资之前，首先要采用科学的方法对企业未来一段时间所需资金数量进行预测。这样才能保证筹集的资本既能满足生产经营的需要，又不会产生资金闲置，造成浪费。预测企业筹资金额的方法很多，一般可分为定性预测法和定量预测法。

1. 定性预测法

定性预测是指预测者依靠熟悉业务知识、具有丰富经验和综合分析能力的人员与专家，根据已掌握的历史资料和直观材料，运用个人的经验和分析判断能力，对企业筹资数量进行预测的方法。定性预测法具有较大的灵活性，省时省费用，但随意性比较强。定性预测方法主要包括研究判断法、德尔菲法、经验判断法和线性回归分析法。

2. 定量预测法

定量预测法是根据企业比较完备的历史和现状统计资料，运用数学方法对资料进行科学的分析、处理，找出预测目标与其他因素的规律性联系，对事物的发展变化进行量化推断的预测方法。定量预测法科学、准确，但计算复杂。定量预测法主要包括因素分析法、销售百分比法等。本章主要介绍因素分析法和销售百分比法。

二、因素分析法

因素分析法又称分析调整法，是以有关资本项目上年度的实际平均需要量为基础，根据预测年度的生产经营任务和加速资本周转的要求，进行分析调整，来预测资本需要量的一种方法。这种方法计算比较简单，容易掌握，但预测结果不太精确；因此，它通常用于品种繁多、规格复杂、用量较小、价格较低的资本占用项目的预测，也可以用来匡算企业全部资本的需要量。采用这种方法时，首先应在上年度资本平均占用额基础上，剔除其中呆滞积压不合理部分，然后根据预测期的生产经营任务和加速资本周转的要求进行测算。[①] 因素分析法的计算公式如下：

资本需要量=（上年资本实际平均占用量−不合理平均占用额）×

（1±预测年度销售增减率）×

（1±预测期资本周转速度变动率）   (5-1)

【例 5-1】 某企业上年度资本实际平均占用额为 2000 万元，其中不合理平均占用额为 300 万元，预计本年度销售增长 5%，资本周转速度加快 2%。则预测年度资本需要量为：

（2000−300）×（1+5%）×（1−2%）=1749.3 （万元）

三、销售百分比法

1. 销售百分比法的基本依据

销售百分比法是根据销售收入与资产负债表和利润表项目之间的比例关系，预测各项目短期资本需要量的方法。例如，某企业每年销售 200 元货物，需有 20 元存货，即存货与销售的百分比是 10%（20/200）。若销售增至 400 元，那么，该企业需有 40 元（400×10%）存货。由此可见，在某项目与销售的比率既定的前提下，便可预测未来一定销售额下该项目的资本需要量。

销售百分比法既有优点也有一定的局限性。它的优点是能为企业财务管理提供短期预计的财务报表，以适应外部筹资的需要，并且易于使用。但它也有局限性，倘若企业销售收入与资产负债表和利润表项目之间的比例与实际不符，据以进行预测就会形成错误的结果。因此，在有关因素发生变动的情况下，必须相应地调整原有的销售百分比。

运用销售百分比法，一般需要借助于预计利润表和预计资产负债表。通过预计利润表预测企业留用利润这种内部资本来源的增加额；通过预计资产负债表预测企业资本需要总额和外部筹资的增加额。

2. 销售百分比法的基本步骤

（1）预测期的销售收入。在运用销售百分比法预测企业的预测期资金需要量

---

① 荆新，王化成，刘俊彦.财务管理学（第 6 版）[M].北京：中国人民大学出版社，2012.

时，首先需要预测企业预测期的销售收入。因此，销售收入预测就成为企业数量预测的起点。预测销售收入方法很多，主要包括定性预测法和定量预测法，其中最常用的是定量预测法。定量预测法主要包括简单平均法、线性回归分析法和量本利分析法等。

（2）编制预计利润表，预测留用利润。预计利润表是运用销售百分比法的原理预测留用利润的一种报表。预计利润表与实际利润表的内容、格式相同。该步骤主要通过以下三步完成：一是分析基期年度利润表资料，计算利润表中成本费用项目与实际销售收入的百分比；二是根据利润表各成本费用项目的销售百分比和预计销售收入编制预计利润表；三是根据预计利润、所得税税率和留存收益比例计算预计留用利润增加额。

（3）编制预计资产负债表，预测外部筹资额。预计资产负债表与实际资产负债表的内容、格式相同，是运用销售百分比的原理预测外部筹资的一种报表。通过提供的资产负债表，可计算有关资产负债项目与销售额的百分比，利用销售百分比法确定资产、负债和留用利润项目，预测外部筹资数额，编制预计资产负债表。

运用销售百分比法要选定与销售额有基本不变比率关系的项目，这种项目称为敏感项目。敏感项目包括敏感资产项目和敏感负债项目。敏感资产项目一般包括现金、应收账款、存货等项目；敏感负债项目一般包括应付账款、应付职工薪酬、应交税金和应付费用等项目。应收票据、短期投资、固定资产、长期投资、递延资产、短期借款、应付票据、长期负债和投入资本通常不属于短期内敏感项目。

【例 5-2】某公司 20×5 年实际利润表和资产负债表及有关项目的销售百分比如表 5-1、表 5-2 所示，若该企业 20×6 年预计销售收入为 18000 万元，该公司的所得税税率是 40%，20×5 年留存收益的比例是 50%，拟在 20×6 年保持，试预测该公司 20×6 年需要筹资数量。

表 5-1　20×5 年度利润表

项目	金额（万元）	占销售收入比（%）
销售收入	15000	100.0
减：销售成本	11400	76.0
销售费用	60	0.4
销售利润	3540	23.6

续表

项目	金额（万元）	占销售收入比（%）
减：管理费用	3060	20.4
财务费用	30	0.2
税前利润	450	3.0
减：所得税	180	
税后利润	270	

表 5-2　20×5 年度资产负债表

项目	金额（万元）	销售百分比（%）
资产		
现金	75	0.5
应收账款	2400	16.0
存货	2610	17.4
预付费用	10	—
固定资产净值	285	—
资产总额	5380	33.9
负债及所有者权益		
应付票据	500	—
应付账款	2640	17.6
应付费用	105	0.7
长期负债	55	—
负债合计	3300	18.3
投入资本	1250	—
留用利润	830	—
所有者权益合计	2080	—
追加外部筹资额		
负债及所有者权益总额	5380	

（1）编制预计利润表（见表 5-3），预测留用利润增加额。

表 5-3　20×6 年度预计利润表

项目	金额（万元）	占销售收入比（%）	20×6 年预计数（万元）
销售收入	15000	100.0	18000
减：销售成本	11400	76.0	13680
销售费用	60	0.4	72
销售利润	3540	23.6	4248
减：管理费用	3060	20.4	3672
财务费用	30	0.2	36

项目	金额（万元）	占销售收入比（%）	20×6年预计数（万元）
税前利润	450	3.0	540
减：所得税	180	—	216
税后利润	270	—	324

20×6年度该公司预测留用利润增加额=324×50%=162（万元）

（2）编制预计资产负债表（见表5-4），预测外部筹资额。

表5-4　20×6年度预计资产负债表

项目	金额（万元）	销售百分比（%）	20×6年预计数（万元）
资产			
现金	75	0.5	90
应收账款	2400	16.0	2880
存货	2610	17.4	3132
预付费用	10	—	10
固定资产净值	285	—	285
资产总额	5380	33.9	6397
负债及所有者权益			
应付票据	500	—	500
应付账款	2640	17.6	3168
应付费用	105	0.7	126
长期负债	55	—	55
负债合计	3300	18.3	3849
投入资本	1250	—	1250
留用利润	830	—	992
所有者权益合计	2080	—	2242
追加外部筹资额			306
负债及所有者权益总额	5380		6397

20×6年度累计留用利润=162+830=992（万元）

追加外部筹资额=6397-2242-3849=306（万元）

3. 按预测公式预测外部筹资额

以上运用预计资产负债表计算预测外部筹资额的过程，亦可采用预测公式计算。预测外部筹资额的公式如下：

需要追加的外部筹资额 $= (\Delta S) \sum \dfrac{RA}{S} - (\Delta s) \sum \dfrac{RL}{S} - \Delta RE$

$$= (\Delta S)(\sum \dfrac{RA}{S} - \sum \dfrac{RL}{S}) - \Delta RE \qquad (5\text{-}2)$$

其中，$\sum$——连加符号；Δ——变动符号；ΔS——预计年度销售增加额；$\dfrac{RA}{S}$——基年敏感资产总额除以基年销售额；$\dfrac{RL}{S}$——基年敏感负债总额除以基年销售额；ΔRE——预计年度留用利润增加额。

【例 5-3】根据【例 5-2】中的数据，运用式（5-2）预测该企业 20×6 年需要追加的外部筹资额为：

$0.339 \times 3000 - 0.183 \times 3000 - 162 = 306$（万元）

这种方法是根据预计资产负债表的原理，预测企业追加外部筹资额的简便方法。

4. 有关资产负债项目及其销售百分比变动条件下外部筹资额的调整

上述销售百分比法的介绍，是以假定预测年度敏感项目与销售收入的百分比例、非敏感项目与基年保持不变为条件的。在实践中，敏感项目及其与销售的百分比、非敏感项目均有可能发生变动，具体情况：①非敏感资产、非敏感负债的项目构成以及数量的增减变动；②敏感资产、敏感负债的项目构成以及与销售百分比的增减变动。这些变动对预测资金需要总量和追加外部筹资额都会产生一定的影响，必须相应地调整[①]。

【例 5-4】根据表 5-4 的资料，倘若该企业 20×6 年由于情况变化，敏感资产项目中的存货与销售百分比提高为 17.6%，预定安排新建固定资产投资为 50 万元；敏感负债项目中应付账款与销售收入的百分比降低为 17.5%，预计长期借款（系非敏感负债项目）增加 65 万元。针对这些变动，该企业 20×6 年的资本需要预测如下：

资产总额 $= 6397 + 18000 \times (17.6\% - 17.4\%) + 50 = 6483$（万元）

负债总额 $= 3849 - 18000 \times (17.6\% - 17.5\%) + 65 = 3896$（万元）

追加外部筹资额 $= 6483 - 3896 - 2242 = 345$（万元）

---

① 郭夏初，王庆成. 财务管理学［M］. 北京：高等教育出版社，2007.

四、筹资数量预测的线性回归分析法

线性回归分析法（Linear Regression Analysis Method）是假定资本需要量与营业业务量之间存在着线性关系，并据此建立数学模型，然后根据历史有关资料，用回归直线方程确定参数，预测资金需要量的方法。其预测模型为：

$$y = a + bx \qquad (5-3)$$

其中，y——资本需要量；a——不变资本；b——单位业务量所需要的变动资本；x——业务量。

不变资本是指在一定的营业规模内，不随业务量增减的资本，主要包括为维持营业需要的最低数额现金、原材料的保险储备、必要的成品或商品储备，以及固定资产占用的资金。

变动资本是指随营业业务量变动而同比例变动的资本，一般包括最低储备以外的现金、存货、应收账款等所占用的资金。

运用预测模型，在利用历史资料确定 a、b 数值的条件下，即可预测一定业务量 x 所需要的资本数量 y。

第三节　股权筹资

企业全部资本按其所有权的归属，分为权益资本和债务资本。权益资本的筹资方式，又称股权筹资，包括吸收直接投资、发行普通股票、发行优先股和留成收益方式。下面介绍吸收直接投资和发行普通股票两种方式。

一、吸收直接投资

吸收直接投资是指非股份制企业按照"共同投资、共同经营、共担风险、共享利润"的原则以协议等形式吸收国家、法人、个人和外商等直接投入资金，形成企业资本金的一种筹资方式。吸收直接投资中的出资者都是企业的所有者，并对企业具有经营管理权。企业经营状况好、盈利多，各方可按出资额的比例分享利润，但如果企业经营状况差，连年亏损，甚至被迫破产清算，则各方要在其出资的限额内按出资比例承担损失。

1. 吸收直接投资种类

企业采用吸收直接投资方式筹集的资金一般可分为以下四类：

（1）吸收国家投资。吸收国家投资指有权代表国家投资的政府部门或机构以国有资产投入企业形成国家资本金，是国有企业和国有控股企业筹集自有资金的主要方式。吸收国家投资一般具有以下特点：①产权属于国家；②资金数额较大；③只有国有企业才能采用；④资金的运用和处置受国家约束较大。

（2）吸收其他法人投资。法人投资是指法人单位以其依法可以支配的资产投入企业，由此形成法人资本金。吸收法人投资一般具有如下特点：①投资发生在法人单位之间；②以参与公司利润分配或控制为目的；③出资方式灵活多样。

（3）吸收公众投资。社会公众投资是指社会个人或本公司职工以个人合法财产投入公司，这种情况下形成的资本称为个人资本。吸收个人投资一般具有以下特点：①参加投资的人员较多；②每人投资的数额相对较少；③以参与企业利润分配为目的。

（4）吸收外商投资。外商投资是指外国投资者以及我国港澳台地区投资者投入资金，由此形成外商资本金。吸收外商投资一般具有以下特点：①方式多种多样；②可以筹集外汇资金；③出资方式比较灵活。

2. 吸收直接投资的方式

企业在采用吸收直接投资这一方式筹集资金时，投资者可以用现金、厂房、机器设备、材料物资、无形资产等多种方式向企业投资。

（1）现金投资。现金投资是吸收直接投资中一种最重要的投资方式。企业有了现金，就可以购置各种物质资料，支付各种费用，比较灵活方便。因此，企业应尽量动员投资者采用现金方式出资。吸收投资中所需投入现金的数额，取决于投入的实物及工业产权之外建立企业的开支和日常周转需要。

（2）实物投资。实物投资是指以房屋、建筑物、机械设备等固定资产和材料、燃料、商品等流动资产所进行的投资。以实物投资应注意以下事项：一是实物投资物要由合法的评估机构进行评估作价；二是以实物投资要转移实物的占有权并办理转移财产权的手续；三是设立担保的实物和租赁他人的实物不能作为投资。

（3）工业产权和非专有技术投资。工业产权和非专有技术投资是指以专有技

新编财务管理学理论与实训

术、商标权、专利权等无形资产进行的投资。企业在吸收工业产权和非专有技术投资时应特别谨慎，进行认真的可行性研究。因为，以工业产权和非专有技术投资实际上是把有关技术资本化，把技术的价值固定化，而技术实际上都在不断老化，价值在不断减少甚至会完全丧失。

（4）土地使用权投资。在我国土地作为一种资源，一般只能以使用权进行流转。土地使用权是指投资者用土地使用权来进行投资。土地使用权的投资也要进行评估，并且不能是设定担保等权利的土地使用权。土地使用权的出资必须进行变更登记，并且要交付土地。

3. 吸收直接投资的程序

企业吸收其他单位的直接投资，一般应遵循如下程序：

（1）确定筹资数量。吸收投资一般是在企业开办时所使用的一种筹资方式。新建企业在扩大经营时，如果发现自有资金不足，也可以采用吸收投资的方式筹集资金，扩大生产经营规模。在吸收投资之前，必须确定所需资金的数量，以利于正确筹集所需资金。合资或合伙企业的增资由出资各方协商决定，国有企业增资须由国家授权投资的机构或国家授权的部门决定。

（2）寻找投资单位。企业在吸收投资之前，需要做一些必要的宣传工作，以便使出资单位了解企业的经营状况和财务情况，有目的地进行投资。同时，企业也要广泛了解有关投资者的资信、财力和投资意向。这将有利于企业在比较多的投资者中寻找最合适的合作伙伴。

（3）协商投资事项。寻找到投资单位后，双方便可进行具体的协商，以便合理确定投资的数量和出资方式。在协商过程中，企业应尽可能吸收货币投资，如果投资方确有先进而适合需要的固定资产和无形资产，亦可采取非货币投资方式。

（4）签署投资协议。企业与投资者确定好投资意向和具体条件后，便可签订投资协议。这里关键问题是以实物投资、工业产权投资、土地使用权投资的作价问题，这是因为投资的报酬、风险的承担都是以由此确定的出资额为依据的。一般而言，双方应按公平合理的原则协商定价；如果争议比较大，可聘请有关资产评估机构来评定。当出资数额、资产作价确定后，便可签署投资的协议和合同，以明确双方的权利和责任。

（5）取得所筹集的资金。根据出资协议中规定的出资期限和出资方式，企业应该按计划或规定取得资金。吸收国家以现金投资的，通常有拨款计划，确定拨

150

款期限、每期数额及划款方式，企业可按计划取得现金；吸收出资各方以实物资产或无形资产投资的，应结合具体情况，采用适当的方法，进行合理估价，办理资产转移手续，取得资产。

4. 吸收直接投资的优缺点

吸收直接投资是股权筹资的主要方式，它具有优点，同时也有缺点。

吸收直接投资的优点主要表现在三个方面：

（1）有利于增强企业信誉。吸收直接投资所筹集的资金属于股权性资金，与债券性资金相比较，能提高企业的信誉和借款能力，对扩大企业经营规模、壮大企业实力具有重要作用。

（2）有利于快速形成生产能力。吸收直接投资不仅可以筹取现金，还能够直接获得所需的先进设备和先进技术，与仅筹取现金的筹资方式相比较，有利于企业尽快形成生产经营能力，开拓市场。

（3）有利于降低财务风险。与债权性资金相比，吸收直接投资不需要归还本金，并且没有固定的利息负担。企业可以根据企业的经营状况向投资者分红，企业经营状况好，就向投资者多支付一些报酬；企业经营状况不好，就可以向投资者少支付一些报酬或不支付报酬，比较灵活。因此，吸收直接投资财务风险比较小[1]。

吸收直接投资的缺点表现如下：

（1）资金成本较高。因为向投资者支付的报酬是根据其出资数额和企业经营状况好坏来确定的，所以采用吸收直接投资方式筹集资金所需负担的资金成本较高。特别是企业经营状况较好、盈利较多时更是如此。

（2）不利于产权流动。与发行普通股相比，吸收直接投资由于没有证券作为媒介，产权关系有时不清晰，也不便于进行产权交易。

（3）企业控制权容易分散。采用吸收直接投资方式筹集资金，投资者一般都要求获得与投资数量相适应的经营管理权，这是接受外来投资的代价。如果外部投资者的投资较多，则原有投资者会丧失相当大的管理权，甚至会失去对企业的控制。

---

[1] 王化成. 财务管理（第3版）[M]. 北京：中国人民大学出版社，2010.

二、发行普通股票

股票是股份公司发行的所有权凭证，是股份公司为筹集资金而发行给各个股东作为持股凭证并借以取得股息和红利的一种有价证券。它代表持股人在公司中拥有的权利，股票持有人为公司的股东。公司股东作为出资人按投入公司的资本额享有所有者的资产受益、公司重大决策权和选择管理者的权利，并以其所持股份为限对公司承担责任。

1. 股票的种类

股份有限公司依据国家的有关法律法规规定可以发行不同种类的股票。总的来说，股票可以分为以下几种类型：

（1）按股东权利和义务，分为普通股股票和优先股股票。普通股是指在公司的经营管理和盈利及财产的分配上享有普通权利的股份。普通股构成公司资本的基础，是股票的一种基本形式。普通股股东享有平等的权利、义务，是不加特别限制、股利不固定的股票。通常情况下，股份有限公司只发行普通股。

普通股权利和义务的特点：①公司决策参与权。普通股股东有权参与股东大会，并有建议权、表决权和选举权，也可以委托他人代表其行使其股东权利。②利润分配权。普通股股东有权从公司利润分配中得到股息。普通股的股息是不固定的，由公司盈利状况及其分配政策决定。普通股股东必须在优先股股东取得固定股息之后才有权享受股息分配权。③优先认股权。如果公司需要扩张而增发普通股股票时，现有普通股股东有权按其持股比例，以低于市价的某一特定价格优先购买一定数量的新发行股票，从而保持其对企业所有权的原有比例。④剩余资产分配权。当公司破产或清算时，若公司的资产在偿还欠债后还有剩余，其剩余部分按先优先股股东、后普通股股东的顺序进行分配。

优先股是指公司在发行时给予认购股东一定优先条件的股票。其优先权利表现为：①优先分配权。在公司分配利润时，拥有优先股股票的股东比持有普通股股票的股东分配在先，其股利是相对固定的。②优先分配剩余财产权。当公司解散、破产时，优先股剩余财产的分配权虽位于债权人之后，但位于普通股之前。

优先股在享受优先权的同时也受一定的限制。优先股股东在参与公司经营管理上受到一定限制，仅对涉及优先股权利的问题有表决权，没有选举权和被选举权。优先股属于主权资金，优先股股东的权利与普通股股东有相似之处，两者股利都是在税后利润中支付，而不能像债券利息那样在税前列支，同时优先股又具有债券的某些特征。

（2）按股票上有无记载股东姓名，分为记名股票和无记名股票。记名股票是指在股东名册上登记持有人的姓名或名称及住址，并在股票上也注明持有人姓名或名称的股票。记名股票在转让股票时需向公司办理股票过户手续，除了记名股东外，任何人不得凭此对公司行使股东权。它相对于无记名股票更安全，但转让比较麻烦。

无记名股票也称不记名股票，是指在股票票面和股份公司股东名册上均不记载股东姓名的股票。公司股东名册只记载无记名股票数量、编号及发行日期。它与记名股票相比较，差别不是在股东权利等方面，而是在股票记载方式上。无记名股票的优点是发行手续简单，易于购买和转让，但安全性较差。

（3）按票面是否标明金额，分为额面股和无额面股。额面股又称面值股，是指股票票面标明一定金额的股份。这一记载的金额也称为股票票面金额、股票票面价值或股票面值。

无额面股是相对于额面股而言的。无额面股又称无面值股票或比例股票，是指股票票面上不记载金额的股票。这种股票并非没有价值，而是不在票面上标明固定的金额，只记载其为几股或股本总额的若干分之几。我国《公司法》第一百二十九条将票面金额作为股票上应当记载的主要事项，故可以推知，实际上我国是禁止发行无额面股的[①]。

（4）按投资主体的不同，分为国家股、法人股、个人股和外资股。国家股是指有权代表国家投资的部门或机构以国有资产向股份有限公司投资形成的股份。由于我国大部分股份制企业都是由原国有大中型企业改制而来的，因此，国有股在公司股份中占有较大的比重。

法人股是指企业法人或具有法人资格的事业单位和社会团体，以其依法可支配的资产，向独立于自己的股份有限公司投资所形成的股份。

个人股是指公民个人以自己的合法财产投资于股份有限公司形成的股份。在我国，个人股分两种：一种是股份有限公司内部职工认购本企业的股份，称为职工股；另一种是社会公众向股份有限公司认购的股份，称为社会个人股。

---

① 高程德. 公司组织与管理［M］. 北京：北京大学出版社，2007.

外资股是指外国投资者和我国港澳台地区的投资者，以购买人民币特种股票形式向股份有限公司投资形成的股份。

（5）按发行对象和上市地点，分为 A 股、B 股、H 股、N 股和 S 股。

A 股是由我国境内的公司发行，供境内机构、组织或个人以人民币认购和交易的普通股股票。从 2013 年 4 月 1 日起，我国内地、香港、澳门、台湾地区居民可开立 A 股账户，购买部分 A 股股票。

B 股是以人民币标明面值，以外币认购和买卖，在我国上海、深圳证券交易所上市交易的外资股。B 股公司的注册地和上市地都在境内，2001 年前投资者限制为境外人士，2001 年之后，开放境内个人居民投资 B 股。

H 股也称国企股，指注册地在内地、上市地在香港的外资股。因香港英文——Hong Kong 首字母，而得名 H 股。依此类推，N 股和 S 股分别是指在纽约和新加坡上市的外资股票。

2. 股票的发行方式

股票的发行方式是指公司通过何种方式发行股票，一般包括公开发行和非公开发行。

公开发行即"公募"，是指股份有限公司通过中介机构，向不特定的社会公众投资者发售证券的发行方式。在公开发行情况下，所有合法的社会投资者都可以参加认购。我国股份有限公司采取募集设立方式设立的股份有限公司向社会公众公开发行新股时，须由证券公司承销的做法，就属于公开发行。采用公开发行的有利之处有：发行对象多，发行范围广，易于募集资金；增强证券的流动性，易于变现。公开发行的不足之处是发行程序比较复杂，登记核准的时间较长，发行费用较高。

非公开发行是指股份有限公司不通过中介机构不对外公开发行股票，只针对特定少数人直接发行，因此也被称为"私募"或"定向募集"。我国股份有限公司采取发起设立方式和向特定对象募集而设立的股份公司，就属于非公开发行。非公开发行的优点是发行成本低，弹性较大。缺点是发行范围小，股票的变现性较差①。

---

① 刘玉平. 财务管理学（第 3 版）[M]. 北京：中国人民大学出版社，2012.

3. 股票的销售方式

股票的销售方式是指股份有限公司发行股票时所采取的股票销售方法，一般包括自销和承销。

（1）自销。自销是指股份公司自行直接将股票出售给投资者，而不经过中介机构承销。自销方式可节约股票发行费用，但往往筹资时间较长，发行风险完全由公司自行承担。这种推销方式并不普遍被采用，一般仅适用于发行风险较小、手续较为简单、数额不多的股票。国外主要是知名度高、有实力的公司向现有股东推销股票时采用。

（2）承销。承销是指发行公司将股票销售业务委托给证券承销机构代理销售。证券承销机构是指专门从事证券买卖业务的金融中介机构，在我国主要为证券公司、信托投资公司等。承销方式是发行股票普遍所采用的推销方式。我国《公司法》规定，公司向社会公开发行股票，不论是公司设立发行原始股还是公司增资发行新股，均应当由依法设立的证券经营机构承销。

根据证券经营机构在承销过程中承担的责任和风险不同，承销又可分为代销和包销两种形式。包销是由发行公司与证券经营机构签订承销协议，全权委托证券承销机构代理股票的发售业务。包销是由代理股票发行的证券商一次性将上市公司所新发行的全部或部分股票承购下来，并垫支相当于股票发行价格的全部资本。这种销售方式的优点是可促进股票顺利出售，及时筹足资本，还可免于承担发行风险；缺点是要将股票以略低的价格售给承销商，且实际付出的发行费用较高。

代销是由证券经营机构代理股票发售业务，若募股期满实际募股份数达不到发行股份数，承销机构不负承购剩余股份的责任，而是将未售出的股份归还给发行公司，发行风险由发行公司自己承担。代销发行方式对上市公司来说，虽然相对于包销发行方式能获得更多的资金，但整个筹款时间可能很长，从而不能使上市公司及时得到自己所需的资金。

4. 股票发行价格

股票的发行价格，是股份公司将股票出售给投资者所采用的价格，也就是投资者认购股票时所支付的价格。股票发行价格应在综合考虑公司的盈利水平、公司的发展潜力、发行数量、行业特点和其他因素的基础上加以确定。

（1）股票价值的种类。股票的价值通常有面值（票面价值）、净值（净资产价值）和市场价值三种。

面值（票面价值）是股份公司在所发行的股票上标明的票面金额，其作用是用来表明每一张股票所包含的资本数额。股票的面值一般都印在股票的正面且基本都是整数，如百元、拾元、壹元等。在我国流通的股票，其面值一般为壹元，即每股一元。

净值（净资产价值）是指股票所包含的实际资产价值。它是用会计的方法计算出来的每股股票所包含的资产净值。其数字准确程度较高，可信度较强，所以它是股票投资者评估和分析上市公司经营实力的重要依据之一。

市场价值又称为股票的市值，是指股票在股票市场上进行交易体现出来的价值。股票的市值直接反映着股票市场行情，是股民买卖股票的依据。由于受众多因素的影响，股票的市场价值处于经常性的变化之中。

（2）股票发行价格种类。股份有限公司在发行股票时可以根据企业情况和有关法律来采取不同的股票发行价格，一般有以下三种：

平价发行是指按股票票面价值发行股票，又称面值发行或等价发行。平价发行的优点是简便易行，有利于公司顺利筹资，缺点是公司不能获得如采用溢价发行而带来的好处。

溢价发行是指按高于股票票面价值的价格发行股票。出现这种情况的原因是股票的收益率高于金融市场利率，潜在的投资者乐于把资金投向该股票。采用溢价发行可使公司用较少的股份筹集到较多的资金，同时还可降低筹资成本。

折价发行是指以低于股票票面价值的价格发行股票，即按面值打一定折扣后发行股票。在我国，《中华人民共和国公司法》第一百二十八条明确规定，股票发行价格可以按票面金额，也可以超过票面金额，但不得低于票面金额。即允许平价和溢价发行，但不能折价发行。

5. 普通股筹资的优缺点

发行普通股股票是公司筹集资金的一种基本方式，其既有优点也有缺点。

（1）普通股筹资的优点。

1）能提高公司的信誉。发行股票筹集的是主权资金。普通股本和留存收益构成公司借入一切债务的基础。有了较多的主权资金，就可为债权人提供较大的损失保障。因而，发行股票筹资既可以提高公司的信用程度，又可为使用更多的债务资金提供有力的支持。

2）没有固定的到期日，不用偿还。发行股票筹集的资金是永久性资金，在公司持续经营期间可长期使用，能充分保证公司生产经营的资金需求。

3）没有固定的利息负担。公司有盈余，并且认为适合分配股利，就可以分给股东；公司盈余少，或虽有盈余但资金短缺或者有有利的投资机会，就可以少支付或不支付股利。

4）筹资风险小。由于普通股股票没有固定的到期日，不用支付固定的利息，不存在不能还本付息的风险。

（2）普通股筹资的缺点。

1）资本成本较高。首先，从投资者的角度讲，投资于普通股风险较高，相应地要求有较高的投资报酬率。其次，对筹资来讲，普通股股利从税后利润中支付，不具有抵税作用。最后，普通股的发行费用也较高。

2）容易分散控制权。当企业发行新股时，出售新股票，引进新股东，会导致公司控制权的分散。

3）所需时间较长。股票发行时间跨度长，竞争激烈，无法满足企业短期资金需求。

第四节　债务筹资

债务筹资是指企业按约定代价和用途取得筹资且需要按期还本付息的一种筹资方式。债务筹资又称债权性筹资，其筹资方式主要有银行借款、发行公司债券、融资租赁等。

一、长期借款

长期借款是指企业向银行或其他金融机构借入的期限在一年以上（不含一年）或超过一年的一个营业周期以上的各项借款。

1. 长期借款的种类

企业长期借款根据不同的标准划分，可分为下列三类：

（1）按贷款提供机构划分。长期借款按提供贷款的机构，可分为政策性银行

157

贷款、商业银行贷款和其他金融机构贷款。政策性银行贷款是执行国家政策性贷款业务的银行即政策性银行向企业提供的贷款，这类贷款一般利率较低、期限比较长。商业银行贷款就是商业银行向企业提供贷款，这种贷款比较常见。其他金融机构贷款就是除了银行以外的其他金融机构贷款，如保险公司、信托公司等，这类贷款一般利率较高，并且对企业的信用和担保条件比较严格。

（2）按贷款的担保条件划分。长期贷款按贷款条件可分为信用贷款、担保贷款、抵押贷款和质押贷款。

信用贷款是指以企业的信誉发放的贷款，借款人不需要提供担保。这种贷款方式风险较大，一般要对企业的经济效益、发展前景等情况进行详细考察，才能发放。

担保贷款是指以担保人提供的担保而发放的贷款，这种贷款不需要抵押品。但担保人风险较大，如借款人到期不能或不愿偿还贷款，担保人要承担连带责任。

抵押贷款指以一定的抵押品作为保证而取得的贷款。这类贷款的抵押品可以是动产，也可以是不动产。贷款到期，借款者必须如数归还，否则贷款机构有权处理抵押品。

质押贷款是指贷款人以动产或权利为质押物而取得的贷款。这类贷款的抵押品必须是动产或权利，如有价证券、各种股票以及货物的提单等。它和抵押贷款的区别是，抵押贷款不需要转移抵押物占管形态，仍由抵押人负责抵押物的保管，质押贷款是改变了质押物的占管形态，由质权人负责对质押物进行保管。

（3）按贷款的用途划分。长期借款按企业贷款用途可分为基本建设贷款、更新改造贷款、科研开发和新产品制造贷款等。

2. 长期借款的优缺点

长期借款筹资与其他形式的筹资相比，既有优点，也有缺点。

（1）长期借款的优点。

1）筹资速度快。长期借款的程序较为简单，可以快速获得资金。而发行股票、公司债券等筹集长期资金，需要花费比较长的时间，程序上也比较复杂。

2）筹资成本低。首先，根据风险与报酬原则，作为还本付息债权性的长期借款的资金成本比股权性资金的资金成本低。其次，长期借款的利息在税前扣除，具有抵税作用。最后，长期借款属于间接筹资，与发行普通股、发行债券等直接筹资相比，筹资费用极少。

3）借款灵活性好。企业在筹措长期借款时，可以与贷款机构直接磋商借款的时间、数额和利率等问题。在用款期间，如果情况发生变化，也可以与贷款机构再行协商，变更贷款数量及还款期限等。因此，长期借款灵活性好。

4）长期借款有利于保持股东控制权。由于贷款机构无权参与公司的管理决策，因此不会分散股东对公司的控制权。

（2）长期借款的缺点。

1）财务风险较大。长期借款通常有固定的偿付期限和固定的利息负担，因此借款企业财务风险较高。

2）限制条件较多。由于借款合同通常会包含一系列限制性条款，这对企业今后的筹资、投资和经营活动有一定的限制。

3）筹资数额有限。由于长期借款的筹资范围较窄，竞争比较激烈，因此很难一次性筹得大笔资金。

二、发行公司债券

公司债券是企业依照法定程序发行的、约定在一定期限内还本付息的有价证券。它代表持券人同公司之间的债权债务关系，是持券人拥有公司债权的债权证书。持券人可按期取得固定利息，到期收回本金，但无权参与公司经营管理，也不参加分红，持券人对企业的经营盈亏不承担责任。

1. 债券的种类

公司债券按照不同标准，可分为以下几类。

（1）按是否记名划分，债券分为记名公司债券和无记名公司债券。

记名公司债券是在债券上记有持券人姓名或名称的公司债券。记名债券，由债券持有人以背书方式或者法律、行政法规规定的其他方式转让；转让后由公司将受让人的姓名或者名称及住所记载于公司债券存根簿。

无记名公司债券则在债券上不记载债券持有人姓名，还本付息时仅以债券为凭，企业见票即还本或付息。无记名公司债券的转让，由债券持有人将该债券交付给受让人后即发生转让的效力。

（2）按照保证条件不同划分，债券分为抵押债券、担保债券和信用债券。

抵押债券是以发行债券公司的特定财产为抵押品发行的债券。如债券到期不能偿还，持券人可以行使其抵押权，拍卖抵押品作为补偿。

担保债券是指由一定保证人作担保而发行的债券。当企业没有足够的资金偿还债券时，债权人可要求保证人偿还。

信用债券又称无抵押担保债券，是仅凭企业自身的信用发行的债券，它没有抵押品做抵押或担保人做担保，通常只有经济实力雄厚、信誉较高的企业才有能力发行这种债券。

（3）按是否可以转换成股票，债券分为可转换债券和不可转换债券。

可转换债券是指债券持有者可以在一定时期内按一定比例或价格将之转换成该公司普通股票的债券。可转换债券兼具债权和期权的特征，票面利率一般低于不可转换债券。

不可转换债券是指债券持有者不可以将之转换成该公司普通股股票的债券。

2. 公司债券的发行条件

（1）发行公司债券必须具备规定的条件。按照我国《证券法》的有关规定，公开发行公司债券，应当符合下列条件：①股份有限公司的净资产不低于人民币3000万元，有限责任公司的净资产不低于人民币6000万元；②累计债券余额不超过公司净资产的40%；③最近三年平均可分配利润足以支付公司债券一年的利息；④筹集的资金投向符合国家产业政策；⑤债券的利率不超过国务院限定的利率水平；⑥发行公司债券筹集的资金，必须用于核准用途，不得用于弥补亏损和非生产性支出；⑦国务院规定的其他条件。

（2）不得发行公司债券的限定。有下列情形之一的，不得再次公开发行公司债券：①前一次公开发行的公司债券尚未募足；②对已公开发行的公司债券或者其他债务有违约或者延迟支付本息的事实，仍处于继续状态；③违反本法规定，改变公开发行公司债券所募资金的用途。

3. 债券发行价格的确定

债券的发行价格是指公司在发行债券时使用的价格，或债券原始投资者购入债券时应支付的市场价格。理论上，债券发行价格是由债券的面值和需要支付的年利息按发行当时的市场利率折现所得到的现值。

（1）影响公司债券发行价格的因素。债券的发行价格与债券的面值可能一致也可能不一致。债券发行价格的高低，取决于以下四项因素。

1）债券面值。债券面值是指债券票面价值，也是债券持有人在债券到期后应偿还的本金金额。债券面值多样化，既有大额面值，也有小额面值。债券的面值是影响债券发行价格的基本因素，债券的面值越大，其发行价格越高。

2）票面利率。票面利率是指在债券上标识的利率，它在数额上等于债券每年应付给债券持有人的利息总额与债券总面值相除的百分比。债券的票面利率在发行前，由发行公司自身资信情况、公司承受能力、利率变化趋势、债券期限的长短等决定。由于其与发行时的市场利率可能不一致，债券的票面利率越高，其发行价格越高。

3）市场利率。市场利率是债券发行时金融市场上资金借贷的实际利率。一般用同期银行间同业拆借利率、国债回购利率反映。市场利率与债券发行价格反方向变动。市场利率越低，债券发行价格越高；市场利率越高，债券发行价格越低。

4）债券期限。债券期限是指从债券的计息日起到偿还本息日止的时间。债券的期限也是在公司债券发行时就确定的年限。债券期限越长，债权人承担的风险越大，其所要求的利息报酬就越高，其发行价格就可能较低。反之，债券发行价格越高。

（2）债券价格的确定方法。在实务中，公司债券的发行价格通常有三种情况，即平价、溢价、折价。平价是指以债券的票面金额作为发行价格，多数公司债券采用等价发行。溢价是指按高于债券面额的价格发行债券。折价是指按低于债券面额的价格发行债券。溢价或折价发行债券，主要是由于债券的票面利率与市场利率不一致所造成的。债券的票面利率在债券发行前即已参照市场利率确定下来，并标明于债券票上，无法改变，但市场利率经常发生变动。在债券发售时，如果票面利率与市场利率不一致，就需要调整发行价格。债券的发行价格具体可按下列公式计算：

$$债券发行价格 = \frac{债券面值}{(1+市场利率)^n} + \sum_{t=1}^{n} \frac{债券年息}{(1+市场利率)^t} \tag{5-4}$$

其中，n——债券期限；t——债券付息期数；市场利率——债券发售时的市场利率；债券年息——债券面额与票面利率（通常为年利率）的乘积。

从资金时间价值的原理来认识，按公式（5-4）确定的债券发行价格由两部分构成：一部分是债券到期还本面额按市场利率折现的现值；另一部分是债券各期利息（年金形式）的现值。下面举例说明不同情况下公司债券发行价格的计算方法。

【例5-5】某公司发行面值为1000元、票面利率10%、期限10年的债券，每年末付息一次。其发行价格可分下述三种情况来分析计算：

（1）市场利率为10%，与票面利率一致，为等价发行。债券发行价格计算如下：

$$债券发行价格 = \frac{1000}{(1+10\%)^{10}} + \sum_{t=1}^{10} \frac{100}{(1+10\%)^t} = 1000 \ （元）$$

（2）市场利率为8%，低于票面利率，为溢价发行。债券发行价格计算如下：

$$债券发行价格 = \frac{1000}{(1+8\%)^{10}} + \sum_{t=1}^{10} \frac{100}{(1+8\%)^t} = 1134 \ （元）$$

（3）市场利率为12%，高于票面利率，为折价发行。债券发行价格计算如下：

$$债券发行价格 = \frac{1000}{(1+12\%)^{10}} + \sum_{t=1}^{10} \frac{100}{(1+12\%)^t} = 886 \ （元）$$

4. 发行公司债券筹资的优缺点

发行公司债券筹集资金，对发行公司有利也有弊，公司应加以权衡，以便选择。

（1）债券筹资的优点。发行企业债券是企业筹集借入资金的重要方式。其优点主要有：①资本成本较低。一般情况下，债券的利息支出成本低于普通股票的股息支出成本；债券的利息是在所得税前支付，发行公司可享受有抵税的好处；从发行费用来讲，债券一般也低于股票。②具有财务杠杆作用。债券筹资具有杠杆作用。不论公司盈利多少，债券持有人只收回有限的固定收入，而更多的收益则可用于股利分配和留存公司以扩大投资。③可保障控制权。公司债券持有者是公司债权人，有享受还本付息的权利，无权参与公司的经营管理；因此，大股东也不会丧失公司的控制权。

（2）债券筹资的缺点。债券筹资缺点如下：①财务风险高。债券筹资有还本付息的义务，如公司经营困难，不能如期还本付息，则可能引起公司公司破产。②限制条件多。③筹资额度有限。债券筹资具有一定限度，当公司的负债超过一定的程度后，债券筹资的成本也不断上升，有时甚至难以发行。

三、融资租赁

租赁是出租人以收取租金为条件，在契约或合同规定的期限内，将资产租让给承租人使用的一种经济行为。租赁行为实质上是一种借贷行为，不过它直接涉及的是物，而不是金钱。在租赁业务中，出租人主要是各种租赁公司，承租人主要是其他各种公司，租赁的资产主要是机器设备等固定资产。租赁活动由来已久，现在租赁已经成为企业筹集资产的一种方式，用于补充或部分替代其他筹资方式。

1. 融资租赁的类型

现代租赁的种类很多，通常按其性质有经营租赁和融资租赁两种。

（1）经营租赁。经营租赁是由租赁公司向承租单位提供设备，并提供维修、保养、人员培训等的一种服务性业务，又称服务性租赁。经营租赁是为了满足经营使用上的临时或季节性需求而发生的资产租赁，是一种短期租赁形式。由于承租公司不需要事先筹集资金再购买设备即可获得设备的短期使用权，因此，经营租赁业可看作筹集短期资金的一种方式。

经营租赁的主要特点：①租赁设备所有权归出租公司所有；②租赁期较短，短于资产的有效使用期；③租赁合同具有可撤销性，即在有新设备出现或租赁设备的企业不再需要时，承租企业可撤销合同；④设备的维修、保养由租赁公司负责；⑤租赁期满或合同终止以后，出租资产由租赁公司收回。

（2）融资租赁。融资租赁是由租赁公司按承租单位要求出资购买设备，在较长的契约或合同期内提供给承租单位使用的一种租赁方式。它是一种长期租赁，是企业筹集长期资金的一种重要方式。与一般的借贷相比，融资租赁的对象是实物，融资租赁是融资与融物相结合的、带有商品销售性质的借贷活动。

融资租赁的主要特点：①出租的设备根据承租企业提出的要求购买或者由承租企业直接从制造商或销售商那里选定；②租赁期较长，接近于资产的有效使用期；③租赁合同具有不可撤销性，租赁合同一经签订，在租赁期间任何一方均无权单方面撤销合同；④由承租企业负责设备的维修、保养和保险；⑤租赁期满，按事先约定的方法处理设备，包括退还租赁公司、继续租赁或企业留购。

2. 融资租赁租金的计算

在租赁筹集方式下，企业要按合同支付给出租公司租金。租金的数额和支付方式直接涉及承租企业财务状况，承租企业也要考虑是否选择融资租赁，或者采用其他方式筹资购买设备。因此，租金的计算也显得极为重要。

（1）决定租金的因素。确定融资租赁的租金，应先考虑下列几个因素：①设备的购置成本。设备的购置成本包括设备买价、运输费、安装调试费、保险费等。②设备预计残值。设备预计残值指设备租赁期满后，出售可得的市价。③利息。利息指租赁公司为承租企业购置设备垫付资金所应计的利息。④租赁手续费，包括租赁公司承办租赁设备的营业费用以及一定的盈利。租赁手续费一般按设备成本的 1%~3%收取。⑤租金的支付方式。租金支付方式有很多种：按支付间隔期长短，分为年付、半年付、季付和月付；按在期初和期末支付，分为先付和后付；按每次是否等额支付，分为等额支付和不等额支付。

(2) 确定租金的方法。租金的确定方法很多。目前，在我国融资租赁业务中，大多数采用平均分摊法和等额年金法。

1) 平均分摊法。平均分摊法是先以商定的利息率和手续费率计算出租赁期间的利息和手续费，然后连同设备成本按租金支付次数平均计算。这种方法没有充分考虑资金时间价值因素。每次应付租金的计算公式可列示如下：

$$R = \frac{(C-S)+I+F}{N} \tag{5-5}$$

其中，R 为每次支付的租金；C 为租赁设备购置成本；S 为租赁设备预计残值；I 为租赁期间利息；F 为租赁期间手续费；N 为租期。

【例 5-6】某企业于 20×6 年 1 月 1 日从租赁公司租入一套设备，价值50 万元，租期为 5 年，预计租赁期满时的残值为 1.5 万元，设备归租赁公司，年利率按 9%计算，租赁手续费率为设备价值的 2%。租金每年末支付一次。租赁该套设备每次支付租金可计算如下：

$$R = \frac{50 - 1.5 + \left[50 \times (1+9\%)^5 - 50\right] + 50 \times 2\%}{5} = 15.29 \text{（万元）}$$

2) 等额年金法。等额年金法是运用年金现值的计算原理计算每期应付租金的方法。在这种方法下，通常以资本成本作为折现率。

后付租金的计算。后付年金的计算方法已于第二章说明，其计算公式如下：

P = A·(P/A，i，n)

经推导，可求得后付租金方式下每年年末支付租金数额的计算公式如下：

$$A = P/(P/A，i，n) \tag{5-6}$$

其中，A 为年金，即每年支付的租金；P 为年金现值，即等额租金现值；(P/A，i，n) 为年金现值系数；n 为支付租金期数；i 为贴现率，即租费率。

先付租金的计算。根据先付年金现值的公式：

$$P = A \cdot [(P/A, i, n-1)+1]$$

得出先付等额租金的计算公式为：

$$A = P/[(P/A, i, n-1)+1] \tag{5-7}$$

【例 5-7】根据【例 5-6】的资料，假定设备残值归属承租企业，资本成本率为 11%。则承租企业每年末支付的租金计算如下：

50/3.969 = 12.60（万元）

如果为先付年金方式，则每年年初支付的租金为：

50/(3.102 + 1) = 12.19（万元）

3. 租赁筹资的优缺点

对承租公司而言，租赁尤其是融资租赁是一种特殊的筹资方式。通过租赁，公司可以不需预先筹集一笔资金，即可得到需要的设备。因此，与其他筹资方式比较，租赁筹资具有以下特点。

（1）租赁筹资的优点。

1）能迅速获得所需资产。租赁设备往往比借款购置设备更迅速、更灵活。因为租赁是筹资与设备购置同时进行的，可以缩短设备的购进、安装时间，使企业尽快生产，有利于企业占领市场，打开销路。

2）租赁筹资限制较少。企业运用股票、债券具有一定的约束条件，而租赁筹资则没有太多的限制。

3）免遭设备陈旧过时的风险。随着科学技术的不断进步，设备陈旧过时的风险很高，利用租赁筹资，企业可以减少这一风险。

4）到期还本负担轻。租金在整个租期内分摊，不用到期归还大量本金。许多借款都在到期日一次偿还本金，这会给财务基础较弱的企业造成相当大的困难，有时会造成不能偿付的风险。而租赁则把这种风险在整个租期内分摊，可适当减少不能偿付的风险。

5）税收负担轻。租金费用可在税前扣除，具有抵免所得税的效用，使承租企业能享受税收上的优惠。

6）保存企业的借款能力。利用租赁筹资并不增加企业负债，不会改变企业的资本结构，不会直接影响承租企业的借款能力。

（2）租赁筹资的缺点。通过租赁资产筹集资金，虽有前述的一些优点，但也有其明显的不足。

1）筹资成本高。筹资成本高是租赁筹资的主要缺点，租金总额占设备价值的比例一般要高于同期银行贷款的利率。在承租企业经济不景气、财务困难时期，固定的租金也会对企业构成一项较为沉重的财务负担。

2）丧失资产残值。租赁期满，若承租企业不能享有设备残值，也可视为承租企业的一种机会损失。如若企业购买资产，就可享有资产残值。

3）难于改良资产。由于租赁资产所有权一般归出租人所有，因此承租企业未经出租人同意，往往不得擅自对租赁资产加以改良，以满足企业生产经营的需要[①]。

第五节　资本成本

资本成本是企业筹集管理的主要依据，也是企业投资管理的重要标准。下面着重从公司长期资本的角度，阐述资本成本的作用和计算方法。

一、资本成本的含义和作用

在市场经济条件下，没有免费试用的资金。企业的资金无论来源于哪种渠道，采用哪种形式都需要付出代价，这种代价就是资本成本。

1. 资本成本的含义

资本成本就是企业为取得和使用资本而支付的各种费用，又称资金成本。严格地说，资本成本有广义和狭义之分，从广义讲，资本成本是企业筹集和使用任何资金，包括短期和长期的，而付出的各种费用。从狭义讲，资本成本仅指筹集和使用长期资金（包括权益资金和借入长期债务资金）的各种费用。由于长期资金也被称为资本，所以长期资金的成本也称为资本成本。

资本成本包括筹资费用和用资费用两部分。筹资费用，是指企业在筹措资本过程中为获取资本而付出的花费，主要指发行债券、股票的费用，向非银行金融机构借款的手续费用等。用资费用是指企业在生产经营、投资过程中因使用资本

---

① 曾繁荣，魏锋，刘宏等.财务管理学 [M].北京：清华大学出版社，2007.

而付出的费用，如股票筹资发放的股利、公司债券或银行贷款的利息等。

资本成本既可以用绝对数表示，也可以用相对数表示。用绝对数表示的，如借入长期资金的资本成本即指筹资费用和用资费用；在财务管理中，一般用相对数表示，即资本成本率等于用资费用与实际筹得的资金之间的比率。其一般计算公式表示如下：

$$K = \frac{D}{P-f} \text{ 或 } K = \frac{D}{P(1-F)} \tag{5-8}$$

其中，K 为资本成本率；D 为用资费用；P 为筹资数额；f 为筹资费用；F 为筹资费用率，即筹资费用与筹资数额的比率。

公式（5-8）中，分母 P-f 至少有三层含义：①筹资费用属一次性费用，不同于经常性的用资费用，因而不能用（D+f）/P 来代替 D/(P-f)；②筹资费用是在筹资时支付的，可视作筹资数量的扣除额，P-f 为筹资净额；③用公式 D/(P-f) 而不用 D/P，表明资本成本同利息率或股利率在含义上和在数量上都有差别；④在计算资本成本率时，一般是年资本成本率，所以公司中的 D，通常使用年用资费用额。

2. 资本成本的作用

资本成本在企业筹资、投资和经营活动过程中具有以下三个方面的作用：

（1）资本成本是比较筹资方式、选择筹资方案的依据。企业的筹资方式多种多样，如吸收直接投资、发行股票、银行借款等。但不管选择何种渠道，其资本成本各不相同，采用哪种方式，主要考虑的因素还是资本成本。通过不同渠道和方式所筹措的资本，将会形成企业不同的资本结构，由此产生不同的财务风险和资本成本。综合资本成本也就成了确定最佳资本结构的主要因素之一。

（2）资本成本是评价和选择投资项目可行性的重要经济标准。资本成本实际上是投资者应当取得的最低报酬水平。只有当企业选择的投资项目预期收益率高于资本成本的情况下，才值得为之筹集资本；反之，企业就应该放弃该投资机会。可见，资本成本是企业选择投资的重要经济标准。国际上通常把资本成本视为是否采用投资项目的"取舍率"。

（3）资本成本是评价企业经营成果的最低尺度。资本成本是企业资产运营必须取得的最低收益水平。企业可以将资产息税前利润率与综合资本相比，如果一定时期的综合资本成本高于资产息税前利润率，则经营业绩不佳；反之，则经营业绩好。

二、个别资本成本的计算

企业长期筹资方式主要包括长期借款、发行公司债券、发行普通股票、发行优先股和留成收益；因此，其资本成本主要包括长期借款资本成本、公司债券资本成本、普通股资本成本、优先股资本成本和留存收益资本成本。其中，前两者是债务资本成本，后三者是权益资本成本。

1. 债务资本成本

债务资本成本主要有长期借款资本成本和公司债券资本成本。长期债务的利息一般允许在企业所得税前支付，具有抵税作用。这样融资企业实际上可以少缴一部分税收，其资本成本更低。此时，融资企业实际负担的利息＝利息×（1－所得税率）。

（1）长期借款资本成本。企业长期借款资本成本可按下列公式计算：

$$K_t = \frac{I_t(1-T)}{L(1-F_t)} = \frac{R_t(1-T)}{(1-F_t)} \qquad (5-9)$$

其中，K_t 为长期借款资本成本；I_t 为长期借款年利息；T 为企业所得税税率；L 为长期借款筹资额，即借款本金；F_t 为长期借款筹资费用率；R_t 为长期借款年利率。

【例5-8】某公司从银行取得一笔长期借款，数额为1000万元，手续费为0.1%，年利率为5%，期限三年，每年结息一次，到期还本付息。已知该公司的所得税率是33%，求该笔借款的资本成本。

$$K_t = \frac{1000 \times 5\% \times (1-33\%)}{1000(1-0.1\%)} = 3.35\%$$

长期借款的筹资费用主要是借款手续费，一般数额很小，有时亦可略去不计。这时，长期借款成本可按下列公式计算：

$$K_t = R_t(1-T) \qquad (5-10)$$

【例5-9】根据【例5-8】的资料，但不考虑借款手续费，则该笔借款的资本成本为：

$$K_t = \frac{1000 \times 5\% \times (1-33\%)}{1000} = 3.35\%$$

在银行长期借款附加补偿性余额（CB）的情况下，长期借款筹资额应扣除补偿性余额，则长期借款成本率计算公式如下：

$$K_t = \frac{I_t(1 + T)}{(L - CB) \times (1 - F_t)} \qquad (5\text{-}11)$$

【例5-10】某公司从银行取得一笔长期借款，数额为1000万元，年利率为5%，期限三年，每年结息一次，到期还本付息。银行要求的补偿性余额是20%。已知该公司的所得税率是33%，求该笔借款的资本成本。

$$K_t = \frac{1000 \times 5\% \times (1 - 33\%)}{1000(1 - 20\%)} = 4.19\%$$

（2）公司债券资本成本。公司债券资本成本中的利息亦在所得税前列支，但发行债券的筹资费用一般较高，应予全面考虑。债券的筹资费用即债券发行费用，包括申请发行债券的手续费、债券注册费、印刷费、上市费以及推销费用等。

从发行价格来看，债券的发行价格有等价、溢价、折价三种。为了更准确地计算公司债券资本成本，债券利息按面值（即本金）和票面利率确定，但债券的筹资额应按发行价格计算。所以，公司债券资本成本的计算公式如下：

$$K_b = \frac{I_b(1 - T)}{B(1 - F_b)} \qquad (5\text{-}12)$$

其中，K_b为公司债券资本成本；I_b为债券年利息；T为企业所得税税率；B为债券筹资额，按发行价格确定；F_b为债券筹资费用率。

【例5-11】某公司发行面值为200万元，期限为5年的公司债券，其发行价格为200万元，票面利率为10%，每年结息一次，到期一次还本，发行费用占发行价格的4%，公司所得税率为25%。求该债券的资本成本。

$$K_b = \frac{200 \times 10\% \times (1 - 25\%)}{200(1 - 4\%)} = 7.81\%$$

如上述债券的发行价格为300万元，即采用溢价发行，则该债券的资本成本为：

$$K_b = \frac{200 \times 10\% \times (1 - 25\%)}{300(1 - 4\%)} = 5.21\%$$

如上述债券的发行价格为100万元，即采用折价发行，则该债券的资本成本为：

$$K_b = \frac{200 \times 10\% \times (1 - 25\%)}{100(1 - 4\%)} = 15.63\%$$

2. 权益资本成本

权益资本成本主要有优先股资本成本、普通股资本成本、留存收益资本成本等。各种权益资本的红利是以所得税后净利润支付的，不会减少企业应交的所得税。因此，权益资本成本一般高于长期债务资本成本。

（1）优先股资本成本。公司发行优先股筹资需支付发行费用，优先股股利一般是固定的。优先股筹资额应按优先股的发行价格确定。优先股资本成本可按下列公式计算：

$$K_p = \frac{D_p}{P_p(1-F_p)} \tag{5-13}$$

其中，K_p 为优先股资本成本；D_p 为优先股年股利；P_p 为优先股筹资额；F_p 为优先股筹资费用率。

【例5-12】某公司发行面值2000万元的优先股票，其发行价格为2500万元，筹资费用率为发行价格的5%，预定的年股利为14%。求该优先股的资本成本。

$$K_p = \frac{2000 \times 14\%}{2500 \times (1-5\%)} = 11.79\%$$

（2）普通股资本成本。普通股资本成本的确定方法与优先股资本成本基本相同。但是，普通股的股利一般是不固定的，它随着公司的经营状况、股利分配政策和相关法律等改变而改变。因此，普通股资本成本的计算比较困难。目前，主要有以下三种方法：

1）股利增长模型。股利增长模型是按照假设普通股股利是逐年增长的条件来计算普通股资本成本。如果普通股股利每年以固定比率 G 增长，第一年股利为 D_c，则第二年为 $D_c(1+G)$，第三年为 $D_c(1+G)^2 \cdots \cdots$，第 n 年为 $D_c(1+G)^{n-1}$。则普通股资本成本计算公式为：

$$K_c = \frac{D_c}{P_c(1-F_c)} + G \tag{5-14}$$

其中，K_c 为普通股资本成本；D_c 为普通股年股利；P_c 为普通股筹资额；F_c 为普通股筹资费用率；G 为普通股股利年增长率。

【例5-13】某公司发行面值为1元的普通股股票10000股，其发行价格为5元，筹资费用率为发行价格的4%，预计第一年的每股股利为0.5元，以后每年按5%递增。求该普通股的资本成本？

$$K_c = \frac{0.5}{5 \times (1 - 4\%)} + 5\% = 15.42\%$$

2）资本资产定价模型。根据资本资产定价模型来估算普通股资本成本，普通股的资本成本等于无风险报酬率加上风险报酬率。其计算公式如下：

$$K_c = R_F + \beta(R_M - R_F) \tag{5-15}$$

其中，R_F 为无风险报酬率；R_M 为股票市场的平均报酬率；β 为该股票的贝塔系数。

【例 5-14】若股票市场的平均报酬率为 20%，无风险报酬率为 5%，甲公司股票的贝塔系数是 2。求该普通股的资本成本。

$$K_c = 5\% + 2 \times (20\% - 5\%) = 35\%$$

3）风险溢价模型。根据"风险越大，要求的报酬率越高"的原理，普通股的风险大于公司债券，因此股票的报酬率应该在债券的报酬率之上再加一定的风险溢价。而由于风险溢价没有直接的计算公式，确定比较困难，一般凭借经验估计。因此，这种测算方法比较简单，但主观判断色彩比较浓厚。

【例 5-15】若某公司发行债券的资本成本为 10%，现准备发行股票，经分析该股票的风险溢价是 5%。求该普通股的资本成本。

$$K_c = 10\% + 5\% = 15\%$$

（3）留存收益资本成本。公司留存收益是由公司税后净利润扣除分配股利后形成的，包括盈余公积和未分配利润，属于普通股股东所有。从表面上看，公司使用留存收益似乎不花费什么成本。但实际上，股东将其留用于公司而不作为股利取出投资于别处，总是要求得到与普通股等价的报酬。因此，留存利润也有成本，不过是一种机会成本。目前，留存收益资本成本的确定方法与普通股资本成本基本相同，只是不考虑筹资费用。

从理论上讲，以上五种筹资方式资本成本从小到大依次为长期借款、公司债券、优先股、留存收益、普通股。

三、综合资本成本

在实际中，企业不可能只采用一种筹资方式筹集生产经营需要的资金，而往往是通过多种筹资方式融通资金。因此，当企业采用多种筹资方式时，就应当计算综合资本成本。综合资本成本是指企业全部长期资本的总成本，通常是以各种资本占全部资本的比重为权数，对个别资本成本进行加权平均确定的，故亦称加权平均资本成本。综合资本成本是由个别本金成本和加权平均权数两个因素决定的，其计算公式如下：

$$K_w = \sum_{j=1}^{n} K_j W_j \tag{5-16}$$

其中，K_w 为综合资本成本，即加权平均资本成本；K_j 为第 j 种个别资本成本；W_j 为第 j 种个别资本占全部资本的比重，即权数，$\sum_{j=1}^{n} W_j = 1$。

【例 5-16】某公司拟筹资 2500 万元，其中发行债券 1000 万元，筹资费用率为 2%，债券年利率为 10%，所得税率为 33%；优先股 500 万元，年股息率为 7%，筹资费用率为 3%；普通股 1000 万元，筹资费用率为 4%；第一年预期股利为 10%，以后各年增长 4%。试计算该筹资方案的加权资本成本。

债券成本 = 1000 × 10% × (1 − 33%) ÷ [1000 × (1 − 2%)] = 6.84%

优先股成本 = 500 × 7% ÷ [500 × (1 − 3%)] = 7.22%

普通股成本 = 1000 × 10% ÷ [1000 × (1 − 4%)] + 4% = 14.42%

加权资本成本 = 6.84% × 1000 ÷ 2500 + 7.22% × 500 ÷ 2500 + 14.42% × 1000 ÷ 2500

= 9.95%

第六节　杠杆效应

物理现象中的杠杆效应是指通过杠杆的使用，可以利用较小的力量移动较重的物体。财务管理中的杠杆效应是指由于特定费用（如固定成本或固定财务费用）的存在，某一财务变量以较小幅度变动时，另一相关财务变量会以较大幅度变动。合理运用杠杆原理，有助于企业合理规避风险，提高资金营运效率。下面主要介绍经营杠杆、财务杠杆和总杠杆。

一、经营杠杆

经营杠杆又称营业杠杆或营运杠杆，反映销售和息税前盈利的杠杆关系。它可以给企业带来经营利益，也可能带来经营风险。

1. 概念

经营杠杆，是指在企业生产经营中由于存在固定成本而使利润变动率大于产销量变动率的现象。企业的经营成本可分为固定成本与变动成本。变动成本是随营业额的变化而变动的成本；固定成本是在一定营业范围内，不随营业额的变化而变动的成本。这样，企业可以在一定范围内，增加产品产销量使单位产品固定成本降低，从而提高企业利润，这样就形成了经营杠杆。

2. 经营杠杆利益

经营杠杆利益是指在扩大销售额（营业额）的条件下，由于经营成本中单位固定成本下降而给企业增加的营业利润。企业在一定产销规模内，由于固定成本并不随销售量（营业量）的增加而增加，反之，随着销售量（营业量）的增加，单位销量所负担的固定成本会相对减少，从而给企业带来额外的收益。

【例 5-17】A 公司营业总额为 2400 万~3000 万元，固定成本总额为 800 万元，变动成本为营业额的 60%。公司 20×4~20×6 年的营业总额分别为 2400 万元、2600 万元和 3000 万元。请测算经营杠杆利益。

表 5-5　A 公司经营杠杆利益测算表

年份	营业额（万元）	营业额增长率（%）	变动成本（万元）	固定成本（万元）	营业利润（万元）	利润增长率（%）
20×4	2400		1440	800	160	
20×5	2600	8	1560	800	240	50
20×6	3000	15	1800	800	400	67

3. 经营杠杆风险

经营杠杆风险也称营业风险，是指与企业经营相关的风险，尤其是指企业利用经营杠杆而导致营业利润下降的风险。企业在一定产销规模内，产销量减少，会使单位产品固定成本升高，从而降低单位产品利润，并使利润下降率大于产销量的下降率。

【例 5-18】A 公司 20×4~20×6 年的营业总额分别为 3000 万元、2600 万元和 2400 万元，每年的固定成本都是 800 万元，变动成本为营业额的 60%。请测算其营业风险。

表5-6 A公司经营杠杆风险测算表

年份	营业额（万元）	营业额增长率（%）	变动成本（万元）	固定成本（万元）	营业利润（万元）	利润增长率（%）
20×4	3000		1800	800	400	
20×5	2600	−13	1560	800	240	−40
20×6	2400	−8	1440	800	160	−33

4. 经营杠杆系数计算

经营杠杆系数，也称经营杠杆程度，是息税前利润的变动额与销售额（营业额）变动额的比率。它反映着经营杠杆的作用程度，估计营业杠杆利益的大小，评价营业风险的高低。其计算公式如下：

$$DOL = \frac{\Delta EBIT/EBIF}{\Delta S/S} \tag{5-17}$$

其中，DOL为经营杠杆系数；EBIT为息税前利润；$\Delta EBIT$为息税前利润变动额；S为营业额；ΔS为营业额变动额。

为了便于计算，可将公式（5-17）变换如下：

$\because EBIT = Q(P-V) - F$

$\Delta EBIT = \Delta Q(P-V)$

$$\therefore DOL = \frac{Q(P-V)}{Q(P-V)-F} \tag{5-18}$$

其中，P为销售单价；V为单位变动成本；F为固定成本总额。

【例5-19】A公司的产品销量为4000件，其价格为100元，销售总额为40万元，固定成本总额为8万元，单位产品变动成本为60元，变动成本率为60%。请测算其经营杠杆系数。

$$DOL = \frac{4000 \times (100-60)}{4000 \times (100-60) - 80000} = 2 （倍）$$

在上例中，经营杠杆系数为2表示：当A公司销售增长1倍，息税前利润增长2倍；当A公司销售下降1倍，息税前利润将下降2倍。一般而言，经营杠杆系数越大，经营杠杆利益和经营风险越大；经营杠杆系数越小，经营杠杆利益和经营风险越小。

二、财务杠杆

一般来讲，企业在经营中总会发生借入资金。企业负债经营，不论利润多少，债务利息总是要按期支付的，这样就产生了财务杠杆效应。

1. 财务杠杆概念

财务杠杆又叫筹资杠杆或融资杠杆，是指由于固定资本成本（如长期银行贷款、公司债券利息和优先股股利）的存在而导致普通股每股利润变动幅度大于息税前利润变动幅度的现象。无论企业息税前利润多少，固定性资本成本都是固定不变的。当企业息税前利润增加，每 1 元盈余所负担的固定财务费用就会相应减少，每 1 普通股分得的利润就会增加，这样就产生了财务杠杆效应。

2. 财务杠杆系数计算

财务杠杆系数，是指普通股每股利润的变动率相当于息税前利润变动率的倍数。它反映着财务杠杆的作用大小，表示息税前利润变动 1% 所引起的普通股每股收益变动的百分比。其计算公式如下：

$$DFL = \frac{\Delta EPS/EPS}{\Delta EBIT/EBIT} \qquad (5\text{-}19)$$

其中，DFL 为财务杠杆系数；EPS 为普通股每股收益；ΔEPS 为普通股每股收益变动额；EBIT 为息税前利润；$\Delta EBIT$ 为息税前利润变动额。

根据普通股每股收益和息税前利润的计算原理，可将公式（5-19）转化如下：

$$DFL = \frac{EBIT}{EBIT - I} \qquad (5\text{-}20)$$

其中，I 为债务年利息。

【例 5-20】某公司原有资本 1000 万元，均为普通股资本，为了扩大生产，需要融资 500 万元，有以下三种可能的融资方案：①全部发行普通股，每股售价 50 元，增发 10 万股；②发行普通股 5 万股，每股售价 50 元，借长期债务250 万元，债务年利率为 10%；③全部借长期债务，债务年利率为 10%。假设公司目前的息税前利润为 200 万元，扩大生产后将上升为 300 万元，则三种融资方案的财务系数如下：

$$DFL = \frac{300}{300 - 0} = 1$$

$$DFL = \frac{300}{300 - 250 \times 10\%} = 1.09$$

$$DFL = \frac{300}{300 - 500 \times 10\%} = 1.2$$

在【例 5-20】中，公司如不采用负债筹资，财务杠杆不发挥作用。在利用负债融资情况下，财务杠杆发挥作用。负债比率越高，财务杠杆吸收越大，作用程度越大，财务风险也就越大。负债比率越低，财务杠杆吸收越小，作用程度越小，财务风险也就越小。

三、总杠杆

经营杠杆和财务杠杆可以独自发挥作用，也可以综合发挥作用，总杠杆是用来反映两者之间共同作用结果的。

1. 总杠杆概念

由于固定经营成本的存在，产生了经营杠杆效应，导致产销量变动对息税前利润有放大的作用；同样，由于固定资本成本的存在，产生了财务杠杆效应，导致息税前利润变动对普通股每股收益具有放大作用。如果两种杠杆共同起作用，那么销售额稍有变动就会使每股收益产生更大的变动。总杠杆是指由于固定经营成本和固定资本成本的存在，导致普通股每股收益变动率大于产销业务量变动率的现象。

2. 总杠杆系数计算

只要企业同时存在固定性经营成本和固定性资本成本，就存在总杠杆效应。衡量总杠杆效应的主要指标是总杠杆系数，总杠杆系数是指经营杠杆系数和财务杠杆系数的乘积，是普通股每股收益变动率与产销量变动率的比率。其计算公式如下：

$$DTL = DOL \times DFL$$

$$= \frac{\Delta EBIT/EBIT}{\Delta S/S} \times \frac{\Delta EPS/EPS}{\Delta EBIT/EBIT} = \frac{\Delta EPS/EPS}{\Delta S/S} \tag{5-21}$$

综合杠杆系数反映了经营杠杆和财务杠杆之间的关系，用以评价企业的整体风险水平。对公司管理层具有十分重要的意义。

首先，使公司管理层能够对每股收益的影响程度作出判断，即能够估计出营业收入变动对每股收益造成的影响。例如，如果一家公司的总杠杆系数是3，则说明当营业收入每增长（减少）1倍，就会造成每股收益增长（减少）3倍。

其次，通过经营杠杆与财务杠杆之间的相互关系，有利于管理层对经营风险与财务风险进行管理，即为了控制某一总杠杆系数，经营杠杆和财务杠杆可以有很多不同的组合。比如，经营杠杆系数较高的公司可以在较低的程度上使用财务杠杆；经营杠杆系数较低的公司可以在较高的程度上使用财务杠杆；等等。这有待公司在考虑各相关具体因素之后做出选择①。

第七节　资本结构决策分析

资本结构决策是企业财务决策的核心内容之一。资本结构是指在企业资本总额（资金总额）中各种资本的构成比例，尤其是指长期资金的构成和比例关系，又称资金结构。因为短期资金的需要量和筹集是经常变化的，且在整个资金总量中所占的比重不稳定，因此，一般不将其列为资本结构管理范围，而作为营运资本管理。

最基本的资本结构是债务资本和权益资本的比例。企业的资本结构决策应结合企业具体情况，分析有关因素的影响，运用一定方法确定最佳资本结构。从理论上讲，最佳资本结构是指企业在适度财务风险的条件下，使其预期的综合资本成本率最低，同时企业价值最大的资本结构，它应作为企业的目标资本结构。

下面首先对资本结构决策的影响因素进行定性分析，其次分析资本结构相关理论基础，最后依次介绍资本结构决策的三种基本分析方法，包括每股收益分析法、资本成本比较法和公司价值比较法。

一、资本结构决策影响因素分析

企业资本结构决策的影响因素很多，主要有企业财务目标、企业发展阶段、企业财务状况、投资者动机、债权人态度、经营者行为、税收政策、行业差别等。

1. 企业财务目标的影响分析

企业组织类型不同，其财务目标也有所不同。对企业财务目标的认识主要有三种观点：利润最大化、股东财富最大化和公司价值最大化。企业财务目标对资本结构决策具有重要的影响。

（1）利润最大化目标的影响分析。利润最大化目标是指企业在财务活动中以

---

① 刘兆云，李淑珍. 财务管理［M］. 北京：科学出版社，2011.

获得尽可能多的利润作为总目标。利润是企业财务活动的一项综合性数量指标，企业的筹资和投资行为最终都会影响利润。企业利润有各种口径的利润额，如营业利润额、息税前利润额、所得税前利润额和所得税后利润额，还有各种口径的利润率，如总资产利润率（或总投资利润率）、净资产利润率（或股权资本利润率）以及每股收益，而作为企业财务目标的利润应当是企业的净利润额（即企业所得税利润额）。

在以利润最大化为企业财务目标的情况下，企业的资本结构决策也应围绕利润最大化目标。这就要求企业应当在资本结构决策中，在财务风险适当的情况下合理地安排债务资本比例，尽可能地降低资本成本，以提高企业的净利润水平。一般而言，对于非股份制企业，由于其股权资本不具有市场价值，在资本结构决策中采用利润最大化目标是一种现实的选择。此外，利润最大化目标对公司资本结构决策也具有一定的意义。资本结构决策的资本成本比较法，实际上是以利润最大化为目标的。

（2）股东财富最大化目标的影响分析。股东财富最大化具体表现为股票价值最大化。股票价值最大化目标是指公司在财务活动中以最大限度地提高股票的市场价值作为总目标。它综合了利润最大化的影响，但主要适用于股份公司的资本结构决策。在公司资本结构决策中以股票价值最大化为目标，需要在财务风险适当的情况下合理安排公司债务资本比例，尽可能地降低综合资本成本，通过增加公司的净利润而使股票的市场价值上升。资本结构决策的每股收益分析法，在一定程度上体现了股票价值最大化的目标。

（3）公司价值最大化目标的影响分析。公司价值最大化目标是指公司在财务活动中以最大限度地提高公司的总价值作为总目标。它综合了利润最大化和股东财富最大化目标的影响，主要适用于公司的价值最大化资本结构决策。通常情况下，公司的价值等于股权资本的价值加上债务资本的价值。公司的资本结构对于其股权资本和债务资本的价值都有影响。公司在资本结构决策中以公司价值最大化为目标，就应当在适度财务风险的条件下合理确定债务资本比例，尽可能地提高公司的总价值。资本结构决策中的公司价值分析法，就是直接以公司价值最大化为目标的。

2. 企业发展阶段的影响分析

企业在一定的阶段，表现出相应的结构状况。一般而言，企业的发展往往经过不同阶段，如初创期、成长期、成熟期和衰退期等。企业的资本结构在初创期通常表现为债务资本比例较低；在成长期，债务资本比例开始上升；在成熟期，资本结构保持相对稳定；在衰退期，债务资本比例会有所下降。

3. 企业财务状况的影响分析

企业的财务状况包括负债状况、资产状况和现金流量状况等，对其资本结构的决策都有一定的影响。企业需要分析现有财务状况以及未来发展能力，合理安排资本结构。如果企业财务状况较差，可能主要通过留用利润来补充资本；而如果企业的财务状况良好，则可能更多地进行外部筹资，倾向于使用更多的债务资本。企业为控制财务风险和保持筹资能力，则会选择比较有余地的资本结构。

4. 投资者动机的影响分析

从广义上讲，一个企业的投资者包括股权投资者和债权投资者，两者对企业投资的动机各有不同。债权投资者对企业投资的动机主要是在按期收回投资本金的条件下获取一定的利息收益。股权投资者的基本动机是在保证投资本金的基础上，获得一定的股利收益并使投资价值不断增值。企业在决定资本结构时必须考虑投资者的动机，安排好股权资本和债务资本的比例关系。

5. 债权人态度的影响分析

通常情况下，企业在决定资本结构并付诸实施之前，都要向贷款银行和信用评估机构咨询，并对它们提出的意见给予充分的重视。如果企业过高地安排债务筹资，贷款银行未必会接受大额贷款的要求，或者只在担保抵押或较高利率的前提下才会同意增加贷款。

6. 经营者行为的影响分析

如果企业的经营者不愿让企业的控制权旁落他人，则可能尽量采用债务筹资的方式来增加资本，而不发行新股增资。与此相反，如果经营者不愿承担财务风险，可能较少地利用财务杠杆，尽量降低债务资本的比例。

7. 税收政策的影响分析

按照税法的规定，企业债务的利息可以抵税，而股票的股利不能抵税。一般而言，企业所得税税率越高，举债的好处就越大。由此可见，税收政策会对企业债务资本的安排产生一种刺激作用。

8. 行业差别的影响分析

在资本结构决策中，应掌握本企业所处行业的特点以及该行业资本结构的一般水准，作为确定本企业资本结构的参照系，分析本企业与同行业其他企业相比的特点和差别，以便更有效地决定本企业的资本结构[①]。

二、最佳资本结构决策确定方法

按照现代资本结构理论，最佳资本结构是使企业的综合资本成本最低，同时使企业价值最大的资本结构，其核心是确定最佳的负债比率。而在实际工作中，企业如何确定最佳资本结构是一个复杂和困难的问题，没有一个公认的负债比率和数量化标准，可以认为最佳的资本结构在不同国家、不同时期、不同企业是各不相同的。但是，最佳资本结构的确定仍然是企业融资决策的重要内容，为此企业可以资本结构理论为指导，在研究内外部融资环境的基础上，从企业的所有者或股东、债权人和经营者的不同利益与需要出发，采用不同的评价标准和方法加以确定。

目前，确定最佳资本结构常用的定量分析法包括每股收益分析法、资本成本比较法和公司价值比较法等。这些方法可帮助企业的财务管理人员对资本结构的合理性进行评价，但不能将它们作为确定最佳资本结构的绝对标准，实践中还应考虑影响资本结构的其他因素及财务管理人员的经验加以确定，力争使资本结构趋于最佳。下面将具体介绍这三种方法。

1. 每股收益无差别点法

每股收益无差别点法即每股收益分析法，是财务管理中常用的分析资本结构和进行融资决策的方法。它通过分析负债融资与每股收益之间的关系，为确定最佳资本结构提供依据。对股份有限公司来讲，财务管理的目的就是要不断提高普通股每股收益。因此，资本结构合理性的评价也离不开对每股收益的测定。从这一点来看，资本结构是否合理要通过每股收益的变化来分析，考虑的是股东的利益和需要。在这种方法下，只要能提高每股收益的资本结构就是合理的，反之就是不合理的。

每股收益无差别点是指在两种筹资方式下，普通股每股利润相等时的息税前利润点，即息税前利润平衡点，国内有人称之为筹资无差别点。根据每股利润无差别点，可以分析判断在什么情况下运用债务筹资来安排和调整资本结构。

---

① 荆新，王化成，刘俊彦. 财务管理学（第 6 版）[M]. 北京：中国人民大学出版社，2012.

每股收益无差别点的计算公式如下：

$$\frac{(\overline{EBIT} - I_1)(1 - T) - D_{p1}}{N_1} = \frac{(\overline{EBIT} - I_2)(1 - T) - D_{p2}}{N_2} \tag{5-22}$$

其中，$\overline{EBIT}$ 为息税前利润平衡点，即每股利润无差别点；I_1，I_2 为两种筹资方式下的年利息；D_{p1}，D_{p2} 为两种筹资方式下的年优先股股利；N_1，N_2 为两种筹资方式下普通股股份数；T 为所得税率。

在每股收益无差别点上无论是采用负债融资，还是采用普通股融资；无论是采用优先股融资，还是采用普通股融资，每股收益都是相等的。下面举例说明该种方法的应用。

【例5-21】某公司原有资本 1000 万元，均为普通股资本，流通在外的有 20 万股。为了扩大生产，需要追加融资 500 万元，有以下三种可能的融资方式：①全部发行普通股，每股售价 50 元，增发 10 万股；②全部举借长期债务，债务年利率为 10%；③全部发行优先股，年股利率为 12%。假设该公司所得税税率为 25%。

将上述数据代入公式，则普通股融资与债务融资方案的每股收益无差别点为：

$$\frac{(EBIT - 0) \times (1 - 25\%) - 0}{20 + 10} = \frac{(EBIT - 50) \times (1 - 25\%) - 0}{20}$$

$EBIT = 150$（万元）

普通股融资与优先股融资方案的每股收益无差别点为：

$$\frac{(EBIT - 0) \times (1 - 25\%) - 0}{20 + 10} = \frac{(EBIT - 0) \times (1 - 25\%) - 60}{20}$$

$EBIT = 240$（万元）

上述的每股收益无差别点法，也可用图 5-1 来描述。

从图 5-1 可以看出，债务融资与普通股融资方案之间的每股收益无差别点为 150 万元的息税前利润。如果预计息税前利润高于这一点，利用债务融资可获得更高的每股收益；如果低于这一点，利用普通股融资比利用债务融资可以获得更高的每股收益。优先股融资与普通股融资方案之间的每股收益无差别点为 240 万元的息税前利润，如果预计息税前利润高于这一点，利用优先股融资可获得更高的每股收益；如果低于这一点，利用普通股融资比利用优先股融资可获得更高的每股收益。而在债务融资与优先股融资之间并不存在无差别点，由于债务融资的固定利息具有抵减所得税的作用，所以在所有的息税前利润水平上，债务融资都

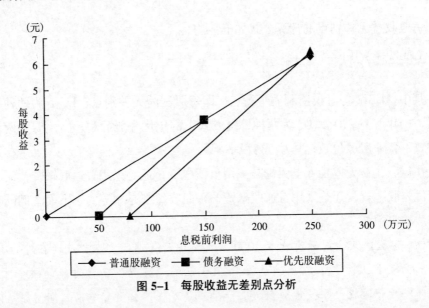

图 5-1　每股收益无差别点分析

将比优先股融资产生更高的每股收益。也就是说财务杠杆要发挥作用就需要有较多的息税前利润来补偿固定的融资成本，而一旦达到平衡，普通股每股收益将随着息税前利润的增长较快地增长。假设该公司目前息税前利润水平为 250 万元，扩大生产后将上升为每年 400 万元，则三种融资方案下的每股收益如表 5-7 所示。

表 5-7　三种融资方案下的每股收益

单位：元

	普通股	债务	优先股
息税前利润	4000000	4000000	4000000
利息	0	500000	0
税前利润	4000000	3500000	4000000
所得税	1000000	875000	1000000
税后利润	3000000	2625000	3000000
优先股股利	0	0	600000
流通在外的普通股股数	300000	200000	200000
每股收益	10	13.125	12

从表 5-7 可看出，由于该公司的息税前利润水平高于每股收益无差别点，债务融资方案下的每股收益是最高的，债务融资方案最优。债务融资方案比优先股融资方案高出 1.125 元的每股收益。

从上述分析可知，当预期息税前利润水平超过每股收益无差别点时，选择债务融资对企业是有利的，可增加每股收益。同时企业可对现有的资本结构作出相应调整，适当提高负债比率，使资本结构更趋于合理①。

2. 资本成本比较法

资本成本比较法是计算不同资本结构（或筹资方案）的加权平均资本成本，并以此相互比较进行资本结构决策的方法。企业在作出融资决策之前，先拟定若干备选融资方案，并计算各方案的综合资本成本，以其中综合资本成本最低的融资方案所确定的资本结构为最佳的资本结构。在这种方法下，能使综合资本成本最低的资本结构就是合理的，反之就是不合理的。

企业的资本结构决策，可分为初始资本结构决策和追加资本结构决策两种情况。

（1）初始资本结构决策。企业对拟定的筹资总额，可以采用多种筹资方式来筹集，同时每种筹资方式的筹资数额亦可有不同安排，由此形成若干个资本结构（或筹资方案）可供选择。

在资本成本比较法下，可以通过综合资本成本率的测算及比较来作出选择。

【例 5-22】ABC 公司在初创时需资本总额 5000 万元，有如下三个筹资组合方案可供选择，有关资料经测算列入表 5-8。

表 5-8　ABC 公司初始筹资组合方案资料测算表

筹资方式	初始筹资额（万元）	筹资方案 I 资本成本率（%）	初始筹资额（万元）	筹资方案 II 资本成本率（%）	初始筹资额（万元）	筹资方案 III 资本成本率（%）
长期借款	400	6	500	6.5	800	7
长期债券	1000	7	1500	8	1200	7.5
优先股	600	12	1000	12	500	12
普通股	3000	15	2000	15	2500	15
合计	5000	—	5000	—	5000	—

假定 ABC 公司的方案 I、方案 II、方案 III 三个筹资组合方案的财务风险相当，都可以承受。下面分两步分别测算这三个筹资组合方案的综合资本成本率，并比较其高低，以确定最佳筹资组合方案，即最佳资本结构。

第一步：测算不同方案各种筹资方式的筹资额与筹资总额的比率及综合资本成本率。

① 刘玉平.财务管理学（第 3 版）[M].北京：中国人民大学出版社，2012.

方案Ⅰ中各种筹资方式的筹资额与筹资总额的比率：

长期借款：$400 \div 5000 = 0.08$

长期债券：$1000 \div 5000 = 0.20$

优先股：$600 \div 5000 = 0.12$

普通股：$3000 \div 5000 = 0.60$

综合资本成本率：

$6\% \times 0.08 + 7\% \times 0.20 + 12\% \times 0.12 + 15\% \times 0.60 = 12.32\%$

方案Ⅱ中各种筹资方式的筹资额与筹资总额的比率：

长期借款：$500 \div 5000 = 0.1$

长期债券：$1500 \div 5000 = 0.3$

优先股：$1000 \div 5000 = 0.2$

普通股：$2000 \div 5000 = 0.4$

综合资本成本率：

$6.5\% \times 0.1 + 8\% \times 0.3 + 12\% \times 0.2 + 15\% \times 0.4 = 11.45\%$

方案Ⅲ中各种筹资方式的筹资额与筹资总额的比率：

长期借款：$800 \div 5000 = 0.16$

长期债券：$1200 \div 5000 = 0.24$

优先股：$500 \div 5000 = 0.10$

普通股：$2500 \div 5000 = 0.50$

综合资本成本率：

$7\% \times 0.16 + 7.5\% \times 0.24 + 12\% \times 0.1 + 15\% \times 0.5 = 11.62\%$

第二步：比较各个筹资组合方案的综合资本成本率，并作出选择。筹资组合方案Ⅰ、方案Ⅱ、方案Ⅲ的综合资本成本率分别为12.32%、11.45%和11.62%。经比较，方案Ⅱ的综合资本成本率最低，故在适度财务风险的条件下，应选择筹资组合方案Ⅱ作为最佳筹资组合方案，由此形成的资本结构可确定为最佳资本结构。

（2）追加资本结构决策。追加筹资以及筹资环境变化，企业原有的资金结构就会发生变化，企业应在资本结构的不断变化中寻求最佳结构，保持资本结构的最优化。

选择追加筹资方案可有两种方法：一种方法是直接测算、比较各备选追加筹资方案的边际资本成本，从中选择最优筹资方案；另一种方法是将备选追加筹资方案与原有最优资本结构汇总，测算各追加筹资条件下汇总资本结构的综合资本成本，比较确定最优追加筹资方案。

【例5-23】ABC公司拟追加筹资1000万元，现有两个追加筹资方案可供选择，有关资料经测算整理后列入表5-9。

表5-9　ABC公司追加筹资组合方案资料测算表

筹资方式	初始筹资额（万元）	筹资方案Ⅰ资本成本率（%）	初始筹资额（万元）	筹资方案Ⅱ资本成本率（%）
长期借款	500	7	600	7.5
优先股	200	13	200	13
普通股	300	16	200	16
合计	1000	—	1000	—

1）追加筹资方案Ⅰ的边际资本成本率比较法。

首先，测算追加筹资方案Ⅰ的边际资本成本率：

$7\% \times (500 \div 1000) + 13\% \times (200 \div 1000) + 16\% \times (300 \div 1000) = 10.9\%$

其次，测算追加筹资方案Ⅱ的边际资本成本率：

$7.5\% \times (600 \div 1000) + 13\% \times (200 \div 1000) + 16\% \times (200 \div 1000) = 10.3\%$

最后，比较两个追加筹资方案。方案Ⅱ的边际资本成本率为10.3%，低于方案Ⅰ的边际资本成本率。因此，在适度财务风险的情况下，方案Ⅱ优于方案Ⅰ，应选追加筹资方案Ⅱ，由此形成此公司新资本结构。若ABC公司原有资本总额5000万元，资本结构是长期借款500万元、长期债券1500万元、优先股1000万元、普通股2000万元，则追加筹资后的资本总额为6000万元，资本结构是长期借款1100万元、长期债券1500万元、优先股1200万元、普通股2200万元。

2）备选追加筹资方案与原有资本结构汇总后的综合资本成本率比较法。

首先，汇总追加筹资方案和原资本结构，形成备选追加筹资后的资本结构，如表5-10所示。

其次，测算汇总资本结构下的综合资本成本率。

追加筹资方案Ⅰ与原资本结构汇总后的综合资本成本率如下：

$(6.5\% \times 500 \div 6000 + 7\% \times 500 \div 6000) + (8\% \times 1500 \div 6000) + (12\% \times 1000 \div 6000 + 13\% \times 200 \div 6000) + [16\% \times (2000 + 300) \div 6000] = 11.69\%$

表 5-10 追加筹资方案和原资本结构资料汇总表

筹资方式	原资本结构（万元）	资本成本率（%）	追加筹资额（万元）	筹资方案Ⅰ资本成本率（%）	追加筹资额（万元）	筹资方案Ⅱ资本成本率（%）
长期借款	500	6.5	500	7	600	7.5
长期债券	1500	8				
优先股	1000	12	200	13	200	13
普通股	2000	16	300	16	200	16
合计	5000	—	1000	—	1000	—

追加筹资方案Ⅱ与原资本结构汇总后的综合资本成本率如下：

$$(6.5\% \times 500 \div 6000 + 7.5\% \times 600 \div 6000) + (8\% \times 1500 \div 6000) + (12\% \times 1000 \div 6000 + 13\% \times 200 \div 6000) + [16\% \times (2000 + 200) \div 6000] = 11.59\%$$

在上述计算中，根据股票的同股同利原则，原有普通股应按新发行股票的资本成本率计算，即全部股票按新发行股票的资本成本率计算其总的资本成本率。

最后，比较两个追加筹资方案与原资本结构汇总后的综合资本成本率。方案Ⅱ与原资本结构汇总后的综合资本成本率为 11.59%，低于方案Ⅰ与原资本结构汇总后的综合资本成本率。因此，在适度财务风险的前提下，追加筹资方案Ⅱ优于方案Ⅰ，由此形成 ABC 公司新的资本结构。

由此可见，ABC 公司追加筹资后，虽然改变了资本结构，但经过分析测算，作出正确的筹资决策，公司仍可保持资本结构的最优化。

3) 资本成本比较法的优缺点。资本成本比较法的测算原理容易理解，测算过程简单。但该法仅以资本成本率最低为决策标准，没有具体测算财务风险因素，其决策目标实质上是利润最大化而不是公司价值最大化。资本成本比较法一般适用于资本规模较小、资本结构较为简单的非股份制企业[①]。

3. 公司价值比较法

公司价值比较法是在充分反映公司财务风险的前提下，以公司价值的大小为标准，经过测算确定公司最佳资本结构的方法。

与资本成本比较法和每股收益分析法相比，公司价值比较法充分考虑了公司的财务风险和资本成本等因素的影响，进行资本结构的决策以公司价值最大为标准，更符合公司价值最大化的财务目标；但其测算原理及测算过程较为复杂，通

---

① 刘玉平. 财务管理学（第 3 版）[M]. 北京：中国人民大学出版社，2012.

常用于资本规模较大的上市公司[①]。

（1）公司价值的测算。一个公司的价值是指该公司目前的市值。关于公司价值的内容和测算基础及方法，主要有以下三种观点：

1）公司价值等于其未来净收益（或现金流量，下同）按照一定折现率折现的价值，即公司未来净收益的现值。用公式简要表示为：

$$V = \frac{EAT}{K} \tag{5-23}$$

其中，V 表示公司的价值，即公司未来净收益的现值；EAT 表示公司未来的年净收益，即公司未来的年税后收益；K 表示公司未来净收益的折现率。这种测算方法有其合理性，但不易确定的因素很多，主要有两个方面：一是公司未来的净收益不易确定，在公式（5-23）中还有一个假定，即公司未来每年的净收益为年金，事实上未必都是如此；二是公司未来净收益的折现率不易确定。因此，这种测算法尚难以在实践中加以应用。

2）公司价值是其股票的现行市场价值。根据这种观点，公司股票的现行市场价值可按其现行市场价格来计算，故有其客观合理性，但还存在两个问题：一是公司股票受各种因素的影响，其市场价格处于经常性波动之中，每个交易日都有不同的价格，在这种现实条件下，公司的股票究竟按哪个交易日的市场价格来计算，这个问题尚未得到解决；二是公司价值的内容未必只包括股票的价值，可能还包括长期债务的价值，而这两者之间又是相互影响的。如果公司的价值只包括股票的价值，就无须进行资本结构的决策，这种测算方法也就不能用于资本结构决策。

3）公司价值等于其长期债务和股票的折现价值之和。与上述两种测算方法相比，这种测算方法比较合理，也比较现实。它至少有两个优点：一是从公司价值的内容来看，它不仅包括了公司股票的价值，还包括公司长期债务的价值；二是从公司净收益的归属来看，它属于公司的所有者，即属于股东。在测算公司价值时，这种测算方法可用公式表示为：

$$V = B + S \tag{5-24}$$

其中，V 表示公司的总价值，即公司总的折现价值；B 表示公司长期债务的

① 荆新，王化成，刘俊彦. 财务管理学（第 6 版）[M]. 北京：中国人民大学出版社，2012.

折现价值；S 表示公司股票的折现价值。

为简化测算起见，设长期债务（含长期借款和长期债券）的现值等于其面值（或本金）；股票的现值按公司未来净收益的折现值测算，其测算公式为：

$$S = \frac{(EBIT - I)(1 - T)}{K_S} \tag{5-25}$$

其中，S 表示公司股票的折现价值；EBIT 表示公司未来的年息税前利润；I 表示公司长期债务年利息；T 表示公司所得税税率；K_S 表示公司股票资本成本率。

（2）公司资本成本率的测算。在公司价值测算的基础上，如果公司的全部长期资本由长期债务和普通股组成，则公司的全部资本成本率即综合资本成本率可按下列公式测算：

$$K_W = K_B \cdot \frac{B}{V}(1 - T) + K_S \cdot \frac{S}{V} \tag{5-26}$$

其中，K_W 表示公司综合资本成本率；K_B 表示公司长期债务税前资本成本率，可按公司长期债务年利率计算；K_S 表示公司普通股资本成本率；其他符号含义同前。

在上述测算公式中，为了考虑公司筹资风险的影响，普通股资本成本率可运用资产定价模型来测算，即：

$$K_S = R_F + \beta(R_M - R_F)$$

其中，K_S 表示公司普通股投资的必要报酬率，即公司普通股的资本成本率；R_F 表示无风险报酬率；R_M 表示所有股票的市场报酬率；β 表示公司股票的贝塔系数。

（3）公司最佳资本结构的确定。运用上述原理测算公司的总价值和综合资本成本率，并以公司价值最大化为标准比较确定公司的最佳资本结构。下面举例说明公司价值比较法的应用。

【例 5-24】ABC 公司现有全部长期资本均为普通股资本，无长期债务资本和优先股资本，账面价值 20000 万元。公司认为这种资本结构不合理，没有发挥财务杠杆的作用，准备举借长期债务购回部分普通股予以调整。公司预计息税前利润为 5000 万元，假定公司所得税税率为 25%。经测算，目前的长期债务年利率和普通股资本成本率如表 5-11 所示。

表 5–11　ABC 公司在不同长期债务规模下的债务年利率和普通股资本成本率测算表

B（万元）	K_B（%）	β	R_F（%）	R_M（%）	K_S（%）
0		1.20	10	14	14.8
2000	10	1.25	10	14	15.0
4000	10	1.30	10	14	15.2
6000	12	1.40	10	14	15.6
8000	14	1.55	10	14	16.2
10000	16	2.10	10	14	18.4

在表 5–11 中，当 B = 2000 万元，β = 1.25，R_F = 10%，R_M = 14%时，有：

$K_S = 10\% + 1.25 \times (14\% - 10\%) = 15.0\%$

其余同理计算。

根据表 5–11 的资料，运用前述公司价值和公司资本成本率的测算方法，可以测算不同长期债务规模下的公司价值和公司资本成本率，如表 5–12 所示，可根据比较确定公司的最佳资本结构。

表 5–12　ABC 公司在不同长期债务规模下的公司价值和资本成本率测算表

单位：万元

B	S	V	K_B（%）	K_S（%）	K_W
0	25337.84	25337.84		14.8	14.80
2000	24000.00	26000.00	10	15.0	14.42
4000	22969.37	26969.37	10	15.2	14.06
6000	20576.92	26576.92	12	15.6	14.11
8000	17962.96	25962.96	14	16.2	14.44
10000	13858.70	23858.70	16	18.4	15.72

在表 5–12 中，当 B = 4000 万元，K_B = 10%，K_S = 15.2%，EBIT = 5000 万元时，则有：

$$S = \frac{(5000 - 4000 \times 10\%) \times (1 - 25\%)}{15.02\%} = 22969.37 \text{（万元）}$$

$V = 4000 + 22969.37 = 26969.37$（万元）

此时：

$$K_W = 10\% \times \frac{4000}{26969.37} \times (1 - 25\%) + 15.2\% \times \frac{22969.37}{26969.37} = 14.06\%$$

其余同理计算。

从表 5-12 中可以看到，在没有长期债务资本的情况下，ABC 公司的价值就是其原有普通股资本的价值，此时 V = S = 25337.84 万元。当 ABC 公司开始利用长期债务资本部分替换普通股资本时，公司的价值开始上升，同时公司资本成本率开始下降；直到长期债务资本达到 4000 万元时，公司的价值最大（26969.37 万元），同时公司的资本成本率最低（14.06%）；而当公司的长期债务资本超过 4000 万元后，公司的价值开始下降，公司的资本成本率同时上升。因此可以确定，ABC 公司的长期债务资本为 4000 万元时的资本结构为最佳资本结构。此时，ABC 公司的长期资本价值总额为 26969.37 万元，其中普通股资本价值 22969.37 万元，占公司总资本价值的比例为 85%（即 22969.37/26969.37）；长期债务资本价值 4000 万元，占公司总资本价值的比例为 15%（即 4000/26969.37）[①]。

【课后习题】

一、重要名词与术语

1. 股权筹资　　　　　10. 公司债券

2. 债务筹资　　　　　11. 可转换债券

3. 长期筹资　　　　　12. 不可转换债券

4. 短期筹资　　　　　13. 经营租赁

5. 吸收直接投资　　　14. 融资租赁

6. 股票　　　　　　　15. 资本成本

7. 自销　　　　　　　16. 经营杠杆

8. 承销　　　　　　　17. 财务杠杆

9. 长期借款　　　　　18. 资本结构

二、复习思考题

1. 请阐述筹资的动机、要求。

2. 请简述企业筹资渠道。

3. 请阐述筹资的类型。

4. 吸收直接投资种类和方式有哪些？

5. 长期借款的优缺点有哪些？

---

① 荆新，王化成，刘俊彦. 财务管理学（第 6 版）[M]. 北京：中国人民大学出版社，2012.

6. 公司债券筹资的优缺点有哪些？

7. 经营租赁的特点有哪些？

8. 请阐述融资租赁的主要特点。

9. 请阐述资本成本的作用。

10. 请介绍资本结构决策影响因素。

三、计算分析题

1. 已知某公司上年利润表如下，上年优先股股利为 30 万元，普通股股利为 90 万元，该公司坚持一贯的固定股利政策。计划年度销售收入预计增加 30%。

上年利润表

单位：万元

项目	金额
销售收入	2500
减：销售成本	1700
销售费用	144
销售利润	656
减：管理费用	292
财务费用	36
税前利润	328
减：所得税	65.6
净利润	262.4

运用销售百分比法编制计划年度预计利润表并测算计划年度留用利润额。

2. 某公司发行面额为 1000 元，票面利率为 10%，期限 10 年的债券，每年末付息一次。其发行价格可分下列三种情况来分析测算。

（1）如果市场利率为 10%，与票面利率一致，该债券属于等价发行，其发行价格是多少元？

（2）如果市场利率为 8%，低于票面利率，该债券属于溢价发行，其发行价格是多少元？

（3）如果市场利率为 12%，高于票面利率，该债券属于折价发行，其发行价格是多少元？

3. 某公司拟筹资 10000 万元，其中长期借款 1000 万元，年利率为 6%；发行长期债券 10 万张，每张面值 150 元，发行价 200 元，票面利率 8%，筹资费用率

2%；发行优先股 2000 万元，年股利率 10%，筹资费用率 3%；以每股 25 元的价格发行普通股股票 200 万股，预计第一年每股股利为 1.8 元，以后每年股利增长 6%，每股支付发行费 0.8 元。计算该公司的综合资本成本（所得税税率为 25%）。

4. 某公司拟筹资 1000 万元，现有甲、乙两个备选方案，有关资料如下：

筹资方式	甲方案		乙方案	
	筹资额（万元）	资本成本（%）	筹资额（万元）	资本成本（%）
长期借款	150	9	200	9
债券	350	10	200	10
普通股	500	12	600	12
合计	1000		1000	

要求：确定该公司的最佳资本结构。

5. 某公司现有资本总额 500 万元，全作为普通股股本，流通在外的普通股股数为 100 万股。为扩大经营规模，公司拟筹资 500 万元，现有两个方案可供选择：一是以每股市价 10 元发行普通股股票；二是发行利率为 6% 的公司债券。

（1）计算两方案的每股收益无差别点（假设所得税税率为 25%）并作出决策。

（2）计算无差别点的每股收益。

6. 某公司本年度打算投资 8000 万元于某项目，其资金来源如下：发行债券筹资 2400 万元，年利率 10%，筹资费用率 3%；发行优先股筹资 1600 万元，年股利率 12%，筹资费用率 4%；发行普通股筹资 3200 万元，预期每股股利 2 元，每股市价 20 元，筹资费用率 4%，股利增长率 5%；留存利润筹资 800 万元。预计投产后每年可实现 1600 万元的净利润。企业所得税税率为 25%。判断该项投资是否可行。

7. 某公司拟筹集资本 1000 万元，现有甲、乙、丙三个备选方案。甲方案：按面值发行长期债券 500 万元，票面利率 10%，筹资费用率 1%；发行普通股 500 万元，筹资费用率 5%，预计第一年股利率 10%，以后每年按 4% 递增。乙方案：发行优先股 800 万元，股利率为 15%，筹资费用率 2%；向银行借款 200 万元，年利率 5%。丙方案：发行普通股 400 万元，筹资费用率 4%，预计第一年股利率为 12%，以后每年按 5% 递增；利用公司留存收益筹资 600 万元，该公司所得税税率为 25%。

要求：确定该公司的最佳资本结构。

8. 某公司全年销售净额 560 万元，固定成本 64 万元，变动成本率 40%，资本总额为 500 万元，债权资本比率 45%，债务利率 9%。计算该公司的营业杠杆系数。

9. 某公司 20×7 年销售产品 100 万件，单价 60 元，单位变动成本 40 元，固定成本总额为 1000 万元，公司资产总额 1000 万元，资产负债率 50%，负债平均年利息率为 10%，所得税税率为 25%。求该公司 20×7 年营业杠杆系数。

10. 某公司目前拥有资金 10000 万元，其中长期借款 2000 万元，年利率 6%；普通股 8000 万元，上年支付的每股股利 1.5 元，预计股利增长率为 6%，发行价格为 10 元，目前价格也是 10 元。该公司计划筹集资金 6000 万元，企业所得税税率为 25%。有两种筹资方案：

方案一：增加长期借款 6000 万元，借款利率 8%，其他条件不变。

方案二：增发普通股 600 万股，普通股每股市价为 15 元。

要求：

（1）计算该公司筹资前加权平均资本成本率。

（2）用比较资本成本法确定该公司最佳的资本结构。

11. 某公司现有普通股 600 万股，股本总额 6000 万元，公司债券 3600 万元。公司拟扩大筹资规模，有两种备选方案：一是增发普通股 300 万股，每股发行价为 15 元；二是平价发行公司债券 4500 万元。若公司债券年利率为 8%，所得税税率为 25%。

要求：

（1）计算两种筹资方案的每股收益无差别点。

（2）如果该公司预计息税前利润为 1800 万元，对两个筹资方案做出择优决策。

12. 某公司拟发行债券，债券面值为 1000 元，5 年期，票面利率 8%，每年付息一次，到期还本。若预计发行时债券市场利率为 10%，债券发行费用为发行额的 5%，该公司适用的所得税税率为 30%，则该债券的资本成本为多少？

13. 某公司目前的资本来源包括每股面值 1 元的普通股 800 万股和平均利率为 10% 的 3000 万元债务。该公司现在拟投产一个新产品，该项目需要投资 4000 万元，预期投产后每年可增加营业利润（息税前盈余）400 万元。该项目备选的筹资方案有三个：①按 11% 的利率发行债券；②按面值发行股利率为 12% 的优先股；③按 20 元/股的价格增发普通股。该公司目前的息税前盈余为 1600 万元；公司适用的所得税税率为 40%；证券发行费可忽略不计。

要求：

（1）计算按不同方案筹资后的普通股每股收益。

（2）计算增发普通股和债券筹资的每股（按普通股，下同）收益无差别点（用营业利润表示，下同），以及增发普通股和优先股筹资的每股收益无差别点。

（3）计算筹资前的财务杠杆和按三个方案筹资后的财务杠杆。

（4）根据以上计算结果分析，该公司应当选择哪一种筹资方案？理由是什么？

第六章
内部长期投资管理

【本章提要】

企业投资有不同的分类。按照投资方向的不同，企业投资可分为对内投资和对外投资两类。本章着重介绍企业的固定资产投资，即内部投资，对外投资将在第七章论述。本章主要内容包括：第一，固定资产投资概述。主要阐述固定资产的含义、分类以及固定资产折旧的相关方法。第二，现金流量。现金流量指的是在投资活动过程中，由于某一个项目而引起的现金支出或现金收入的数量。现金流量包括初始现金流量、营业现金流量以及终结现金流量。其中，营业现金流量=税后净损益+折旧=收入×(1−税率)−付现成本×(1−税率)+折旧×税率。第三，固定资产投资决策财务指标。固定资产投资决策的财务指标包括非贴现财务指标以及贴现财务指标。其中，非贴现投资决策财务指标主要有投资回收期法和投资回收率法。贴现现金流量的投资决策的财务指标主要包括净现值法、净现值率、现值指数法和内含报酬率法。

【学习目标】

● 理解固定资产的概念、固定资产的分类、固定资产的计价
● 掌握固定资产折旧的计算、固定资产折旧方法的比较和选择
● 掌握现金流量的计算
● 了解固定资产投资的特点和程序、固定资产需用量的核定、固定资产更新和投资的决策分析

第一节　固定资产投资概述

一、企业投资概述

本章主要论述企业的对内投资，即对内购置固定资产的投资；第七章则主要论述企业的对外投资，即企业以现金、实物、无形资产等方式或者以购买股票、债券等有价证券方式向其他单位的投资①。

1. 企业投资的意义

企业投资是指企业对现在所持有资金的一种运用，如投入经营资产或购买金融资产，或者是取得这些资产的权利，其目的是在未来一定时期内获得与风险相匹配的报酬。在市场经济条件下，企业能否把筹集到的资金投放到报酬高、回收快、风险小的项目上去，对企业的生存和发展十分重要。

（1）企业投资是实现财务管理目标的基本前提。企业财务管理的目标是不断提高企业价值，为股东创造财富。因此要采取各种措施增加利润、降低风险。企业要想获得利润，就必须进行投资，在投资中获得效益。

（2）企业投资是企业发展生产的必要手段。在科学技术、社会经济迅速发展的今天，企业无论是维持简单再生产还是实现扩大再生产，都必须进行一定的投资。要维持简单再生产的顺利进行，就必须及时对所使用的机器设备进行更新，对产品和生产工艺进行改造，不断提高职工的科学技术水平等；要实现扩大再生产，就必须新建、扩建厂房，增添机器设备，增加职工人数，提高人员素质等。

（3）企业投资是公司降低经营风险的重要方法。企业把资金投向生产经营的关键环节或薄弱环节，可以使各种生产经营能力配套、平衡，形成更大的综合生产能力。资金投向多个行业，实行多元化经营，则更能增加公司销售和盈余的稳定性。这些都是降低企业经营风险的重要方法。

---

① 荆新，王化成，刘俊彦. 财务管理学（第6版）[M]. 北京：中国人民大学出版社，2012.

2. 企业投资管理的原则

企业投资的根本目的是谋求利润、增加企业价值。企业能否实现这一目标，关键在于能否在风云变幻的市场环境下，抓住有利的时机，作出合理的投资决策。为此，企业在投资时必须坚持以下原则：

（1）认真进行市场调查，及时捕捉投资机会。捕捉投资机会是企业投资活动的起点，也是企业投资决策的关键。在市场经济条件下，投资机会不是固定不变的，而是不断变化的，它受到诸多因素的影响，其中最主要的是市场需求的变化。企业在投资之前，必须认真进行市场调查和市场分析，寻找最有利的投资机会。市场是不断变化、发展的，对于市场和投资机会的关系，也应从动态的角度加以把握。

正是由于市场的不断变化和发展，才有可能产生一个又一个新的投资机会。随着经济不断发展，人民收入水平不断提高，人们对消费的需求也发生了很大的变化，无数的投资机会正是在这些变化中产生的。

（2）建立科学的投资决策程序，认真进行投资项目的可行性分析。在市场经济条件下，企业的投资决策会面临一定的风险。为了保证投资决策的正确有效，必须按科学的投资决策程序，认真进行投资项目的可行性分析。投资项目可行性分析的主要任务是对投资项目技术上的可行性和经济上的有效性进行论证，运用各种方法计算出有关指标，以合理确定不同项目的优劣。财务部门是对企业的资金进行规划和控制的部门，财务人员必须参与投资项目的可行性分析。

（3）及时足额地筹集资金，保证投资项目的资金供应。企业的投资项目，特别是大型投资项目，其建设工期长，所需资金多，一旦开工就必须有足够的资金供应，否则，就会使工程建设中断，出现"半截子工程"，造成很大的损失。因此，在投资项目开始建设之前，必须科学预测投资所需资金的数量和时间，采用适当的方法，筹措资金，保证投资项目顺利完成，尽快产生投资效益。

（4）认真分析风险和报酬的关系，适当控制企业的投资风险。报酬和风险是共存的。一般而言，报酬越高，风险也越大，报酬的增加是以风险的增大为代价的，而风险的增加将会引起企业价值的下降，不利于财务目标的实现。企业在进行投资时，必须在考虑报酬的同时认真考虑风险情况，只有在报酬和风险达到均衡时，才有可能不断增加企业价值，实现财务管理的目标。

3. 企业投资过程分析

投资能为企业带来报酬，但投资是一项具体而复杂的系统工程，按照时序的方法，可以将投资过程分为事前、事中和事后三个阶段。事前阶段也称投资决策阶段，主要包括投资方案的提出、评价与决策；事中阶段的主要工作是实施投资方案，并对其进行监督与控制；事后阶段是指在投资项目结束后对投资效果进行的事后审计与评价。

(1) 投资项目的决策。投资决策阶段是整个投资过程的开始阶段，也是最重要的阶段，此阶段决定了投资项目的性质、资金的流向和投资项目未来获得报酬的能力。

1) 投资项目的提出。产生新的有价值的创意，进而提出投资方案是非常重要的。新创意可以来自公司的各级部门。一般来说，公司的高层管理人员提出的投资多数是大规模的战略性投资，如兴建一座厂房；而中层或基层人员提出的主要是战术性投资项目，如生产部门提出更新设备。

2) 投资项目的评价。投资项目的评价主要包括以下几部分：①将提出的投资项目进行分类，为分析评价做好准备；②估计各个项目每一期的现金流量状况；③按照某一个评价指标，对各个投资项目进行分析，并根据某一标准排队；④考虑资本限额等约束因素，编写评价报告，并作出相应的投资预算，报请审批。

3) 投资项目的决策。投资项目经过评价后，要由公司的决策层作出最后决策。决策一般分为以下三种情况：①接受这个投资项目；②拒绝这个项目，不进行投资；③发还给提出项目的部门，由其重新调查和修改后再做处理。

(2) 投资项目的实施与监控。一旦决定接受某一个或某一组投资项目，就要积极地实施并进行有效的监督与控制。具体要做好以下工作：①为投资方案筹集资金；②按照拟定的投资方案有计划分步骤地实施投资项目；③在项目的实施过程中，要对项目的实施进度、工程质量、施工成本等进行控制和监督，以使投资按照预算规定如期完成；④在项目的实施过程中，要定期进行后续分析。

将实际的现金流量和报酬与预期的现金流量和报酬进行对比，找出差异，分析差异存在的原因，并根据不同情况作出不同的处理，这实际上就是投资过程中的选择权问题。具体地，选择权问题包括以下几个方面：

1) 延迟投资。若是因为投资时机不恰当，如出现了突发事件，使得当前的经济形势不适合投资此项目，但在可预见的将来该项目仍有投资价值，则可以考虑延迟投资。有时延迟投资是为了获取更多的信息，等待最佳投资时机。

2）放弃投资。在项目的实施过程中，如果发现某项目的现金流量状况与预期的相差甚远，以至于继续投资会产生负的净现值，给公司带来巨大的投资损失，或者此时放弃投资所获得的报酬大于继续执行该投资项目带来的报酬，公司就应该及时放弃投资项目。

3）扩充投资与缩减投资。如果某投资项目的实际情况优于预期值，则可以考虑为该项目提供额外的发展资源。例如，某项目的实际报酬比预期值高出50%，那么，公司应该设法提高该项目的生产能力并增加营运资本，以适应其高速的增长率。

（3）投资项目的事后审计与评价。投资项目的事后审计主要由公司内部审计机构完成，将投资项目的实际表现与原来的预期相对比，通过对其差额的分析可以更深入地了解某些关键性的问题。例如，发现预测技术上存在的偏差，分析原有资本预算的执行情况和预算的精确度，查找项目执行过程中存在的漏洞，找出影响投资效果的敏感因素，总结成功的经验，等等。

依此审计结果还可以对投资管理部门进行绩效评价，并据此建立相应的激励制度，以持续提高投资管理效率。通过对比项目的实际值和预测值，事后审计还可以把责任引进投资预测的过程。需要说明的是，某一项目的实际值和预测值的偏差并不应该作为评价预测者能力的唯一标准。然而，如果持续地产生预测错误，则表明该分析人员的预测技术确实需要改进。

4. 企业投资的分类

根据不同的划分标准，企业投资可作如下分类：

（1）直接投资与间接投资。按投资与企业生产经营的关系，企业投资可分为直接投资和间接投资两类。在非金融性企业中，直接投资所占比重很大。间接投资又称证券投资，是指把资金投入证券等金融资产，以取得利息、股利或资本利得收入的投资。随着我国金融市场的完善和多渠道筹资的形成，企业间接投资将越来越广泛。

（2）长期投资与短期投资。按投资回收时间的长短，企业投资可分为短期投资和长期投资两类。短期投资又称流动资产投资，是指能够并且也准备在一年以内收回的投资，主要是指对现金、应收账款、存货、短期有价证券等的投资，长期证券如能随时变现亦可作为短期投资。长期投资则是指一年以上才能收回的投资，主要是指对厂房、机器设备等固定资产的投资，也包括对无形资产和长期有价证券的投资。由于长期投资中固定资产所占的比重较大，因此，长期投资有时专指固定资产投资。

（3）对内投资和对外投资。根据投资的方向，企业投资可分为对内投资和对外投资两类。对内投资是指把资金投向公司内部，购置各种生产经营用资产的投资。对外投资是指公司以现金、实物、无形资产等方式或者以购买股票、债券等有价证券方式向其他单位投资。对内投资都是直接投资，对外投资主要是间接投资，也可以是直接投资。

（4）初创投资和后续投资。根据投资在生产过程中的作用，企业投资可分为初创投资和后续投资。初创投资是在建立新企业时所进行的各种投资。它的特点是投入的资金通过建设形成企业的原始资产，为企业的生产、经营创造必要的条件。后续投资则是指为巩固和发展企业再生产所进行的各种投资，主要包括为维持企业简单再生产所进行的更新性投资，为实现扩大再生产所进行的追加性投资，为调整生产经营方向进行的转移性投资，等等。

（5）其他分类方法。根据不同投资项目之间的相互关系，可以将投资分为独立项目投资、相关项目投资和互斥项目投资。独立项目的选择既不要求也不排斥其他的投资项目。若接受某一个项目就不能投资于另一个项目，并且反过来亦如此，则这些项目之间就是互斥的。若某一项目的实施依赖于其他项目，这些项目就是相关项目，如要想增加一条生产线就必须新盖一栋厂房来安装生产线，则生产线的投资与厂房的投资属于相关项目投资。

根据投资项目现金流入与流出的时间，可以将投资分为常规项目投资和非常规项目投资。常规项目是指只有一期初始现金流出，随后是一期或多期现金流入的项目。非常规项目的现金流量形式在某些方面与常规项目有所不同，如现金流出不发生在期初，或者期初和以后各期有多次现金流出等。

二、固定资产及其分类

1. 固定资产的内容和特点

固定资产是企业主要的劳动手段，它的价值是逐渐地、部分地转移到所生产的产品上去，并且逐渐地、部分地得到补偿。要经过劳动手段的整个使用期间，才能完成全部价值的一次循环。

现行财务制度规定，固定资产是指使用期限超过一年的房屋、建筑物、机器、机械、运输工具以及其他与生产经营有关的设备、器具、工具等。不属于生产经营主要设备的物品，单位价值在2000元以上，并且使用年限超过两年的，也应当作为固定资产。凡不符合上述规定条件的劳动手段，列为低值易耗品。

在生产过程中，固定资产表现为以下特点：

（1）固定资产的循环周期取决于其使用年限。固定资产有其自身的价值运动，可以参加多个再生产活动过程而不改变其实物形态，其循环周期与生产经营周期没有直接联系。使用周期长是固定资产的重要特征。

（2）固定资产的价值补偿和实物更新是分别进行的。固定资产的价值补偿是随着固定资产的折旧提取逐渐完成的，而固定资产的实物更新则是在其不能使用或从经济上考虑不宜使用时进行的。但是价值补偿和实物更新之间存在着密切的联系，没有固定资产的价值补偿，也就无法实现其实物更新，价值补偿是实物更新的前提，实物更新则是价值补偿的最终结果。

（3）固定资产不构成产品实体。固定资产在整个使用期限内，它的实物形态不构成产品实体，而是继续停留在生产过程中。因此，固定资产的价值不会在它投入使用时全部消耗，而是按其功能丧失的比例逐渐减少。在使用过程中，其价值一部分转移到产品成本中，构成产品价值的一部分，另一部分价值则仍然固定在其物质实体内。

2. 固定资产的分类

固定资产种类繁多，数量较大，为了加强管理，需要按不同的方式方法对其进行合理的分类。

（1）固定资产按其经济用途，分为生产用固定资产和非生产用固定资产。

生产用固定资产，是指直接参加生产过程或直接服务于生产过程的各种固定资产，如厂房、建筑物、机器设备、工具设备等。

非生产用固定资产，是指不参加或不直接服务于生产过程的固定资产，如职工住宅、文化生活设施等。

固定资产按其经济用途分类，可以据以考察分析各类固定资产的构成和变化情况，以便根据各类固定资产的特点分别组织和研究改进利用途径，促进企业合理配置固定资产，充分发挥其使用效能。

（2）固定资产按其使用情况，分为使用中的、未使用的和不需用的固定资产。

使用中的固定资产，是指正在使用中的生产用和非生产用的固定资产。由于季节生产和修理等原因暂时停止使用，以及存放在车间备用的机器设备等，仍属企业生产所需，也应列为使用中的固定资产。

未使用固定资产，是指尚未使用的新增固定资产，购入尚未安装的固定资产，进行改建、扩建的固定资产，以及经批准停止使用的固定资产。

不需用的固定资产，是指不适合本企业生产需要，或者超过本企业当前需要，已经报请上级并等待处理的固定资产。

(3) 固定资产按其所属关系，分为自有固定资产和融资租入固定资产。

自有固定资产，是指产权属于企业所有的固定资产。

融资租入固定资产，是指企业以融资租赁方式租入的机器设备。在租赁期内，融资租赁固定资产应视同企业自有固定资产管理。

将固定资产按其所属关系分类，便于了解固定资产的实有情况，分析企业生产能力，促进企业不断扩大生产能力。

三、固定资产投资的特点与分类

1. 固定资产投资的特点

固定资产投资是形成固定资产以形成生产能力的过程。一般地说，固定资产投资具有以下特点：

(1) 投资数额巨大，一经投入，即无法改变。企业为生产产品、实现盈利，必须形成生产能力。固定资产投资后，代表企业的规模，由于该生产能力具有自身的特性，企业即使将来改变生产方式、生产结构，也必须考虑这些投资的固定资产的可用性。

(2) 投资回收期长。固定资产投资是一次性的，但投资的收回则是要在固定资产的不断使用中逐渐地、部分地进行，并要在较长时期内完成。

(3) 具有风险性和不确定性。由于固定资产投资额大，回收期长，在长期使用过程中，要承受市场环境、消费需求变动的影响，使其预期收益的获得具有风险性和不确定性。

(4) 固定资产设备必须充分利用，否则会成为沉重的成本负担。因此，固定资产投资应考虑生产利用率以及流动资产配套能力，实现规模经济效益。

固定资产投资的上述特点，决定了企业在进行固定资产投资的过程中，必须做好可行性研究工作，预测投资的未来收益，作出科学的投资决策，提高投资效益。

2. 固定资产投资的分类

固定资产投资有以下几种分类：

（1）战略性投资和战术性投资。

战略性投资是指涉及企业的整个发展方向和前途，如扩大企业规模、全厂性技术改造、开发新产品等。这类投资对企业关系很大，应慎重决策。

战术性投资是指只关系到企业中某一局部的具体业务投资，如提高产品质量、降低产品成本等的投资。

（2）独立性投资和相关性投资。

独立性投资是指不管其他投资方案采纳和实施与否，其投资的收益和成本均不会受其他方案的采纳、实施与否的影响而进行的投资。

相关性投资是指技术上互相联系的投资。相关性投资的收益和成本是密切相关的，投资项目必须配套，应将各项投资综合起来考虑，作出比较可行的决策。

（3）先决性投资和重置性投资。

先决性投资，是指必须对其进行投资后，才能使其后或同时进行的项目实现其收益。例如，某企业拟扩大生产能力，需增加若干设备，为使这些设备得以运转，还必须有电力保证，否则，这些项目是无法实现效益的。这就决定了电力项目就是领先进行的先决投资。

重置性投资是指使用发挥同样作用或更有效地发挥同一作用和性能的固定资产，以取代现有固定资产的投资。

（4）扩大收入投资和降低成本投资。

从增加企业收入角度，固定资产投资可以分为扩大收入投资和降低成本投资两类。扩大收入投资是指通过扩大企业生产经营规模，从而增大收入以增加利润的投资。降低成本投资则是在维持现有规模前提下，通过投资以降低生产经营中的成本费用，增加企业利润的投资。

研究固定资产投资分类，可使我们更好地掌握投资的性质和它们之间的相互关系，有利于分清主次，掌握重点。同时，也可以使我们根据各类投资的特点，组织有效的决策。当然，上述分类方法并不是绝对的，有时，一个项目可以归入一个以上的类别，但这并不妨碍这种分类方法的有效性[①]。

四、固定资产折旧

1. 固定资产折旧的概念

固定资产在使用过程中，它的价值逐渐转移到所生产的产品上去，以折旧费的形式构成产品成本和费用的一部分，通过产品销售的实现，从产品销售收入中得到补偿。固定资产因损耗而转移到产品上去的那部分价值，叫固定资产折旧。

固定资产的损耗有有形损耗和无形损耗两种形式。

固定资产的有形损耗，是指固定资产由于使用和自然力的作用而逐渐丧失其物理性能。包括由于固定资产投入生产过程中的实际使用而发生的物质磨损和由于自然力的作用而发生的自然损耗。由于实际使用和自然力的作用而使固定资产发生的损耗，是有形可见的，故称为有形损耗。

固定资产的无形损耗，是由于劳动生产率提高和科学技术进步所引起的固定资产价值损耗。包括：①由于劳动生产率提高，生产同样效能的设备花费的社会必要劳动量减少，成本降低，同样效能的设备价值便宜，使原有设备的价值相应降低所造成的损失，又称价值损耗。这种无形损耗，并不影响设备的使用效能，财务上一般也不进行重新估价，所以不构成实际的损失。②由于科学技术进步，出现新的效能更高的设备，原有设备不得不提前报废所造成的损失，又称效能损耗。效能损耗只有缩短折旧年限才能避免。

考虑无形损耗后所确定的折旧年限，称为固定资产的经济折旧年限。固定资产的经济折旧年限比物理折旧年限短。

固定资产价值是随着固定资产的损耗而逐渐转移的，转移价值的多少，客观上应有一个数量界限。因此，正确确定固定资产的损耗程度，从而确定固定资产的使用年限，是计提固定资产折旧的前提。全新的固定资产从投入使用，到完全报废的耐用年限，称为固定资产的物理使用年限，它的长短取决于固定资产本身的质量和使用情况。同时，科学技术进步引致无形损耗，某些机器设备由于技术水平落后遭贬值或淘汰，造成固定资产使用年限缩短。因此，根据固定资产有形损耗，同时考虑无形损耗而确定的使用年限，成为固定资产的经济使用年限。固

---

① 刘玉平. 财务管理学（第3版）[M]. 北京：中国人民大学出版社，2012.

定资产的折旧年限就是在经济使用年限的基础上再考虑其他各方面因素（诸如生产力发展水平、社会技术经济政策等）确定的。

2. 固定资产折旧的计算

（1）固定资产折旧的计提范围。总的来说，使用中的固定资产应计提折旧，未使用和不需用的固定资产不应计提折旧。

应计提折旧的固定资产包括：房屋及建筑物（无论使用与否均应计提折旧）；在用的机器设备、仪器仪表、运输车辆等；季节性停用和大修理停用的设备；以融资租赁方式租入的固定资产和以经营租赁方式租出的固定资产。

不应计提折旧的固定资产包括：房屋及建筑物以外的未使用和不需用的固定资产；以经营租赁方式租入的固定资产和以融资租赁方式租出的固定资产；建设项目交付生产使用前的固定资产；已提足折旧继续使用的固定资产；破产、关停企业的固定资产以及过去已经估价单独入账的土地等。此外，提前报废的固定资产，也不再补提折旧，而是将其未提足折旧的净损失列作营业外支出。

在实务中，为了简化核算手续，月内增加的固定资产，当月不计提折旧，而是从下月起开始计提折旧；月内减少的固定资产，当月仍计提折旧，从下月起停止计提折旧。

（2）固定资产折旧的计算方法。

1）平均年限法。平均年限法，也称使用年限法，它是按照固定资产的预计使用年限平均分摊固定资产折旧额的方法。这种方法所计算的折旧额在各个使用年（月）份都是相等的，折旧的累计额所绘出的图线是直线，因此，这种方法也称直线法。其计算公式如下：

$$固定资产折旧额 = \frac{固定资产原值 - (残值 - 清理费用)}{预计使用年限} \tag{6-1}$$

为了反映固定资产折旧的相对水平，还应计算固定资产的年折旧率，计算方法有两种：

$$年折旧率 = \frac{年折旧额}{固定资产原值} \times 100\% \tag{6-2}$$

其中：

$$年折旧额 = \frac{固定资产原值 - (残值 - 清理费用)}{预计使用年限}$$

或者：

$$年折旧率 = \frac{1 - 净残值率}{预计使用年限} \times 100\% \qquad (6\text{-}3)$$

净残值率按资产原值的 3%~5%确定，净残值率低于 3%或者高于 5%的，由企业自主确定，并报主管财政机关备案。

按照固定资产折旧范围的大小，折旧率又可分为个别折旧率、分类折旧率和综合折旧率三种。个别折旧率是按每个固定资产分别计算的。分类折旧率是将性质、结构和使用年限大体相同的固定资产归并同一类别计算的。综合折旧率则是就整个企业的全部固定资产综合计算的。企业应根据核定的折旧率计提折旧，未经上级主管部门和财政部门批准，不得任意变更折旧率。三种折旧率形式各有优缺点，现行财务制度规定采取分类折旧率。

2) 工作量法。工作量法就是按照固定资产的预计工作量，平均分摊固定资产额的方法，这种方法适用于各类专业设备。固定资产的工作量可以用工作小时、行驶里程、台班等表示，单位工作量折旧额的计算公式如下：

行驶里程法。它是以固定资产折旧总额除以预计使用期内可以完成的总行驶里程，求得每行驶里程折旧额的方法。使用这种方法时，每行驶里程的折旧额是相同的。根据各个时期完成的行驶里程，即可计算出该时期应计提的折旧额。计算公式如下：

$$单位里程折旧额 = \frac{固定资产原值 - 预计净残值}{规定的总行驶里程} \qquad (6\text{-}4)$$

工作小时法。它是以固定资产折旧总额除以预计使用期内可以完成的总工作小时，求得每工作小时折旧额的方法。使用这种方法时，每工作小时的折旧额是相同的。根据各个时期使用的工作小时，即可计算出该时期应计提的折旧额。计算公式如下：

$$每工作小时折旧额 = \frac{固定资产原值 - 预计净残值}{规定的总工作小时} \qquad (6\text{-}5)$$

我国的会计制度允许对国民经济中具有重要地位、技术进步快的电子生产企业、船舶工业企业、生产"母机"的机械企业、飞机制造企业、汽车制造企业、化工生产企业和医药生产企业以及其他经财政部批准的特殊行业的企业的机器设备采用双倍余额递减法和年数总和法。

3) 年限总和法。年限总和法也称年数总和法，这种方法根据折旧总额乘以递减分数（折旧率），确定年度折旧额。折旧总额系原始价值加上清理费用，再减去残余价值后的余额。递减分数的分母为固定资产使用年限的各年年数之和，即年数总和，如使用年限为 5 年，则年数总和为 $(1+2+3+4+5)=15$。递减分数的分子为固定资产尚可使用的年数，如第 1 年为 5，第 2 年为 4，以后各年依次为 3，2，1。这样计算出来的折旧额每年递减，其折旧率也是每年变换的，因而又叫变率递减法。年数总和法的固定资产折旧率和折旧额的计算公式如下：

$$固定资产年折旧率 = \frac{折旧年限 - 已使用年数}{折旧年限 \times (折旧年限 + 1) \div 2} \qquad (6-6)$$

$$固定资产月折旧率 = 年折旧率 \div 12$$

$$固定资产月折旧额 = 固定资产折旧总额 \times 月折旧率$$
$$= (固定资产原始价值 - 预计净残值) \times 月折旧率$$

【例 6-1】假定某项固定资产价值为 10000 元，预计使用年限为 5 年，预计残值为 1000 元。采用年限总和法计算的年折旧额见表 6-1。

表 6-1　采用年限总和法计算的年折旧额

年次	折旧率（%）	折旧额（元）
1	33.33	3000
2	26.67	2400
3	20	1800
4	13.33	1200
5	6.67	600
合计	100	9000

注：第 1 年的折旧率计算为：$\frac{5-1+1}{5 \times (5+1) \div 2} = 33.33\%$，其他依此类推；第 1 年的折旧额计算为：$(10000-1000) \times \frac{5-1+1}{5 \times (5+1) \div 2} = 3000$（元），其他依此类推。

4）双倍余额递减法。这种方法根据年初固定资产折余价值乘以双倍余额递减法折旧率，确定年折旧额。

双倍余额递减法折旧率可按平均年限法的标准加倍计算。随着固定资产折余价值的逐年减少，每年计提的折旧额亦随之减少。计算公式如下：

$$双倍余额递减法折旧率 = 平均年限法计算的折旧率 \times 2 \qquad (6-7)$$

$$年折旧率 = \frac{2}{折旧年限} \times 100\%$$

双倍余额递减法不受残值为零的限制，也不受残值与原价比值的影响。按双倍余额递减法，不可能将折旧摊尽，因此，在最后几年，要改用平均年限法，每年平均计提折旧。当折旧年限为偶数时，最后采用平均年限法的年数为 $[(n/2)+2]$；如折旧年限为奇数时，则按 $[(n/2)+(3/2)]$ 计算。如折旧年限为 8 年，即为 $[(8/2)+2]$，第 6 年改为平均年限法；如折旧年限为 5 年，即为 $[(5/2)+3/2]$，第 4 年改为平均年限法。

【例 6-2】假定某项固定资产价值 10000 元，预计使用年限为 5 年，无残值。采用双倍余额递减法计算的年折旧额见表 6-2。

表 6-2　按双倍余额递减法计算的各年折旧额

年次	年初账面折余价值（元）	折旧率（%）	折旧额（元）
1	10000	40	4000
2	6000	40	2400
3	3600	40	1440
4	2160	40	864
5	1296	40	518
合计	—	—	9222

由表 6-2 计算可知，按双倍余额递减法计算的折旧额总和为 9222 元，与固定资产价值 10000 元尚有一定的误差。因此，一般来说，实行双倍余额递减法的固定资产，应当在其固定资产折旧年限到期前两年内，将固定资产净值扣除预计净残值后的净额平均摊销。

5）余额递减法。它是以固定资产的折余价值（即净值）作为计算折旧的基础，随着固定资产使用年限的增加，固定资产折余价值逐年递减；在折旧率不变的条件下，每年提取的折旧额也逐年下降。计算公式如下：

固定资产年折旧额＝固定资产年初折余价值×年折旧率　　　　　　(6-8)

其中，年折旧率 $=1-\sqrt[n]{\dfrac{残值}{固定资产原值}}$；n 为预计使用年限。

年折旧率公式推导如下：

设 V 为固定资产原价，R 为年折旧率，则：

第一年折余价值 $V_1=V-VR=V(1-R)$

第二年折余价值 $V_2=V_1-V_1R=V_1(1-R)=V(1-R)^2$

第 n 年折余价值（即残值）$V_n = V(1-R)^n$

$$\frac{V_n}{V} = (1-R)^n$$

$$1 - R = \sqrt[n]{\frac{V_n}{V}}$$

由此可以推导出：

$$R = 1 - \sqrt[n]{\frac{V_n}{V}}$$

【例 6–3】某项固定资产原值为 200000 元，预计使用年限 6 年，预计净残值 20000 元，折旧额见表 6–3。

表 6–3　采用余额递减法计算的年折旧额

年次	年初账面折余价值（元）	折旧率（%）	折旧额（元）
1	200000	32	64000
2	136000	32	43520
3	92480	32	29594
4	62886	32	20124
5	42762	32	13684
6	29078	—	9305
			180227

上述五种折旧方法，前两种属于平速折旧法，其共同特点是按一定的标准平均分摊固定资产的折旧总额；后三种方法属于加速折旧法，其特点是在固定资产的折旧年限内，前期计提折旧额多，而后期计提折旧额少。

需要说明的是，加速折旧法和加速折旧不是同一概念。加速折旧包括两层含义：一是缩短折旧年限；二是采用前期计提折旧额多、后期计提折旧额少的方法。采用加速折旧法的意义在于：①固定资产的使用效能是递减的。资产的生产能力和精度在早期总是较高，创造的收益也较多。根据配比原则，使收益和成本恰当地配合，要求在早期计提较多的折旧，并随固定资产使用年限递增而逐年减少。②固定资产是一项长期投资，采用加速折旧法可以尽快收回投资，避免投资风险。③采用加速折旧法，可以使企业获得推迟缴纳所得税的财务收益，从而有利于企业生产经营规模的扩大。由于固定资产使用前期计入了数额较大的折旧费，使得前期应纳税所得额减少，从而使企业能在使用这些固定资产的前期缴纳较少的所得税款，无异于政府为企业提供了一笔无息贷款[①]。

第二节　现金流量

一、现金流量的概念

现金流量是指在投资活动过程中，由某一个项目而引起的现金支出或现金收入的数量。现金流量是西方财务管理中的重要概念。应用现金流量概念应当注意的是，这里的现金是指项目发生的所有货币资金和项目需要投入的企业拥有的非货币资源的变现价值。

现金流量的构成可以按现金的流入、流出和按现金流量发生时间序列两种方式表述。

1. 按现金流入、流出来表述

（1）现金流入量。现金流入量是指由于实施了某方案而增加的资金，包括投资项目完成后的营业现金收入，固定资产售出时的变价收入或报废时的残值收入，收回的流动资金。

（2）现金流出量。现金流出量是指在实施某方案的过程中所需投入的资金。一般包括固定资产上的投资；流动资产上的投资；营业现金支出，如固定资产使用中支付的维护、修理费用。

（3）净现金流量。净现金流量（NCF）是指一定期间内现金流入量与现金流出量之间的差额[②]。

2. 按现金流量发生时间序列

（1）初始现金流量。初始现金流量是指项目开始投资时发生的现金流量，有时也称初始投资，一般包括：①固定资产投资额，包括购建固定资产的成本、安

---

① 会计专业技术资格考试研究中心. 中级财务管理（2015 年全国会计专业技术资格考试辅导教材）[M]. 北京：电子工业出版社，2015.
② 郭复初，王庆成. 财务管理学（第 3 版）[M]. 北京：高等教育出版社，2009.

装费、运杂费等，为现金流出。②流动资产投资，指由于项目完成投入使用而发生在对材料、在产品等流动资产方面的投资，为现金流出。③机会成本，即由于某些原有固定资产用于此项投资而不能转作他用而失去的收入。这种成本虽未付出现金，但相对减少了现金收入，应视同现金流出。④其他投资费用，是指与投资项目有关的职工培训费、谈判费、注册费用等。⑤原有固定资产的变价收入，主要是指固定资产更新投资时变卖原有固定资产所得的现金收入。

一般项目开始投资时发生的现金流量，只有现金流出量，没有现金流入量，所以项目初始现金净流量用公式表示如下：

初始现金净流量＝－（投资在固定资产上的资金＋投资在流动资产上的资金）

需要指出的是，如果投资在固定资产上的资金是以企业原有的旧设备进行投资的，在计算现金流量时，应以设备的变现价值为其现金流出量。即在对某一独立方案进行评价时，将假设该设备出售可能得到的收入作为现金流出量，并且要考虑由此而可能支付或减免的所得税。用公式表示如下：

初始现金净流量＝投资在流动资产上的资金＋设备的变现价值－（设备的变现价值－折余价值）×所得税税率

（2）营业现金流量。营业现金流量是指投资项目完成投入使用后，在寿命期间内由于正常生产经营所带来的现金流量。这种现金流量一般以年为单位进行计算。这里的现金流入一般是指营业现金收入，现金流出是指营业现金支出和支付的税金。一般地，从净现金流量的角度考虑，缴纳所得税是企业的一项现金流出，因此这里的损益是指税后净损益，即税前利润减所得税，或税后收入减税后成本。折旧作为一项成本，在计算税后净损益时是包括在成本当中的，但由于它不需要支付现金，因此需要将它当作一项现金流入看待。

综上所述，企业的营业现金净流量可以有三种计算方法。

第一种是直接法。由于所得税是一种现金支付，应当作为每年营业现金流量的一个减项。因此：

营业现金净流量＝营业收入－付现成本－所得税   (6-9)

第二种是间接法。

营业现金净流量＝税后净利润＋折旧   (6-10)

公式（6-9）和公式（6-10）的结果是一致的，推导如下：

营业现金净流量＝营业收入－付现成本－所得税

$$=营业收入-（营业成本-折旧）-所得税$$

$$=营业利润+折旧-所得税$$

$$=税后净利润+折旧$$

第三种是根据所得税对收入、成本和折旧的影响进行计算。根据前面讲到的税后成本、税后收入和折旧抵税可知，由于所得税的影响，现金流量并不等于项目实际的收支金额。

税后成本 $=$ 支出金额 $\times$（$1-$税率）

税后收入 $=$ 收入金额 $\times$（$1-$税率）

折旧抵税 $=$ 折旧 $\times$ 税率

因此，现金净流量应当按下式计算：

营业现金净流量 $=$ 税后收入 $-$ 税后付现成本 $+$ 折旧抵税

$$=收入\times（1-税率）-付现成本\times（1-税率）+折旧\times税率$$

(6-11)

公式（6-11）也可以由公式（6-10）推导出来：

营业现金净流量 $=$ 税后净利润 $+$ 折旧

$$=（收入-成本）\times（1-税率）+折旧$$

$$=（收入-付现成本-折旧）\times（1-税率）+折旧$$

$$=收入\times（1-税率）-付现成本\times（1-税率）-折旧\times（1-税率）+$$
折旧

$$=收入\times（1-税率）-付现成本\times（1-税率）-折旧+折旧\times税$$
率+折旧

$$=收入\times（1-税率）-付现成本\times（1-税率）+折旧\times税率$$

上述三个公式中，最常使用的是公式（6-11），因为企业所得税是根据企业总利润来计算的。在决定对某个项目是否进行投资时，我们往往使用差额分析法确定现金流量，并不知道整个企业的利润及与此相关的所得税，这就妨碍了公式（6-9）和公式（6-10）的使用。公式（6-11）并不需要知道企业的利润多少，使用起来比较方便。尤其是有关固定资产更新的决策，我们并没有办法计量某项资产给企业带来的收入和利润，以至于无法使用前两个公式[1]。

---

① 中国注册会计师协会. 财务成本管理（注册会计师 2015 年教材）[M]. 北京：中国财政经济出版社，2015.

（3）项目终止现金流量。项目终止现金流量包括固定资产的残值收入和收回原投入的流动资金。在投资决策中，一般假设当项目终止时，将项目初期投入在流动资产上的资金全部收回。这部分收回的资金由于不涉及利润的增减，因此也不受所得税的影响。固定资产的残值收入如果与预定的固定资产残值相同，那么在会计上也同样不涉及利润的增减，所以也不受所得税的影响。但是在实际工作中，最终的残值收入往往不等于预计的固定资产残值，它们之间的差额会引起企业利润的增加或减少，因此在计算现金流量时，不能忽视这部分的影响。

项目终止现金净流量=实际固定资产残值收入+原投入的流动资金-（实际残值收入-预计残值）×税率

(6-12)

二、现金流量的计算

具体地，我们通过【例6-4】来解释现金流量的计算。

【例6-4】某企业计划年度拟投资A项目，经可行性分析，有关资料如下：

（1）A项目共需固定资产投资450000元，其中第一年年初至第二年年末分别投资250000元和200000元，第二年年末全部竣工交付使用。

（2）A项目投产时需垫支相应流动资金320000元，用于购买材料、支付工资等。

（3）A项目经营期预计为五年，固定资产按直线法计提折旧。A项目正常终结处理时预计清理费用为3000元，残余价值123000元。

（4）根据市场预测，A项目投产后第一年营业收入为320000元，以后四年每年营业收入均为450000元，第一年付现成本为150000，以后四年每年的付现成本均为210000元。

（5）假设该企业适用所得税税率为40%[①]。

试计算A项目预计五年的现金流量。

首先，计算A项目的每年折旧额：

年折旧额=（450000-123000+3000）÷5=66000（元）

---

① 郭复初，王庆成.财务管理学（第3版）[M].北京：高等教育出版社，2009.

其次，计算经营期净现金流量（见表6-4）。

表6-4　经营期现金流量计算表

项目	第一年（元）	第二年（元）	第三年（元）	第四年（元）	第五年（元）
营业收入	320000	450000	450000	450000	450000
减：付现成本	150000	210000	210000	210000	210000
减：折旧	66000	66000	66000	66000	66000
税前净利润	104000	174000	174000	174000	174000
减：所得税	41600	69600	69600	69600	69600
税后净利润	62400	104400	104400	104400	104400
加：折旧	66000	66000	66000	66000	66000
经营期现金净流量	128400	170400	170400	170400	170400

最后，在A项目经营期净现金流量计算出来后，加进项目建设期的投资现金流量和报废时的终结现金流量，一并计算该项目的全部现金净流量，计算过程见表6-5。

表6-5　现金流量计算表

单位：元

t	0	1	2	3	4	5	6	7
固定资产投资	−250000	−200000						
流动资产投资			−320000					
经营期净现金流量				128400	170400	170400	170400	170400
固定资产净残值								120000
流动资金回收								320000
现金净流量合计	−250000	−200000	−320000	128400	170400	170400	170400	610400

在表6-5中，t=0代表第一年年初；t=1代表第一年年末；t=2代表第二年年末……

第三节　固定资产投资决策方法

固定资产投资决策的方法主要包括非贴现现金流量方法以及贴现现金流量方法。非贴现现金流量方法主要有投资回收期法和平均报酬率法。贴现现金流量方法则主要有净现值法、内含报酬率法、获利指数法、折现的投资回收期法等。

一、非贴现现金流量的投资决策方法

非贴现现金流量的投资决策方法也称静态投资决策方法，即不考虑资金时间价值，把不同时间的货币收支看作是等效的。这类方法主要有静态投资回收期法和平均报酬率法。

1. 静态投资回收期法

静态投资回收期（Payback Period，PP）是指自投资方案实施起，至收回初始投入资本所需的时间，即能够使与此方案相关的累计现金流入量等于累计现金流出量的时间。

静态投资回收期分为"包括建设期的投资回收期"和"不包括建设期的投资回收期"两种形式。其单位通常用"年"表示。投资回收期一般从建设年开始算起，也可以从投资年开始算起，计算时应具体注明。

回收期在具体计算时，可以用两种计算方法，包括公式法以及列表法。

（1）公式法。公式法适用于如果某一项目的投资均集中发生在建设期内，投产后一定期间内每年经营净现金流量相等，且其合计大于或等于原始投资额，可按以下简化公式直接求出不包括建设期的投资回收期：

不包括建设期的投资回收期=原始投资合计/投产后前若干年每年相等的净现金流量

$$(6-13)$$

包括建设期的投资回收期=不包括建设期的投资回收期+建设期

$$(6-14)$$

【例6-5】某企业有甲、乙两个投资方案，假设两个方案均没有考虑建设期，资料见表6-6。

表6-6 甲、乙两个投资方案的有关资料

单位：元

年限序号	甲方案		乙方案	
	净收益	现金净流量	净收益	现金净流量
0		−9000		−12000
1	2200	5200	2500	6500
2	2200	5200	2500	6500
3	2200	5200	2500	6500
合计	6600	6600	7500	7500

$$甲方案的投资回收期 = \frac{9000}{5200} = 1.73 \text{（年）}$$

$$乙方案的投资回收期 = \frac{12000}{6500} = 1.85 \text{（年）}$$

从计算结果可以看出，甲方案的投资回收期比乙方案的投资回收期短，所以应选择甲方案。如果现金净流入量每年不相等，在计算回收期时，必须按累计现金净流入量计算，直至现金净流入量与投资额相等。

（2）列表法。所谓列表法，是指通过列表计算"累计现金净流量"的方式，来确定包括建设期的投资回收期，进而再推算出不包括建设期的投资回收期的方法。因为不论在什么情况下，都可以通过这种方法来确定静态投资回收期，所以此法又称为一般方法。

【例 6-6】某公司有 A、B 两个投资方案，假设两个方案均没有考虑建设期，有关资料见表 6-7。

表 6-7　A、B 两个投资方案的有关资料

单位：元

年份	年限序号	A 方案			B 方案		
		净收益	现金净流量	未回收额	净收益	现金净流量	未回收额
20×2	0		−6000			−6000	
20×3	1		−4000	−10000	0	−4000	−10000
20×4	2	3500	6000	4000	1500	2500	7500
20×5	3	2500	5000		2000	4000	3500
20×6	4	500	3000		3000	4500	
20×7	5	500	3000		1000	5500	

$$A 方案不包括建设期的投资回收期 = 1 + \frac{4000}{5000} = 1.8 \text{（年）}$$

A 方案包括建设期的投资回收期 = 2.8（年）

$$B 方案不包括建设期的投资回收期 = 2 + \frac{3500}{4500} = 2.78 \text{（年）}$$

B 方案包括建设期的投资回收期 = 3.78（年）

从计算结果可以看出，A 方案投资回收期比 B 方案投资回收期短，应选 A 方案。

投资回收期法的主要优点是计算简便，最大缺点在于它既没有考虑"货币的时间价值"，也没有考虑回收期后的现金流量。在实际工作中，长期投资往往看重的是项目中后期待得到的较为丰厚的长久收益。对于这种类型的项目，用投资回收期法来判断其优劣，就显得片面了。

2. 平均报酬率法

平均报酬率（Average Rate of Return，ARR）也叫投资回收率或平均投资利润率，它表示年平均利润占总投资的百分比。平均报酬率的高低以相对数的形式反映投资回收速度的快慢，通过比较各方案的平均报酬率，选择最优的投资方案。平均报酬率的计算公式如下：

$$ARR = （年平均利润 \div 投资总额）\times 100\% \tag{6-15}$$

采用表 6-6 的资料计算如下：

$$甲方案的投资报酬率 = \frac{2200}{9000} \times 100\% = 24.44\%$$

$$乙方案的投资报酬率 = \frac{2500}{12000} \times 100\% = 20.83\%$$

由于甲方案投资报酬率高于乙方案投资报酬率，应选择甲方案。

采用表 6-7 的资料计算如下：

$$A 方案的投资报酬率 = \frac{（3500 + 2500 + 500 + 500）\div 5}{10000} \times 100\% = 14\%$$

$$B 方案的投资报酬率 = \frac{（1500 + 2000 + 3000）\div 5}{10000} \times 100\% = 13\%$$

由于 A 方案投资报酬率高于 B 方案投资报酬率，应选择 A 方案。

投资报酬率法与回收期法相比，虽然考虑了回收期后的收益，但它仍然忽略了资金时间价值，把第一年的现金流量与最后一年的收益或现金流量看作具有相同的价值，因此，有时会作出错误的决策。这种方法的主要优点在于计算简便，并且使用的是普通会计学上的收益和成本的概念，容易被接受和掌握。

二、贴现现金流量的投资决策方法

贴现现金流量的投资决策方法又称动态投资决策方法，与非贴现现金流量指标不同，贴现现金流量指标是在充分考虑资金时间价值的基础上，即考虑了未来现金流入量和投资额的时间价值，来对方案的优劣取舍进行判断。贴现现金流量法主要有净现值法、获利指数法和内含报酬率法。

1. 净现值法

净现值（Net Present Value，NPV）是指在方案的整个实施运行过程中，未来现金净流入量的现值之和与原始投资额的现值之间的差额。原始投资额现值是指整个项目建设期间所有现金流出量的现值之和，如项目没有建设期，则原始投资额现值即为初期投入额。现金净流量是现金流入量减去现金流出量后的差额。净现值法则是根据各方案净现值大小决定方案取舍的方法。如果净现值为正数，说明投资的现金流入量的现值之和超过贴现后的现金流出量（即现金流出量现值），投资报酬率超过预定贴现率，该方案有利；如果净现值为零，反映了投资的现金流入量现值与贴现后现金流出量相当，投资报酬率等于预定贴现率，该方案既不带来盈利也不发生亏损；如果净现值为负数，则说明投资的现金流入量现值小于贴现后的现金流出量，投资报酬率低于预定贴现率，该方案不可取。在投资额相等的方案中，显然净现值最大的方案最好。因为净现值越大，投资经济效果越好。

计算净现值的基本公式如下：

$$NPV = \sum_{t=1}^{n} \frac{NCF_t}{(1+i)^t} - A_0 \qquad (6-16)$$

其中，n表示项目的实施运行时间（年份）；NCF_t表示在项目实施第t年的净现金流量；i是预定的贴现率；A_0为原始总投资的现值；t表示年数（t = 1，2，…，n）。

用净现值指标评价方案时，首先要将各年的净现值流量按预定的贴现率折算成现值，然后再计算出它们的代数和（即净现值）。在采纳与否的决策中，若净现值大于或等于零，表明该项目的报酬率大于或等于预定的投资报酬率，方案可取；反之，则方案不可取。在选择互斥的决策中，则选净现值大于零且金额最大的为最优方案。

【例6-7】现有A、B两个投资方案，具体资料见表6-8，该项目资金由银行贷款获得，年利率为10%，同时，A、B两个方案均可使用4年，折旧按直线法计算。

现根据上述资料确定其每年现金流量，并将其贴现，求出方案的净现值（见表6-8）。

表6-8 投资方案净现值计算表

单位：元

年份	年限序号	现值系数 r=10%	A 方案		B 方案	
			现金流量	现值	现金流量	现值
20×2	0	1.000	−6000	−6000	−5000	−5000
20×3	1	0.909	−4000	−3636	−5000	−4545
20×4	2	0.826	6000	4956	2500	2065
20×5	3	0.751	5000	3755	4000	3004
20×6	4	0.683	3000	2049	4500	3074
20×7	5	0.621	3000	1863	5500	3416
净现值				2987		2014

根据表6-8的计算，A、B两个方案净现值均大于零，表明两个方案均可行，但A方案净现值大于B方案，故应选取A方案。

净现值法具有广泛的应用性，在理论上也比其他方法更完善。但净现值法在应用中也有其局限性。【例6-7】中两个投资方案的投资额相同，可以直接比较净现值，净现值越大，说明投资方案经济效果越好。但在实际工作中，不同的投资方案，其投资额往往不相同，而投资额大的方案可能有较大的净现值，但不表明单位投资经济效果好。因此，在用净现值法对不同投资额方案比较时，容易产生错误的决策。所以，获利指数法可以弥补这一缺陷。

2. 获利指数法

获利指数（Profitability Index，PI）也叫现值指数，是指在方案的整个实施运行过程中，未来现金净流入量的现值之和与原始投资现值之间的比值。现值指数法是使用现值指数作为评价方案优劣标准的方法。在诸多投资方案中，现值指数最大的方案为最优方案。现值指数大，说明单位投资额在未来可获得的收益现值高。获利指数的计算公式如下：

$$PI = \sum_{t=1}^{n} \frac{NCF_t}{(1+i)^2} \div A_0 \tag{6-17}$$

其中，NCF_t表示在项目实施第t年的净现金流入量；A_0、n、t和i所代表的内容与净现值公式中的相同。

根据表6-8的资料，A、B两个方案的现值指数分别如下：

$$A\ 方案现值指数 = \frac{4956+3755+2049+1863}{6000+3636} = \frac{12623}{9636} = 1.31$$

$$\text{B 方案现值指数} = \frac{2065 + 3004 + 3074 + 3416}{5000 + 4545} = \frac{11559}{9545} = 1.21$$

计算结果表明，A 方案现值指数大于 B 方案现值指数，因此应选择 A 方案。因为该例中投资额均相同，所以该结论与净现值法的结论相同。

比较净现值和现值指数公式，我们不难发现以下关系成立：

当净现值 > 0 时，现值指数 > 1；

当净现值 = 0 时，现值指数 = 1；

当净现值 < 0 时，现值指数 < 1。

用获利指数法评价方案时，首先要计算未来现金流入量的现值之和与未来现金流出量的现值之和，然后计算两者的比值（即获利指数）。在采纳与否的决策中，若获利指数大于或等于 1，表明该项目的报酬率大于或等于预定的投资报酬率，方案可取；反之，则方案不可取。在选择互斥的决策中，则获利指数大于 1 且金额最大的为最优方案。

与净现值相比，获利指数是一个相对数，因此克服了不同投资额方案间的净现值缺乏可比性的问题。它的经济意义是每 1 元投资在未来获得的现金流入量的现值数。

净现值和获利指数的计算都是在假定贴现率的基础上进行的，但是如何确定贴现率却有一定的难度。而且选择不同的贴现率，也会使净现值和获利指数发生变化，有时甚至会影响判断结果。

3. 内含报酬率法

内含报酬率（Internal Rate of Return，IRR）反映的是方案本身实际达到的报酬率，就是资金流入现值总额与资金流出现值总额相等、净现值等于零时的贴现率。如果不使用电子计算机，内含报酬率要用若干个贴现率进行试算，直至找到净现值等于零或接近于零的那个贴现率。内含报酬率是一项投资渴望达到的报酬率，是能使投资项目净现值等于零时的贴现率。用公式表示则为满足如下方程时，求 i。

$$\sum_{t=1}^{n} \frac{NCF_t}{(1+i)^2} - A_0 = 0 \tag{6-18}$$

内含报酬率的计算比较复杂，根据未来现金流量的情况，通常可以采用以下两种方法：

（1）未来期内各年营业现金流量相等。首先，按年金现值的计算公式计算年金现值系数；其次，查年金现值系数表，在既定的相同期数内找出与上述年金现值系数相等或相邻近的较大和较小的两个贴现率；最后，采用插值法计算内含报酬率。

（2）未来期内各年营业现金流量不相等。首先，按估计的贴现率计算方案的净现值。其次，估计内含报酬率的可能区间。由于内含报酬率是净现值等于零时的贴现率，而零介于正负之间。因此，若第一步计算的净现值大于零，则应提高贴现率，再计算净现值；若第一步计算的净现值小于零，则应降低贴现率，再计算净现值。经过反复测算，务必使得再测算的净现值与第一步计算的净现值相反，即找出净现值一正一负的两个贴现率。最后，采用插值法计算内含报酬率。

下面举例说明内含报酬率的计算。

【例6-8】某投资方案的投入期和各期现金流量情况及内含报酬率计算见表6-9。

表6-9 某方案的现金流量以及内含报酬率的测算

单位：元

年份	年限序号	现金流量	设 $r_1=18\%$		设 $r_2=20\%$	
			现值系数	现值	现值系数	现值
20×2	0	−20000	1.0000	−20000	1.0000	−20000
20×3	1	5000	0.8475	4238	0.8333	4167
20×4	2	6000	0.7182	4309	0.6944	4166
20×5	3	7000	0.6082	4260	0.5787	4051
20×6	4	8000	0.5158	4126	0.4823	3858
20×7	5	9000	0.4371	3924	0.4019	3617
	净现值			857		−141

由上述计算可知，假设以18%的贴现率测试时，其净现值为857元，为正数。再将贴现率提高到20%时，其净现值为−141元。由此可以判断内含报酬率在18%~20%，计算净现值为零的内含报酬率，具体计算公式如下：

$$内含报酬率 = r_1 + \frac{NPV_1(r_2 - r_1)}{NPV_1 - NPV_2} \times 100\%$$

其中，r_1，r_2 为使净现值为正数和负数的低贴现率、高贴现率；NPV_1 为按低贴现率计算的净现值（正数）；NPV_2 为按高贴现率计算的净现值（负数）。

将上述数字代入公式中，可得：

$$内含报酬率 = 18\% + \frac{857 \times (20\% - 18\%)}{857 - (-141)} \times 100\% = 19.72\%$$

同样方法，可以计算出各方案的内含报酬率。计算出各方案的内含报酬率以后，可以根据企业的资本成本或要求的最低投资报酬率对方案进行取舍。假设资本成本为10%，则内含报酬率超过10%的投资方案都是可行的。进一步分析，最高内含报酬率的方案为最优案。

内含报酬率法和现值指数法有相似之处，都是根据相对比率来评价方案，而不像净现值法那样使用绝对数来评价方案。但内含报酬率法和现值指数法也有区别。在计算内含报酬率时不必事先选择贴现率，根据内含报酬率便可排定投资的优先次序，只是其可行的最低要求是必须超过资本成本率或要求的最低报酬率。现值指数法需要一个适合的贴现率，以便将现金流量折为现值。贴现率的高低将会影响方案的优先次序[①]。

三、特殊情况下的投资项目决策

特殊情况下的投资项目决策主要包括互斥方案决策以及资本限量决策。其中，在决策时，如果涉及多个相互排斥、不能同时存在的投资方案时，则称之为互斥方案决策；而如果是在企业投资资金已定的情况下所进行的投资决策，也就是说，尽管存在很多有利可图的投资项目，但由于无法筹集到足够的资金，只能在已有资金的限制下进行决策，则称之为资本限量决策。在资金有限的情况下，决策的原则是使企业获得最大的利益，即将有限的资金投放于一组能使净现值最大的项目组合。本书对资本限量决策不加以详细研究，而重点探讨互斥投资方案决策问题。

互斥项目，是指接受一个项目就必须放弃另一个项目的情况。通常，它们是为解决一个问题设计的两个备选方案。例如，为了生产一个新产品，可以选择进口设备，也可以选择国产设备，它们的使用寿命、购置价格和生产能力均不同。企业只需购买其中之一就可解决目前的问题，而不用同时购置。

面对互斥项目，仅仅评价哪一个项目方案可以接受是不够的，它们都有正的净现值，需要知道的是哪一个更好些。如果一个项目方案的所有评价指标，包括

---

① 刘玉平.财务管理学（第3版）[M].北京：中国人民大学出版社，2012.

净现值、内含报酬率、回收期和会计报酬率，均比另一个项目方案好一些，我们在选择时不会有什么困扰。问题是这些评价指标出现矛盾时，尤其是评价的基本指标净现值和内含报酬率出现矛盾时，我们如何选择？

评价指标出现矛盾的原因主要有两种：一是投资额不同；二是项目寿命不同。如果是投资额不同引起的（项目的寿命相同），对于互斥项目应当是净现值法优先，因为它可以给股东带来更多的财富。股东需要的是实实在在的报酬，而不是报酬的比率。

如果净现值与内含报酬率的矛盾是项目有效期不同引起的，我们有两种解决办法，一个是共同年限法，另一个是等额年金法。

1. 共同年限法

如果两个互斥项目不仅投资额不同，而且项目期限也不同，则其净现值没有可比性。例如，一个项目投资 3 年创造了较少的净现值，另一个项目投资 6 年创造了较多的净现值，后者的盈利性不一定比前者好。

共同年限法的原理：假设投资项目可以在终止时进行重置，通过重置使两个项目达到相同的年限，然后比较其净现值，该方法也被称为重置价值链法。

【例 6-9】假设公司资本成本是 10%，有 A 和 B 两个互斥的投资项目。A 项目的年限为 6 年，净现值 12441 万元，内含报酬率 19.73%；B 项目的年限为 3 年，净现值 8324 万元，内含报酬率 32.67%。两个指标的评价结论有矛盾，A 项目净现值大，B 项目内含报酬率高。此时，如果认为净现值法更可靠，A 项目一定比 B 项目好，其实是不对的。

我们用共同年限法进行分析：假设 B 项目终止时可以进行重置一次，该项目的期限就延长到了 6 年，与 A 项目相同。两个项目的现金流量分布如表 6-10 所示。其中重置 B 项目第 3 年年末的现金流量-5800 万元是重置初始投资-17800 万元与第 3 年年末现金流入 12000 万元的合计。经计算，重置 B 项目的净现值为 14577 万元。因此，B 项目优于 A 项目。

共同年限法有一个问题：共同比较期的时间可能很长，例如，一个项目 7 年，另一个项目 9 年，就需要以 63 年作为共同比较期。我们有计算机，不怕长期限分析带来的巨大计算量，真正的恐惧来自预计 60 多年后的现金流量。我们对预计遥远未来的数据，自知没有能力，也缺乏必要信心。尤其是重置时的原始投资，因技术进步和通货膨胀几乎总会发生变化，实在难以预计。

表 6–10 项目的现金流量分布

单位：万元

项目时间	折现系数（10%）	A 现金流	A 现值	B 现金流	B 现值	重置 B 现金流	重置 B 现值
0	1	–40000	–40000	–17800	–17800	–17800	–17800
1	0.9091	13000	11818	7000	6364	7000	6364
2	0.8264	8000	6612	13000	10744	13000	10744
3	0.7513	14000	10518	12000	9016	–5800	–4358
4	0.6830	12000	8196			7000	4781
5	0.6209	11000	6830			13000	8072
6	0.5645	15000	8467			12000	6774
净现值			12441		8324		14577
内含报酬率		19.73%		32.67%			

2. 等额年金法

等额年金法是用于年限不同项目比较的另一种方法。它比共同年限法要简单。其计算步骤如下：①计算两项目的净现值；②计算净现值的等额年金额；③假设项目可以无限重置，并且每次都在该项目的终止期，等额年金的资本化就是项目的净现值。

具体公式如下：

$$年金净流量 = 净现值/年金现值系数 = \frac{NPV}{(P/A,\ i,\ n)} \tag{6–19}$$

依据前例数据：

A 项目的净现值 = 12441（万元）

A 项目净现值的等额年金 = 12441/4.3553 = 2857（万元）

A 项目的永续净现值 = 2857/10% = 28570（万元）

B 项目的净现值 = 8324（万元）

B 项目的净现值的等额年金 = 8324/2.4869 = 3347（万元）

B 项目的永续净现值 = 3347/10% = 33470（万元）

比较永续净现值，B 项目优于 A 项目，结论与共同年限相同。

其实，等额年金法的最后一步即永续净现值的计算，并非总是必要的。在资本成本相同时，等额年金大的项目永续净现值肯定大，根据等额年金大小就可以直接判断项目的优劣。

以上两种分析方法有区别。共同年限法比较直观，易于理解，但是预计现金流的工作很困难。等额年金法应用简单，但不便于理解。

两种方法存在共同的缺点：①有的领域技术进步快，目前就可以预期升级换代不可避免，不可能原样复制；②如果通货膨胀比较严重，必须考虑重置成本的上升，这是一个非常具有挑战性的任务，对此两种方法都没有考虑；③从长期来看，竞争会使项目净利润下降，甚至被淘汰，对此分析时没有考虑。

通常在实务中，只有重置概率很高的项目才适宜采用上述分析方法。对于预计项目年限差别不大的项目，例如，8 年期限和 10 年期限的项目，直接比较净现值，不需要做重置现金流的分析，因为预计现金流量和资本成本的误差比年限差别还大。预计项目的有效年限本来就很困难。技术进步和竞争随时会缩短一个项目的经济年限，不断地维修和改进也会延长项目的有效年限。有经验的分析人员，历来不重视 10 年以后的数据，因其现值已经很小，往往直接舍去 10 年以后的数据，只进行 10 年内的重置现金流分析[①]。

第四节　固定资产更新决策

固定资产更新决策是指决定继续使用旧设备还是购买新设备，如果购买新设备，旧设备将以市场价格出售。这种决策的基本思路：将继续使用旧设备视为一种方案，将购置新设备、出售旧设备视为另一种方案，并将这两个方案作为一对互斥方案按一定的方法来进行对比选优，如果前一方案优于后一方案，则不应更新改造，而继续使用旧设备；否则，应该购买新设备进行更新。

从决策性质上看，固定资产更新决策属于互斥投资方案的决策类型。因此，固定资产更新决策所采用的决策方法是净现值法和年金净流量法，一般不采用内含报酬率法。通常，根据新旧设备的未来使用寿命是否相同，可以采用两种不同的方法来进行决策分析：当新旧设备未来使用期限相等时，则可采用差额分析法，先求出对应项目的现金流量差额，再用净现值法或内含报酬率法对差额进行

[①] 中国注册会计师协会.财务成本管理（注册会计师 2015 年教材）［M］.北京：中国财政经济出版社，2015.

分析、评价；当新旧设备的投资寿命期不相等时，则分析时主要以年成本较低的方案作为较优方案①。

一、寿命期相同的设备重置决策

【例6-10】宏基公司现有一台旧机床是三年前购进的，目前准备用一新机床替换。该公司所得税税率为40%，资本成本率为10%，其余资料如表6-11所示。

表6-11　新旧设备资料

单位：元

项目	旧设备	新设备
原价	84000	76500
税法残值	4000	4500
税法使用年限（年）	8	6
已使用年限（年）	3	0
尚可使用年限（年）	6	6
垫支营运资金	10000	11000
大修理支出	18000（第2年）	9000（第4年）
每年折旧费（直线法）	10000	12000
每年营运成本	13000	7000
目前变现价值	40000	76500
最终报废残值	5500	6000

本例中，两机床的使用年限均为6年，可采用净现值法决策。将两个方案的有关现金流量资料整理后，列出分析表，见表6-12和表6-13。

表6-12　保留旧机床方案

单位：元

项目	现金流量	年次	现值系数	现值
1. 每年营运成本	$13000 \times (1-40\%) = -7800$	1~6	4.355	-33969
2. 每年折旧抵税	$10000 \times 40\% = 4000$	1~5	3.791	15164
3. 大修理费	$18000 \times (1-40\%) = -10800$	2	0.826	-8920.8
4. 残值变价收入	5500	6	0.565	3107.5
5. 残值净收益纳税	$(5500-4000) \times 40\% = -600$	6	0.565	-339
6. 营运资金收回	10000	6	0.565	5650

---

① 会计专业技术资格考试研究中心. 中级财务管理（2015年全国会计专业技术资格考试辅导教材）[M].北京：电子工业出版社，2015.

续表

项目	现金流量	年次	现值系数	现值
7. 目前变价收入	−40000	0	1	−40000
8. 变现净损失减税	（40000−54000）×40% = −5600	0	1	−5600
净现值	—	—	—	−64907.3

表 6–13 购买新机床方案

单位：元

项目	现金流量	年次	现值系数	现值
1. 设备投资	−76500	0	1	−76500
2. 垫支营运资金	11000 − 10000 = −1000	0	1	−1000
3. 每年营运成本	7000 × (1 − 40%) = −4200	1~6	4.355	−18291
4. 每年折旧抵税	12000 × 40% = 4800	1~5	4.355	20904
5. 大修理费	9000 × (1 − 40%) = −5400	4	0.683	−3688.2
6. 残值变价收入	6000	6	0.565	3390
7. 残值净收益纳税	(6000 − 4500) × 40% = −600	6	0.565	−339
8. 营运资金收回	11000	6	0.565	6215
净现值	—	—	—	−69309.2

表 6–13 和表 6–14 结果说明：在两种方案营业收入一致的情况下，新设备现金流出总现值为 69309.2 元，旧设备现金流出总现值为 64907.3 元。因此，继续使用旧设备比较经济。

【例 6–11】某城市二环路已不适应交通需要，市政府决定加以改造。现有两种方案可供选择：A 方案是在现有基础上拓宽，需一次性投资 3000 万元，以后每年需投入维护费 60 万元，每 5 年末翻新路面一次需投资 300 万元，永久使用；B 方案是全部重建，需一次性投资 7000 万元，以后每年需投入维护费 70 万元，每 8 年末翻新路面一次需投资 420 万元，永久使用，原有旧路面设施残料收入 2500 万元。问：在贴现率为 14% 时，哪种方案为优？

这是一种永久性方案，可按永续年金形式进行决策。永续年金现值如下：

永续年金现值 $PA = A/i$

因此，两方案现金流出总现值为：

A 方案 $P_A = 3000 + \dfrac{60}{14\%} + \dfrac{300/(F/A,\ 14\%,\ 5)}{14\%} = 3752.76$（万元）

B 方案 $P_B = (7000-2500) + \dfrac{70}{14\%} + \dfrac{420/(F/A,\ 14\%,\ 8)}{14\%} = 5155.14$（万元）

显然，$P_A < P_B$，拓宽方案为优。

二、寿命期不同的设备重置决策

寿命期不同的设备重置方案，用净现值指标可能无法得出正确的决策结果，应当采用年金净流量法，即用年金成本法来决策。寿命期不同的设备重置方案，在决策时有如下特点：

第一，扩建重置的设备更新后会引起营业现金流入与流出的变动，应考虑年金净流量最大的方案。替换重置的设备更新一般不改变生产能力，营业现金流入不会增加，只需比较各方案的年金流出量即可，年金流出量最小的方案最优。

第二，如果不考虑各方案的营业现金流入量变动，只比较各方案的现金流出量，我们把按年金净流量原理计算的等额年金流出量称为年金成本。替换重置方案的决策标准，是要求年金成本最低。扩建重置方案所增加或减少的营业现金流入也可以作为现金流出量的抵减，并据此比较各方案的年金成本。

第三，设备重置方案在运用年金成本方式决策时，主要应考虑的现金流量：①新旧设备目前市场价值。②新旧价值残值变价收入，残值变价收入应作为现金流出的抵减。残值变价收入与原始投资额的差额，称为投资净额。③新旧设备的年营运成本，即年付现成本。如果考虑每年的营业现金流入，应作为每年营运成本的抵减。

第四，年金成本可在特定条件下（无所得税因素、每年营运成本相等），按如下不同方式计算：

$$
\begin{aligned}
年金成本 &= \frac{\sum(各项目现金净流出现值)}{年金现值系数} \\
&= \frac{投资额 - 残值收入 \times 一般现值系数 + \sum(年营运成本现值)}{年金现值系数} \\
&= \frac{投资额 - 残值收入}{年金现值系数} + 残值收入 \times 贴现率 + \frac{\sum(年营运成本现值)}{年金现值系数}
\end{aligned}
$$

$$(6-20)$$

【例6-12】安保公司现有旧设备一台，由于节能减排的需要，准备予以更新。当期贴现率为15%，假设不考虑所得税因素的影响，其他有关资料如表6-14所示。

表6-14 安保公司新旧设备资料

单位：元

	旧设备	新设备
原价	35000	36000
预计使用年限（年）	10	10
已经使用年限（年）	4	0
税法残值	5000	4000
最终报废残值	3500	4200
目前变现价值	10000	36000
每年折旧费（直线法）	3000	3200
每年营运成本	10500	8000

由于两设备的尚可使用年限不同，因此比较各方案的年金成本。按不同方式计算如下：

$$旧设备年金成本 = \frac{10000 - 3500 \times (P/F, 15\%, 6)}{(P/A, 15\%, 6)} + 10500$$

$$或 = \frac{10000 - 3500}{(P/A, 15\%, 6)} + 3500 \times 15\% + 10500$$

$$= 12742.76（元）$$

$$新设备年金成本 = \frac{36000 - 4200 \times (P/F, 15\%, 10)}{(P/A, 15\%, 10)} + 8000$$

$$或 = \frac{36000 - 4200}{(P/A, 15\%, 10)} + 4200 \times 15\% + 8000$$

$$= 14965.92（元）$$

上述计算表明，继续使用旧设备的年金成本为12742.76元，低于购买新设备的年金成本14965.92元，每年可以节约2223.16元，应当继续使用旧设备。

【例6-13】假定【例6-12】中，企业所得税税率为40%，则应考虑所得税对现金流量的影响。

（1）新设备。

每年折旧费为3200元，每年营运成本为8000元，因此：

税后营运成本 $= 8000 \times (1 - 40\%) - 3200 \times 40\% = 3520$（元）

新设备的购价为36000元，报废时残值收入为4200元，报废时账面残值为4000元，因此：

税后残值收入 $= 4200 - (4200 - 4000) \times 40\% = 4120$（元）

税后投资净额 $=(36000-4120)/(P/A，15\%，10)+4120\times15\%=6969.86$（元）

综上可得：

新设备年金成本 $=6969.86+3520=10489.86$ （元）

（2）旧设备。

每年折旧费为 3000 元，每年营运成本为 10500 元，因此：

税后营运成本 $=10500\times（1-40\%）-3000\times40\%=5100$ （元）

旧设备目前变现价值为 10000 元，目前账面净值为 23000（35000 -3000×4）元，资产损失为 13000 元，可抵税 5200（13000$\times40\%$）元。同样，旧设备最终报废时残值收入为 3500 元，账面残值为 5000 元，报废损失 1500 元，可抵税 600（1500$\times40\%$）元。因此：

旧设备投资额 $=10000+（23000-10000）\times40\%=15200$ （元）

旧设备税后残值收入 $=3500+（5000-3500）\times40\%=4100$ （元）

税后投资净额 $=(15200-4100)/(P/A，15\%，6)+4100\times15\%=3548.40$（元）

综上可得：

旧设备年金成本 $=3548.40+5100=8648.40$ （元）

上述计算表明，继续使用旧设备的年金成本为 8648.40 元，低于购买新设备的年金成本 10489.86 元，应采用旧设备方案。

【例 6-14】格力公司目前有一台在用设备 A，变现价值为 3000 元，还可以使用 5 年。现计划更新设备，有两方案可供选择：方案一，5 年后 A 设备报废时购进 B 设备替代 A 设备，B 设备可用 10 年；方案二，目前有 C 设备立即替代 A 设备，C 设备可用 12 年。贴现率为 10%，有关资料如表 6-15 所示。

表 6-15 格力公司设备更换相关资料

单位：元

	A 设备	B 设备	C 设备
目前购价	3000	11270	10000
年使用费	1200	900	1000
最终残值	0	0	500
可使用年限（年）	5	10	12

根据上述资料，三种设备的年金成本分别为：

A 设备年金成本 $=\dfrac{3000}{(P/A，10\%，5)}+1200=1991.35$ （元）

$$B 设备年金成本 = \frac{11270}{(P/A，10\%，10)} + 900 = 2734.01 （元）$$

$$C 设备年金成本 = \frac{10000 - 500}{(P/A，10\%，12)} + 500 \times 10\% + 1000 = 2444.19 （元）$$

以第二方案为基础，采用 C 设备与采用 A 设备 5 年内的年金成本差额现值如下：

$$5 年内年金成本差额现值 = (2444.19 - 1991.35) \times (P/A，10\%，5)$$

$$= 1716.72 （元）$$

在后 7 年内，第一方案将使用 B 设备，C 设备与 B 设备比较，有：

$$7 年内年金成本差额现值 = (2444.19 - 2734.01) \times (P/A，10\%，7) \times (P/F，10\%，5)$$

$$= -876.13 （元）$$

年金成本总差额现值 = 1716.72 - 876.13 = 840.59 （元）

上述计算表明，采用第二方案，在 12 年内年金成本现值比第一方案高840.59元。也就是说，采用第一方案，年金成本每年比第二方案节约 123.36元 (840.59/ 6.814)，应当继续使用 A 设备[①]。

【课后习题】

一、重要名词与术语

1. 固定资产	6. 沉没成本
2. 固定资产折旧	7. 净现值法
3. 平均年限法	8. 内含报酬率法
4. 年限总额法	9. 投资回收期
5. 现金流量	10. 无形资产

二、复习思考题

1. 什么是固定资产？固定资产的特点表现在哪些方面？

2. 可行性研究的程序是怎样的？包含哪些内容？

3. 什么是固定资产折旧？固定资产折旧方法有哪些？

[①] 会计专业技术资格考试研究中心. 中级财务管理（2015 年全国会计专业技术资格考试辅导教材）[M]. 北京：电子工业出版社，2015.

4. 什么是现金流量？其构成内容是怎样的？

5. 估算现金流量应该注意哪些问题？

6. 试比较现金流量与会计利润的差异。

7. 固定资产投资决策方法有哪些？如何应用这些方法？

8. 如何理解无形资产及其特点？无形资产包括哪些？

三、计算分析题

1. 某企业准备新建一条生产线，经过市场调查研究发现，前期各项费用包括：投资前费用 10000 元，设备购置费用 500000 元，设备安装费用 100000 元，建筑工程费用 50000 元。生产线投产前还需投入流动资金 50000 元。求该生产线的投资总额。

2. 某固定资产项目需在建设起点一次投入资金 210 万元，建设期为 2 年，第 2 年完工，并于完工后投入流动资金 30 万元。预计该固定资产投资后，将使企业各年的经营净利润净增 60 万元。该固定资产的使用寿命期为 5 年，按直线法折旧，期满有固定资产残值收入 10 万元，垫支的流动资金于项目终结时一次收回，该项目的资本成本率为 10%。计算该项目各年的净现金流量，并利用净现值指标对项目的财务可行性作出评价（计算结果保留至小数点后两位）。

3. 项目的原始总投资为 1000 万元，在建设起点一次投入，建设期为 1 年，经营期为 10 年，投产后第 1 年至第 5 年的净现金流量分别为 100 万元、120 万元、150 万元、250 万元和 300 万元，以后每年净现金流量为 350 万元。

要求：计算该项目的静态投资回收期。

4. C 公司某项目投资期为 2 年，每年投资 200 万元。第 3 年开始投产，投产开始时垫支流动资金 50 万元，项目结束时收回。项目有效期 6 年，净残值 40 万元，按直线法折旧。每年营业收入 400 万元，付现成本 280 万元。公司所得税税率 30%，资金成本 10%。

要求：

（1）计算项目的营业现金流量。

（2）列出项目的现金流量计算表。

（3）计算项目的内含报酬率，并判断项目是否可行。

5. 某公司有一投资项目，需要投资 6000 元（5400 元用于购买设备，600 元用于追加流动资金）。预期该项目可使企业销售收入增加：第 1 年为 2000

元，第 2 年为 3000 元，第 3 年为 5000 元。第 3 年末项目结束，收回流动资金 600 元。

假设公司适用的所得税税率为 40%，固定资产按 3 年用直线法折旧并不计残值。公司要求的最低投资报酬率为 10%。

要求：

（1）计算确定该项目的税后现金流量。

（2）计算该项目的净现值。

（3）计算该项目的回收期。

（4）如果不考虑其他因素，你认为该项目能否被接受？

6. 某企业打算变卖一套尚可使用 5 年的旧设备，另购置一套新设备来替换它。取得新设备的投资额为 180000 元，旧设备的折余价值为 95000 元，其变价净收入为 80000 元，到第 5 年末新设备与继续使用旧设备届时的预计净残值相等。新旧设备的替换将在当年内完成（即更新设备的建设期为零）。使用新设备可使企业在第 1 年增加营业收入 50000 元，增加经营成本 25000 元；第 2 年至第 5 年，每年增加营业收入 60000 元，增加经营成本 30000 元。设备采用直线法计提折旧。适用的企业所得税税率为 25%。

要求：

（1）估算该更新设备项目的项目计算期内各年的差量净现金流量（ΔNCF_t）。

（2）计算该项目的差额内部收益率指标（计算结果保留两位小数）。

（3）分别就以下两种不相关情况作出企业是否更新设备的决策，并说明理由：①该企业所在行业基准折现率 8%；②该企业所在行业基准折现率 12%。

7. D 公司正面临印刷设备的选择决策。一个选择是购买 10 台甲型印刷机，每台价格 8000 元，且预计每台设备每年末支付的修理费为 2000 元。甲型设备将于第 4 年末更换，预计无残值收入。另一个选择是购买 11 台乙型设备来完成同样的工作，每台价格 5000 元，每台每年末支付的修理费用分别为 2000 元、2500 元、3000 元。乙型设备需于 3 年后更换，在第 3 年年末预计有 500 元/台的残值变现收入。

该公司此项投资的机会成本为 10%；所得税税率为 30%（假设该公司将一直盈利），税法规定的该类设备折旧年限为 3 年，残值率为 10%；预计选定设备型号后，公司将长期使用该种设备，更新时不会随意改变设备型号，以便与其他作业环节协调。

要求：

分别计算采用甲型、乙型设备的平均年成本，并据此判断应当购买哪一种设备。

第七章
对外长期投资决策

【本章提要】

投资决策是企业财务管理的基本内容之一，正确的投资决策，对于提高企业利润，降低企业风险具有重要意义。企业投资既有对内投资，也有对外投资，其中对外长期投资有不同的种类，本章主要介绍对外股权投资、对外债权投资和证券投资组合。

【学习目标】

- 理解股票投资的特点和风险
- 掌握股票估价和预期收益率的计算
- 掌握债券估价和到期收益率的计算
- 掌握证券投资组合的收益和风险

第一节　对外长期投资及其特点

对外投资是企业以现金、实物、无形资产等形式或者以购买股票、债券等有价证券的形式向其他单位进行的投资。企业对外投资取得的收益是企业利润的重要构成部分，其多少直接关系到企业理财目标的实现。因此，对外投资的管理是企业财务管理的重要内容。

一、对外长期投资及其分类

对外投资按照投资期限的长短，分为短期投资和长期投资。短期投资是指能够随时变现并且持有时间不超过一年的投资。对外长期投资是指持有时间超过一年（不含一年）的各种股权性质的投资、不能变现或不准备随时变现的债券、其他债权投资和其他股权投资。

对外长期投资的种类很多，按照不同的标准可作以下划分：

1. 按照收益实现的方式不同划分

对外长期投资可分为长期股权投资、长期债权投资和长期混合投资。

长期股权投资是指企业投资期限在一年以上（不含一年）的各种股权投资，包括股票投资和其他股权投资。股权投资形成被投资单位的股本，企业拥有被投资单位的股权，参与被投资单位税后利润的分配，收益实现的方式主要是股利或分回的利润。

长期债权投资是指企业购入的一年以上（不含一年）不能变现或不准备变现的债券和其他债权投资。债权投资形成被投资单位的负债，企业是被投资单位的债权人，收益实现的方式是利息。

长期混合投资是指企业通过购买混合性证券，如可转换公司债券等进行的投资。它兼有股权投资和债权投资的性质，投资风险一般低于股权投资而高于债权投资。

2. 按照投资形式不同划分

对外长期投资可分为长期证券投资和其他长期投资。长期证券投资是指企业以购买股票、债券等方式对其他单位进行的期限超过一年的投资，包括股票投资和债券投资。其他长期投资即其他股权投资，是指企业以现金、实物、无形资产等形式向其他单位进行的期限超过一年的投资。

3. 按照企业能否直接经营所投入的资金划分

对外长期投资可分为直接投资和间接投资。直接投资是指企业直接经营所投入的资金，以获取利润的投资。其他股权投资属于直接投资。间接投资是指企业不直接经营所投入的资金，而是将资金交由他人经营，以获取股利或利息收入的投资。长期证券投资属于间接投资。

二、对外长期投资的特点

对外长期投资的种类很多，投资的形式也多样化，每类投资均各有特点。从整体上看，对外长期投资一般具有以下特点：

1. 投资目的具有多重性

对外长期投资与对外短期投资相比，投资目的呈现多重性。对外短期投资的基本目的在于提高经营过程中暂时闲置资金的使用效率，以获取超过银行存款利息的收益。而对外长期投资的目的具有多重性：①提高资产的使用效率，增加企业的收益；②实现对某家企业或公司的控制；③稳定某种能源、原材料的供应；④稳定或扩大销售市场；⑤实现企业的扩张。

2. 投资形式具有多样性

对外长期投资包括长期证券投资和其他股权投资。长期证券投资分为股票投资和债券投资，债券投资又分为国库券投资、金融债券投资、企业或公司债券投资等。其他股权投资可分为独家投资组建企业和与其他企业合作共同投资组建企业，与其他企业合作共同投资组建企业又可分为合作投资、合资投资。因此，对外长期投资的形式具有多样性。

3. 投资风险大、收益高

对外长期投资的投资期限较长，且将资金投向外部，未来的不确定性因素较多，所以其风险较大，所要求的投资收益也较高。

4. 投资种类不同，风险与收益差别较大

对外长期投资的种类不同，其投资收益与风险也各不相同。一般来讲，对外长期股权投资的风险和收益均高于对外长期债权投资；债权投资中企业或公司债券投资的风险和收益高于金融债券投资，而金融债券投资的风险和收益又高于政府债券投资。

第二节　对外股权投资

对外股权投资的实现方式主要有两种：一是在证券市场上以货币资金购买其

他企业的股票，从而成为被投资企业的股东，形成股票投资；二是以现金、实物、无形资产投资于其他单位从而成为被投资单位的股东，形成其他股权投资。

一、股票投资

股票是股份公司为了筹集自有资金而发行的代表所有权的有价证券。购买股票是企业投资的一种重要形式。

1. 股票投资的特点

股票投资和债券投资虽然都是证券投资，但投资的性质不同，与债券投资相比，股票投资主要具有以下特点：

（1）投资收益较高。股票投资收益主要包括股利和资本利得。股票的股利多少取决于发行公司的经营状况、盈利水平、现金流量状况和股利政策等诸多因素。一般情况下，股利要高于债券的利息。资本利得是企业通过低进高出股票而获取的买卖价差收益。此外，企业投资于股票还可以实现货币保值，即在货币贬值时，也可以因无偿获取公司发行的新股（如转股、送股）而取得收益。

（2）投资风险较大。风险和收益相伴随，股票投资既然有可能获得较高的收益，也就有可能要承担较大的风险。股票没有固定的到期日，股票投资收益由于受发行公司经营状况、盈利水平和股利政策等多种因素影响而具有很大的不确定性。具体来讲，发行公司经营状况越好，股票投资者获得的收益就越高；若发行公司经营不善，股票投资者获取的收益就较低，甚至可能无利可分；若发行公司破产，由于公司股东的求偿权位于债权人之后，股票投资者可能连本金也无法收回。

（3）可以参与发行公司的经营管理。股票的投资者是公司的股东，有权出席股东大会，参与发行公司的经营管理。股东参与经营管理的权利大小，取决于其所持有的股份多少。但同时，股东也以持有的股份多少对外承担经济责任。因此，要想控制一家公司，最好的策略就是购买这家公司的股票，并使所持有股份数额达到控股比例。

（4）流动性较强。上市公司的股票具有很强的流动性。在股票交易市场上，股票可以作为买卖对象或抵押品随时转让。当股票投资者需要现金时，可以将其持有的股票转让换取现金，满足其对现金的需求，同时将股东的身份以及各种权益让渡给受让者；当企业能够筹集到股票投资所需的现金时，也可以随时购进股票，作为股票投资者以获取投资收益。股票较强的流动性促进了企业资金的有效利用和合理配置。

2. 股票投资决策

当企业购买股票进行投资时，在投资之前，应对所要投资的股票进行分析决策。股票投资决策的指标一般有两个：股票的内在价值和预期收益率；相对应的股票投资决策方法为净现值法和内含收益率法。

（1）股票估价模型。股票是表明股东所有权的凭证，是一种有价证券。在实际生活中，股票价格的表现形式有多种，如票面价格、发行价格、内在价值、市场价格、清算价格等。而这里的股票估价，是指股票内在价值的估算。

股票作为一种投资，其现金流出是购买价格，现金流入是股利和未来出售时的股价收入。而股票的内在价值是指股票投资未来现金流入的现值。股票的内在价值决定其市场价格，但市场价格又不完全等于其内在价值，一般围绕着内在价值上下波动。当股票的内在价值大于其市场价格时，才值得购买。因为当股票的内在价值大于其市场价格时，说明股票投资的净现值大于零，所以该投资决策可行。

1）股票估价的基本模型。股票没有固定到期日，投资者可以无限期地持有股票。如果无限期持有股票，股利是投资者所能获取的唯一现金流入。那么，在无限期持有股票的条件下，股票的内在价值就是这一永续现金流入的现值之和。股票估价的最一般形式为：

$$V = \frac{D_1}{(1+i)^1} + \frac{D_2}{(1+i)^2} + \frac{D_3}{(1+i)^3} + \cdots$$

$$= \sum_{t=1}^{\infty} \frac{D_t}{(1+i)^t} \tag{7-1}$$

其中，D_t 为第 t 年的股利；i 为贴现率；t 为年份。

实际上，大多数股票投资者投资于股票，不仅希望获取股利收入，还希望在未来出售股票时，从股票价格上涨中获取买卖差价收入，即资本利得。那么，在短期持有未来准备出售的条件下，股票投资者的未来现金流入包括持有期内每期获取的股利收入和出售时的股价，股票的内在价值就是股利现值和股价现值之和，其估价模型的计算公式如下：

$$V = \sum_{t=1}^{n} \frac{D_t}{(1+i)^t} + \frac{P_n}{(1+i)^n} \qquad (7-2)$$

其中，P_n 为股票出售时的股价。

【例 7-1】 某企业准备购入 A 公司股票进行投资，预计 3 年后出售可得价款 80000 元，在 3 年中每年可获取股利收入 5000 元。假设该企业要求的投资必要收益率为 15%，则 A 股票的内在价值如下：

$$V = 5000 \times PVIFA_{15\%,3} + 80000 \times PVIF_{15\%,3}$$
$$= 5000 \times 2.283 + 80000 \times 0.658$$
$$= 64055 \text{（元）}$$

说明当股票市场上 A 股票的市场价格低于 64055 元时，该股票才值得购买，这样才可获得高于 15% 的收益率。

2) 零成长股票的估价模型。在无限期持有股票的条件下，如果发行公司每年年末所支付的股利相等或稳定不变，即预期股利的增长率为零，这种股票被称为零成长股票。该种股票每年年末的股利表现为永续年金形式，其估价模型为：

$$V = \frac{D}{i} \qquad (7-3)$$

【例 7-2】 假设某公司股票预期每年股利为每股 1.5 元，若投资者要求的投资必要收益率为 15%，则该股票每股的内在价值为：

$$V = 1.5/15\% = 10 \text{（元）}$$

说明当市场上该股票的市场价格低于每股 10 元时，该股票才值得购买。

3) 固定成长股票的估价模型。投资者购入一种股票，至少希望股利应是不断增长的。在无限期持有股票的条件下，如果发行公司预期每年年末每股股利以一个固定比例增长，这种股票被称为固定成长股票。该种股票各年股利的一般形式为：

$$D_t = D_0(1+g)^t \qquad (7-4)$$

其中，D_0 为上年股利；g 为固定股利增长率。

将 $D_t = D_0(1+g)^t$ 代入股票估价基本模型，可得：

$$V = \sum_{t=1}^{\infty} \frac{D_0(1+g)^t}{(1+i)^t}$$

假定 $i > g$，对上式的右边求极限，可得固定成长股票的估价模型为：

$$V = \frac{D_0(1+g)}{i-g} = \frac{D_1}{i-g} \tag{7-5}$$

其中，D_1 为第一年的股利。

【例7-3】某公司去年每股支付的股利为1.5元，预计未来无限期内每股股利将以每年5%的比率增长，该公司要求的投资必要收益率为15%，则该公司股票的每股内在价值为：

$$V = \frac{1.5 \times (1+0.05)}{0.15-0.05} = 15.75(元)$$

说明当该公司的股票每股市场价格低于15.75元时，该股票才值得购买。

4) 非固定成长股票的估价模型。在现实生活中，每个企业的经济发展都会经历高速成长期、成熟期和衰退期。在不同的发展周期阶段，企业的发展速度不同。在高速成长期，企业的经济发展速度会高于社会经济的平均增长率，成熟期与社会经济增长会大致相当，而衰退期则明显低于社会经济的增长速度。所以，大多数公司股票的股利并不都是固定不变的或以固定比例增长的，而是处于不断变动之中。这种股票被称为非固定成长股票。该种股票由于在不同的时期未来股利预期增长率不同，因此，其内在价值的计算只能分段进行。其计算步骤为：先计算高速增长部分股利的现值，再计算固定增长部分股利的现值，两部分现值之和就是非固定成长股票的内在价值。

【例7-4】A公司正处于高速发展期。预计在未来2年内股利以每年20%的速度增长，在此后转为正常增长，股利年增长率为5%。A公司上年支付的每股股利为3元。若投资者要求的必要收益率为15%，则该股票的内在价值计算如下：

首先，计算非正常增长阶段的股利现值。

$$V_1 = 3 \times (1+0.2) \times PVIF_{15\%,1} + 3 \times (1+0.2)^2 \times PVIF_{15\%,2}$$

$$= 3.6 \times 0.870 + 4.32 \times 0.756$$

$$= 6.40 \ (元)$$

其次，计算正常增长阶段股票的股利现值。

$$V_2 = \frac{D_3}{i-g} \times PVIF_{15\%,2}$$

$$= \frac{3 \times (1+0.2)^2 \times (1+0.05)}{0.15-0.05} \times 0.756$$

$$= 45.36 \times 0.756$$

=34.29（元）

最后，计算股票的内在价值。

V=6.40+34.29=40.69（元）

说明当股票市场上该股票的每股市场价格低于40.69元时，该股票才值得购买。

（2）股票投资的预期收益率。从理论上讲，股票投资的收益应包括无风险收益和风险收益。无风险收益是股票投资者在无风险的条件下应获取的收益；风险收益是投资者因冒风险投资应获取的超过资金时间价值的额外收益。从实践上讲，股票投资的收益包括股利和资本利得两部分，其中股利是股票投资者按期从发行公司取得的投资收益，由发行公司从其税后利润中分配给股东；资本利得是股票投资者在股票市场上通过低价买进、高价卖出所获得的买卖价差收益。股票投资的收益既可用绝对数表示，也可用相对数表示。为了便于比较，通常使用相对数，即用预期收益率表示。

按照内部长期投资决策方法原理，股票投资的预期收益率应是使股票投资净现值为零的贴现率，即能使股票的内在价值等于其市场价格的贴现率，也就是股票投资的内含收益率。只有当股票投资的预期收益率大于企业所要求的必要收益率时，企业才值得投资于该股票。根据上述股票估价模型，以股票市场价格替代其内在价值V，就可得出不同情况下股票的预期收益率。

1）短期持有股票，未来准备出售的股票预期收益率。该种股票投资的预期收益率应是使下列公式成立的贴现率。

$$P_0 = \sum_{t=1}^{n} \frac{D_t}{(1+i)^t} + \frac{P_n}{(1+i)^n}$$

可采用内含收益率计算的"逐步测试法"，测试使股票内在价值大于和小于市场价格的两个贴现率，然后用插值法计算股票投资的预期收益率。

【例7-5】仍用【例7-1】中的有关资料，若A公司股票的市场价格为65000元，则该股票投资的预期收益率计算如下：

根据【例7-1】的计算结果，i=15%时，V=64055元，按照15%的贴现率计算出的股票内在价值低于其市场价格65000元，因而，还要降低贴现率，从而使其内在价值提高到65000元以上。

再用i=14%测试：

$$V = 5000 \times \text{PVIFA}_{14\%,3} + 80000 \times \text{PVIF}_{14\%,3}$$

$$= 5000 \times 2.322 + 80000 \times 0.675$$

$$= 65610 \text{（元）}$$

按 14% 的贴现率计算的股票内在价值大于市场价格 65000 元，看来使股票内在价值等于市场价格 65000 元的贴现率一定在 14%~15% 之间。用插值法计算的股票预期收益率为：

$$i = 14\% + (15\% - 14\%) \times \frac{65610 - 65000}{65610 - 64055}$$

$$= 14\% + 0.39\%$$

$$= 14.39\%$$

2）零成长股票预期收益率。根据零成长股票的估价模型，该种股票投资的预期收益率计算公式为：

$$i = \frac{D}{P_0} \qquad\qquad (7\text{-}6)$$

【例 7-6】仍用【例 7-2】中的有关资料，若股票的市场价格为每股 8 元，则该股票投资的预期收益率为：

$$i = 1.5 / 8 = 18.75\%$$

3）固定成长股票的预期收益率。根据固定成长股票的估价模型，该种股票投资的预期收益率为：

$$i = \frac{D_1}{P_0} + g \qquad\qquad (7\text{-}7)$$

【例 7-7】仍用【例 7-3】中的有关资料，若该股票的市场价格为 20 元，该类股票的预期收益率为：

$$i = \frac{1.5 \times (1 + 0.05)}{20} + 0.05 = 12.88\%$$

4）非固定成长股票的预期收益率。非固定成长股票的预期收益率，也可采用内含收益率计算的"逐步测试法"，测试使股票的内在价值大于和小于其市场价格的两个贴现率，然后用插值法计算得出。

【例 7-8】仍用【例 7-4】中的有关资料，若该股票的每股市场价格为 25 元，则该股票的预期收益率的计算如下：

根据【例 7-4】的计算结果，$i = 15\%$ 时，$V = 40.69$ 元。

按照 15% 的贴现率计算出的股票内在价值大于其市场价格 25 元，因而，还要提高贴现率，从而使其内在价值降到 25 元以下。

再用 i=25% 测试：

$$V = 3 \times (1+0.2) \times PVIF_{25\%,1} + 3 \times (1+0.2)^2 \times PVIF_{25\%,2} +$$

$$\frac{3 \times (1+0.2)^2 \times (1+0.05)}{0.25-0.05} \times PVIF_{25\%,2}$$

$$= 3.6 \times 0.8 + 4.32 \times 0.64 + 22.68 \times 0.64$$

$$= 2.88 + 2.7648 + 14.5152$$

$$= 20.16 （元）$$

按照 25% 的贴现率计算的股票内在价值小于其市场价格 25 元，看来使股票内在价格等于市场价格 25 元的贴现率一定在 15% 和 25% 之间。用插值法计算的该股票预期收益率为：

$$i = 15\% + (25\% - 15\%) \times \frac{40.69 - 25}{40.69 - 20.16}$$

$$= 15\% + 7.64\%$$

$$= 22.64\%$$

3. 股票投资的风险

股票投资的风险比其他股权投资的风险要大。由于股票投资的未来收入受多种因素的影响，从而给股票投资者带来多种风险。在实践中，投资者从购进股票到取得投资收益的过程中承担的风险主要有经营性风险、价格波动性风险和流动性风险等。

（1）经营性风险。经营性风险是指股票投资者因发行公司经营状况和盈利水平所造成的股票投资收益的不确定性。股票投资者投资于股票的目的之一是获取股利收益，而股利收益的多少则取决于公司经营状况的好坏和盈利水平的高低。由于受多种因素的影响，公司的经营状况和盈利水平带有很大的不确定性，股利收益随公司的经营状况和盈利水平的好坏而上下波动。一般来讲，发行公司的经营状况越好，盈利水平越高，股票投资者获取的股利收益就越多；公司经营不善，股票投资者获取的股利就少，甚至无利可分；如果公司因经营不善而破产，股票投资者可能血本无归。

此外，如果公司经营不善，就无法实现公司资产的增值，若又遭遇通货膨胀，此时股票投资者还要承担因通货膨胀所带来的货币购买力下降的风险。

（2）价格波动性风险。价格波动性风险是指因股票市场价格波动所造成的股票投资者投资收益的不确定性。投资者投资于股票的另一目的是通过低价购进高价卖出获取买卖价差收益，即资本利得。股票市场价格的高低受政治、经济、社会、投资者心理以及公司自身等诸多因素的影响，经常发生大幅度波动，给投资者收益带来重大影响。其实，价格波动性也是吸引众多投资者投资于股票的重要原因。尽管股票投资者都希望利用股票价格的波动获利，但实际上，股票价格的波动趋势和方向是很难准确把握的，带有很大的不确定性，致使股票投资者获取价差收益的不确定性增大。如果股票市场价格下跌，股票投资者就会因股票贬值而遭受损失，若公司破产，则将连本金也无法收回。

（3）流动性风险。流动性风险是指股票投资者无法以合理的价格及时变现持有的股票而遭受损失的风险。其主要表现在两个方面：一是当股票投资者遇到好的投资机会想出售持有的股票换取现金时，在短期之内无法及时以合理的价格出售而丧失投资机会由此遭受的损失；二是当有关发行公司的不利消息进入股票市场时，投资者可能争先抛售而又无法及时脱手股票遭受的损失。

二、其他股权投资

企业对外进行其他股权投资，既可以充分利用资产，提高企业资金利用效率，又可以降低投资风险，提高投资收益率，增加企业的收益。

1. 其他股权投资的特点

其他股权投资与证券投资相比具有以下特点：

（1）投资的资产为现金、实物和无形资产。企业进行对外其他股权投资可以选择的出资方式包括现金、存货、固定资产、无形资产等中的一种或多种，无论采用哪种方式，投资时必须相应办理财产所有权的转移手续。而采用存货、固定资产和无形资产出资方式时，还必须要对它们进行资产评估，以评估值作为出资额。

（2）投资的形式有多种。企业进行其他股权投资，既可以独家投资组建企业，也可以与其他企业合作共同投资组建企业。组建企业既可以通过收购现有企业的股份或现有企业实现，也可以通过投资设立新企业实现。独资组建的企业既可以组建投资企业的分公司（非法人企业），也可以组建投资企业的子公司（法人企业）；而合资组建的企业一般都是子公司。

(3) 投资数额大，且不能任意收回。其他股权投资最终要形成一个企业，与证券投资相比其投资数额较大，并且选择性余地较小。进行其他股权投资的企业是被投资单位的所有者，其投资数额形成被投资单位的资本金，在被投资单位持续经营期间不得任意收回。

(4) 期限长，风险大。既然其他股权投资要形成一个企业，就要有一定的经营期间，其投资期限较长且选择余地较小，其间存在的不确定因素较多；而在投资期间投资企业是否可分得投资收益或者能分得多少投资收益，取决于被投资单位的生产经营状况和盈利水平。所以，企业对外进行其他股权投资的预期收益不确定性较大，风险也就相应较大。

2. 其他股权投资决策

内部长期投资决策的基本方法，一般都适用于对外其他股权投资决策分析。但与内部长期投资相比，其他长期投资决策更加复杂。因此，在其他股权投资决策分析过程中应注意以下问题：

第一，应确定分析的主体。其他股权投资决策分析的主体一般有两个：以投资项目为主体进行分析和以投资企业为主体进行分析。决策分析的主体不同，其相关的现金流量不同，最终的分析结果也不同。这是因为：一是所处的地区和行业不同，投资企业和投资项目所执行的税收政策不同，实际执行的所得税税率也可能不同；二是一些项目如许可证费、特许权使用费等，对投资企业来说是收益，但对投资项目来说就是费用；三是投资企业和投资项目资金来源不同，各自所要求的投资必要收益率也不相同。根据企业理财目标的层次性，在进行其他股权投资决策时，应分别以投资项目和投资企业为主体进行双重评价。

第二，应合理估算其他股权投资的现金流量。其他股权投资的现金流量估算比较复杂，不同的分析主体其现金流量的构成不同，因此，必须全面考虑影响不同分析主体的现金流量的各种因素，从而使现金流量的估算尽量合理。一般来讲，以投资项目为主体进行决策分析时，其相关的现金流入主要包括销售收入；现金流出主要包括初始投资，付现成本费用，上缴投资企业的许可证费、特许权使用费、缴纳的各种税金等。以投资企业为主体进行决策分析时，其相关的现金流入主要包括从被投资单位分回的利润或股利、收取的许可证费和特许权使用费等；现金流出主要包括初始投资、分回利润或股利补缴的所得税以及许可证费和特许权使用费等收入应缴纳的所得税等。

下面采用净现值法举例说明其他股权投资的决策问题。

【例 7-9】A 公司拟独自投资组建子公司 B，生产免征增值税的产品。假设该投资项目当年投产，投产后计划经营 5 年，5 年后卖给当地的投资者。A 公司和B 公司的所得税税率均为 25%，A 公司从 B 公司分回的利润不再补缴所得税。A公司要求的投资必要收益率为 10%；B 公司要求的投资必要收益率为15%。投资子公司 B 的有关现金流量资料如下：

（1）组建子公司 B 需要固定资产投资 5000 万元，垫支流动资产 2000 万元，均由母公司 A 出资解决。固定资产采用直线折旧法，不考虑残值。

（2）根据市场调查，子公司 B 投产后第一年的销售收入为 6000 万元，以后随着需求量的增加每年增长 5%；生产产品所需的料、工、费第一年为 2000 万元，以后每年按 5% 的增长率递增。该公司的营业费用、管理费用和财务费用第一年为 200 万元，以后每年增加 50 万元。

（3）子公司 B 每年按销售收入的 10% 向母公司 A 缴纳特许权使用费。实现的税后利润每年以 80% 的比例向母公司 A 分配利润。

（4）母公司 A 在第五年年底将子公司 B 卖给当地的投资者继续经营，预计售价在扣除相关的税金和费用后可得净现金流量 2000 万元。

试根据上述资料分别从母公司 A 和子公司 B 双重角度对投资项目的可行性进行评价。

（1）以子公司 B 为主体进行评价。

1）计算投资项目的销售收入，如表 7-1 所示。

表 7-1 投资项目销售收入预测表

单位：万元

年次	1	2	3	4	5
销售收入	6000	6300	6615	6946	7293

2）计算投资项目的成本费用，如表 7-2 所示。

表 7-2 投资项目成本费用预测表

单位：万元

年次	1	2	3	4	5
生产经营成本	2000	2100	2205	2315	2413
营业费用、管理费用和财务费用	200	250	300	350	400
特许权使用费	600	630	662	695	729

年次	1	2	3	4	5
折旧	1000	1000	1000	1000	1000
成本费用总额	3800	3980	4167	4360	4542

3) 计算投资项目的营业现金流量，如表 7-3[①] 所示。

表 7-3　投资项目营业现金流量预测表

单位：万元

年次	1	2	3	4	5
销售收入	6000	6300	6615	6946	7293
成本费用	3800	3980	4167	4360	4560
税前利润	2200	2320	2448	2586	2733
所得税	550	580	612	647	683
税后利润	1650	1740	1836	1940	2050
折旧	1000	1000	1000	1000	1000
营业现金净流量	2650	2740	2836	2940	3050

4) 编制投资项目现金流量表，如表 7-4 所示。

表 7-4　投资项目现金流量表

单位：万元

年次	0	1	2	3	4	5
固定资产投资	−5000					
垫支流动资产	−2000					
营业现金净流量		2650	2740	2836	2940	3050
终结现金流量						2000
现金流量合计	−7000	2650	2740	2836	2940	5050

5) 计算投资项目的净现值。

$$净现值 = 2650 \times PVIF_{15\%,1} + 2740 \times PVIF_{15\%,2} + 2836 \times PVIF_{15\%,3} +$$
$$2940 \times PVIF_{15\%,4} + 5050 \times PVIF_{15\%,5} - 7000$$
$$= 2650 \times 0.870 + 2740 \times 0.756 + 2836 \times 0.658 + 2940 \times$$
$$0.572 + 5050 \times 0.497 - 7000$$
$$= 3434（万元）$$

---

① 由于计算后保留整数四舍五入的原因，个别地方有所出入。下同。

通过计算结果可以看出，以子公司 B 为主体进行评价，该投资项目的净现值为 3434 万元，可以进行投资。

（2）以母公司 A 为主体进行评价。

1）计算特许权使用费收入带来的现金净流量，如表 7-5 所示。

表 7-5 特许权使用费收入现金净流量表

单位：万元

年次	1	2	3	4	5
特许权使用费收入	600	630	662	695	729
应缴所得税	150	158	166	174	182
税后现金净流量	450	473	497	521	547

2）计算投资项目的营业现金净流量，如表 7-6 所示。

表 7-6 投资项目的营业现金净流量表

单位：万元

年次	1	2	3	4	5
分回税后利润	1320	1392	1469	1552	1640
特许权使用费收入现金净流量	450	473	497	521	547
营业现金净流量	1770	1865	1966	2073	2187

3）编制投资项目现金流量表，如表 7-7 所示。

表 7-7 投资项目现金流量表

单位：万元

年次	0	1	2	3	4	5
初始投资	−7000					
营业现金流量		1770	1865	1966	2073	2187
终结现金流量						2000
现金流量合计	−7000	1770	1865	1966	2073	4187

4）计算投资项目的净现值。

$$净现值 = 1770 \times PVIF_{10\%,1} + 1865 \times PVIF_{10\%,2} + 1966 \times PVIF_{10\%,3} + 2073 \times PVIF_{10\%,4} +$$
$$4187 \times PVIF_{10\%,5} - 7000$$
$$= 1770 \times 0.909 + 1865 \times 0.826 + 1966 \times 0.751 +$$
$$2073 \times 0.683 + 4187 \times 0.621 - 7000$$
$$= 1642（万元）$$

通过上述计算结果可知，以母公司 A 为主体进行评价分析，该投资项目的净现值为 1642 万元，也可以进行投资。

第三节　对外债权投资

对外债权投资实现的方式有两种：一是在证券市场上以货币资金购买其他单位的债券，从而成为被投资单位的债权人，形成债券投资；二是接受债务人以非现金资产抵偿债务方式取得或以应收债权换入的长期债权投资，从而成为被投资单位的债权人，形成其他债权投资。债券投资是企业对外债权投资的主要部分，本节仅介绍债券投资。

一、债券投资的特点

债券投资与股权投资相比，主要具有以下特点：

1. 投资风险较低

债券具有偿还性，有固定的到期日，债券发行单位（债务人）必须按规定的期限向债券投资者（债权人）还本付息，所以，债券投资风险较低。

2. 投资收益比较稳定

债券的投资收益包括利息和资本利得。债券的票面利率一般固定不变，债券投资者在持有期间可按期取得稳定的利息收入，并不受债券发行单位经济状况好坏的影响。此外，债券投资者还可以通过在市场上买卖债券，获取资本利得收益。

3. 选择性比较大

债券按发行单位可分为政府债券、金融债券和企业或公司债券；按照是否可转换为股份可分为可转换债券和不可转换债券。不同种类的债券，其期限、利率也各不相同。企业可根据自身的情况，在对债券投资的风险和收益作出权衡后，选择合适的债券或债券组合进行投资，以获取较高的投资收益。

4. 无权参与发行单位的经营管理

债券投资者是债券发行单位的债权人，而不是所有者，其权利只是按期收回本息和中途转让获得资本利得收益，而无权参与发行单位的经营管理，也无权对发行单位施加控制和影响；同时对发行单位的经营好坏也不负任何经济责任。

二、债券投资决策

企业在债券市场上购买债券进行投资之前，必须要对所要投资的债券进行分析评价。债券投资决策分析的指标一般有债券的内在价值和到期收益率，相对应的债券投资的决策方法为净现值法和内含收益率法。

1. 债券估价

债券作为表明债权债务的凭证，也是一种有价证券。在实际生活中，债券价格的表现形式有多种，如票面价格、发行价格、内在价值、市场价格、清算价格等。而这里的债券估价，是指债券内在价值的估算。

债券作为一种投资，其现金流出是购买价格，现金流入是利息收入和偿还的本金或出售时得到的现金。债券的内在价值是债券投资未来现金流入的现值。只有当债券的内在价值大于其市场价格时，才值得购买。因为当债券的内在价值大于其市场价格时，说明债券投资的净现值大于零，所以该投资决策可行。

（1）典型债券的估价。典型的债券是在其期限内利率固定不变，每期（如每年）末支付利息，到期归还本金的债券。此类债券投资的未来现金流入包括各年的利息和到期本金，债券的内在价值就是各年利息的现值和本金现值之和。其计算公式为：

$$V = \sum_{t=1}^{n} \frac{I}{(1+i)^t} + \frac{M}{(1+i)^n} \qquad (7-8)$$

$$= I \times PVIFA_{i,n} + M \times PVIF_{i,n}$$

其中，V 为债券的内在价值；I 为年利息；M 为债券面值或到期本金；i 为市场利率或投资者要求的必要收益率；n 为债券期限。

【例 7-10】某公司拟购买一张面值为 10000 元，票面利率为 10%，期限为 3 年的债券，该债券每年年末支付利息一次，到期归还本金。若该公司要求的投资必要收益率为 12%，则该债券的内在价值为：

$$V = 10000 \times 10\% \times PVIFA_{12\%,3} + 10000 \times PVIF_{12\%,3}$$

$$= 1000 \times 2.402 + 10000 \times 0.712$$

$$= 9522 （元）$$

说明只有当债券的市场价格低于 9522 元时，该债券才值得购买。因为在这种情况下，才可使公司获取大于 12% 的收益率。

（2）一次还本付息债券的估价。一次还本付息的债券只有一次现金流入，即到期日的本息之和。其债券的内在价值就是到期日本息之和的现值。这种债券的内在价值因利息的计算方式不同而有所不同。

1）在单利计算利息的方式下，债券内在价值的计算公式为：

$$V = \frac{M + M \times r \times n}{(1 + i)^n} \tag{7-9}$$

$$= M(1 + r \times n) \times PVIF_{i,n}$$

其中，r 为债券票面利率。

我国发行的国库券就属于此种债券。

【例 7-11】 某公司拟购买政府发行的国库券，该债券面值为 10000 元，票面利率为 5%，期限为 5 年，单利计算利息，当市场利率为 4% 时，该债券的内在价值为：

$$V = 10000 \times (1 + 5\% \times 5) \times PVIF_{4\%,5}$$

$$= 10000 \times 1.25 \times 0.822$$

$$= 10275 \ （元）$$

说明只有当国库券的市场价格低于 10275 元时，该债券才值得购买。

2）在复利计算利息的方式下，债券内在价值的计算公式为：

$$V = \frac{M(1+r)^n}{(1 + i)^n}$$

$$= M \times (1+r)^n \times PVIF_{i,n}$$

仍用【例 7-11】中的有关资料，若国库券的利息采用复利方式，则该债券的内在价值为：

$$V = 10000 \times (1 + 5\%)^5 \times PVIF_{4\%,5}$$

$$= 10000 \times 1.276 \times 0.822$$

$$= 10488.72 \ （元）$$

说明只有当国库券的市场价格低于 10488.72 元时，该债券才值得购买。

2. 债券的到期收益率

从理论上讲，债券投资的收益应包括无风险收益和风险投资收益。无风险收益是债券投资者在无风险的条件下应获取的收益；债券的风险投资收益是投资者因冒风险投资应获取的超过资金时间价值的额外收益。从实践上讲，债券投资的收益主要包括利息收益和资本利得收益。利息是债券投资者按期以固定的票面利率获取的利息收益。资本利得是债券投资者在债券市场上通过低进高出所获得的买卖价差收益。债券投资的收益既可以用绝对数表示，也可用相对数表示。为了便于比较，通常使用相对数，即收益率表示。

按照内部长期投资决策分析方法原理，债券的到期收益率应是债券投资净现值为零的贴现率，即能使债券的内在价值等于其债券市场价格的贴现率，也就是债券投资的内部收益率。只有当债券的到期收益率高于投资者要求的必要收益率时，才值得购买。根据上述债券内在价值的计算原理，以债券市场价格 P_0 代替债券内在价值 V，那么，债券投资的到期收益率应是使下列公式成立的贴现率：

$$P_0 = \sum_{t=1}^{n} \frac{I}{(1+i)^t} + \frac{M}{(1+i)^n}$$

$$= I \times PVIFA_{i,n} + M \times PVIF_{i,n}$$

可采用计算内部收益率的"逐步测试法"，测试使债券内在价值大于和小于买价的两个贴现率，然后用插值法计算债券投资的到期收益率。

【例 7-12】仍用【例 7-10】中的有关资料，假定该债券的市场价格为 9800 元，该公司持有该债券至到期日，其债券的到期收益率计算如下：

根据【例 7-10】的计算结果，i=12%时，V=9522 元。

按照 12%的贴现率计算出的内在价值小于市场价格 9800 元，因而，还要降低贴现率，从而使其内在价值提高到 9800 元以上。

再用 i=10%测试：

$$V = 10000 \times 10\% \times PVIFA_{10\%,3} + 10000 \times PVIF_{10\%,3}$$

$$= 1000 \times 2.487 + 10000 \times 0.751$$

$$= 9997 \text{（元）}$$

按 10%的贴现率计算的债券内在价值大于 9800 元，看来使债券内在价值等于市场价格 9800 元的贴现率一定在 10%和 12%之间。用插值法计算的债券到期收益率为：

$$到期收益率 = 10\% + (12\% - 10\%) \times \frac{9997 - 9800}{9997 - 9522}$$

$$= 10\% + 0.83\%$$

$$= 10.83\%$$

一次还本付息债券到期收益率的计算方法与债券估价基本模型下债券到期收益率的计算方法相同。

三、债券投资的风险

债券投资的风险虽然低于股票投资，但仍客观存在。债券投资风险主要包括违约风险、利率风险、购买力风险、变现风险和再投资风险。

1. 违约风险

违约风险是指债券发行单位无法按期支付债券利息或偿还本金的风险。政府债券因有政府财政为保证，一般没有违约风险；而金融债券和公司（企业）债券都或多或少存在违约风险。一般来讲，金融债券的违约风险高于政府债券，而公司（企业）债券的违约风险又高于金融债券。所以，企业在进行债券投资时，应对债券发行单位的资信情况和偿债能力进行分析评价，选择合适的债券，以避免或降低违约风险。

2. 利率风险

利率风险是指由于市场利率的变动而引起债券价格下跌，使债券投资者遭受损失的风险。市场利率是影响债券价格的基本因素之一。一般而言，债券的价格与市场利率呈反向变动，市场利率上升，债券的价格就下跌；反之，市场利率下降，债券的价格上升。不同期限的债券，利率风险不同，债券的期限越长，利率风险就越大。所以，企业可以通过分散债券投资的到期日来分散利率风险。

3. 购买力风险

购买力风险，也称通货膨胀风险，是指由于通货膨胀而使债券到期或出售所获得的货币购买力下降的风险。在通货膨胀期间，购买力风险对债券投资者的影响很大。一般而言，收益固定的证券比收益变动的证券的购买力风险要大。因债券投资的收益比较稳定，所以受通货膨胀的影响较大，而普通股的股利收益一般不固定，所以受通货膨胀的影响较小。因此，普通股更适合作为避免购买力风险的投资工具。

4. 变现风险

变现风险，也称流动性风险，是指债券持有人无法在短期内以合理的价格变现债券的风险，是当债券持有人遇到更好的投资机会想出售现有的债券换取现金时，在短期内不能立即以合理的价格出售而丧失投资机会并由此遭受的损失。一般而言，上市债券的变现风险小于非上市的债券，信用高的债券小于信用低的债券。企业可以通过购买信用高的上市债券降低或避免变现风险。

5. 再投资风险

购买短期债券，而没有购买长期债券，会有再投资风险。由于长期债券的利率风险高于短期债券，所以长期债券的利率一般高于短期债券。投资者为了避免利率风险要购买短期债券；但当短期债券到期收回现金时，如果市场利率下降，这时投资者只能投资于大约与市场利率相当的投资机会，不如当初就购买长期债券，以获取较高的投资收益。例如，长期债券的利率为 10%，短期债券的利率为 8%，为减少利率风险，投资者购买了短期债券。在短期债券到期收回现金时，如果利率降到 9%，此时投资者只有收益率大约 9% 的投资机会，不如当初购买长期债券，现在仍可获取 10% 的收益①。

第四节　证券投资组合

投资者同时把资金投放于多种投资项目，称为投资组合（Investment Portfolio）。由于多种投资项目往往是多种有价证券，故又称证券组合（Securities Portfolio）。投资者要想分散投资风险，就不宜把全部资金用于购买一种有价证券，而应研究投资组合问题。

一、证券投资组合的风险

投资风险按是否可以分散，分为可分散风险和不可分散风险。

1. 可分散风险（Diversifiable Risk）

又称非系统性风险或公司特别风险，是指某些因素对个别证券造成经济损失的可能性。如某个公司产品更新迟缓，在市场竞争中失败等。这种风险可通过证券持有的多样化来抵消。多买几家公司的股票，有些公司的股票报酬上升，另一些公司的股票报酬下降，就可将风险抵消。

---

① 刘玉平. 财务管理学（第 3 版）[M]. 北京：中国人民大学出版社，2012.

当两种股票完全负相关时，同时持有两种股票，所有的非系统性风险都可以分散掉；当两种股票完全正相关时，分散持有股票则不能抵减风险。实际上，大部分股票都是正相关，但却并不是完全正相关。一般来说，随机选取两种股票，其相关系数为 0.6 左右的最多，而在绝大多数情况下，两种股票的相关系数往往位于 0.5~0.7 之间。在这种情况下，把两种股票组合成证券组合有可能抵减风险，但不能完全消除风险。如果股票种类较多，则能分散掉大部分风险；而当股票种类足够多时，则几乎能把所有的非系统性风险分散掉。

2. 不可分散风险（Nondiversifable Risk）

又称系统性风险或市场风险，是指由于某些因素给市场上所有的证券都带来经济损失的可能性。如宏观经济状况的变化、国家税法的变化、国家财政政策和货币政策的变化、世界能源状况的改变等，都会使股票报酬发生变动。这些风险影响到所有的证券，不可能通过证券组合分散掉。即使投资者持有的是收益水平及变动情况相当分散的证券组合，也将遭受这种风险。对投资者来说，这种风险是无法消除的。但是，这种风险对不同的企业、不同证券也有不同影响。在西方国家中，对于这种风险大小的程度，通常是用 β 系数来衡量的。其简化计算公式如下：

β 系数=某种证券的风险报酬率/证券市场上所有证券平均的风险报酬率

上述公式是高度简化了的公式，实际计算过程非常复杂。在实际工作中，β 系数一般不由投资者自己计算，而是由一些机构定期计算并公布。

作为整体的股票市场组合的 β 系数为 1。如果某种股票的风险情况与整个股票市场的风险情况一致，则其 β 系数也等于 1；如果某种股票的 β 系数大于 1，说明其风险程度大于整个市场风险；如果某种股票的 β 系数小于 1，说明其风险程度小于整个市场风险。

以上说明了单个股票 β 系数的计算方法。至于证券组合的 β 系数，应当是单个证券 β 系数的加权平均，权数为各种股票在证券组合中所占的比重。其计算公式如下：

$$\beta_p = \sum_{i=1}^{n} x_i \beta_i \tag{7-10}$$

其中，β_p 为证券组合的 β 系数；x_i 为证券组合中第 i 种股票所占的比重；β_i 为第 i 种股票的 β 系数；n 为证券组合中股票的数量。

综上所述，可总结如下。

（1）一种股票的风险由两部分组成，包括可分散风险和不可分散风险，如图 7-1 所示。

（2）可分散风险可通过证券组合来消除或减少。从图 7-1 中可以看到，可分散风险随证券组合中股票数量的增加而逐渐减少。国外近几年的资料显示，一种股票组成的证券组合的标准离差 δ_1 大约为 28%，而由所有股票组成的证券组合叫市场证券组合，其标准离差 δ_m 则为 15.1%。这样，一个包含有 40 种股票而又比较合理的证券组合，通常能消除大部分可分散风险。

（3）股票的不可分散风险由市场变动而产生，它对所有股票都有影响，不能通过证券组合来消除。不可分散风险是通过 β 系数来测量的。

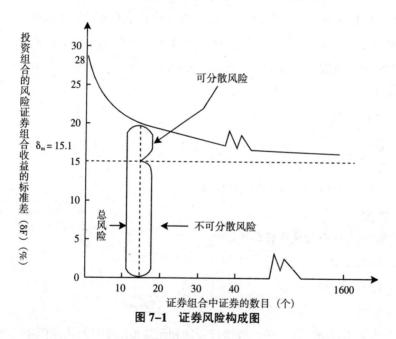

图 7-1 证券风险构成图

$\beta = 0.5$ 说明该股票的风险只有整个市场股票风险的一半。

$\beta = 1.0$ 说明该股票的风险等于整个市场股票的风险。

$\beta = 2.0$ 说明该股票的风险是整个市场股票风险的两倍。

二、证券组合的风险报酬

投资者进行证券组合投资与进行单项投资，都要求对承担的风险进行补偿。

股票的风险越大，要求补偿的报酬就越高。但是，与单项投资不同，证券组合投资只要求对不可分散风险进行补偿，而不要求对可分散风险进行补偿。如果股票收益中有可分散风险的补偿存在，善于进行投资组合的投资者就会购买这种股票，并抬高其价格出售，其最后的期望报酬率只反映不能分散的风险。因此，所谓证券组合的风险报酬，是指投资者因承担不可分散风险而要求的、超过时间价值的那部分额外报酬。可用下列公式计算：

$$R_p = \beta_p (R_m - R_f) \tag{7-11}$$

其中，R_p 为证券组合的风险报酬率；β_p 为证券组合的 β 系数；R_m 为全部股票的平均报酬率，也就是由市场上全部股票组成的证券组合的报酬率，简称市场报酬率；R_f 为无风险报酬率，一般用政府公债的利息率来表示。

【例 7-13】秋林公司持有由甲、乙、丙三种股票构成的证券组合，它们的 β 系数分别是 2.0、1.0 和 0.5，它们在证券组合中所占的比重分别为 60%、30% 和 10%，股票的市场报酬率为 14%，无风险报酬率为 10%。试确定这种证券组合的风险报酬率。

（1）证券组合的 β 系数。

$$\beta_p = \sum_{i=1}^{n} X_i \beta_i$$

$$= 60\% \times 2.0 + 30\% \times 1.0 + 10\% \times 0.5$$

$$= 1.55$$

（2）该证券组合的风险报酬率。

$$R_p = \beta_p (R_m - R_f)$$

$$= 1.55 \times (14\% - 10\%)$$

$$= 6.2\%$$

计算出风险报酬率后，便可根据投资额和风险报酬率计算出风险报酬的数额。

从以上计算中可以看出，在其他因素不变的情况下，风险报酬取决于证券组合的 β 系数，β 系数越大，风险报酬就越大，否则越小。

【例 7-14】【例 7-13】中的秋林公司为降低风险和风险报酬，售出部分甲股票，买进部分丙股票，使甲、乙、丙三种股票在证券组合中所占的比重变为 10%、30% 和 60%。试计算此时证券组合的风险报酬率。

证券组合的 β_p 值为：

$$\beta_p = \sum_{i=1}^{n} x_i \beta_i = 10\% \times 2.0 + 30\% \times 1.0 + 60\% \times 0.5 = 0.80$$

证券组合的风险报酬率应为：

$$R_p = \beta_p(R_m - R_f) = 0.80 \times (14\% - 10\%) = 3.2\%$$

由此可以看出，调整各种证券在证券组合中的比重，可以改变证券组合的风险、风险报酬率。

三、风险和报酬率的关系

在西方金融学和财务管理学中，有许多模型论述风险和报酬率的关系，其中求必要报酬率（Required Rate Return）最重要的模型为资本资产定价模型（Capital Asset Pricing Model，CAPM）。这一模型以公式表示如下：

$$R_i = R_f + \beta_i(R_m - R_f) \tag{7-12}$$

其中，R_i 为第 i 种股票或第 i 种证券组合的必要报酬率；R_f 为无风险报酬率；β_i 为第 i 种股票或第 i 种证券组合的 β 系数；R_m 为所有股票的平均报酬率。

【例7-15】锦江公司股票的 β 系数为 2.0，无风险利率为 6%，市场上所有股票的平均报酬率为 10%，那么，锦江公司股票的报酬率应为：

$$R_i = R_f + \beta_i(R_m - R_f) = 6\% + 2.0 \times (10\% - 6\%) = 14\%$$

这就是说，锦江公司股票的报酬率达到或超过 14% 时，投资者方肯进行投资；如果低于 14%，则投资者不会购买锦江公司的股票。

资本资产定价模型通常可用图形加以表示，叫证券市场线（Security Market Line，SML），它说明必要报酬率 R 与不可分散风险 β 系数之间的关系，见图7-2。

从图7-2中可以看到，在全部投资报酬率中，如无风险报酬率为 6%，β 系数不同的股票有不同的风险报酬率。当 β=0.5 时，风险报酬率为 2%；当 β=1.0 时，风险报酬率为 4%；当 β=2.0 时，风险报酬率为 8%。可见，β 值越高，要求的风险报酬率也就越高，在无风险报酬率不变的情况下，其必要报酬率也就越高。

证券市场线和公司股票在线上的位置将随着一些因素的变化而变化。现分述如下。

1. 通货膨胀的影响

无风险报酬率 R_f 从投资者的角度来看，是其投资的报酬率，但从筹资者的

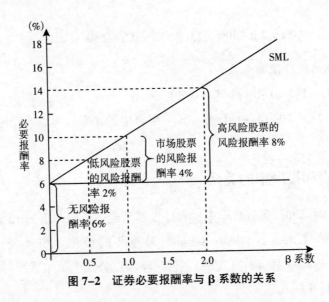

图 7-2　证券必要报酬率与 β 系数的关系

角度来看，是其支出的无风险资金成本，或称无风险利息率。市场上的无风险利息率由两部分构成：

（1）无通货膨胀的报酬率，又叫纯利率或真实报酬率 R，这是真正的时间价值部分。

（2）通货膨胀贴水 IP。它等于预期的通货膨胀率。

这样，无风险报酬率 $R_f = R + IP$。在图 7-2 中，$R_f = 6\%$，假设包括 3% 的真实报酬率和 3% 的通货膨胀贴水，则：

$$R_f = R + IP = 3\% + 3\% = 6\%$$

2. 风险回避程度的变化

证券市场线（SML）反映了投资者回避风险的程度，即直线的倾斜越陡，投资者越回避风险。在图 7-2 中，如果投资者不回避风险，各种证券的报酬率为 6%，这样，证券市场线将会成为水平线。当风险回避增加时，风险报酬率也增加，SML 的斜率变大。

3. 股票 β 系数的变化

随着时间的推移，不仅证券市场线在变化，β 系数也不断变化。β 系数可能会因企业的资产组合、负债结构等因素的变化而改变，也会因为市场竞争的加剧、专利权期满等情况而改变。β 系数的变化会使公司股票的报酬率发生变化。假设锦江公司的股票从 β = 2.0 降为 β = 1.5，那么，其必要报酬率为：

$$R_i = R_f + \beta_i (R_m - R_f)$$
$$= 6\% + 1.5 \times (10\% - 6\%)$$
$$= 12\%$$

反之，如果锦江公司股票的 β 系数从 2.0 上升到 2.5，那么，其必要报酬率则为：

$$R_i = R_f + \beta_i (R_m - R_f)$$
$$= 6\% + 2.5 \times (10\% - 6\%)$$
$$= 16\%$$

四、证券投资组合的策略

证券投资组合策略是投资者根据市场上各种证券的具体情况以及投资者对风险的偏好与承担能力，选择相应证券进行组合时所采用的方针。常见的证券投资组合策略有以下几种。

1. 保守型投资组合策略

该组合策略要求尽量模拟证券市场现状（无论是证券种类还是各证券的比重），将尽可能多的证券包括进来，以便分散掉全部可避免风险，从而得到与市场平均报酬率相同的投资报酬率。这种投资组合是一种比较典型的保守型投资组合策略，其所承担的风险与市场风险相近。保守型投资组合策略基本上能分散掉可避免风险，但所得到的收益也不会高于证券市场的平均收益。

2. 冒险型投资组合策略

该组合策略要求尽可能多地选择一些成长性较好的股票，而少选择低风险、低收益的股票，这样就可以使投资组合的收益高于证券市场的平均收益。这种组合的收益高，风险也高于证券市场的平均风险。采用这种投资组合，如果做得好，可以取得远远超过市场平均收益的投资收益，但如果失败，会产生较大的损失。

3. 适中型投资组合策略

该组合策略认为，股票的价格主要由企业的经营业绩决定，只要企业的经济效益好，股票的价格终究会体现其优良的业绩。所以在进行股票投资时，要全面深入地进行证券投资分析，选择一些品质优良的股票组成投资组合，如果做得好，就可以获得较高的投资收益，而又不会承担较大的投资风险。

五、证券投资组合的具体方法

证券投资是一个充满风险的投资领域，由于风险的复杂性和多样性，投资者进行投资时必须防范风险，没有风险的证券投资是不存在的。而防范风险的最有效方法就是进行证券投资组合，以分散全部可避免的风险。常用的证券投资组合方法主要有以下几种。

1. 投资组合的三分法

比较流行的投资组合三分法是：1/3 的资金存入银行以备不时之需；1/3 的资金投资于债券、股票等有价证券；1/3 的资金投资于房地产等不动产。同样，投资于有价证券的资金也要进行三分：即 1/3 投资于风险较大的有发展前景的成长型股票；1/3 投资于安全性较高的债券或优先股等有价证券；1/3 投资于中等风险的有价证券。

2. 按风险等级和收益高低进行投资组合

证券的风险大小可以分为不同的等级，收益也有高低之分。投资者可以测定出自己期望的投资收益率和所能承担的风险程度，然后，在市场中选择相应风险和收益的证券作为投资组合。一般来说，在选择证券进行投资组合时，同等风险的证券，应尽可能选择收益高的；同等收益的证券，应尽可能选择风险低的。此外，要选择一些风险呈负相关的证券进行投资组合。

3. 选择不同的行业、区域和市场的证券作为投资组合

进行这种投资组合时应注意以下问题。

（1）尽可能选择足够数量的证券进行投资组合，这样可以分散掉大部分可分散风险。根据投资专家的估算，在美国纽约证券市场上随机地购买 40 种股票，就可以分散掉大部分可分散风险。

（2）选择证券的行业也应分散，不可集中投资于同一个行业的证券，这是为了避免行业不景气，而使投资遭受重大损失。

（3）选择证券的区域也应尽可能分散，这是为了避免因地区市场衰退而使投资遭受重大损失。

（4）将资金分散投资于不同的证券市场，这样可以防范同一证券市场的可分散风险。因为不同证券市场具有较大的独立性，即便在同一个国家，有时也可能一个市场强，一个市场弱。如在我国，深圳证券市场和上海证券市场有时就表现

为一强一弱，同时在这两个证券市场上进行证券投资可以降低投资风险。

4. 选择不同期限的证券进行投资组合

这种投资组合要求投资者根据未来的现金流量来安排各种不同投资期限的证券，进行长、中、短期相结合的投资组合。同时，投资者可以根据可用资金的期限来安排投资，长期不用的资金可以进行长期投资，以获取较大的投资收益，近期就可能要使用的资金，最好投资于风险较小、易于变现的有价证券[①]。

【课后习题】

一、重要名词与术语

1. 股票内在价值

2. 证券投资组合

3. β 系数

4. 无风险收益

5. 风险收益

6. 股票估价基本模型

7. 零成长股票估价模型

8. 固定成长股票估价模型

9. 典型债券估价模型

10. 资本资产定价模型

二、复习思考题

1. 股票投资的特点有哪些？

2. 股票投资的风险有哪些？

3. 债券投资的特点有哪些？

4. 债券投资的风险有哪些？

5. 如何理解证券投资理论？

三、计算分析题

1. 甲企业欲在 2013 年 7 月 1 日对 A 企业发行的普通股进行投资，其实际交易价格为每股 28 元，预计 3 年后，即 2016 年 7 月 1 日该股票的实际交易价格可

---

① 郭复初，王庆成. 财务管理学（第 2 版）[M]. 北京：高等教育出版社，2005.

涨至33元。而且已知该股票上年的股利为每股4元，A企业将采用固定股利政策。如果一年期国库券利率为6%，甲企业预计的风险收益率为6%。那么，甲企业应做何选择呢？

2. 某一年国库券的利率为12%，市场上全部股票投资的平均收益率为18%，某企业股票的β系数为1.2，则投资者投资于该种股票所要求的收益率应是多少？

3. 某公司购买甲、乙、丙三种股票进行投资组合，它们的β系数分别为1.5、1.2和0.5，三种股票在投资组合中的比重分别为40%、30%和30%，股票市场收益率为15%，无风险收益率为8%。要求：计算该投资组合的风险收益率和投资收益率。

4. A公司准备投资购买H股份有限公司的股票，该股票上年每股股利为4.8元，预计以后每年以5%的增长率增长，A公司经分析后，认为必须得到10%的报酬率，才能购买H股份有限公司的股票，则该种股票的价格为多少？

5. 如果A公司以80元的价格购买H公司的股票，预期股利为每股4.8元，股利每年以5%的速度递增，则预期收益率为多少？

6. 某公司于2013年初以每股1.5元的价格购入10000股面值1元的B公司股票，该股票每年每股分派股利0.25元。由于B公司经营效益好，该公司股票价格每年上涨8%。则截至2016年底，该批股票的投资收益率是多少？

7. 一投资者将其70%的财产投资于风险资产，其期望投资收益率为12%，方差为4%；另外30%的财产投资于无风险的国库券，可获得5%的收益。请问：他的投资组合的期望收益与标准差分别是多少？

第八章
营运资本管理

【本章提要】

营运资本管理是企业财务管理的重要内容，营运资本利用效率的高低，直接影响了企业收益的大小。企业没有营运资本会面临破产的风险，但营运资本太多则会带来过多的费用开支，从而影响企业最终的收益。因此。营运资本管理的目的就是要在保持企业营运资本适度流动性的前提下，提高企业的盈利能力。

本章主要内容包括营运资本的概念、管理的目的，营运资本投资和融资策略；现金管理的目的、内容，最佳现金持有量的确定方法及现金收支管理策略；应收账款的成本及管理目标，信用政策的内容及制定方法，应收账款的日常管理；存货的功能、成本及管理目标，目标存货持有量的确定方法，存货的日常控制方法；商业信用、短期借款、短期融资券等流动负债形式及管理策略。

【学习目标】

● 了解营运资本的概念及管理目的

● 掌握企业流动资产投资、融资组合的影响因素和决策方法

● 理解持有现金的动机，掌握最佳现金持有量的确定方法，熟悉现金收支管理策略

● 理解应收账款的成本及管理的目标，掌握信用政策制定的方法与应用，熟悉应收账款日常管理的内容与方法

● 理解存货的功能与成本，掌握目标存货持有量的确定方法，熟悉存货控

制的方法与应用

● 理解商业信用的类型，熟悉短期借款的信用条件及利息支付方式，了解短期融资券

第一节　营运资本概述

营运资本管理是企业日常财务管理的核心，其管理触角几乎可以延伸到企业生产经营的各个方面。有效的营运资本管理才能保证企业正常地从事生产经营活动。

一、营运资本的概念

营运资本有广义和狭义之分。广义的营运资本又称总营运资本，是指一个企业投放在生产经营活动中的流动资产，具体包括现金、有价证券、应收账款、存货等。这是一个具体的概念，主要用来研究企业资产的流动性和周转状况。狭义的营运资本又称净营运资本，是流动资产与流动负债的差额。这是一个抽象的概念，并不特指某项资产，但它是判断和分析企业偿债能力和财务风险的重要依据。企业营运资本的持有状况和管理水平直接关系到企业的盈利水平和财务风险两个方面。营运资本管理包括两方面内容，一是流动资产的管理，即短期投资管理，二是流动负债的管理，即短期筹资管理。此外，流动资产与流动负债之间的协调、配比也在营运资本管理的范畴之内。

1. 流动资产

流动资产，又称短期资产，是指可以在一年以内或超过一年的一个营业周期内变现或耗用的资产。流动资产具有占用时间短、周转快、易变现等特点。企业拥有较多的流动资产，可提升资金周转和日常经营的灵活性，但流动资产过多，则会增加企业的财务负担，影响企业的利润，因此，合理配置流动资产占用量在财务管理中具有重要地位。企业在一定生产周期内所需的比较合理的流动资产占用量，应既能保证生产经营的正常需要，又无积压和浪费。

作为总营运资本的流动资产可按不同的标志进行分类：

（1）按组成要素，可分为现金、短期证券、应收及预付账款、存货等。

1）现金。这里是指企业所有可以即时使用的支付手段。主要包括库存现金和银行活期存款，有时也将即期或到期的票据看作现金。现金是流动资产中流动性最强的资产，可直接支用，也可以立即投入流通。拥有大量现金的企业具有较强的偿债能力和承担风险的能力，但因为现金不会带来收益或只有极低的收益，所以财务管理比较健全的企业并不会持有过多的现金。

2）短期证券。这里是指企业持有的、随时准备变现的有价证券及其他期限在一年以内的投资。企业通过持有适量的短期证券，一方面可以获得较好的收益，另一方面又能增强企业整体资产的流动性，降低企业财务风险。

3）应收及预付账款。这里是指企业在生产经营过程中形成的各种应收未收或预先支付的款项。

4）存货。这里是指企业为保证生产经营活动正常进行而储存的各种资产。包括产成品、半成品、在产品、原材料、辅助材料、低值易耗品等。

（2）按占用时间，可分为永久性流动资产和波动性流动资产。

1）永久性流动资产。这里是指满足企业一定时期生产经营最低需要的那部分流动资产。如企业保留的最低库存、生产过程中的在产品等。

2）波动性流动资产。这里是指随生产的周期性或季节性需求而变化的流动资产，所以也称临时性流动资产，是由形态不断变化的流动资产组成的。

永久性流动资产与固定资产既有相似的地方，也有不同的地方。永久性流动资产在以下两个方面与固定资产相似：第一，尽管永久性流动资产本质上是流动资产，但投资的金额却是长期的；第二，对一家处于成长过程中的企业来说，所需的永久性流动资产水平也会随时间而增长，正如固定资产水平也会随时间增长一样。然而，永久性流动资产与固定资产也有一个重要区别，那就是永久性流动资产的实物形式在不断变化。

（3）按变现能力，可分为速动资产和非速动资产。

1）速动资产。这里是指能直接作为支付手段（或变现）的流动资产，包括现金、应收款、短期投资等。

2）非速动资产。这里是指不准备或不能迅速变现的流动资产，包括存货、待摊费用等。

另外，根据流动资产在生产经营过程中的不同作用，还可以分为生产领域流动资产和流通领域流动资产；根据流动资产在生产经营过程中的不同形态，又可分为货币资产、储备资产、生产资产和成品资产。

在财务会计层面，流动资产一般按组成要素和变现能力分类；在财务管理层面，为了进行流动资产与流动负债的匹配管理，流动资产一般按占用时间分类。

2. 流动负债

流动负债是指在一年内或大于一年的一个营业周期内到期的债务。由于流动负债是企业的短期资本来源，所以流动负债又称为企业短期融资。流动负债具有周期短、成本低、弹性大等特点。

流动负债可按不同的标志进行分类：

（1）按存在形式，可分为短期借款、应付及预收账款、应付票据、短期融资券、应付税金、应付股利和其他应付款等。

1）短期借款。这里是指企业为维持正常的生产经营或为抵偿某项债务而向银行或其他金融机构等外单位借入的、还款期限在一年以下（含一年）的各种借款。

2）应付及预收货款。这里是指企业在生产经营过程中形成的各种应付未付或预先收取的款项。

3）应付票据。应付票据是由出票人出票，委托付款人在指定日期无条件支付确定的金额给收款人或持票人的票据，包括商业承兑汇票和银行承兑汇票。应付票据也是委托付款人允诺在一定时期内支付一定款额的书面证明。

4）短期融资券。这里是指企业依照规定的条件和程序在银行间债券市场发行并约定在一定期限内还本付息的有价证券。短期融资券是由企业发行的无担保短期本票。

5）应付税金。这里是指企业应缴纳的各种税金。

6）应付股利。这里是指企业应分配给股东的利润。

（2）按是否肯定，可分为实际负债和或有负债。

1）实际负债。这里是指根据合同或法律规定，到期须按照确定金额偿还的流动负债。如短期借款、应付票据等。

2）或有负债。这里是指企业过去的交易或事项形成的潜在义务，其负债的存在要通过未来一定时期才能确定。如已贴现的商业承兑汇票、为其他单位提供的债务担保等。

（3）按形成原因，可分为自发性负债和人为性负债。

1）自发性负债。这里是指企业在生产经营过程中不需要正式安排，由于结算程序的原因而自然形成一部分货款的支付时间晚于形成时间的流动负债。由于是自然形成的，所以又称自然性流动负债，如应付账款、应付票据等。

2）人为性负债。这里是指财务人员根据企业生产经营的需求作出正式安排才能获得的流动负债，如短期借款、短期融资券等。

3. 净营运资本

净营运资本是指流动资产减去流动负债后的差额，即：净营运资本＝流动资产－流动负债。这部分资产企业实际可以掌握使用，无须在短期（至少在一年）内归还。净营运资本的多少可以反映企业一定时期资产的流动性和偿债能力。净营运资本金额越大，流动性就越好，同时，净营运资本越大，说明企业有充分的流动资产来保障未来流动负债的偿付，其短期偿债能力就越强。另外，企业一定时期净营运资本金额的大小，也可以反映企业一定时期长期负债的偿付能力。因为它实际上是由长期资本提供保障的资产，净额越大，长期债务的风险也就越小。当然仅看这一指标来评价企业的偿债能力，难免会失之偏颇，除了数量以外，质量也很重要。如果数额很大，但质量不高，比如应收账款中坏账比重较高，则偿债能力还是很低。总之，净营运资本是一个抽象的概念，只是一个差量，从一个侧面来反映企业的流动资产的质量与状况。

二、营运资本管理目的

营运资本管理的目的，在于确定一个既能维持企业的正常生产经营活动，又能在减少或不增加风险的前提下，给企业带来尽可能多的利润的流动资产和流动负债的水平。

为达到这一目的，在营运资本管理中，要求做好以下几点：第一，合理确定企业营运资本的占用数量；第二，合理安排流动资产与流动负债的比例关系，保障企业有足够的短期偿债能力；第三，加快资本周转，提高资本的利用效率。

因此，营运资本管理包括两方面的内容：第一，营运资本投资管理，即确定流动资产在资产组合中的比重；第二，营运资本融资管理，即确定流动负债在筹资组合中的比重。营运资本管理实质是对风险、收益和流动性的权衡。

三、营运资本投资策略

一个企业的资产，可以分为流动资产和长期资产。企业资产总额中流动资产和长期资产各自占有的比例称为企业的资产组合。一般来说，长期资产的盈利能力大于流动资产。当企业资产一定时，流动资产比例高，固定资产比例低，则风险较小，但收益率会降低；固定资产比例高，流动资产比例低，则收益率提高，但风险会加大。安排好两者之间的比例关系，实质上是对风险与收益的权衡。

在决定营运资本投资的最佳数量水平时，可以根据企业管理当局的管理风格和风险承受能力，分别采用"保守型"、"中庸型"与"激进型"的营运资本投资策略。上述三种策略下的营运资本规模如图 8-1 所示。

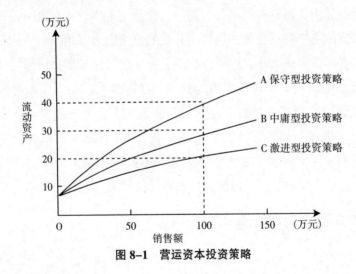

图 8-1　营运资本投资策略

1. 保守型投资策略

在保守的资产组合策略下，企业在安排流动资产数量时，在正常生产经营需要量和保险储备量的基础上，再额外加上一部分储备量，以便降低风险。图 8-1 中的 A 策略便属于保守的组合策略。当销售额为 100 万元时，流动资产安排 40 万元。采用此种策略的好处是风险较小，但其投资报酬率也相应较低。

2. 激进型投资策略

在激进的资产组合策略下，企业在安排流动资产数量时，只安排正常生产经营需要量，不安排或只安排很少的保险储备量，以便提高投资报酬率。图 8-1 中的 C 策略便属于激进的组合策略。当销售额为 100 万元时，流动资产安排 20 万元。采用此种策略的好处是投资报酬率高，但风险较大。

3. 中庸型投资策略

中庸的资产组合策略，是企业对上面两种策略的折中。在此策略下，企业在安排流动资产数量时，既安排正常生产经营需要量，又安排一定的保险储备量，以防不测。图 8-1 中的 B 策略便属于中庸的组合策略。当销售额为 100 万元时，流动资产安排 30 万元。采用此种策略的好处是投资报酬率较高，但风险也不是很大。

由图 8-1 可知，产量越大，为支持这一产量所需进行的流动资产投资水平也就越高。但它们之间并非是线性关系，流动资产投资水平以递减的比率随产量而增加。出现这一非线性关系的原因：一是由于企业规模增加流动资产比例会下降；二是流动资产内部各项目之间相互调剂使用的可能性增大。

四、营运资本融资策略

营运资本融资策略是指如何安排流动资产资金来源。换言之，营运资本融资策略的核心问题是在筹集流动资产的资金来源时，如何合理安排短期资金和长期资金的结构比例关系。短期资金来源是指流动负债；长期资金来源是指长期负债和所有者权益。

与营运资本的投资策略相对应，营运资本的融资策略也包括保守型、中庸型和激进型三种。

1. 保守型融资策略

保守型融资策略的特点：流动负债只保证部分波动性流动资产的资金需要，另一部分波动性流动资产和永久性流动资产及固定资产均由长期负债和所有者权益作为其资金来源。保守型融资策略如图 8-2 所示。

由于流动负债的融资成本低于长期负债，这一策略使企业的融资成本上升，利润下降。同时，企业债务到期越短，其不能偿债的风险就越大，因此，这是一种低风险、低收益、高成本的筹资策略。

2. 中庸型融资策略

中庸型融资策略也称为配合型融资策略或折中型融资策略。其特点是：波动性流动资产通过流动负债融资，永久性流动资产和所有固定资产通过长期负债和所有者权益融资。中庸型融资策略如图 8-3 所示。

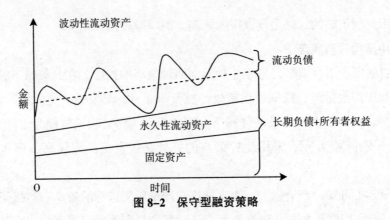

图 8-2　保守型融资策略

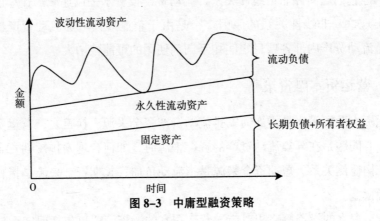

图 8-3　中庸型融资策略

中庸型融资策略要求每一项资产能和一种与它的到期日大致相同的融资工具相对应，企业在短期资金需求处于波谷时不借入任何流动负债；当短期资金需求处于波峰时，借入短期负债，并用由波动性流动资产的减少而释放出来的现金偿还短期负债。

但是，事实上由于资产存续寿命的不确定性，往往做不到资产与负债的完全配合。企业一旦出现产能不足或销售不理想，未能按计划取得销售现金收入，便会发生偿还流动负债的困难。因此，中庸型融资策略是一种理想的、有着较高资金管理要求的营运资本融资策略。

3. 激进型融资策略

激进型融资策略也称为进取型融资策略、冒险型融资策略。其特点是：波动性流动资产和一部分永久性流动资产所需资金由流动负债来筹集，其余的永久性流动资产与固定资产所需要的资金由长期负债与所有者权益来筹集。更加极端的表现是，有的企业所有的永久性流动资产乃至部分固定资产所需资金也由流动负债来筹集。该融资策略如图 8-4 所示。

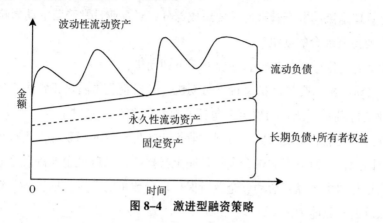

图 8-4 激进型融资策略

在这种情况下，过度利用短期融资，流动负债占总资产的比例大大提高，从而使企业的资金成本下降，利息支出减少，利润增加。但由于大量使用期限较短的流动负债，导致流动比率下降，偿债能力减弱，财务风险加大。这是一种高风险、低成本、高盈利的筹资策略。由于短期负债利率的多变性增加了盈利和资金成本的不确定性，该策略适用于企业长期资金来源不足，或短期负债成本较低的企业。

第二节　现金管理

现金是指企业在生产经营过程中以货币形态存在的资金。包括库存现金、银行存款和其他货币资金等。现金是流动资产中流动性最强的资产，拥有大量的现金，企业就具有较强的偿债能力和抗风险能力。但同时现金也是一种非盈利性资产，即使把款项存入银行，其利息收入也是很低的，所以，一般企业不会保留过多的现金。但企业保持一定数量的现金，对企业进行正常的生产经营活动具有重要的意义。

一、现金管理的目的与内容

现金管理是流动资产管理的重要组成部分，对企业日常经营活动影响甚大。

1. 企业持有现金的动机

企业持有一定数量的现金，主要基于下列动机：

（1）交易动机。交易动机又称支付动机，是指企业为满足正常生产经营活动中的各种支付需要而持有的现金。包括原材料的购买、支付工资、上交税收等。这是企业持有现金的主要动机。由于企业每天的现金收入和现金支出很少同时等额发生，因此，保留适当的现金余额是完全必要的，以避免企业的现金收支不平衡时中断正常的生产经营活动。企业所保持现金数量的多少，取决于其销售水平和应收账款的回收能力。

（2）预防动机。预防动机是指企业为应付突发事件需要保持一定数量的现金。如应付自然灾害、生产事故、未能及时收回货款等。预防性现金量的多少主要取决于以下三个方面：一是企业现金流量预测的可靠性；二是企业临时举债能力的强弱；三是企业愿意承担现金短缺风险的程度。

（3）投资动机。投资动机是指用于不寻常的购买机会而置存的现金。比如遇有廉价原材料或其他资产供应的机会，便可用手头现金大量购入；再比如在适当时机购入价格有利的股票和其他有价证券等。当然，除了金融和投资公司外，一般地讲，其他企业专为投机性需要而特别置存现金的不多，遇到不寻常的购买机会，也常设法临时筹集资金。但拥有相当数额的现金，确实为突然的大批采购提供了方便。

（4）补偿动机。银行为企业提供服务时，往往需要企业在银行中保留存款余额来补偿服务费用。同时，银行贷给企业款项时也需要企业在银行中有存款以保证银行的资金安全。

一般来说企业持有现金，并非谋求从转瞬即逝的投机机会中得到收益，其动机主要是前两者。

2. 现金管理的目的

现金是一种非盈利性资产，现金结余过多，会降低企业的收益，即使在银行的存款，其利息也远远低于企业资金利润率；但现金过低，又可能出现现金短缺，从而影响企业生产经营活动。因此，现金管理就是在现金的流动性与收益性之间进行权衡的选择。其管理目的是在保证企业生产经营所需要现金的同时，节约使用资金，并从暂时闲置的现金中获得最多的利息收入。因此，现金管理应力求做到既能保证公司正常交易的现金需要，又不使企业过多的闲置现金。

具体要求：①在现金资产的机会成本和短缺成本之间作出合理的权衡和选择；②建立健全完备的企业现金管理制度，编制科学的现金预算；③运用科学合理的日常现金管理措施，用活、用好现金资产；④实施现金控制考核制度，分析一定时期现金变动原因和改进措施。

3. 现金管理的内容

现金管理的内容包括：①合理确定现金持有量。采用科学的方法，根据企业历史资料和经济发展变化，确保企业现金保持在一个合理的水平上。②编制现金预算。规划未来的现金流入与流出量。③日常现金收支控制。力求加速收款、延缓付款。

现金管理的内容如图 8-5 所示①。

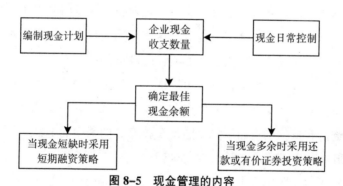

图 8-5 现金管理的内容

二、目标现金持有量的确定

如前所述，企业需要持有一定量的现金余额。但是，现金基本上是一种非盈利性资产，过多地持有现金势必造成资源浪费。考虑到上述两方面的原因，企业必须确定现金的最佳持有量。

最佳现金持有量的确定方法主要有成本分析模式、鲍莫尔模式、米勒—奥尔模式三种。

---

① 荆新，王化成，刘俊彦.财务管理学（第 6 版）[M].北京：中国人民大学出版社，2012.

1. 成本分析模式

成本分析模式是根据现金的有关成本，分析预测其总成本最低时现金持有量的一种方法。

（1）持有现金的成本。

公司持有现金资产时需要负担一定的成本，一般包括三种：机会成本、管理成本和短缺成本。

首先，企业持有现金将发生机会成本。持有现金的机会成本就是因持有现金而不能赚取投资收益的机会损失，在实际工作中可以用有价证券利率替代。假定有价证券利率为6%，每年平均持有100万元的现金，则该企业每年持有现金的机会成本为6（100×6%）万元。现金持有量越大，机会成本也就越高。企业为了交易性动机、预防性动机和投资性动机而持有一定量的现金，付出相应的机会成本是必要的，但现金持有量过多，机会成本大幅度上升，就不合算了。

机会成本＝平均现金持有量×有价证券利率　　　　　　　　　　（8-1）

其次，企业持有现金将发生管理成本。企业持有现金将会发生管理费用，如管理人员的工资、福利和安全措施费等。这些费用是现金的管理成本。管理成本是一种固定成本，与现金持有量之间无明显的数量关系。

最后，企业持有现金不足将发生短缺成本。现金的短缺成本是因缺乏必要的现金，不能应付业务开支所需，而使企业蒙受损失或为此付出的代价。现金的短缺成本随现金持有量的增加而下降，随现金持有量的减少而上升。

（2）运用成本分析模式应考虑的成本。

由于管理成本是固定成本，与现金持有量之间无明显数量关系，因此，运用成本分析模式确定最佳现金持有量时，只考虑因持有一定量的现金而产生的机会成本及短缺成本，而不予考虑管理成本。

现金持有总成本＝机会成本＋短缺成本　　　　　　　　　　　　（8-2）

（3）确定最佳现金持有量的图示。

从图8-6可以看出，由于各项成本同现金持有量的变动关系不同，使得总成本线呈抛物线形，抛物线的最低点，即为成本最低点，该点所对应的现金持有量便是最佳现金持有量。

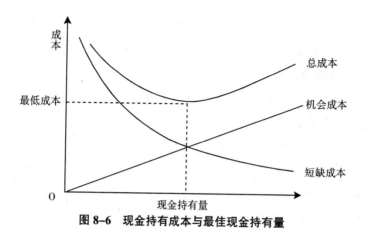

图8-6 现金持有成本与最佳现金持有量

（4）运用成本分析模式确定最佳现金持有量的步骤。

第一步，根据不同现金持有量测算并确定有关成本数值；

第二步，按照不同现金持有量及有关成本资料编制最佳现金持有量测算表；

第三步，在测算表中找出总成本最低的现金持有量，即最佳现金持有量。

【例8-1】某公司有四种现金持有方案，各方案有关成本资料如表8-1所示。

表8-1 某公司现金持有备选方案表

单位：万元

项目	方案 A	方案 B	方案 C	方案 D
现金持有量	15000	25000	35000	45000
机会成本率（%）	10	10	10	10
短缺成本	8500	4000	3500	0

要求：计算该公司的最佳现金持有量。

根据表8-1编制公司最佳现金持有量测算表，见表8-2。

表8-2 公司最佳现金持有量测算表

单位：万元

方案及现金持有量	机会成本	短缺成本	总成本
A（15000）	15000 × 10% = 1500	8500	10000
B（25000）	25000 × 10% = 2500	4000	6500
C（35000）	35000 × 10% = 3500	3500	7000
D（45000）	45000 × 10% = 4500	0	4500

通过表 8-2 分析比较各方案的总成本可知，D 方案的总成本最低，因此，45000 万元为最佳现金持有量。

2. 鲍莫尔模式

鲍莫尔模式（Baumol Model）又称存货模式，这一模式最早由美国学者 William. J.Baumol 于 1952 年提出。他认为企业现金持有量的确定与存货的持有量具有相似之处，可以借鉴存货经济订货批量模型来确定现金持有量，并以此为出发点，建立了鲍莫尔模式。

在鲍莫尔模式中，假设收入是每间隔一段时间发生的，而支出是在一段时间内均衡发生的。在此期间内，企业可通过有价证券获得现金。可用图 8-7 加以说明。

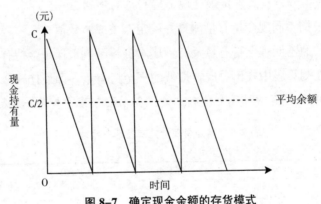

图 8-7　确定现金余额的存货模式

在图 8-7 中，假设企业初始现金 C 元，由于现金流入的速度小于现金流出的速度，一段时间后企业现金余额下降为零，此时，企业可以通过出售价值 C 元的有价证券补充现金。随后，当现金余额再次下降为零时，企业再次出售价值 C 元的有价证券。这一过程不断重复。

鲍莫尔模式的目的就是要确定总成本最低时的现金持有量 C，此时即为最佳现金持有量。影响现金持有量的成本主要有两个：一是现金持有成本，二是现金转换成本。现金持有成本是企业由于持有现金而放弃了对外投资的收益，其实质是一种机会成本。它与现金持有量呈同方向变化，大小取决于机会成本率（通常可用有价证券利率来代替）。现金转换成本是将现金转换成有价证券以及将有价证券转换成现金的成本，如手续费、印花税以及其他费用等。这种费用只与交易次数有关，而与持有现金数量无关。

由于持有成本与持有量有关，在企业现金需要量一定时，现金持有量越大，持有成本越高，但转换次数就少，相应转换成本就低；如果降低现金持有量，持有成本可以降低，但转换次数就增多，转换成本也就相应升高。两者关系可用图8-8表示。两种成本总计最低条件下的现金持有量即为最佳持有量。

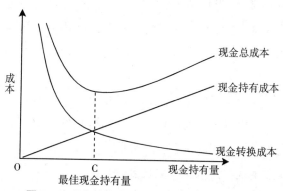

图8-8 现金持有成本与转换成本的关系示意图

假设：T为总成本；b为每次转换费用；A为一定时期现金需求总量；r为有价证券利率；C为最佳现金持有量，则持有现金的总成本的计算公式为：

总成本=持有成本+变现成本 (8-3)

即：

$$T=(C/2)\times r+(A/C)\times b \qquad (8-4)$$

为了求出总成本最低时的现金持有量，对公式（8-4）中的C求导，并令其等于零，即可求得最佳现金持有量。公式为：

$$C=\sqrt{\frac{2Ab}{r}} \qquad (8-5)$$

最佳现金持有量下的最小现金持有成本为：

$$T=\sqrt{2Abr} \qquad (8-6)$$

【例8-2】 某企业现金收支状况比较稳定，预计全年需要现金1800000元，现金与有价证券的转换成本每次为800元，有价证券的年利率为5%。则该企业的最佳现金持有量为：

$$C=\sqrt{2\times1800000\times800/5\%}=240000 \text{（元）}$$

最佳现金持有量下的最小现金持有成本为：

$$T = \sqrt{2 \times 1800000 \times 800 \times 5\%} = 12000 \ (元)$$

其中：

持有现金成本 = $(240000/2) \times 5\% = 6000$ （元）

有价证券转换次数 = $1800000/240000 = 7.5$ （次）

转换成本 = $7.5 \times 800 = 6000$ （元）

存货模式可以精确计算出最佳现金持有量和变现次数，界定了现金管理中基本的成本结构，对企业加强现金管理有一定的作用。但存货模式存在着明显的局限性。

首先，该模式假设企业支出率不变，即现金支出均匀发生，而实际上，由于到期日的不同及无法对成本进行准确预测，支出率是变动的。

其次，该模式假设计划期内未发生现金收入。事实上，绝大多数企业在每一个工作日内都将既发生现金流入也发生现金流出。

最后，没有考虑安全现金库存。为了降低现金短缺或耗尽的可能性，需要有一个安全现金库存。

总之，存货模式是以持有成本易于预测为前提条件，只有在上述因素比较确定的情况下，才能使用此方法，否则，测算出来的持有量没有使用价值。

3. 米勒—奥尔模式

米勒—奥尔模式（Miller-Orr Model）又称随机模式。它是美国经济学家默顿·米勒（Mertor Miller）和丹尼尔·奥尔（Deniel Orr）于 1996 年首次提出的。随机模式假设：公司每日的净现金流量是一个随机变量，其变化近似地服从正态分布。随机模式是在现金需求量难以预知的情况下，对现金持有量进行控制的方法。对企业来讲，现金需求量往往波动大且难以预知，但企业可以根据历史经验和现实需要，测算出一个现金持有量的控制范围，即制定出现金持有量的上限和下限，将现金持有量控制在上下限之内，如图 8-9 所示。

当现金量达到上限时，用现金购入有价证券，使现金持有量下降；当现金量降到控制下限时，则抛售有价证券换回现金，使现金持有量回升。若现金量在控制的上下限之内，便不必进行现金与有价证券的转换，保持它们各自的现有存量。

与鲍莫尔模式相同的是，米勒—奥尔模式也是依赖于转换成本和持有成本，且每次转换有价证券的成本是固定的，每次持有现金的机会成本也是有价证券的日利率；所不同的是，交易次数是一个随机变量，根据每次现金流入与流出量的

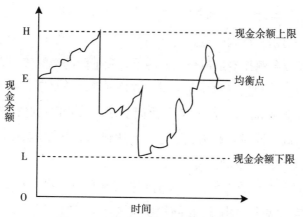

图 8-9　现金余额的随机波动示意图

不同而发生变化。因而，对于 E 线最佳现金余额的确定，仍是依据两种成本之和最低的原理，并考虑现金余额可能的波动幅度。其计算公式为：

最佳现金持有量：

$$E = \sqrt[3]{\frac{3b\sigma^2}{4r}} + L \tag{8-7}$$

其中，b 代表变现成本；σ^2 代表每日净现金流量方差；r 代表有价证券的日利率。

上限：

$$H = 3E - 2L = L + 3 \times \sqrt[3]{\frac{3b\sigma^2}{4r}} \tag{8-8}$$

下限 L 取决于模型之外的因素，其数额由现金短缺成本、企业融资能力、风险承受能力等共同决定。

【例 8-3】假设根据现金流动性要求和有关补偿性余额的协议，某公司的最低现金余额为 8000 元，根据历史资料测算出的每日现金余额波动的标准差为 1000 元，有价证券年利率为 10%，每次有价证券转换的交易成本为 80 元，一年按 360 天计算。

要求：根据上述资料确定该公司的最佳现金余额、上限（H）以及平均现金余额。

解答：

$$E = \sqrt[3]{\frac{3 \times 80 \times 1000^2}{4 \times (10\% \div 360)}} + 8000 = 6000 + 8000 = 14000 \text{（元）}$$

$H = 3 \times 14000 - 2 \times 8000 = 26000$ （元）

应用米勒—奥尔模型时应注意以下问题：

（1）目标现金余额并不是现金流量的上限和下限的中间值。它取决于每日现金余额变化的幅度、利息率的高低和每次有价证券转换交易成本的大小。

（2）目标现金余额随着 b、σ 的变化而变动，当 b 增加时，现金余额达到上下限的成本会很高；同时 σ 越大，现金余额达到上下限的次数越频繁。

（3）随着 r 增大，目标现金余额变小。

由于企业的支出是随机的，收入也无法确切预知，尽管有事前的财务预算，但实际上变化是经常的。因此，按随机模式测算出来的最佳现金持有量比较符合客观实际。当然，由于随机模式建立在企业未来现金需求总量和收入不可预测的前提下，因而计算出来的现金持有量比较保守。

三、现金收支管理

在确定最佳现金持有量之后，企业还要加强现金收支管理。提高现金收支管理效率的方法包括加速现金回收、推迟现金支付、力争现金流入与现金流出同步、合理利用"浮差"等。

1. 加速现金回收

企业应在分析收款过程所涉及的发票寄送、票据寄送、业务处理、款项到账等流程的前提下，采用银行存款箱制度和集中银行制等现金回收方法，尽可能缩短收款浮账时间。所谓收款浮账时间是指被票据邮寄流程、业务处理流程和款项到账流程所占用的收账时间的总称。

2. 推迟现金支付

企业应在不影响公司商业信誉的前提下，尽可能地推迟应付款项的支付，充分利用供货方所提供的信用优惠，积极采用集中应付账款、承兑汇票、合理利用现金浮差等手段。

3. 力争现金流入与现金流出同步

公司要合理安排供货和其他现金支出，有效地组织销售和其他现金流入，使现金流入与现金流出的波动基本一致。在此需要指出的是，合理编制现金预算，并依照现金预算中的计划安排来筹划现金流入和安排现金流出，将是现金流入与现金流出同步的重要保障。

4. 合理利用"浮差"

所谓现金浮差，是指企业账户上存款余额与银行账户上所示存款余额之间的差额。公司对外支付，开出付款支票后，会计账面上存款余额会立即减少，而银行存款余额并不立即减少，直到收款人真正从公司存款账户上将资金划走后，银行存款才减少。所以，公司账面现金余额往往与银行账户余额不等，这就产生了现金支付"浮差"。公司可以利用该浮差获取收益。同理，收款环境也会产生"浮差"，财务人员必须对这个差异有清楚的认识，正确判断企业的现金持有情况。浮差管理就是要充分利用和增大"支出浮差"，同时加快回款，减少"回收浮差"。

第三节　应收账款管理

应收账款管理是企业营运资本管理的一个重要组成部分。产生应收账款的原因主要有两个：一是企业销售和收款上的时间差。由于结算方式的原因，企业销售商品后并不能马上收到现金，而是生成应收账款。二是企业商业竞争的需要。在竞争机制的作用下，企业须以各种手段扩大销售。除了依靠产品质量、价格、售后服务、广告等之外，企业一般会实施赊销策略来增加销售收入，这样就会形成应收账款。由竞争引起的应收账款是一种商业信用，是应收账款发生的主要原因。应收账款是否正常，既反映了企业的销售状况，也反映了企业现金的收款能力和营运资本的周转利用水平。

一、应收账款的成本与管理目标

应收账款是在企业经营过程中自然而然产生的，是企业流动资产的重要组成部分，严格控制应收账款的持有成本是企业持续经营的基本保障。

1. 应收账款的成本

持有应收账款，是要付出一定的代价的，这种代价即是应收账款的持有成本。这些成本有些是实际发生的，有些却是间接发生的机会成本。应收账款的持有成本主要包括以下几种：

（1）机会成本。应收账款的机会成本是指因资金投资在应收账款而丧失的其他投资收益。赊销是企业向购货企业提供的一种商业信用，其实质上是让购货企业占用销货企业的资金，从而使销货企业无法利用这笔资金从事其他生产经营或投资活动。应收账款的机会成本并不是实际发生的成本，而主要是作为一种观念上的成本，因此，应收账款机会成本的衡量方式是多种多样的，一般可用以下公式计算：

$$机会成本 = 应收账款占用资金 \times 资本成本率（或投资报酬率）$$

$$= （年赊销收入/360）\times 应收账款平均收账期 \times 变动成本率 \times$$

$$机会成本率 \tag{8-9}$$

（2）管理成本。应收账款的管理成本是指企业为管理应收账款而相应发生的开支。包括从应收账款发生到收回期间所有与应收账款管理有关的费用。主要包括：①调查客户信用状况的费用；②收集信用信息，分析潜在客户信用状况的费用；③应收账款簿记费用；④应收账款收账及催收费用；⑤其他费用。

管理成本一般相对稳定，在应收账款低于一定规模时是基本固定的，只有在应收账款的规模超过一定程度后，才会跳跃到一个新的水平，然后再维持其固定状态。管理成本的高低，一般根据企业历史资料统计而定，但一般会把管理成本中的收账费用单独作为一个成本项目来处理，主要是因为收账费用最不容易确定。当客户信用状况良好时，开支比较稳定，而一旦客户信用状况不良时，就会花费很大的代价来催讨这些款项，此时开支就非常大了。

（3）坏账成本。应收账款的坏账成本是指企业持有的应收账款因故不能收回而造成的损失。这是企业持有应收账款最大的一种风险，不但不能取得收入和实现利润，而且连成本都不能收回。坏账成本的高低与客户的信用状况有直接关系，而又与企业的管理水平相关。企业管理水平高，对客户信用状况的调查全面、仔细，对客户的监督和催讨有力，则发生坏账损失的概率就低；反之，就高。坏账成本一般是通过坏账损失率与赊销收入来测算的。

$$坏账成本 = 赊销收入 \times 坏账损失率 \tag{8-10}$$

2. 应收账款管理的目标与内容

应收账款具有两面性，一方面企业通过提供商业信用，采取赊销、分期付款等销售方式，可以扩大销售收入、增加利润；另一方面较高的应收账款会导致较高的成本发生，会影响企业资金的流动性和利用效率。因此，应收账款的管理目标在于：通过应收账款管理扩大销售收入、提高竞争能力，同时，尽可能降低在应收账款上的投资成本，并提高资金流动性。

为达到应收账款的管理目标，须完成以下几个方面的工作内容：①确定信用政策。包括信用标准、信用条件、信用额度等。②收集信用资料。一般来自财务报表、客户的信用等级和信用报告、银行掌握的客户信用状况等。③控制信用规模。根据客户的信用状况作出给予信用的决策，并确定其额度。④实行信用监督。根据给予客户的信用额度和信用期限，监督其履行情况。

二、信用政策的制定

信用政策是指企业在采用信用销售方式时，为了对应收账款投资进行规划和控制而确定的基本原则与行为规范。包括信用标准、信用条件和信用额度三个方面。

1. 信用标准

信用标准是指企业对客户提供商业信用时，对客户资信情况进行要求的最低评判标准。通常以预期的坏账损失率作为制定的依据。信用标准宽，可以扩大销售额，但会相应增加坏账损失和应收账款的机会成本；信用标准严，可以减少坏账损失和应收账款的机会成本，但不利于扩大销售，甚至会减少销售额。因此，信用标准的管理，就是在宽与严之间进行权衡，实质上就是在应收账款成本与收益之间寻求平衡。它的关键是估计客户拖延付款或拒付而给企业带来坏账损失的可能性。

（1）影响信用标准的因素。

1）同行业竞争对手的情况。在产品品种、质量、价格等因素基本相同的情况下，如果竞争对手实力很强，就需采取较低（相对于竞争对手）的信用标准；反之，信用标准可以相应严格一些。

2）企业承担违约风险的能力。当企业具有较强的违约风险承担能力时，就可以以较宽的信用标准争取客户，扩大销售；反之，如果企业承担违约风险的能力比较低，就只能选择严格的信用标准以尽可能降低违约风险。

3）客户的资信程度。客户的资信程度高，信用标准可以低些；客户的资信程度低，信用标准就要高些。

（2）信用标准的确定。企业应对增加的利润和增加的坏账损失的机会成本进行权衡，从而确定较为合理的信用标准。信用标准的确定一般包括几个步骤：

1）设定基本信用标准。在设定基本信用标准时，要求企业根据客户信用资料，以一组具有代表性、能够说明付款能力和财务状况的指标作为评价信用优劣的数量标准。一般是根据数年内的历史数据，找出信用好、一般与差的平均值，并以此作为衡量和比较客户信用状况的标准。

【例8-4】某企业设定的基本信用标准如表8-3所示。

表8-3　企业基本信用标准

指标	信用状况		
	好	一般	差
流动比率	2以上	1.5~2	1.5以下
速动比率	1以上	0.7~1	0.7以下
现金比率	0.4以上	0.2~0.4	0.2以下
利息保障倍数	6倍以上	2~6倍	2倍以下
资产负债率	35%以下	35%~55%	55%以上
应收账款周转率	12次以上	7~12次	7次以下
存货周转率	5次以上	3~5次	3次以下
总资产报酬率	35%以上	20%~35%	20以下
赊购付款履约状况	及时	偶有短期拖欠	经常拖欠

2）利用设定的基本信用标准，对客户进行信用风险评估。根据各指标值确定客户信用状况，然后根据信用状况计算各项指标的坏账损失率，最后将各项指标的坏账损失率累加，即为该客户的累计坏账损失率。

【例8-5】某客户的各项指标值及累计坏账损失率如表8-4所示。

表8-4　客户信用计算表

指标	指标值	信用状况	坏账损失率	累计坏账损失率
流动比率	2.2	好	0	
速动比率	0.8	一般	2%	
现金比率	0.3	一般	2%	
利息保障倍数	7	好	0	
资产负债率	40%	一般	2%	8%
应收账款周转率（次）	10	一般	2%	
存货周转率（次）	6	好	0	
总资产报酬率	36%	好	0	
赊购付款履约状况	及时	好	0	

信用评估的方法：某客户的某项指标值在信用好的范围内，其预计坏账损失率为 0；在一般范围内，其预计坏账损失率为 2%；在差的范围内，其预计坏账损失率为 4%。

通过上述方法，企业可以得出每一个客户的预计坏账风险程度，如上述企业的最终预计坏账损失率为 8%。

3）进行风险排队，确定各客户的信用等级。企业信用管理人员，可按照客户的累计预计坏账损失率由小到大进行排队，然后，结合企业承受违约风险的能力和市场竞争的需要，划分客户的信用等级，如表 8-5 所示。

表 8-5 客户信用等级表

累计预计坏账损失率	信用等级
小于 5%	A
5%~10%	B
10% 以上	C

企业对于不同信用等级的客户，分别采取不同的信用政策，包括拒绝或接受客户信用订单，以及给予不同的信用优惠条件或附加某些限制条款等。

2. 信用条件

信用条件是指企业要求客户支付赊销款项的条件，包括信用期限、折扣期限和现金折扣。如"2/10，n/30"是一项信用条件，它规定如果在发票开出后 10 天内付款，可享受 2% 的折扣；如果不想取得折扣，这笔货款必须在 30 天内付清。这里信用期限是 30 天，折扣期限是 10 天，现金折扣率为 2%。提供优惠的信用条件能增加销售收入，但也会增加成本，因此，确定信用条件也要考虑成本与收益的关系。其评价标准是，给予信用条件后，扩大销售收入所增加的收益大于所增加的成本即可。信用条件一般按行业惯例确定。如需要更改信用条件，可采用专门方法进行评估。

（1）信用期限。信用期限是指企业为客户规定的最长付款期限，给予信用期限的目的在于扩大销售收入。信用期限的长短，与销售收入、应收账款、坏账损失都密切相关。信用期限越长，表明企业给予客户的信用条件越优越，它促使企业销售收入增长，但是，应收账款的成本和坏账损失也随之增加。必须将边际收益和边际成本两者加以比较，才能决定信用期限延长或缩短。合理的信用期限应视本身的生产能力和销售情况而定。例如经济繁荣时期，市场需求量大，同业竞争不激烈，产量平稳，此时缩短信用期限，不仅对企业的净收益率没有影响，而且还可以减少应收账款的成本、费用和坏账损失；相反，经济萧条时期，为了能刺激销售，应当延长信用期限，虽然应收账款成本和费用、坏账损失加大，但是，企业只有拓展销售，才能维持正常经营。

（2）折扣期限与现金折扣。折扣期限是指客户规定的可享受现金折扣的付款时间。现金折扣是在客户提前付款时给予的优惠。企业给予折扣期和折扣率，其目的在于加速回收应收款项。企业在给予客户现金折扣时，如果折扣率过低，无法产生激励客户提早付款的效果；折扣率过高，企业成本也相应升高。企业能否提供现金折扣，主要取决于提供现金折扣、减少应收账款投资所带来的收益是否大于提供现金折扣所付出的代价。因此在评价上，只要给予折扣后成本的节约大于折扣的支出，则方案可行。

【例 8-6】某企业预测的年度赊销收入净额为 2400 万元，其信用条件是：N/30，变动成本率为 65%，资金成本率（或有价证券利息率）为 20%。假设该企业收账政策不变，固定成本总额不变。该企业准备了三个信用条件的备选方案：A：维持 N/30 的信用条件；B：将信用条件放宽到 N/60；C：将信用条件放宽到 N/90。各备选方案估计的赊销水平、坏账百分比和收账费用等有关数据如表 8-6 所示。

表 8-6　信用条件备选方案表

单位：万元

项目	A（N/30）	B（N/60）	C（N/90）
年赊销额	2400	2640	2800
应收账款周转率（次）	12	6	4
应收账款平均余额	2400/12 = 200	2640/6 = 440	2800/4 = 700
应收账款占用资金	200 × 65% = 130	440 × 65% = 286	700 × 65% = 455
坏账损失率（%）	2	3	5
坏账损失	2400 × 2% = 48	2640 × 3% = 79.2	2800 × 5% = 140
收账费用	24	40	56

根据表 8-6 的资料，可计算有关指标如表 8-7 所示。

根据表 8-7 的资料，在 A、B、C 三个方案中，B 方案（N/60）的获利最大，它比 A 方案（N/30）增加收益 5.6 万元；比 C 方案（N/90）增加收益 54.6 万元。因此，在其他条件不变的情况下，B 方案最佳。

表 8-7 信用条件分析评价表（1）

单位：万元

项目	A（N/30）	B（N/60）	C（N/90）
年赊销额	2400.0	2640.0	2800.0
变动成本	2400×65%=1560.0	2640×65%=1716.0	2800×65%=1820.0
信用成本前收益	840.0	924.0	980.0
信用成本			
机会成本	130×20%=26.0	286×20%=57.2	455×20%=91.0
坏账损失	48.0	79.2	140.0
收账费用	24.0	40.0	56.0
小计	98.0	176.4	287.0
信用成本后收益	742.0	747.6	693.0

应收账款占用资金有三种计算方法：

a. 应收账款占用资金＝应收账款平均余额＝日销售额×平均收账期

b. 应收账款占用资金＝应收账款平均余额×销售成本率＝日销售额×平均收账期×销售成本率

即：应收账款占用资金不应以应收账款平均余额计算，而应以应收账款中所含的产品销售成本计算，因为只有产品销售成本才是企业垫付的资金。

c. 应收账款占用资金＝应收账款平均余额×变动成本率＝日销售额×平均收账期×变动成本率

即：应收账款占用资金不应以应收账款平均余额计算，而应以应收账款中所含的产品变动成本计算。因为只有变动成本才是付现成本，才会占用企业的流动资金。

【例 8-6】按第三种计算方法进行计算。

【例 8-7】仍按【例 8-6】的资料，如果该企业选择了 B 方案，但为了加速应收账款的回收，决定将赊销条件改为"2/10，1/20，N/60"（D 方案）。估计约有 60% 的客户（按赊销额计算）会利用 2% 的折扣；15% 的客户会利用 1% 的折扣。坏账损失降为 2%，收账费用降为 30 万元。根据上述资料，有关指标可计算如下：

应收账款周转期＝60%×10+15%×20+25%×60=24（天）

应收账款周转率＝360/24=15（次）

应收账款平均余额＝2640/15=176（万元）

应收账款占用资金 $= 176 \times 65\% = 114.4$（万元）

应收账款机会成本 $= 114.4 \times 20\% = 22.88$（万元）

坏账损失 $= 2640 \times 2\% = 52.8$（万元）

现金折扣 $= 2640 \times (2\% \times 60\% + 1\% \times 15\%) = 35.64$（万元）

根据以上资料，可编制表 8-8。

表 8-8　信用条件分析评价表（2）

单位：万元

项目	B（N/60）	D（2/10，1/20，N/60）
年赊销额	2640.00	2640.00
减：现金折扣	—	35.64
年赊销净额	2640.00	2604.36
减：变动成本	1716.00	1716.00
信用成本前收益	924.00	888.36
减：信用成本		
应收账款机会成本	57.20	22.88
坏账损失	79.20	52.80
收账费用	40.00	30.00
小计	176.40	105.68
信用成本后收益	747.60	782.68

根据表 8-8 的资料，在 B、D 两个方案中，D 方案的获利最大，它比 B 方案增加收益 35.08 万元；因此，在其他条件不变的情况下，D 方案最佳。

3. 信用额度

企业在确定每个客户的信用标准和信用条件后，还需要为客户确定适当的信用额度。信用额度是指企业根据其经营情况、每一客户的信用状况和偿付能力而给予客户的最大赊销金额。在规定的一段时间内，客户可以循环使用该金额。企业信用额度制定包括以下两个方面：

（1）企业总体信用额度。企业总体信用额度是企业一个年度内给予客户信用的总额度。即每个客户信用额度之和，不能突破这个总额度。确定信用总额度时要考虑的因素包括：①企业的资本实力；②企业的销售政策；③企业的最佳生产规模；④企业的库存量；⑤企业外部的竞争对手。

企业在充分考虑上述因素后，确定能够对客户发放的最大信用额度。

（2）具体客户的信用额度。具体客户的信用额度是根据企业的信用政策，结合客户的资信度而授权给予的信用限额。信用额度在一定程度上反映了企业的实力，以及为客户承担的机会成本和坏账风险。信用额度过低，将影响企业的赊销规模；但信用额度过高，会加大企业的赊销成本和风险。因此，企业应根据自身情况和市场环境，在总体信用额度下，根据各个客户的资信度确定其信用额度。主要有以下制定方法：①收益与风险对等法。根据客户的全年采购量，测算全年在该客户处可获取的赊销收益，以该收益作为授予该客户的信用额度。②营运资本净额比例法。根据客户营运资本净额的一定比例，来确定授予客户的信用额度。③清算价值比例法。根据客户在无力偿债而破产清算时的可变现价值的一定比例，来确定授予客户的信用额度。

企业确定客户的信用额度后，还必须根据客户情况的变动作出调整，使之合理化。

三、应收账款的日常管理

1. 客户的信用调查

对客户的信用评级是应收账款日常管理的重要内容。只有正确、客观地评价客户的信用状况，才能制定合理的信用政策，而要合理评价客户的信用，必须对客户进行调查，取得信用信息。一般可以通过以下途径获取客户信用信息：

（1）直接调查。这里是指企业调查人员与被调查客户直接接触，通过当面采访、询问、观看、记录等方式获取信用资料的一种方法。

（2）间接调查。这里是指对被调查客户或其他有关单位的相关原始记录和核算资料进行加工整理，以获取信用资料的一种方法。这些资料的来源包括内部信息来源和外部信息来源。

内部信息来源包括：①顾客的信用申请书以及所附的参考资料；②老客户以往的付款记录；③销售人员以及其他员工所提供的客户信息。

外部信息来源包括：①客户公开的财务报告；②信用评估机构发布的客户的信用评估报告；③银行提供的客户资料；④财税部门、行业协会、工商管理部门、证券监管部门等机构所发布的涉及客户的信息，以及报纸、杂志等媒体所披露的有关客户的信息等。

2. 客户的信用评级

信用评级的方法很多，基本的方法有两种：一是经验判断法；二是客观评估法。客观评估法利用数据量化客户的信用状况，但有些因素是无法用数据来量化的，这就需要用经验判断法来衡量。因此两者应该相互补充、取长补短。

（1）5C 评估法。5C 评估法是经验判断法的运用。所谓 5C 评估法是指重点分析影响信用的五个方面的一种方法。由于这五个方面英文的第一个字母都是 C，故称为 5C 评估法。具体包括以下方面：

1）品德（Character）。这里是指客户履行其偿债义务的态度。这是决定是否给予客户信用的首要因素，也是 5C 中最为主要的因素。

2）能力（Capacity）。这里是指客户的偿付能力。能力的高低取决于资产特别是流动资产的数量、质量（变现能力）及其与流动负债的比率关系。

3）资本（Capital）。这里是指客户的经济实力与财务状况的优劣。资本是客户偿付债务的最终保证，表明客户可能偿还债务的背景。主要是通过有关财务比率，如流动比率、负债比率、利息保障倍数等来分析，特别强调其有形资产净值。

4）抵押品（Collateral）。这里是指客户能否为商业信用提供可作为资金安全保证的资产。如有则对顺利收回账款比较有利。

5）条件（Conditions）。这里是指不利经济环境对客户偿付能力的影响及客户是否具有较强的应变能力。

通过以上五个方面的分析，综合判断其客户的信用状况，为是否向客户提供商业信用提供依据。

（2）信用评分法。信用评分法是客观评估法的一种运用，是指对反映客户信用质量的各种指标进行评分，然后采用一定的权数进行加权平均，得出客户综合的信用分数，并以此进行信用评估的一种方法。其基本公式为：

$$Z = a_1x_1 + a_2x_2 + a_3x_3 + \cdots + a_nx_n = \sum_{i=1}^{n} a_ix_i \tag{8-11}$$

其中，Z 代表信用分数；a_i 代表第 i 个信用指标的权重；x_i 代表第 i 个信用指标的数值。

【例 8-8】宏达公司对客户兴隆实业公司进行信用评估，其资料及评估如表 8-9 所示。

在采用信用评分法进行信用评估时：

分数在 80 分以上，说明企业信用状况良好。

分数在 60~80 分，说明信用状况一般。

分数在 60 分以下，则说明信用状况较差。

表 8-9　兴隆实业公司信用评估表

项目	财务比率和信用品质	分数（x_i）（0~100）	预计权数（a_i）	加权平均数（$a_i x_i$）
	①	②	③	④ = ② × ③
流动比率	1.90	90	0.20	18.00
资产负债率	50%	85	0.10	8.50
销售净利率	10%	85	0.10	8.50
信用评估等级	AA	85	0.25	21.25
付款历史	尚好	75	0.25	18.75
企业未来预计	尚好	75	0.05	3.75
其他因素	好	85	0.05	4.25
合计	—	—	1.00	83.00

信用评分法是一种运用广泛的统计方法，使用这一方法的关键有两个：一是分数的确定，在一些指标转化成分数时，会受主观和客观因素的影响；二是权数的确定，每项因素影响的程度是不同的，所以在确定权数时也会受主观和客观因素制约。因此，在实际使用中，要不断地收集大量的数据，并进行对比，同时，还要结合一些非计量因素，调整其变量因子。

3. 应收账款追踪分析

应收账款一旦发生，企业就必须考虑如何按期足额收回的问题。要达到这一目的，企业就有必要在收账之前，对该项应收账款的运行过程进行追踪分析。

（1）应收账款账龄分析。企业已发生的应收账款时间有长有短，有的尚未超过收款期，有的则超过了收款期。一般来讲，拖欠时间越长，款项收回的可能性越小，形成坏账的可能性越大。对此，企业应实施严密的监督，随时掌握回收情况。实施对应收账款回收情况的监督，可以通过编制账龄分析表进行。

账龄分析表是一张能显示应收账款在外天数（账龄）长短的报告。

【例 8-9】宏达公司 20×5 年 6 月 30 日对企业应收账款进行追踪分析，对所有应收账款账户进行账龄分析，有关资料及分析情况如表 8-10 所示。

（2）销售变现天数——DSO 分析。DSO 即销售变现天数（Days Sales Outstanding，简称 DSO），表示每笔应收账款的平均回收天数，即把赊销转化为现金所需要的时间。DSO 指标表示，不管与客户签订的赊销合同规定的信用期限有多长，实际收回所有应收账款平均需要的天数。DSO 反映了客户的信用实际履行状

表 8-10　宏达公司账龄分析表

单位：千元

应收账款账龄		账户数（个）	百分率（%）	金额	百分率（%）
信用期内		100	43.29	600	60
超信用期间	1 个月内	50	21.65	100	10
	2 个月内	20	8.66	60	6
	3 个月内	10	4.33	40	4
	6 个月内	15	6.49	70	7
	12 个月内	12	5.19	50	5
	18 个月内	8	3.46	20	2
	24 个月内	16	6.93	60	6
	合计	131	56.71	400	40
总计余额		231	100	1000	100

况，预示坏账发生可能性，同时，还可以衡量企业相比于竞争对手销售成本高低，从而为调整信用政策提供第一手资料。在实际运用中，DSO 通常使用季度平均法，其计算公式为：

DSO =（账面上前三个月应收账款总额/该季度赊销总额）×该季度的天数

$$(8-12)$$

【例 8-10】宏达公司通常在赊销合同上给予客户 45 天的信用期限，在该公司的收账记录上，截至 20×5 年 10 月 1 日，公司在第二季度的应收账款情况是：7 月未收的账款有 15 万元；8 月未收的有 16 万元；9 月未收的有 17 万元。该季度赊销总额为 68 万元。该季度总天数为 92（31+31+30）天。则：

DSO =［(15+16+17)/68]×92=65（天）

表明该公司尽管给予客户平均 45 天的信用期，但公司的应收账款实际需要 65 天才能收回。货款拖欠情况还是比较严重的。公司在应收账款履约监督上，还要加强管理。

此外，企业也可以测算同行业的 DSO。如果企业低于行业 DSO 水平，则企业相对处于市场竞争的有利地位。如企业日销售额为 4 万元，DSO 为 60 天。行业平均 DSO 为 72 天，则企业就比同级别的竞争对手多出 48［(72-60)×4］万元流动资金。假定机会成本率为 10%，企业可以节约 4.8（48×10%）万元资本成本。

第四节　存货管理

存货是指企业在生产经营过程中为销售或耗用而储存的各种有形资产。存货包括各种原材料、燃料、包装物、低值易耗品、委托加工材料、在产品、产成品和库存商品等。存货管理在整个投资决策中居于举足轻重的主体地位。这是因为存货是联系产品的生产和销售的重要环节，存货控制或管理效率的高低，直接反映并决定着企业收益、风险、流动性的综合水平。而对大多数企业来说，存货在营运资本中往往占有较大的比重，因此，它是企业营运资本管理的重要部分。

一、存货的功能、成本与管理目标

存货是企业生产或销售所需的物资，对企业的日常经营及长期发展均具有重要意义。

1. 存货的功能

如果工业企业能在生产投料时随时购入所需的原材料，或者商业企业能在销售时购入所需商品，就不需要存货。但实际上，企业总有储备存货的需要，并因此而占用或多或少的资金。这种存货的需要主要是基于以下原因：

（1）保证生产或销售的经营需要。实际上，企业很少能做到随时购入生产或销售所需的各种物资，即使是市场供应充足、计划控制十分严密的物资也是如此。因为市场供应有可能断档，运输途中也会出现故障，计划也有可能失误。

（2）增加生产经营弹性。原材料存货可以增加企业采购弹性，如果没有它，企业的原材料采购必须严格地与生产保持高度一致；处于不同生产阶段之间的存货有助于企业的生产协调与资源利用；产成品存货也可以使企业在生产安排和市场营销方面具有弹性。

（3）出于优惠价格的考虑。一般来讲，零购物资的价格往往较高，而整批购买物资在价格上常有优惠。但是，过多的存货需要占用较多的资金和承担较多的资本成本，并且会增加包括仓储费、保险费、维护费和管理人员工资在内的各项开支。

2. 存货的成本

与存货储备有关的成本主要包括以下几类：

（1）取得成本。取得成本是指为取得某种存货而支出的成本，通常用 Ta 来表示。其下又可进一步分为订货成本和购置成本。

1）订货成本。订货成本是指取得存货订单的成本，如办公费、差旅费、邮资、电报、电话等费用支出，通常用 Tb 来表示。订货成本有一部分与订货次数无关，如常设采购机构的基本开支等，称为订货的固定成本，用 F_1 表示。另一部分与订货次数有关，如差旅费、邮资等，称为订货的变动成本。每次订货的变动成本用 P 表示；订货次数等于存货年需求量 A 与每次进货量 Q 之商。订货成本的计算公式为：

$$Tb = F_1 + P \times (A/Q) \tag{8-13}$$

2）购置成本。购置成本是指存货本身的价值，一般用数量与单价的乘积来确定。如果年需要量用 A 表示，单价用 U 表示，于是购置成本为 $A \times U$。

订货成本加上购置成本，就等于存货的取得成本，其公式为：

$$Ta = F_1 + \frac{A}{Q}P + AU \tag{8-14}$$

（2）储存成本。储存成本是指保持存货而发生的成本，包括存货占用资金应计的利息、仓库费用、保险费用、存货破损和变值损失等。通常用 Tc 表示。

储存成本可以分为固定成本和变动成本。固定成本与存货数量的多少无关，如仓库折旧、仓库职工的固定工资等，常用 F_2 表示。变动成本与存货的数量有关，如存货资金的应计利息、存货的破损和变值损失、存货的保险费用等，其单位变动成本可用 C 表示。由此，用公式表达的储存成本如下：

$$Tc = F_2 + C \times Q/2 \tag{8-15}$$

（3）缺货成本。缺货成本是指由于存货供应中断而造成的损失，包括材料供应中断造成的停工损失、产成品库存缺货造成的拖欠发货损失和丧失销售机会的损失。如果生产企业以紧急采购代用材料解决库存材料中断之急，那么缺货成本表现为紧急采购代用材料所增加的购入成本。缺货成本用 Ts 表示。

如果用 T 表示储备存货的总成本，其计算公式为：

$$T = Ta + Tc + Ts = F_1 + \frac{A}{Q}P + AU + F_2 + \frac{Q}{2}C + Ts \tag{8-16}$$

企业存货的最优化，即是使式（8–16）中的 T 值最小。

3. 存货管理目的与内容

任何一个企业，原则上都需要有一定存货，这是由存货所固有的功能决定的。但毕竟存货占用了企业流动资本的大部分，而存货的流动性较差，会影响企业的资金周转和债务的偿还。存货管理的目的是在充分发挥存货功能的基础上，合理控制存货水平、提高资金流动性、降低存货成本。因此，存货管理实质上是在存货的成本与流动性之间进行权衡，实现成本与流动性和收益的最佳组合。

二、目标存货持有量的确定

根据存货管理的目的，企业应确定合理的存货水平，在保证生产经营的前提下，降低存货成本，提高资本流动性。

1. 经济订货批量基本模型

企业存货的最优化，就是要使存货成本最小，为此，需要确定合理的订货批量和进货时间。使存货总成本最低的订货批量叫作经济订货批量。有了经济订货批量，可以很容易地找出最适宜的进货时间。

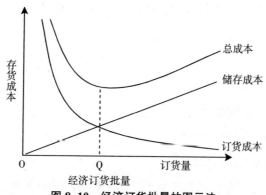

图 8–10　经济订货批量的图示法

从前述的存货成本的构成可以发现，不同的存货成本项目与订货批量呈现不同的变动关系。增加订货批量，减少订货次数，虽然有利于降低订货费用与存货短缺成本，但会提高储存成本；而减少订货批量，增加订货次数，在降低储存成本的同时，会导致订货费用与存货短缺成本的提高。由此可见，企业组织订货要解决的主要问题是如何协调各项成本之间的关系，使存货总成本保持最低水平。

经济订货批量基本模型假设：企业能够及时补充存货，即需要订货时便可立即取得存货；能集中到货，而不是陆续入库；不允许缺货，即无缺货成本；需求量稳定，并且能预测；存货单价不变，不考虑现金折扣；企业现金充足，不会因现金短缺而影响进货；所需存货市场供应充足，不会因买不到需要的存货而影响其他。

在前述假设前提下，公司不存在缺货成本。同时存货单价不变，即存货采购不管多与少，没有折扣，所以，购置成本也可以不考虑。因此，在影响存货的四个成本中，只需考虑储存成本和订购成本两个。如图 8-10 所示，储存成本随订货规模的上升而提高，而订货成本则相反，存货总成本在储存成本线与订货成本线相交的那一点达到了最小。可见，在订货成本与储存成本总和最低水平下的订货批量，就是经济订货批量。

假设：T 代表总成本，Q 代表经济订货批量，A 代表年度需求量，P 代表平均每次订货成本，C 代表单位存货年储存成本。则：

平均库存量 = Q/2

订货成本 = (A/Q) × P

总成本 $T = (Q/2) \times C + (A/P) \times P$ (8-17)

使总成本 T 最小的订货批量即为经济订货批量 Q，求 T 对 Q 的导数，得：

$T' = [(Q/2) \times C + (A/Q) \times P]' = C/2 - AP/Q^2$

令 $T' = 0$，则：

$C/2 - AP/Q^2 = 0$

经济批量 $Q = \sqrt{2AP/C}$ (8-18)

将公式（8-18）代入 $T = (Q/2) \times C + (A/Q) \times P$，得：

经济批量的成本 $T_Q = \sqrt{2APC}$ (8-19)

【例 8-11】某企业每年耗用甲材料 3600 千克，该种材料单位成本 10 元，单位年储存成本 2 元，每次订货费用 25 元。则：

$Q = \sqrt{2 \times 3600 \times 25/2} = 300$（千克）

$N = 3600/300 = 12$（次）

$T = \sqrt{2 \times 3600 \times 25 \times 2} = 600$（元）

上述计算表明，当进货批量为 300 千克时，进货成本与储存成本总额最低，此时，每次采购 300 千克的量，即为经济批量。

2. 再订货点

为了保证生产和销售的正常进行，工业企业必须在材料用完之前订货，商品流通企业必须在商品售完之前订货。那么，究竟在上一批购进的存货还有多少时，订购下一批货物呢？这就是再订货点的控制问题。

再订货点，就是订购下一批存货时本批存货的储存量，图8-11对再订货点的操作进行了直观反映。

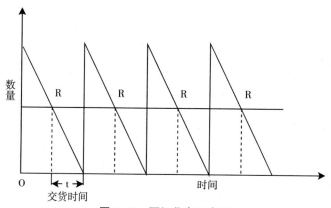

图8-11 再订货点示意图

要确定再订货点，必须考虑如下因素：①平均每天的耗用量，用d表示；②从发出订单到货物验收完毕所用的时间，以t标识。再订货点R可用下面的公式计算：

$$R = t \times d \tag{8-20}$$

【例8-12】宏达公司每天正常耗用A材料为20件，企业订货至到货期的时间一般为10天，则再订货点为：

$$R = t \times d = 10 \times 20 = 200 \text{（件）}$$

即企业在尚存200件存货时，就应当再次订货，等到下批订货到达时(再次发出订货单10天后)，原有库存刚好用完。此时，每次订货批量、订货次数、订货间隔时间等并无变化，仍然可以按照原经济订货批量进行采购。

3. 保险储备

保险储备是为防止存货短缺或供货中断造成损失而多储备的存货，这个储备存货称为保险储备。

保险储备的存在，可以减少供应短缺而造成的损失，但过多储备，势必造成资金的积压，增加储存费用；而储备量过少，又将延误生产。所以研究保险储备的目的，就是找出合理的保险储备数量，使缺货或供货中断损失和保险储备成本之和最少。由于储备成本和缺货成本之间的关系是非线性的，因而在计算保险储备量的时候，可以先计算出各不同保险储备量下的总成本，然后再对总成本进行比较，选择其中最低的总成本。

假设：缺货成本为 Ts；保险储备成本为 Tc，则：

总成本 = 保险储备成本 + 缺货成本

$$= T = Ts + Tc \tag{8-21}$$

缺货成本 $Ts = K \times S \times N$ (8-22)

保险储备成本 $Tc = B \times P$ (8-23)

其中，K 代表单位缺货成本；S 代表一次缺货量；N 代表年订货次数；B 代表保险储备量；P 代表单位存货储存成本。

$$T = K \times S \times N + B \times P \tag{8-24}$$

现实中，缺货量 S 具有概率性，取决于需求量的变化和供应量的变化，一般其概率是根据历史数据与经验估计得出；保险储备量可随选择而定。

【例 8-13】长城公司每年需求 12cm 螺纹钢 3600 千克，单位存货年储存成本 2 元，据测算单位缺货成本 4 元，每次订货成本 25 元，全年平均日需求量 10 件，平均每次订货交货时间为 10 天。交货期的存货需要量及其概率如表 8-11 所示。

表 8-11 交货期存货需要量及其概率表

需要量（10×d）	70	80	90	100	110	120	130
概率（P_i）	0.01	0.04	0.02	0.5	0.2	0.04	0.01

要求测算最佳保险储备量。

第一步：计算经济订货批量下的订货批量及再订货点。

订货批量 $Q = \sqrt{2 \times 3600 \times 25/2} = 300$（千克）

订货次数 $N = 3600/300 = 12$（次）

再订货点 $R = 10 \times 10 = 100$（千克）

第二步：计算不同保险储备量下的总成本（保险储备成本和缺货成本之和）。

（1）保险储备量 B = 0（件）。

此时：

再订货点 R＝100（件）

保险储备成本 Tc＝B×P＝0

缺货成本 Ts＝K×N×S＝4×12×3.1＝148.8（元）

其中：

缺货量 S＝（110－100）×0.2＋（120－100）×0.04＋（130－100）×0.01＝3.1（件）

总成本 T＝Ts＋Tc＝148.8＋0＝148.8（元）

（2）保险储备量 B＝10（件）。

此时：

再订货点 R＝100＋10＝110（件）

保险储备成本 Tc＝B×P＝10×2＝20（元）

缺货成本 Ts＝K×N×S＝4×12×0.6＝28.8（元）

其中：

缺货量 S＝（120－110）×0.04＋（130－110）×0.01＝0.6（件）

总成本 T＝Ts＋Tc＝28.8＋20＝48.8（元）

（3）保险储备量 B＝20（件）。

此时：

再订货点 R＝100＋20＝120（件）

保险储备成本 Tc＝B×P＝20×2＝40（元）

缺货成本 Ts＝K×N×S＝4×12×0.1＝4.8（元）

其中：

缺货量 S－（130－120）×0.01＝0.1（件）

总成本 T＝Ts＋Tc＝4.8＋40＝44.8（元）

（4）保险储备量 B＝30（件）。

此时：

再订货点 R＝100＋20＝130（件）

保险储备成本 Tc＝B×P＝30×2＝60（元）

缺货成本 Ts＝K×N×S＝0

其中：

缺货量 S＝0

总成本 T＝Ts＋Tc＝60（元）

第三步：比较选择。

比较上面不同保险储备数量的总成本，当 B=20 件时，总成本为 44.8 元，是各总成本中最低的，所以，应该确定保险储备数量为 20 件。此时，再订货点为 120 件。

上述是由于需求量变化而引起的缺货问题，也可以应用到由于延迟交货引起的缺货中去。其解决问题的原理是一样的。

三、存货日常控制

存货日常控制是指在日常生产经营活动中，根据存货计划和生产经营活动的实际要求，对各种存货的使用和周转状况进行组织、调节和监督，将存货数量保持在一个合理的水平上。常用的存货控制方法主要有以下两种：

1. ABC 控制法

ABC 控制法又称巴累托分析法、重点管理法。它是根据事物有关方面的特征，进行分类、排队，分清重点和一般，以有区别地实施管理的一种分析方法。ABC 控制法是由意大利数理经济学家、社会学家维尔雷多·巴累托首创。1951年，管理学家戴克将其应用于库存管理，定名为 ABC 控制法。ABC 控制法的基本原理可概括为"区别主次，分类管理"。它是将企业各种存货按重要性程度分为 A、B、C 三类（或更多）区别对待，分别实行按品种重点管理，按类别一般控制和按总额灵活掌握。其关键在于区别关键的少数和次要的多数。

进行存货分类的标准有两个：一是金额标准；二是数量标准。其中金额标准是主要的，数量标准作为参考。

ABC 控制法的运用步骤如下：

（1）收集数据。收集存货相关的销售量、物品单价等数据。

（2）计算整理。对收集的数据进行加工，并按要求计算每种存货的价值总额及占全部存货金额的百分比。

（3）划分类别。根据一定分类标准，进行 ABC 分类，列出 ABC 分析表。ABC 分析表有两种形式：一种是将全部因素逐个列表的大排队式。它适用于因素数目较少的分析项目，如表 8-12 所示。另一种是对各种因素进行分层的分析表。它适用于因素数目较多，无法全部排列于表中或没有必要全部排列的情况。

A 类存货的特点是金额巨大，但品种数量较少；B 类存货的特点是金额一般，但品种数量相对较多；C 类存货的特点是金额较少，但品种数量繁多。一般而言，三类存货的金额比重大致为 A∶B∶C＝7∶2∶1；品种数量比重大致为 A∶B∶C＝1∶2∶7。

（4）绘制分析图。一般以累计品种数量百分比为横坐标，金额百分比为纵坐标，按 ABC 分析表中所列出的对应关系，在坐标图上取点，并联结各点成曲线，即绘制成 ABC 分析图，如图 8-12 所示。除利用直角坐标绘制曲线图外，也可绘制成直方图。

（5）确定重点管理。在管理上对 A 类存货，企业应按每一个品种进行管理；对 B 类存货，企业可以通过划分类别的方式进行管理；对 C 类存货，企业一般只要把握一个总金额就可以了。这样通过对存货进行分类，可以使企业分清主次，对存货进行经济、有效的控制。

ABC 分析的结果，只是理顺了复杂事物，搞清了各局部的地位，明确了重点。但是，ABC 分析的主要目的更在于解决困难，它是一种解决困难的技巧。因此，在分析的基础上必须提出解决的办法，才能真正达到 ABC 分析的目的。

【例 8-14】某企业共有 20 种材料，共占用资金 200000 元，按占用资金多少的顺序排列，根据上述原则划分成 A、B、C 三类，详见表 8-12，各类存货资金额百分比用图形表示如图 8-12 所示。

表 8-12　××企业存货分类控制

材料编号	金额（元）	金额比重（%）	累计金额比重（%）	类别	各类存货数量比重（%）	各类存货金额比重（%）
1	80000	40	40	A	10	70
2	60000	30	70			
3	15000	7.5	77.5			
4	12000	6	83.5	B	20	20
5	8000	4	87.5			
6	5000	2.5	90			
7	3000	1.5	91.5			
8	2500	1.25	92.75			
9	2299	1.1	93.85			
10	2100	1.05	94.9			
11	2000	1	95.9			
12	1800	0.9	96.8			
13	1350	0.675	97.475			

续表

材料编号	金额（元）	金额比重（%）	累计金额比重（%）	类别	各类存货数量比重（%）	各类存货金额比重（%）
14	1300	0.65	98.125	C	70	10
15	1050	0.525	98.65			
16	700	0.35	99			
17	600	0.3	99.3			
18	550	0.275	99.575			
19	450	0.225	99.8			
20	400	0.2	100			
合计	200000	100			100	100

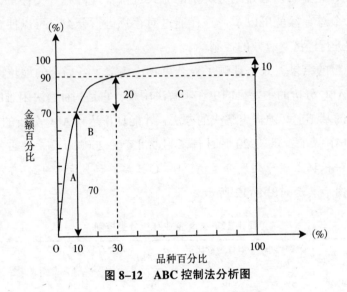

图 8-12　ABC 控制法分析图

　　企业存货通过上述划分后，A 类存货两种，占总数量的 10%，但金额却占到 70%；B 类存货四种，占总数量的 20%，金额占 20%；C 类存货十四种，占总数量的 70%，金额占 10%。因此，企业可以对 A 类存货中的 1 号、2 号材料分别进行重点管理；对 B 类存货中的四种材料，可采取大类的管理，当然，也可以分品种进行管理，关键是看数量多少；对 C 类存货中的材料，由于所占金额比重不大，可以采取总金额控制的方法来管理。这样，就可以对存货做到有效地控制。

2. 零存货管理

　　尽管可以采取多种多样的方式来解决存货管理中的问题，但是，只要持有存货，它实际上就是一种不经济的做法。所谓零存货管理，就是最大限度地降低企业存货数量，从而最大限度地节约资本，提高流动资产周转率。零存货管理是20世纪70年代，由日本丰田汽车公司提出的即时制生产方式（Just-In-Time，JIT）中一项重要内容。所谓即时制生产方式，简单地说就是将必要的原材料和零部件，以必要的数量和完美的质量，在必要的时间，送往必要的地点。生产系统如果运行在即时制生产方式的状态下，它的库存就被减至最小的程度，因此，JIT又被简称为零存货管理。在即时制生产方式下，企业的生产以顾客需求（如订单）为起点，由后向前进行逐步推移来全面安排生产任务。上一个生产步骤生产什么、生产多少、质量要求和交货时间只能根据下一生产步骤提出的具体要求而定。至于材料及零部件，只有当某一步骤需要时企业才予以购进。所以零存货管理，实质上是即时订货模式。

（1）零存货管理的作用。零存货管理作用如下：可以减少存货资金的占用，从而节省资金的占用费；可以节约仓储费用和存货损失；可以促进企业提高产品质量；可以提高劳动生产率水平。

（2）实施零存货管理的要求。

1）全员参与。全员参与是企业实施零存货管理成功的基础。只有全员上下建立"零存货"的理念，才能很好地推行此模式。

2）全面质量控制。全面质量控制是企业实施零存货管理成功的保证。在即时订货模式下，企业的存货水平很低，一旦原材料或零部件出现质量问题，就会产生企业生产停工待料的状况。

3）稳定有序的供需渠道。稳定有序的供需渠道是企业实施零存货管理成功的环境保障。企业所需施行的拉动式生产、资源的合理安排、生产量的控制都取决于市场的供需情况。如果市场需求经常剧烈波动，大起大落，就会供不应求，或者造成大量积压。

4）完善的网络系统。完善的网络系统是企业实施零存货管理成功的基本前提。企业可通过网络系统，及时掌握企业生产的需要量，及时了解市场的行情。供应商还可以进入企业的数据库，按需要及时把存货送达。

第五节　流动负债管理

流动负债包括商业信用、短期借款、短期融资券等，是企业日常周转资金的主要来源。这类资金的使用期限一般不超过一年，是企业的短期筹资，具有筹资速度快、弹性大、成本低等特点。

一、商业信用

商业信用是指商品交易中因延期付款或预收货款进行购销活动而形成的公司之间的借贷关系。其表现形式有应付账款、应付票据、预收货款和应付费用等，其中应付账款是典型的商业信用的表现形式。

1. 商业信用类型

企业因购货所获得的商业信用在存在现金折扣的情况下可分为免费信用、有代价信用和展期信用三种。其中，免费信用是指企业在折扣期内付款所享受的商业信用；有代价信用是指企业在折扣期满后的信用期内付款，以丧失现金折扣为代价所取得的商业信用；展期信用是指企业在信用期后付款，以丧失企业信用为代价所强制取得的商业信用。

有代价信用的成本，可通过放弃现金折扣的成本表示：

$$放弃折扣成本 = \frac{折扣率}{1-折扣率} \times \frac{360}{信用期 - 折扣期} \tag{8-25}$$

式（8-25）表明，放弃现金折扣的成本与折扣率的高低、折扣期限的长短成正比，与信用期限的长短成反比。

【例8-15】某企业购买一批10000元的原材料，信用条件为"2/10，n/30"。

要求：按照以下不相关情况分析商业信用的成本。

（1）企业在10天内付款。

（2）企业在第11天付款。

（3）企业在第30天付款。

（4）企业在第45天付款。

（5）企业在第 60 天付款。

解析：

（1）如果企业在 10 天内付款，是免费信用。

（2）企业在第 11 天付款：

$$放弃现金折扣成本 = \frac{2\%}{1 - 2\%} \times \frac{360}{11 - 10} = 734.69\%$$

（3）如果企业在第 30 天付款：

$$放弃现金折扣成本 = \frac{2\%}{1 - 2\%} \times \frac{360}{30 - 10} = 36.73\%$$

（4）如果企业在第 45 天付款：

$$放弃现金折扣成本 = \frac{2\%}{1 - 2\%} \times \frac{360}{45 - 10} = 20.99\%$$

（5）如果企业在第 60 天付款：

$$放弃现金折扣成本 = \frac{2\%}{1 - 2\%} \times \frac{360}{60 - 10} = 14.69\%$$

2. 商业信用决策

企业是否应该利用现金折扣呢？决策的主要依据如下：若企业能以低于放弃现金折扣成本的利率借入资金，则应在折扣期内用借入的资金支付货款，即应享受现金折扣，反之应放弃现金折扣；若企业在折扣期内将偿还应付账款的资金用于短期投资，所得投资收益率高于放弃现金折扣成本，应放弃现金折扣，反之应享受现金折扣。

二、短期借款

短期借款是指企业向银行以及其他非银行金融机构借入的期限在一年以内的借款。短期借款按目的和用途可分为生产周转借款、临时借款、结算借款等；按偿还方式可分为一次性偿还借款和分期偿还借款。

1. 短期借款的信用条件

按照国际惯例，短期借款的信用条件主要有：

（1）信贷限额。信贷限额是银行与企业之间的一种非正式协定，它规定了在任何一个时候企业所欠的无担保信用贷款的最高限额。信贷限额的确定，在时间上通常是每年一次，在规模上则根据对企业的信誉评价和企业的实际需要来确定，并根据这些情况的变化而适时调整。

（2）循环贷款协定。循环贷款协定是银行给予企业最高达某一信用金额的正式承诺。承诺一旦生效，只要总借款额不超过所规定的最大数额，在借款者需要的任何时候，银行都应当提供信贷。

相对于信贷限额而言，循环贷款协定通常要求借款者为限额中未被使用的部分支付承诺费。这样，可能导致借款成本上升。例如某企业与银行有循环贷款协定，在该协定下，它可按 6% 的利率一直借到 100 万元贷款，但它必须为循环贷款限额中未被使用的部分支付 0.5% 的承诺费。如果该企业在此协议下全年借款为 50 万元，那么借款的实际利率为：（30000 + 2500）/500000 = 6.5%。

（3）补偿性余额。补偿性余额是银行在收取贷款利息之外，还要求借款者按借款数额或信贷限额在银行保持一定比例的无息存款余额。如果要求借款者保持的无息存款余额高于企业通常所维持的银行存款余额，则补偿性存款余额的要求将提高企业的短期借款成本。例如，某企业按 6% 的利率借款 100 万元，银行要求比通常情况下多 10 万元的无息存款余额，则实际年利率为：$100 \times 6\% / 90 = 6.7\%$。

（4）借款抵押。银行对尚未确定信用的企业或偿债能力较低的企业贷款时，为减少损失风险，通常要求贷款企业提供抵押品。这些抵押品通常是企业的有价证券、应收账款、存货和不动产等。银行接受抵押品后，将根据抵押品的面值决定贷款金额，一般为抵押品市值的 30%~90%，具体比例的高低取决于抵押品的变现能力和银行的风险偏好。

$$实际借款利率 = \frac{名义借款利率}{1 - 名义借款利率} \times 100\%$$

抵押贷款的成本可能更高，因为：第一，银行会以收取更高利息的形式将附属担保品的监督管理成本转移给有担保借款人；第二，银行将抵押贷款看成是一种风险投资，故要收取较高的利息。

（5）偿还条件。短期借款的偿还有到期一次偿还和在借款期内定期等额偿还两种方式。一般而言，企业不希望采用第二种偿还方式，因为这样会提高企业短期借款的实际利率；与此对应，银行则不希望采用第一种方式，这样会增大银行的借款风险，同时也会降低实际借款利率。

2. 短期借款利率及其支付方式

短期借款利率包括优惠利率、浮动优惠利率和非优惠利率等。其中，优惠利率是指银行向财力雄厚、经营良好的企业贷款所收取的名义利率，它为贷款利率的最低限；浮动优惠利率是一种随市场利率变化而随时调整的优惠利率；非优惠利率是银行贷款给一般企业时所收取的高于优惠利率的利率。

短期借款利率的支付方式有收款法、贴现法和加息法三种。

（1）收款法。收款法是指借款到期时向银行支付利息的方法。

（2）贴现法。在贴现利率情况下，银行会在发放贷款的同时，先扣除贷款的贴现利息，而以贷款面值与贴现利息的差额贷给公司。因此，借款人拿到的金额低于借款面值，当然，贷款到期时也会免去利息。在以贴现利率的方式贷款时，借款人的借款成本也会高于名义利率，并且高出的程度远远大于复利贷款方式。

假定某公司以贴现方式借入 1 年期贷款 2 万元，名义利率为 12%。这时，该公司实际拿到的资金是 1.76 万元，利息是 2400 元。因此，贷款的有效利率如下：

$$实际借款利率 = \frac{利息费用}{借款金额 - 预扣利息费用} \times 100\% \tag{8-26}$$

$$= 2400 \div (20000 - 2400) \times 100\%$$

$$= 13.64\%$$

有效利率比名义利率高出 1.64 个百分点。

（3）加息法。加息法是银行发放分期等额偿还贷款时采用的利息收取方法。在该种方法下，银行要将根据名义利率计算的利息加到贷款本金上，计算出贷款的本息和，并要求借款企业在贷款期内分期等额偿还本息之和。由于贷款本息分期等额偿还，借款企业实际上只使用了平均半数借款本金，却支付了全部利息，这样企业贷款的实际利率高于名义利率大约一倍。

某公司以分期付款方式借入 2 万元，名义利率为 12%，付款方式为 12 个月等额还款。因此，全年平均拥有的借款额为 20000/2 = 10000（元）。按照 2400 元的利息，借款公司的实际成本如下：

$$实际借款利率 = \frac{利息费用}{借款总额/2} \times 100\%$$

$$= 2400 \div (20000/2) \times 100\%$$

$$= 24\% \tag{8-27}$$

这样借款成本是相当高的。

三、短期融资券

短期融资券是一种货币市场上出售的无担保、可转让的短期性票据。由于这些票据是一种货币市场工具，因此只有那种信誉十分好的企业才能用它作为短期融资来源。短期融资券可以通过两种形式发行，即委托银行或券商发行和企业自行发行。其中委托发行风险较小，但要支付一定的发行佣金；自行发行虽然不支付佣金，但风险较大。短期融资券融资的优点是成本相对较低，但具体取决于当时的市场利率水平。其缺陷是批准手续麻烦，对发行者的财务行为有一定限制，从申请发行到实际借款所需时间较长。

【课后习题】

一、重要名词与术语

1. 流动资产
2. 永久性流动资产
3. 临时性流动资产
4. 速动资产
5. 自发性负债
6. 人为性负债
7. 现金浮差
8. 信用标准
9. 5C 评估法
10. 应收账款收现保证率
11. 销售变现天数
12. 经济批量
13. 再订货点
14. 保险储备
15. ABC 控制法

二、复习思考题

1. 什么是营运资本？它由哪些内容组成？
2. 什么是流动资产投资策略？有哪些策略？
3. 什么是营运资本融资策略？有哪些策略？
4. 企业持有现金的动机是什么？
5. 企业现金管理的目的是什么？
6. 确定目标现金持有量的模式有哪些？各有什么特点？
7. 企业信用政策包括哪些内容？如何制定企业信用政策？
8. 在赊销条件下，折扣条件的运用有什么意义？
9. 信用期限是如何确定的？

10. 简述存货的功能和成本。

11. 企业如何根据经济采购批量模型确定订购批量？

12. 简述 ABC 控制法采取的步骤。

三、计算分析题

1. 假设某企业明年需要现金 8400 万元，已知有价证券的报酬率为 7%，将有价证券转换为现金的转换成本为 150 元，则最佳现金持有量和此时的相关最低总成本分别为多少？

2. 某公司每次转换有价证券的固定成本为 100 元，有价证券的年利率为 9%，日现金余额变化的标准差为 900 元，现金余额的下限为 2000 元。

要求：计算该企业的最佳现金持有量和上限值。

3. 某企业信用条件为 N/60，年赊销额为 4000 万元，公司变动成本率为 75%，客户一般信用期间为到期后 28 天付款。若一年为 365 天，则公司平均收账期为多少天？平均应收账款为多少？

4. 某公司年赊销额为 340 万元，花在收账上的费用为 6 万元，坏账损失率为 2%，平均收账期为 30 天。公司财务经理拟降低收账费用至 4 万元，这将导致坏账损失率增加到 2.5%，并使平均收账期增加到 45 天，赊销额增加至 360 万元。若公司机会成本为 13%，变动成本率为 75%。问公司是否应该减少收账费用？

5. 企业目前信用条件为 N/30，赊销额为 3000 万元，预计将信用期延长为 N/60，预计赊销额将变为 6000 万元，若该企业变动成本率为 70%，资金成本率为 10%。计算该企业应收账款占用资金有何变化？

6. 某企业目前的赊销收入为 2400 万元，变动成本率为 50%，资金成本率为 10%，目前的信用条件为 N/30，坏账损失率为 10%。该企业为增强竞争能力，又提出了 A、B 两个较为宽松的信用条件方案：A. 将信用条件改为 1/10，N/60，预计赊销收入将增加到 2800 万元，估计赊销收入的 40% 会享受现金折扣，坏账损失率将下降到 8%；B. 将信用条件改为 2/10，N/60，预计赊销收入将增加到 3000 万元，估计赊销收入的 80% 会享受现金折扣，坏账损失率将下降到 7%。

要求：

（1）通过计算说明变更信用条件是否可行。

（2）假设企业拟选用上述信用条件方案中的最优方案，其收账政策又有两种选择：第一种方案，花费收账费用 50 万元，坏账损失率将比上述最优方案再下降 1%，应收账款平均收账期比上述最优方案再缩短 1 天；第二种方案，花费收账费用 100 万元，坏账损失率将比上述最优方案再下降 1.5%，应收账款平均收账期比上述最优方案再缩短 2 天。问哪种收账政策可行？

7. 某零件年需要量 16200 件，日供应量 60 件，一次订货成本 25 元，单位储存成本 1 元/年。假设一年为 360 天。需求是均匀的，不设置保险库存并且按照经济订货量进货。

计算：

(1) 经济订货量。

(2) 最高库存量。

(3) 平均库存量。

(4) 与进货批量有关的总成本。

8. ABC 公司的一种新型产品原有信用政策为 N/30，每天平均销量为 5 个，每个售价为 750 元，平均收账天数 40 天。公司销售人员提出了新的政策，以便促销产品，新的政策包括改变信用政策为 2/10，N/50，同时以每个 600 元的价格销售，预计改变政策后每天能售出 20 个，估计 20%的客户会享受折扣，预计平均收账天数仍为 40 天。若一年按 360 天计算，企业资本成本率为 10%，每个存货的年储存成本是 100 元（其中含存货应计利息），每次订货成本为 144 元，该新型产品的每个购买价格为 500 元。

要求回答以下问题：

(1) 计算公司该产品原有和改变政策后的经济订货量为多少？最佳订货次数为多少？

(2) 若单位缺货成本为 5 元，存货从提出到到达，正常交货期为 5 天，延迟交货 1 天的概率为 0.2，延迟交货 2 天的概率为 0.1，其他均能提前或按照正常交货期送达，则合理的保险储备和再订货点为多少？

(3) 若按照 (1) 和 (2) 所确定的经济订货量和再订货点进行采购，综合判断应否改变政策？

9. 某企业每年需用甲材料 8000 件，每次订货成本为 160 元，每件材料的年储存成本为 6 元，该种材料的单价为 25 元/件，一次订货量在 2000 件以上时可获 3%的折扣，在 3000 件以上时可获 4%的折扣。

要求：计算确定对企业最有利的进货批量。

10. 已知 ABC 公司与库存有关的信息如下：①年需求数量为 30000 单位（假

设每年360天）；②购买价每单位100元；③库存储存成本是商品买价的30%；④订货成本每次60元；⑤公司希望的安全储备量为750单位；⑥订货数量只能按100的倍数（四舍五入）确定；⑦订货至到货的时间为15天。

计算：

（1）最优经济订货量为多少？

（2）存货水平为多少时应补充订货？

（3）存货平均占用多少资金？

第九章
利润与分配管理

【本章提要】

利润分配是财务管理的重要内容，一个公司的利润分配不仅会影响公司的融资决策、投资决策，而且还涉及多种利益主体之间的关系，并且会对公司股价产生重要影响。

本章主要内容包括利润的概念及其构成；利润分配的原则、程序，两种股利类型及股利发放的流程；股利无关理论及四种股利相关理论；五种股利政策的含义、优缺点及适用情况；股票分割与股票回购的概念、动机及实施方式。

【学习目标】

● 了解利润的构成

● 了解利润分配的原则、流程，掌握现金股利和股票股利的区别及其对公司的影响，熟悉股利发放过程中的重要日期

● 熟悉各种股利理论

● 掌握五种股利政策的含义、优点和缺点及适用情况

● 了解股票分割与股票回购的含义、动机及实施方式

第一节　利润的形成及其分配

利润是企业经营的目的和成果，也是企业后续发展的保障。合理的利润分配关系到所有股东的权益，也影响到企业的长期发展。

一、利润的概念及其构成

根据我国《企业会计准则》规定，利润是指企业在一定会计期间的经营成果，包括营业利润、利润总额和净利润三个部分。

1. 营业利润

营业利润是企业利润的主要来源。它是指企业在销售商品、提供劳务等日常活动中所产生的利润。

营业利润 = 营业收入 − 营业成本 − 营业税金及附加 − 管理费用 − 销售费用 − 财务费用 − 资产减值损失 + 公允价值变动收益(或 − 公允价值变动损失) + 投资收益(或 − 投资损失)　　　　　　　　　　　　　　　　　(9−1)

其中：

营业收入是指企业经营业务所确认的收入总额，包括主营业务收入和其他业务收入。

营业成本是指企业经营业务所发生的实际成本总额，包括主营业务成本和其他业务成本。

资产减值损失是指企业计提各项资产减值准备所形成的损失。

公允价值变动收益（或损失）是指企业交易性金融资产等公允价值变动形成的应计入当期损益的利得（或损失）。

投资收益（或损失）是指企业以各种方式对外投资所取得的收益（或发生的损失）。

2. 利润总额

利润总额 = 营业利润 + (营业外收入 − 营业外支出)　　　　　　　　(9−2)

其中：

营业外收入是指企业发生的与其日常活动无直接关系的各项利得。

营业外支出是指企业发生的与其日常活动无直接关系的各项损失。

3. 净利润

净利润 = 利润总额 – 所得税费用 　　　　　　　　　　　　　　　　(9–3)

其中，所得税费用是指企业确认的应从当期利润总额中扣除的所得税费用。

二、利润分配基本原则

1. 依法分配原则

企业的利润分配必须依法进行。为了规范企业的收益分配行为，维护各利益相关者的合法权益，国家颁布了相关法规，例如《公司法》、《企业财务通则》等。

2. 分配与积累并重原则

企业通过经营活动赚取收益，既要保证企业简单再生产的持续进行，又要不断积累企业扩大再生产的财力基础。恰当处理分配与积累之间的关系，留存一部分净收益以供未来分配之需，能够增强企业抵抗风险的能力，同时，也可以提高企业经营的稳定性与安全性。

3. 兼顾各方利益原则

企业的收益分配必须兼顾各方面的利益。企业是经济社会的基本单元，企业的收益分配涉及国家、企业股东、债权人、职工等多方面的利益。

4. 投资与收益对等原则

企业进行收益分配应当体现"谁投资谁受益"、收益大小与投资比例相对等的原则。

三、利润分配的一般程序

股利是指企业的股东从企业所取得的利润，以股东投资额为分配标准，包括股息和红利。股息是指优先股股东依照事先约定的比率定期提取的公司经营收益；红利则指普通股股东在分派股息后从公司提取的不定期收益。股息和红利都是股东的投资收益，统称为股利。一般来说，股份公司通常在年终结算后，将利润的一部分作为股利分配给公司的股东。企业利润分配的基础是净利润，即企业缴纳所得税后的利润。利润分配既是对股东投资回报的一种形式，也是企业内部筹资的一种方式，对企业的财务状况会产生重要影响。因此，利润分配必须依据法定程序进行。

利润分配程序是指企业根据适用法律、法规或规定，对企业一定期间实现的净利润进行分派必须经过的先后步骤。根据我国《公司法》等有关规定，企业当年实现的利润总额应按国家有关税法的规定作相应的调整，然后依法缴纳所得税。缴纳所得税后的净利润按下列顺序进行分配。

1. 弥补以前年度的亏损

按我国财务和税务制度的规定，企业发生的年度亏损，可以用下一年度的税前利润弥补；下一年度利润不足弥补的，可以在五年内用所得税前利润延续弥补；延续五年未弥补完的亏损，用缴纳所得税后的利润弥补。本年净利润加上年初未分配利润为企业可供分配的利润，只有可供分配的利润大于零时，企业才能进行后续分配。

2. 提取法定盈余公积金

根据《公司法》的规定，法定盈余公积金的提取比例为当年税后利润（弥补亏损后）的 10%。当法定盈余公积金已达到注册资本的 50%时可不再提取。法定盈余公积金可用于弥补亏损、扩大公司生产经营或转增资本，但公司用盈余公积金转增资本后，法定盈余公积金的余额不得低于转增前公司注册资本的 25%。

3. 提取任意盈余公积金

根据《公司法》的规定，公司从税后利润中提取法定盈余公积金后，经股东会或者股东大会决议，还可以从税后利润中提取任意公积金。

4. 向股东分配利润

根据《公司法》的规定，公司弥补亏损和提取公积金后所得税后利润，可以向股东（投资者）分配股利（利润），其中有限责任公司股东按照实缴的出资比例分取红利，全体股东约定不按照出资比例分取红利的除外；股份有限公司按照股东持有的股份比例分配，但股份有限公司章程规定不按持股比例分配的除外。在公司弥补亏损和提取法定公积金之前向股东分配利润的，股东必须将违反规定分配的利润退还公司。

四、股利的种类

股利的支付形式包括现金股利、股票股利、财产股利、负债股利等。其中最常用的是现金股利和股票股利。

1. 现金股利

所谓现金股利，也称派现，是指公司向股东分配的现金形式的股利，也称"红利"或"股息"。现金股利是股利支付的主要形式。优先股通常有固定的股息率，在公司经营业绩良好的情况下，优先股的年股利额是固定的。普通股没有固定的股息率，发放现金股利的次数和金额主要取决于公司的股利政策和经营业绩等因素。由于现金股利来源于公司的净利润，支付现金股利会减少公司的利润留存，因此发放现金股利并不会增加股东的财富总额，而且股东权益会相应减少，在股本不变的前提下，会直接降低每股净资产。但是，不同的股东对现金股利的偏好是不同的，有的希望公司发放较多的现金股利，有的则不希望如此。现金股利的发放会对股票价格产生直接的影响，在除息日之后，一般来说股票价格会下跌。例如，某公司宣布每股发放 1.55 元现金股利，如果除息日的前一交易日股票价格为 19.15 元，则除息日股票除权后的价格应为 17.60 元。

发放现金股利的多少主要取决于公司的股利政策和经营业绩。上市公司发放现金股利主要出于三个原因：投资者偏好、减少代理成本和传递公司的未来信息。公司采用现金股利形式时，必须具备两个基本条件：第一，公司要有足够的未指明用途的留存收益（未分配利润）；第二，公司要有足够的现金。

【**例 9–1**】某公司发放 1 元现金股利前后的资产负债表如表 9–1 所示。

表 9–1　发放现金股利前后的资产负债表

单位：元

资产		负债和股东权益	
股利分配前资产负债表			
现金	150000	负债	0
其他资产	850000	股东权益	1000000
合计	1000000	合计	1000000
流通在外普通股股数	100000 股		
每股市价	1 000000/100000=10		
发放现金股利后资产负债表（每股发放 1 元现金股利）			
现金	50000	负债	0
其他资产	850000	股东权益	900000
合计	900000	合计	900000
流通在外普通股股数	100000 股		
每股市价	900000/100000=9		

2. 股票股利

股票股利是指公司向股东分配的股票形式的股利，即额外发放一定数量的普通股股票。我国通常称为"红股"。分配股票股利即将待分配利润转化为股本，并根据股权登记日的股东持股比例无偿地向各个股东分派股票，增加股东的持股数量。与现金股利不同，股票股利不会导致公司现金的流出，只是资金在股东权益账户之间的转移，即将资本从留存收益（或资本公积）账户转移到其他股东权益账户，因而股东权益总额不会发生变化。股票股利会使发行在外的普通股股票数量增加，但它并未改变每位股东的持股比例，因此，股票股利不会改变每位股东所持股票的市场价值，也不增加公司资产。

【例 9-2】某公司发放 10%股票股利前后的股东权益如表 9-2 所示。

表 9-2　以市价发放股票股利前后股东权益

单位：万元

发放股票股利前股东权益		发放股票股利后股东权益	
普通股（100 万股，每股 1 元）	100	普通股（110 万股，每股 1 元）	110
资本公积	100	资本公积	190
留存收益	500	留存收益	400
股东权益合计	700	股东权益合计	700
负债和股东权益总计	1000	负债和股东权益总计	1000

解析：假设股票的市价为每股 10 元，即公司要增发 100000 股的普通股，现有股东每持有 10 股即可收到 1 股增发的普通股。随着股票股利的发放，留存收益中有 1000000（1000000×10%×10）元的资本要转移到普通股和资本公积账户上去。由于面额（1 元）不变，因此，增发 100000 股普通股，普通股账户仅增加 100000 元，其余 900000 元超面额部分则转移到资本公积账户，而该公司股东权益总额不变。

以市价计算股票股利价格的做法，是很多西方国家所通行的；除此之外，也有的按股票面值计算股票价格，如我国目前就采用这种做法。如果采用这种做法，资本公积不会发生变化，发放股票股利前后股东权益变化如表 9-3 所示。

表 9-3　以股票面值发放股票股利前后股东权益

单位：万元

发放股票股利前股东权益		发放股票股利后股东权益	
普通股（100 万股，每股 1 元）	100	普通股（110 万股，每股 1 元）	110
资本公积	100	资本公积	100
留存收益	500	留存收益	490
股东权益合计	700	股东权益合计	700
负债和股东权益总计	1000	负债和股东权益总计	1000

在公司发放股票股利后，除权后股票价格会相应下降。一般来说，如果不考虑股票市价的波动，发放股票股利后的股票价格应当按发放的股票股利的比例而成比例下降。可见，分配股票股利，一方面扩张了股本，另一方面起到股票分割的作用。处于高速成长阶段的公司可以利用分配股票股利的方式来进行股本扩张，以使股价保持在一个合理的水平，避免因股价过高而影响股票的流动性。

【例 9-3】假设【例 9-1】中所述公司并未发放现金股利，而是发放10%的股票股利，发放股票股利前后的资产负债表变化如表 9-3 所示。

表 9-4　发放股票股利前后的资产负债表

单位：元

资产		负债和股东权益	
发放股票股利前资产负债表			
现金	150000	负债	0
其他资产	850000	股东权益	1000000
合计	1000000		
流通在外普通股股数	100000 股	合计	1000000
每股市价	1000000/100000 = 10		
发放股票股利后资产负债表（每 10 股增发 1 股）			
现金	150000	负债	0
其他资产	850000	股东权益	1000000
合计	1000000		
流通在外普通股股数	110000 股	合计	1000000
每股市价	1000000/110000 = 9.1		

对于股份有限公司来说，分配股票股利不会导致现金流出，如果公司现金短缺或者有好的项目需要增加投资，可以考虑采用股票股利的形式。但应当注意的

是，一直实行稳定的股利政策的公司，因发放股票股利而扩张了股本，如果以后继续维持原有的现金股利水平，势必会增加未来年度的现金股利支付[①]。在公司净利润的增长速度低于股本扩张速度时，公司的每股利润就会下降，就可能导致股价下跌。对于股东来说，虽然分得股票股利没有得到现金，但是，如果发放股票股利之后，公司依然维持原有的现金股利水平，则股东在以后可以得到更多的现金收入，或者股票数量增加之后，股价走出了填权行情，股东的财富也会随之增长。

【例 9-4】 假定【例 9-2】中所述公司本年盈余为 440000 元，某股东持有 20000 股普通股。假设市盈率不变，发放股票股利对该股东的影响见表 9-5。

表 9-5　发放股票股利对某股东的影响

项目	发放前	发放后
每股收益（EPS）（元）	440000 ÷ 200000 = 2.2	440000 ÷ 220000 = 2
每股市价（元）	20	20 ÷ (1 + 10%) = 18.18
持股比例（%）	20000 ÷ 200000 = 10	22000 ÷ 220000 = 10
所持股总价值（元）	20 × 20000 = 400000	18.18 × 22000 = 400000

发放股票股利对每股收益和每股市价的影响，可以通过对每股收益、每股市价的调整直接算出：

发放股票股利后的每股收益 = $E_0 / (1 + D)$　　　　　　　　　　(9-4)

其中，E_0 表示发放股票股利前的每股收益；D 表示股票股利支付率。

发放股票股利后的每股市价 = $M_0 / (1 + D)$　　　　　　　　　　(9-5)

其中，M_0 表示股票分配权转移日的每股市价；D 表示股票股利支付率。

五、股利的发放程序

股份公司分配股利必须遵循法定的程序，先由董事会提出分配预案，然后提交股东大会决议，股东大会决议通过分配预案之后，向股东宣布发放股利的方案，并确定股权登记日、除息（或除权）日和股利发放日等。制定股利政策时必须明确这些日期界限。

---

① 荆新，王化成，刘俊彦. 财务管理学（第 6 版）[M]. 北京：中国人民大学出版社，2012.

1. 股利宣告日

股利宣告日即股东大会决议通过并由董事会将股利支付情况予以公告的日期。公告中将宣布每股应支付的股利、股权登记日、除息日以及股利支付日。

2. 股权登记日

股权登记日即有权领取本期股利的股东资格登记截止日期。凡是在此指定日期收盘之前取得公司股票，成为公司在册股东的投资者都可以作为股东享受公司分派的股利。在这一天之后取得股票的股东则无权领取本次分派的股利。

3. 除息日

除息日也称除权日，是指从股价中除去股利的日期，即领取股利的权利与股票分离的日期。在除息日之前购买的股票才能领取本次股利，而在除息日当天或是以后购买的股票，则不能领取本次股利。由于失去了"付息"的权利，除息日的股票价格会下跌。一般情况下除息日股票的开盘参考价为前一交易日的收盘价减去每股股利。

在西方国家，按照证券业的传统惯例，除息日一般确定在股权登记日的前两个工作日。之所以如此规定，是因为股票交易与过户之间需要一定的时间，因此，只有在登记日之前一段时间购买股票的投资者，才可能在登记日之前列于公司股东名单之上，并享有当期股利的分配权。

4. 股利发放日

股利发放日即公司按照公布的分红方案向股权登记日在册的股东实际支付股利的日期。

【例 9-5】20×5 年 6 月 18 日，某股份有限公司董事会发布了 20×4 年度利润分配实施公告如下：

某股份有限公司 20×4 年度利润分配方案已于 20×5 年 5 月 20 日召开的公司 20×4 年度股东大会审议通过，利润分配方案如下：

（1）发放年度：20×4 年度。

（2）发放范围：截至 20×5 年 6 月 24 日上海证券交易所收市后，在中国证券登记结算有限责任公司上海分公司登记在册的全体股东。

（3）本次分配以 1338518770 股为基数，向全体股东每 10 股派发现金红利 2.00 元（含税），代扣个人所得税（税率为 10%）后每 10 股派发现金红利 1.80 元，共计派发股利 267703754 元。

（4）实施日期：股权登记日为 20×5 年 6 月 24 日，除息日为 20×5 年 6 月 25 日，现金股利发放日为 20×5 年 7 月 1 日。

（5）实施办法：无限售条件的流通股股东的现金红利委托中国证券登记结算有限责任公司的上海分公司通过其资金结算系统向股权登记日登记在册并在上海证券交易所各会员单位办理了指定交易的股东派发，投资者可于股利发放日在其指定的证券营业部领取现金红利。有限售条件的流通股股东的现金红利由本公司直接发放。

图 9-1 显示了该股份有限公司 20×4 年度股利分配的关键日期。

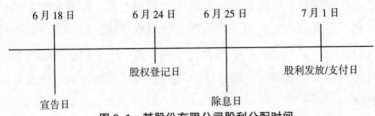

图 9-1　某股份有限公司股利分配时间

从该公司利润分配公告中可知，只有在 6 月 24 日登记在册的股东才有资格领取 20×4 年度的股利，6 月 25 日除息日之后再购买该公司股票则不能领取本期股利。按照我国税法规定，股东分得的现金股利需缴纳个人所得税，税法规定的税率为 20%。为了促进资本市场发展，20×5 年 6 月 13 日，财政部和国家税务总局批准个人投资者从上市公司取得的股息红利所得减半征收个人所得税，所以，该公司需按 10% 的税率代扣个人所得税。

第二节　股利理论

关于股利与股票市价间的关系，存在着不同的观点，并形成了不同的股利理论。股利理论主要包括股利无关理论和股利相关理论。

一、股利无关理论

股利无关理论由美国经济学家米勒（Miller）和莫迪格莱尼（Modigliani）于

1961 年首次提出，因此也被称为 MM 理论。

1. 股利无关理论的基本内容

股利无关理论认为，在一定的假设条件限定下，股利政策不会对公司的价值或股票的价格产生任何影响。一个公司的股票价格完全由公司投资决策的获利能力和风险组合决定，而与公司的利润分配政策无关。

根据股利无关理论，投资者不会关心公司股利的分配情况，在公司有良好投资机会的情况下，如果股利分配较少，留用利润较多，投资者可以通过出售股票换取现金来自制股利；如果股利分配较多，留用利润较少，投资者获得现金股利后可寻求新的投资机会，而公司可以通过发行新股筹集所需资本。

假设下面两种情况都是在完美资本市场环境中进行的公平市场交易，我们来探讨为什么公司的股利分配不会影响到公司价值和股东财富①。

第一种情况是公司的投资政策和资本结构确定之后，需要向股东支付现金股利，但是，为了保证投资所需资本和维持现有资本结构不变，公司需要发行新股筹集资本。公司在支付现金股利后，老股东获得了现金，但减少了与现金股利等值的股东权益，股东的财富从对公司拥有的股东权益形式转化为手中持有的现金形式，两者价值相等，因而老股东的财富总额并没有发生变化。同时，为了保持原有资本结构不变，公司必须发行新股筹集与现金股利等值的资本，以弥补因发放现金股利而减少的股权资本，新股东投入了现金，获得了与其出资等值的股东权益。这样，公司支付股利而减少的资本刚好被发行新股筹集的资本所抵补，公司价值不会发生变化。

第二种情况是公司的投资决策和资本结构确定之后，公司决定将利润全部作为留用利润用于投资项目，不向股东分配现金股利。如果股东希望获得现金，可以将部分股票出售给新的投资者来换取现金，这种交易被称为自制股利。自制股利交易的结果相当于第一种情况中发放股利和发行新股两次交易的结果，原有股东将部分股利转让给新的投资者获取了现金，其股东财富不变，公司价值也不会发生变化。

2. 股利无关理论的假设条件

股利无关理论是建立在完全资本市场假设的基础之上的，只有在这样的市场

---

① 荆新，王化成，刘俊彦. 财务管理学（第 6 版）[M]. 北京：中国人民大学出版社，2012.

环境中，公司的股利分配政策才不会影响公司价值。那么，什么样的资本市场才称得上是完全资本市场呢？MM 理论认为完全资本市场须符合以下七个条件[①]：①没有妨碍潜在的资本供应者和使用者进入市场的障碍；②有完全的竞争，市场有足够多的参与者，并且每个参与者都没有能力影响证券价格；③金融资产无限可分；④没有交易成本和破产成本，证券发行与交易都不存在交易成本，公司也无财务危机成本和破产成本；⑤没有信息成本，信息是对称的，并且每个市场参与者都可自由、充分、免费地获取所有存在的信息；⑥没有不对称税负，股票的现金股利和资本利得没有所得税上的差异；⑦交易中没有政府或其他限制，证券可以自由地交易。

由此可见，股利无关理论是以严格的假设条件为前提的，在现实生活中，这些假设并不成立。对资本市场造成影响的因素主要有三个：①不对称税率。在资本市场中，税率的差异是常见的，许多国家对现金股利和资本利得所征收的所得税税率是不同的。这种不对称税率会影响投资者对股利与资本利得的偏好，也会在一定程度上影响股东财富。②不对称信息。尽管资本市场中的信息传递是公开和迅速的，但信息的获得并不是完全免费的，而且对于不同的市场参与者来说，信息仍然是不对称的，例如公司的董事和经理相对于普通的投资者来说就拥有信息优势。信息的不对称会降低市场效率，也会影响到投资者对风险和报酬的判断。③交易成本。现实中的资本市场都存在交易成本，例如发行股票或债券要支付发行费用，证券交易要支付佣金和印花税等。不同类型的交易会产生不同的交易成本，这样就会影响人们的交易行为，也限制了市场的套利活动。

二、股利相关理论

股利相关理论认为公司的股利分配对公司市场价值会产生影响。在现实生活中，不存在股利无关理论提出的假设条件，公司的股利分配是在种种制约因素下进行的，公司不可能摆脱这些因素的影响。由于存在种种影响股利分配的限制因素，股利政策与股票价格就不可能完全无关，公司的价值或者说股票价格不会仅仅由投资的获利能力所决定。股利相关理论包括"一鸟在手"理论、税收差别理论、信号传递理论、代理成本理论等。

---

① 荆新，王化成，刘俊彦.财务管理学（第6版）[M].北京：中国人民大学出版社，2012.

1. "一鸟在手"理论

"一鸟在手"理论源于谚语"双鸟在林，不如一鸟在手"。该理论可以说是流行最广泛和最持久的股利理论。其初期表现为股利重要论，后由威廉姆斯（Willianms，1938）、林特（Linter，1956）、华特（Walter，1956）和麦伦·戈登（Gordon，1959）等发展为"一鸟在手"理论。戈登是该理论最主要的代表人物。

"一鸟在手"理论认为，由于公司未来的经营活动存在诸多不确定性因素，投资者会认为现在获得股利的风险低于将来获得资本利得的风险，相对于资本利得而言，投资者更加偏好现金股利。这样公司如何分配股利就会影响股票价格和公司价值，即公司价值与股利政策是相关的。一般来说，公司支付现金股利较少时，就会降低股票价格，反之则会提高股票价格。

"一鸟在手"理论是在传统股利理论的基础上发展而来的。传统的股利理论主张公司应支付较高的现金股利，认为在合理范围内投资者更愿意获得现金股利。1962年，戈登在传统理论的基础上提出了著名的"戈登模型"，其公式为：

$$V_0 = \sum_{t=1}^{n} \frac{D_t}{(1+k)^t} + \frac{V_n}{(1+k)^n} \tag{9-6}$$

当 n 趋于无穷大时，公司价值为：

$$V_0 = \sum_{t=1}^{n} \frac{D_t}{(1+k)^t} \tag{9-7}$$

其中，V_0 表示现在的公司价值；V_n 表示第 n 年末的公司价值；D_t 表示公司第 t 年支付的现金股利总额；k 表示折现率，即投资者要求的必要投资报酬率。

由戈登模型可知，公司价值等于以投资者要求的必要投资报酬率 k 为折现率对未来股利的折现值。该模型成立的前提是投资者都是风险厌恶型，支付较高的现金股利可以消除投资者心中对公司未来盈利风险的担忧，投资者所要求的必要投资报酬率也会降低，因而公司价值和股票价格都会上升；反之，支付较少的现金股利则会使公司价值和股票价格下降。

由"一鸟在手"理论可知，股票价格与股利支付率成正比，权益资本成本与股利支付率成反比。相应地，公司管理层在做决策时也必须采取高股利支付率政策，增大现金股利派发率，以消除投资者对未来的不确定感，这样才能使企业价值最大化，而不能像 MM 理论那样无视股东的当前利益要求。为此，公司可采用较为稳定的股利策略，如固定股利额、固定支付率或固定股利增长率。

2. 税收差别理论

股利无关理论的一个重要假设是现金股利和资本利得没有所得税的差异。实际上，两者的所得税税率经常是不同的。一般来说，股利收入的所得税税率要高于资本利得的所得税税率。

由于不对称税率的存在，因此股利政策会影响公司价值和股票价格。研究税率差异对公司价值及股票价格影响的股利理论被称为税收差别理论。该理论是由利深柏格尔（Litzenberger）和拉马斯瓦米（Ramaswamy）于1979年提出的。税收差别理论认为，由于股利收入的所得税税率通常都高于资本利得的所得税税率，这种差异会对股东财富产生影响，出于避税的考虑，投资者更偏爱低股利政策。因此，低股利政策会使公司股票价格上扬，反之则会下降。除了税率上的差异，股利收入和资本利得的纳税时间也不同，股利收入在收到股利时纳税，而资本利得税要到股票真正售出的时候才会发生。考虑到货币的时间价值和风险价值，即使股利和资本利得这两种收入所征收的税率相同，实际的资本利得税也比股利收入税率要低。

【例9-6】A公司目前股票价格为50元，未来一年的期望报酬率为20%，那么一年后预期股票价格应为60 $[50 \times (1 + 20\%)]$ 元。现行的股利所得税税率为10%，资本利得免缴所得税。以下两种不同的股利政策对股东的收益会产生不同的影响：

第一种股利政策：不支付现金股利，利润全部作为留用利润。

第二种股利政策：一年后每股支付5元的现金股利。

两种股利政策下股东投资报酬的比较如表9-6所示。

表9-6　A公司两种股利政策下的股东投资报酬

项目	第一种股利政策	第二种股利政策
目前股票价格（元）	50	50
1年后预期股票价格（元）	60	60
每股股利（元）	0	5
税后每股股利（元）	0	4.5
除息后股票价格（元）	60	55
资本利得（元）	10	5
股东收益（元）	10	9.5
股东的投资报酬率（%）	20	19

由表 9-6 可知，第二种股利政策将导致股东投资报酬下降。假设股东要求税后的必要投资报酬率为 20%，那么，公司采用第一种股利政策时，股票价格应为 50 元；而公司若采用第二种股利政策，会使其股票价格下降，其计算过程为：

$$P = \frac{4.5 + 55}{1 + 20\%} = 49.58 \ (元)$$

因此，在其他条件相同的情况下，如果公司采用第二种股利政策，由于税收的差异，将导致公司股票价格下跌。

税收差异会使股利政策产生顾客效应。税收差别理论认为，投资者可以根据偏好不同被分为不同的类型，每种类型的投资者都偏好某种特定的股利政策，并喜欢购买采用符合其偏好股利的公司股票，这就是顾客效应。由于顾客效应的存在，不同税收等级的投资者对股利支付率会提出不同要求，因此，任何股利政策都不可能满足所有投资者的需求，特定的股利政策只能吸引特定类型的投资者。因此，MM 理论认为公司有动机采取适当的股利政策，以最大限度地减少股东的税收。

3. 信号传递理论

信号传递理论得以成立的基础是，信息在各个市场参与者之间的概率分布不同，即信息不对称。在信息不对称的情况下，公司可以通过股利政策向市场传递有关公司未来盈利能力的信息。股利政策所产生的信息效应会影响股票的价格。企业如果在较长一段时期内一直保持一个稳定的股利支付率，而突然增大股利支付率就会使投资者相信，企业管理当局宣布企业预期未来盈利能力将向好的方向转变。这个信号告诉投资者，管理当局与董事会深信企业的实际情况要比股价所反映的状况要好。相应地，股票价格也会有利地反映股利的增加。也就是说，现金股利比会计利润数字更有说服力。增加发放股利意味着企业未来有更充裕的现金流。所以，股利是投资者判断企业未来业绩的指示器。但信号传递理论无法解释在高速成长的行业（如微软等 IT 企业）中股利支付率一般都很低业绩却极佳。有时股利增加还会给市场传递负面信号，如果一家公司过去从未支付过股利，但发展迅速，投资项目的收益很高，当这家公司开始发放股利时，投资者就会把它作为公司投资项目风光不再的信号。

4. 代理成本理论

MM 理论中有一个重要的假设：公司经营者与股东之间的利益是完全一致

的，经营者致力于股东财富最大化。但上述假设实际上是不可能的。现代企业理论认为，企业是一组契约关系的连接。契约关系的各方成为企业的利益相关者，各利益相关者之间的利益和目标并不完全一致，在信息不对称的情况下，企业各利益相关者之间形成诸多委托—代理关系。

代理成本理论就是以最有可能影响企业股利政策的三个集团（股东、管理者和债权人）的动机为起点，分析他们之间的利益冲突和代理成本。在这个理论中，现金股利可以实质上减少各个利益冲突的集团间的代理成本，所以公司利用它解决代理问题。

（1）股东与管理者之间的代理问题。可能影响企业股利政策的第一个利益冲突是来自管理者和股东之间的，尤其当股权分散时。詹森和麦克林（Jensen 和 Meckling，1976）认为，企业管理者可以将资源配置到自己可以获益但不是股东利益最大化的活动中去。所以企业留有太多现金会导致过度投资。现金股利在解决管理者和股东间利益冲突、减少代理成本的问题上可能起到的作用为：①通过现金股利的发放减少留在管理者手中的现金，约束了管理者的过度投资；②股利发放增加了公司更多发行社会公众股的可能性，从而使公司更频繁地受到来自资本市场的监管，大大降低股东的监督成本。

（2）股东与债权人之间的代理问题。可能影响股利政策的第二个利益冲突发生在股东和债权人之间。在有些情况下，股东可能试图侵占债权人的财富。这个财富侵占可能采取过度的（并且意外的）股利支付的形式。股东可以减少投资并因此增加股利（投融资股利），或他们可以借贷来为股利融资（债务融资股利）。在这两种情况下，如果债权人没有预料到股东的行为，则负债的市场价值会下降而权益的市场价值会上升。事实上，大多数债券合约包含限制投资性或负债性的融资股利的条款。而且一般而言，大型公司不会以债权人的利益为代价获得短期的利益，因为这会损害公司的声誉，不利于公司的长期发展。

（3）控股股东与中小股东之间的代理问题。逐渐引起人们关注的可能影响股利政策的第三个利益冲突发生在控股股东和中小股东之间。当股权较为分散时，公司的代理问题主要出现在管理者和股东之间。但是，在股权比较集中的公司，控股股东一般能够有效影响管理者的决定，所以管理者与股东间的代理问题并不显著。此时，利益冲突突出表现在控股股东与中小股东之间。控股股东一方面由于持股较多，其利益与公司利益更加密切，因此决策行为会更加谨慎；另一方面，当控股股东所持股份较多，而在利益方面和中小股东存在分歧时，控股股东将会有强烈的动机以牺牲中小股东的利益为代价去追求自身效用最大化。这可以看作广义的"代理问题"。特别是在公司股票由于制度原因或持股方式导致偏离"一股一票"时，控股股东掌握的控制权大幅超过其对公司现金流量的请求权，更容易出现"代理问题"。在这种情况下，发放股利可以让控股股东拿出自己想要控制的资金，同中小股东共同分享利益。

由此可见，代理成本理论主张高股利支付率政策，认为提高股利支付水平可以降低代理成本，有利于提高公司价值。但是，这种高股利支付率政策也会带来外部筹资成本增加和股东税负增加的问题。所以，在实践中，需要在降低代理成本与增加筹资成本和税负之间权衡，以制定出最符合股东利益的股利政策。

代理成本理论的前提是，公司存在代理问题，而现金股利政策有助于减少有利益冲突的集团间的代理成本。不同于美国等发达国家上市公司的大股东以家族或大型机构投资者为主，我国的国有股大股东并不是某一个实体或自然人。名义上国有股的真正股东是所有人民群众，但"所有人"的所有权等于没有所有权。所有权的虚置导致了控股股东单位与其最终所有人间的代理问题。另外，在我国，由于"一股独大"，所以控股股东通过关联交易和控制内部管理人员对外部小股东进行"掠夺"的问题无可避免。所以，在我国，上市公司存在严重的代理问题。运用代理成本理论的部分前提条件成立。但我国保护投资者的法律制度还不成熟，公司不太可能主动运用股利政策来减少代理成本。而且，我国大部分上市公司特殊的股权结构让控股股东和中小股东间代理问题变得略为复杂。因为股权分裂造成持有非流通股的大股东和持有流通股的小股东在股权成本与股权利益上都存在明显的差异。同样的现金股利，带给持有非流通股大股东的收益率远远高于持有流通股的小股东。因此，现金股利的发放一方面客观上可以让小股东分享到一定利益，但另一方面又满足了大股东的利益偏好。所以，现金股利政策在我国好像并没有解决代理问题，而是反映代理问题中代理人偏好的工具，是"中国上市公司目前股利分配现状正是代理问题没有解决的必然结果"[①]。可见，由于缺乏法律制度对投资者的有效保护，在我国现金股利政策可能没有减少代理成本，而被用于实现"代理人"的利益，使代理成本增加了。因此，出现了中国特

---

① 原红旗. 中国上市公司股利政策分析 [J]. 财经研究，2001，27（3）.

有的将现金股利视作"利益输送"工具的观点。

综上所述，股利相关论的几种观点都只从某一角度来解释股利政策和股价的相关性，不足之处在于没有同时考虑多种影响因素。在不完全资本市场中，公司股利政策产生的效应要受许多因素的影响，如所得税负担、筹资成本、市场效率、公司本身因素等。

第三节　股利政策及其选择

所谓股利政策是关于公司是否发放股利、发放多少股利、以什么形式发放股利以及何时发放股利等方面的方针和策略。股利政策是现代公司理财活动的核心内容之一。一方面，它是公司筹资、投资活动的逻辑延续，是其理财行为的必然结果；另一方面，恰当的股利分配政策，不仅可以树立起良好的公司形象，而且能激发广大投资者对公司持续投资的热情，从而使公司获得长期、稳定的发展条件和机会。

对于股份制企业而言，如果支付较高的股利，可使股东获得可观的投资收益，还能引起企业股票价格上升。但是过高的股利，将使企业留存利润减少，或者影响企业未来发展，或者因举债、增发新股而增加资本成本，最终影响企业未来收益。而支付较低的股利，虽然使企业留存较多的发展资金，但可能会与企业部分股东的愿望相背离，致使股票价格下跌，企业形象受损。因此，如何制定股利政策，使股利的发放与企业的未来持续发展相适应，使企业在市场竞争中不断发展壮大，便成了企业管理层的终极目标。

一、股利政策的影响因素

股利分配涉及与企业相关各方的切身利益，受众多不确定因素的影响，在确定分配政策时，应当考虑各种相关因素的影响，主要包括法律因素、公司因素、股东因素、行业因素及其他因素。

1. 法律因素

为了保护债权人和股东的利益，法律法规就公司的利润分配作出了如下规定：

（1）资本保全约束。资本保全约束规定公司不能用资本（包括实收资本或股本和资本公积）发放股利，防止企业任意减少资本结构中的所有者权益的比例。资本保全是为了保护投资者的利益而作出的法律限制，这样的限制能保证支付股利不会侵蚀公司资本。

（2）资本积累约束。资本积累约束规定公司必须按照一定的比例和基数提取各种公积金。在进行利润分配时，一般应当贯彻"无利不分"的原则，即当企业出现年度亏损时，一般不进行利润分配。法律法规有关企业积累的规定有利于提高企业的生产经营能力，增强企业抵御风险的能力，维护了债权人的利益。

（3）超额累积利润约束。由于股东接受股利缴纳的所得税高于其进行股票交易的资本利得税，于是很多国家规定公司不得超额累积利润，一旦公司的保留盈余超过法律认可的水平，将被加征额外税额。我国法律对公司累积利润尚未作出限制性规定。

（4）偿债能力约束。如果公司已经无力偿还到期债务或将因支付股利使其失去偿付能力，则公司不能支付现金股利。如果因企业分配现金股利而影响了企业的偿债能力或正常的经营活动，则股利分配就要受到限制。

2. 公司因素

公司基于短期经营和长期发展的考虑，在确定利润分配政策时，需要关注以下因素：

（1）现金流量。公司在进行利润分配时，要保证正常的经营活动对现金的需求，以维持资金的正常周转，使生产经营得以有序进行。

（2）资产的流动性。所谓资产的流动性是指企业资产转化为现金的难易程度。在通常情况下，企业的现金流量与资产整体流动性越好，其支付现金股利的能力就越强。而成长中的、盈利性较好的企业，如其大部分资金投在固定资产和永久性营运资金上，则它们通常因不愿意支付现金股利而危及企业的安全。

（3）盈余的稳定性。企业决定是否分配股利或分配多少股利，不能只考虑以往的盈利水平，同时还要考虑当期的经营业绩和未来发展前景。一般地，盈利越稳定或收益越有规律的企业更易于预测和控制未来的盈利，其股利支付率通常也越高。并且，盈利稳定的企业对保持较高的股利支付率更具信心。

（4）投资机会。有良好投资机会的公司往往少发股利，相反，缺乏良好投资机会的公司，则倾向于支付较高的股利。此外，如果公司将留存收益用于再投资所得报酬低于股东个人单独将股利收入投资于其他投资机会所得报酬时，公司就不应多留存收益，而应多发放股利。

（5）筹资因素。如果公司具有较强的筹资能力，随时能筹集到所需资金，那么它会具有较强的股利支付能力，能承担较高的股利支付率。否则，应考虑保持较多留用利润。

（6）举债能力。公司如果有较强的筹资能力，则可考虑发放较高股利，并以再筹资来满足企业经营对货币资金的需求；反之，则要考虑保留更多的资金用于内部周转或偿还将要到期的债务。一般而言，规模大、获利丰厚的大公司能较容易地筹集到所需资金，因此，它们较倾向于多支付现金股利；而创办时间短、规模小、风险大的企业，通常需要经营一段时间以后，才能从外部取得资金，因而往往要限制股利的支付。

3. 股东因素

不同阶层、不同收入水平以及不同投资目的的股东，对股利分配的要求也是不同的。

（1）控制权。如果公司大量支付现金股利，再发行新的普通股以融通所需资金，现有股东的控股权就有可能被稀释。另外，随着新普通股的发行，流通在外的普通股股数必将增加，最终会导致普通股的每股盈利和每股市价下降，从而影响现有股东的利益。因此，具有控股权的大股东们往往倾向于公司少分配现金股利，多留存利润。

（2）稳定的收入。一些股东依赖现金股利维持生活，还有一些股东认为通过增加留存收益引起股价上涨而获得的资本利得是有风险的，而目前的股利是确定的，即便是现在较少的股利，也强于未来的资本利得，因此他们往往也要求较多的股利支付。

（3）避税。政府对企业利润征收所得税以后，还要对自然人股东征收个人所得税，股利收入的税率要高于资本利得的税率。一些高股利收入的股东出于避税的考虑，往往倾向于较低的股利支付水平。

4. 行业因素

不同行业的股利支付率存在系统性差异。调查研究显示，成熟行业的股利支付率通常比新兴行业的高；公用事业的公司大多实行高股利支付政策，而高科技行业的公司股利支付率通常较低。这说明股利政策具有明显的行业特征。可能的原因是：投资机会在行业内是相似的，在不同行业之间则存在差异。

5. 其他因素

除了前面所述四个因素，还有其他一些因素也会影响股利政策的选择。

（1）债务契约。当公司举借长期债务时，债权人为了保护自身的利益，可能会对公司发放股利加以限制，通常会在债务契约中增加相应限制条款。债务契约的限制性规定，限制了公司的股利支付，促使公司增加留用利润，扩大再投资规模，从而增强公司的经营能力，保证公司能按期偿还债务。

（2）通货膨胀。在通货膨胀时期，企业的购买力下降，原计划以折旧基金为来源购置固定资产则难以实现，为了弥补资金来源的不足，购置长期资产，企业往往会使用往期盈利，因此股利支付会较低。

二、股利政策的类型

公司在制定股利政策时会受到多种因素的影响，并且不同的股利政策也会对公司的股票价格产生不同的影响。因此，对于股份公司来说，制定一个合理的股利政策是非常重要的，股利政策的选择既要符合公司的经营状况和财务状况，又要符合股东的长远利益。在实践中，股份公司常用的股利政策主要有五种类型：剩余股利政策、固定股利政策、稳定增长股利政策、固定股利支付率政策和低正常股利加额外股利政策。

1. 剩余股利政策

在制定股利政策时，公司的投资机会和筹资能力是两个重要的影响因素。在公司有良好的投资机会时，为了降低资金成本，公司通常会采用剩余股利政策。实证研究表明，如果公司的成长机会较多，由于可支配的现金流量相对较少，就会采用低股利支付政策，而将较多的留用利润用于投资项目。也就是说，成长机会与股利支付水平呈负相关。

（1）剩余股利政策的含义。剩余股利政策是指公司生产经营所获得的税后利润首先应满足公司投资项目的需要，即增加资本或公积金，只有当增加的资本额达到预定的目标资本结构（最佳资本结构）后，如果有剩余，则派发股利；如果没有剩余，则不派发股利。

剩余股利政策是一种投资优先的股利政策。采用这种股利政策的先决条件是公司必须有良好的投资机会，并且该投资机会的预期报酬率要高于股东要求的必要报酬率，这样才能为股东所接受。如果公司投资项目的预期报酬率不能达到股东要求的必要报酬率，则股东会更愿意公司发放现金股利，以便他们自己寻找其他的投资机会。

（2）剩余股利政策的具体应用程序。实施剩余股利政策，一般应按以下步骤来确定股利的分配额：①根据选定的最佳投资方案，测算投资所需的资本数额；②按照公司的目标资本结构，测算投资所需要增加的股东权益资本的数额；③税后净利润首先用于满足投资所需要增加的股东权益资本的数额；④在满足投资需要后的剩余部分用于向股东分配股利。

【例 9-7】某股份公司 20×5 年的税后净利润为 8000 万元，由于公司尚处于初创期，产品市场前景看好，产业优势明显。确定的目标资本结构为：负债资本为 70%，股东权益资本为 30%。如果 20×6 年该公司有较好的投资项目，需要投资 6000 万元，该公司采用剩余股利政策，则该公司应当如何融资和分配股利？

首先，确定按目标资本结构需要筹集的股东权益资本为：

$$6000 \times 30\% = 1800 \text{（万元）}$$

其次，确定应分配的股利总额为：

$$8000 - 1800 = 6200 \text{（万元）}$$

因此，该公司还应当筹集负债资金：

$$6000 - 1800 = 4200 \text{（万元）}$$

（3）剩余股利政策的优缺点及适用性。采用剩余股利政策的公司，因其有良好的投资机会，投资者会对公司未来的获利能力有较好的预期，因而其股票价格会上升。此外，充分利用留存利润来满足投资需要可以使得筹资成本最低，并能保持理想的资本结构，使综合资本成本最低，实现企业价值的长期最大化。

剩余股利政策也有一定的缺陷，主要表现为：完全遵照执行剩余股利政策，将使股利发放额每年随投资机会和盈利水平的波动而波动。即使在盈利水平不变的情况下，股利也将与投资机会的多寡呈反方向变动；投资机会越多，股利越小；投资机会越少，股利发放越多。而在投资机会维持不变的情况下，股利发放额将随公司每年盈利的波动而同方向波动。因此，剩余股利政策不利于投资者安排收入与支出，也不利于公司树立良好的形象。

该政策比较适合于初创和成长期的公司。对于一些处于衰退期，又需要投资进入新的行业以求生存的公司来说，也是适用的。当然，从筹资需求的角度来讲，如果在高速成长阶段公司分配股利的压力比较小，也可以采用剩余股利政策以寻求资本成本最低。事实上，很少有公司长期运用或是机械地照搬剩余股利政策，许多公司只运用这种政策来建立一个长期的目标发放率。

2. 固定股利政策

对于利润稳定、发展预期良好的企业而言，可以采用固定股利政策，这样有利于稳定市场信心及获得股东的长期支持。

（1）固定股利政策含义。固定股利政策是公司将每年派发的股利额固定在某一特定水平上，然后在一段时间内不论公司的盈利情况和财务状况如何，派发的股利额均保持不变。只有当企业对未来利润增长确有把握，并且这种增长被认为不会发生逆转时，才增加每股股利额。

（2）固定股利政策的优缺点及适用性。采用该政策的理论依据是"一鸟在手"理论和信号传递理论。根据上述理论，固定股利政策有以下优点：①固定股利政策向投资者传递公司经营状况稳定的重要信息。如果公司支付的股利稳定，就说明该公司的经营业绩比较稳定，经营风险较小，有利于股票价格上升；如果公司的股利政策不稳定，股利忽高忽低，这就给投资者传递了企业经营不稳定的信息，导致投资者对风险的担心，进而使股票价格下降。②固定股利政策有利于投资者有规律地安排股利收入和支出。固定股利政策是许多希望有固定收入的投资者更喜欢的股利支付方式，忽高忽低的股利政策可能会降低他们对这种股票的需求，因此，这种股票不大可能长期维持相对较高的价位。

固定股利政策也有一定的缺陷，主要表现为：①公司股利支付与公司盈利相脱离，造成投资的风险与投资的收益不对称；②可能会给公司造成较大的财务压力，甚至侵蚀公司留存利润和公司资本。因此公司很难长期采用该政策。

固定股利政策适用于成熟的、生产能力扩张需求减少、盈利充分并且获利能力比较稳定的公司。从公司发展的生命周期来考虑，成熟期的企业可借鉴固定股利政策，而对于那些规模比较小、处于成长期、投资机会比较丰富、资金需求量相对较大的公司来说，这种股利分配政策并不适合。

3. 稳定增长股利政策

对于利润稳定增长的企业而言，可以根据利润增长幅度提高股利支付额度，这样有利于增强公司股票的市场吸引力。

（1）稳定增长股利政策含义。稳定增长股利政策是指在一定的时期内保持公司的每股股利额稳定增长的股利政策。采用这种股利政策的公司一般会随着公司盈利的增加，保持每股股利平稳地提高。

（2）稳定增长股利政策的优缺点及适用性。公司确定稳定的股利增长率，实际上是向投资者传递该公司经营业绩稳定增长的信息，可以降低投资者对该公司经营风险的担心，从而有利于股票价格上涨。但与固定股利政策一样，稳定增长股利政策可能会给公司带来一定的财富负担，因此，公司在采取这种股利政策时，要使股利增长率等于或略低于利润增长率，这样才能保证稳定股利增长具有可持续性。

稳定增长股利政策适用于处于成长或成熟阶段的公司。行业特点和公司经营风险也是影响公司是否应当采用稳定增长股利政策的重要因素。通常，公共事业行业的公司经营活动比较稳定，受经济周期影响较小，比较适合采用稳定增长股利政策，而一些竞争非常激烈的行业，由于公司经营风险较大，经营业绩变化较快，一般不适合采用这种股利政策。

4. 固定股利支付率政策

固定股利政策有时会给企业带来财务负担，因此对于利润预期不够稳定的企业而言，可采用固定股利支付率政策。

（1）固定股利支付率政策含义。固定股利支付率政策是公司确定固定的股利支付率，并长期按此比率从净利润中支付股利的政策。在这一股利政策下，只要企业的税后利润一经计算确定，所派发的股利也就相应确定了。从企业支付能力的角度来看，这是一种真正稳定的股利政策。持这种股利政策者认为，只有维持固定的股利支付率，才算真正公平地对待每一位股东，他们坚持的原则是"公司赚2元，1元给股东，1元留给公司"。

（2）固定股利支付率政策的优缺点及适用性。固定股利支付率政策可以使股利与企业盈余紧密结合，以体现多盈多分、少盈少分、不盈不分的原则，且能保持股利与利润间一定的比例关系，体现了风险投资与风险收益的对称。因此，这种股利政策不会给公司带来较大的财务负担。

固定股利支付率政策也有一定缺陷，主要表现为：①股利水平可能变动较大，忽高忽低，这样可能传递该公司经营不稳定的信息，容易使股票价格产生较大波动，不利于树立良好的公司形象。②缺乏财务弹性。股利支付率是公司股利政策的主要内容，股利分配模式的选择、股利政策的制定是公司的财务手段和方法。在公司发展的不同阶段，公司应当根据自身的财务状况制定不同的股利政策，这样更有利于实现公司的财务目标。但在固定股利支付率政策下，公司丧失了利用股利政策的财务方法，缺乏财务弹性。③确定合理的固定股利支付率难度很大。一个公司如果股利支付率确定低了，则不能满足投资者对现实股利的要求；反之，公司股利支付率确定高了，就会使大量资金因支付股利而流出，又会因资金缺乏而制约其发展。可见，确定公司较优的股利支付率是具有相当难度的工作。固定股利支付率政策虽然有明显的优点，但是其所带来的负面影响也是比较大的，所以很少有公司会单独采用这种股利分配政策，而大都是充分考虑自身因素，和其他政策相结合使用。

5. 低正常股利加额外股利政策

企业经营具有波动性和不可预期性，固定股利能稳定市场信心，但可能给企业带来财务负担，而浮动股利虽不会给公司带来财务负担，却容易向市场传递公司经营不稳定的信号。因此有必要将固定股利与浮动股利取长补短、结合在一起使用。

（1）低正常股利加额外股利政策含义。低正常股利加额外股利政策是一种介于固定股利政策与变动股利政策之间的折中的股利政策。公司事先设定一个较低的经常性股利额，在一般情况下，公司每期都按此金额支付正常股利，只有企业盈利较多时，再根据实际情况发放额外股利。

低正常股利加额外股利政策的理论依据是"一鸟在手"理论和股利信号理论。将公司派发的股利固定地维持在较低的水平，则当公司盈利较少或需用较多的保留盈余进行投资时，公司仍然能够按照既定的股利水平派发股利，体现了"一鸟在手"理论。而当公司盈利较多且有剩余资金时，公司可派发额外股利，体现了股利信号理论。公司将派发额外股利的信息传播给股票投资者，有利于股票价格的上扬。

（2）低正常股利加额外股利政策优缺点及适用性。低正常股利加额外股利政策具有较大的灵活性。在公司盈利较少或投资需要较多资本时，可以只支付较低的正常股利，这样既不会给公司造成较大财务负担，又能保证股东定期得到一笔固定的股利收入；在公司盈利较多且不需要较多投资资本时，可以向股东发放额外股利。这种股利政策既可以在一定程度上维持股利的稳定性，又有利于企业的资本结构达到目标资本结构，使灵活性与稳定性较好地结合，因而为许多企业所采用。

该政策也有一定的缺陷，主要表现为：①股利派发仍然缺乏稳定性，额外股利随盈利的变化，时有时无，给人漂浮不定的印象；②如果公司较长时期一直发放额外股利，股东就会误认为这是"正常股利"，一旦取消，极易造成公司"财务状况"逆转的负面影响，股价下跌在所难免。

低正常股利加额外股利政策适用于处于高速增长阶段的公司。因为公司在这一阶段迅速扩大规模，需要大量资金，而由于已经度过初创期，股东往往又有分配股利的要求，该政策就能够很好地平衡资金需求和股利分配这两方面的要求。另外，对于那些盈利水平各年间浮动较大的公司来说，无疑也是一种较为理想的支付政策。

以上论述借鉴公司发展的生命周期理论来分析如何适时选择股利政策。但是，需要注意的问题是，并不是说公司在选择股利政策时要单纯从生命周期这个角度考虑，这只是选择股利政策的一个比较重要的方面。由于某个时期内可能投资机会比较多，资金需求量比较大，这时也可以从筹资成本角度考虑而采用剩余股利政策。这几种股利政策很少单一存在，比如，只有很少的公司会单独采用固定股利支付率政策，而大都是和其他的政策相结合，制定出适合本公司的政策。

【例9-8】某公司本年实现的净利润为250万元，年初累计未分配利润为400万元。上年实现净利润200万元，分配的股利为120万元。

要求计算回答下列互不关联的问题：

（1）如果预计明年需要增加投资资本200万元，公司的目标资本结构：权益资本占60%，债务资本占40%。公司采用剩余股利政策，本年应发放多少股利？

（2）如果公司采用固定股利政策，本年应发放多少股利？

（3）如果公司采用固定股利支付率政策，本年应发放多少股利？

（4）如果公司采用低正常股利加额外股利政策，规定每股正常股利为0.1元，按净利润超过正常股利部分的30%发放额外股利，该公司普通股股数为400万股，公司本年应发放多少股利？

解答：

（1）预计明年投资所需的权益资金=200×60%=120（万元）

本年发放的股利=250-120=130（万元）

（2）本年发放的股利=上年发放的股利=120（万元）

（3）固定股利支付率 $=120/200×100\%=60\%$

本年发放的股利 $=250×60\%=150$ （万元）

（4）正常股利额 $=400×0.1=40$ （万元）

额外股利额 $=(250-40)×30\%=63$ （万元）

本年发放的股利 $=40+63=103$ （万元）

第四节　股票分割与股票回购

在现实生活中，企业常常会出于某些目的对股票进行分割或回购，以改变市场上流通股的数量。伴随股票数量的变化，股票价格也会相应发生变化，这样可避免因股价过高或过低造成的流动性不足、企业形象打折等问题。

一、股票分割

股票分割是一种常见的股价调控手段，可以有效降低股价，增强公司股票的流动性。

1. 股票分割的概念

股票分割，又称拆股，即将一股股票拆分成多股股票的行为。股票分割对公司的财务结构不会产生任何影响，一般只会使发行在外的股数增加、每股面值降低，并由此使每股市价下跌，而资产负债表中股东权益各账户的余额都保持不变，股东权益合计数也维持不变。

2. 股票分割的动机

（1）降低股票价格。股票分割会使每股市价降低，买卖该股票所需资金量减少，从而可以促进股票的流通和交易。流通性的提高和股东数量的增加，会在一定程度上加大对公司股票恶意收购的难度。此外，降低股票价格还可以为公司发行新股做准备。

（2）向市场和投资者传递"公司发展前景良好"的信号。与分配股利一样，股票分割也可以向投资者传递公司未来经营业绩变化的信息。一般来说，处于成长阶段的中小公司，由于业绩的快速增长，股价会不断上涨，此时公司进行股票分割，实际上表明公司未来的业绩仍然会保持良好的增长趋势，有助于提高投资者对公司股票的信心，这种信息的传递也会引起股票价格上涨。

3. 反分割

如果公司认为其股票价格过低，不利于其在市场上的声誉和未来的再筹资，为提高股票的价格，会采取反分割措施。反分割又称股票合并或逆向分割，是指将多股股票合并为一股股票的行为。反分割显然会降低股票的流通性，提高公司股票投资的门槛，它向市场传递的信息通常都是不利的。

4. 股票分割与股票股利对比

对于公司来说，进行股票分割与发放股票股利都属于股本扩张政策，两者都会使公司股票数量增加，股票价格降低，并且都不会增加公司价值和股东财富。从这些方面来看，股票分割与股票股利是十分相似的，但两者也存在以下差异[①]。

第一，股票分割降低了股票面值，而发放股票股利不会改变股票面值。这主要是因为股票分割是股本重新分拆，将原来的股本细分为更多的股份，因而每股面值会相应成比例降低，而股票股利是公司以股票的形式用实现的净利润向股东无偿分派股利，股票面值不会降低。

第二，会计处理上不同。股票分割不会影响到资产负债表中股东权益各项金额的变化，只是股票面值减低，股票股数增加，因而股本的金额不会变化，资本公积金和留用利润的金额也不会变化。发放股票股利，公司应将股东权益中的留用利润的金额按照发放股票股利面值总数转为股本，因而股本的金额相应增加，而留用利润相应减少。

需要强调的是，无论是股票股利还是股票分割，其对企业和股东的利益效应是建立在企业持续发展的基础之上的，如果发放股票股利或进行股票分割后并没有伴随着利润和现金股利的相应增长，那么，不仅因此产生的股价上涨是短暂的，甚至可能给企业带来无尽的后患。

我国股份公司发行的普通股一般面值为 1 元，所以通常不进行股票分割。在实践中，我国公司常采用资本公积转增股本和发放股票股利的方式进行股本扩张，基本能够与股票分割达到同样的目的。

【例 9-9】 A 公司是美国上市公司，在 20×5 年末资产负债表上的股东权益

---

① 荆新，王化成，刘俊彦. 财务管理学（第 6 版）[M]. 北京：中国人民大学出版社，2012.

情况如表9-7所示。

表9-7 A公司20×5年末的股东权益情况

单位：万元

股本（面值10元，发行在外1000万股）	10000
资本公积（元）	10000
盈余公积（元）	5000
未分配利润（元）	8000
股东权益合计（元）	33000

要求回答下列两个问题：

（1）假设股票市价为20元，该公司宣布发放10%的股票股利，即现有股东每持有10股即可获赠1股普通股。发放股票股利后，股东权益有何变化？每股净资产是多少？

（2）假设该公司按照1:2的比例进行股票分割。股票分割后，股东权益有何变化？每股净资产是多少？

解答：

（1）发放股票股利后股东权益情况如表9-8所示。

表9-8 A公司20×5年末的股东权益情况（发放股票股利后）

单位：万元

股本（面值10元，发行在外1100万股）	11000
资本公积	11000
盈余公积	5000
未分配利润	6000
股东权益合计	33000

每股净资产 = $33000 \div (1000 + 100) = 30$（元/股）

（2）股票分割后股东权益情况如表9-9所示。

表9-9 A公司20×5年末的股东权益情况（股票分割后）

单位：万元

股本（面值5元，发行在外2000万股）	10000
资本公积	10000
盈余公积	5000
未分配利润	8000
股东权益合计	33000

$$每股净资产 = 33000 \div (1000 \times 2) = 16.5 \quad (元/股)$$

二、股票回购

在现实生活中，企业常常会出于某些目的进行股票回购，以降低流通股数量、提升股票价格。

1. 股票回购的概念

股票回购是指股份公司出资将其发行流通在外的股票以一定价格购回予以注销或作为库藏股的一种资本运作方式。我国 2005 年发布的《上市公司回购社会公众股份管理办法（试行）》规定，上市公司回购股票只能是为了减少注册资本而进行注销，不允许作为库藏股由公司持有。

【例 9-10】某公司股票回购前后的资产负债表如表 9-10 所示。

表 9-10　某公司股票回购前后的资产负债表

资产		负债和股东权益	
股利分配前资产负债表			
现金	150000	负债	0
其他资产	850000	股东权益	1000000
合计	1000000	合计	1000000
流通在外普通股股数	100000 股		
每股市价	1000000/100000=10		
股票回购后资产负债表（以每 10 元的价格回购股票）			
现金	50000	负债	0
其他资产	850000	股东权益	900000
合计	900000	合计	900000
流通在外普通股股数	90000 股		
每股市价	900000/90000=10		

2. 股票回购的动机

在证券市场上，股票回购的动机多种多样，主要有以下几点：

（1）现金股利的替代。现金股利政策会对公司产生未来的派现压力，而股票回购不会。当公司有富余资金时，通过回购股东所持股票将现金分配给股东，这样，股东就可以根据自己的需要选择继续持有股票或出售获得现金。

（2）改变公司的资本结构。无论是现金回购还是举债回购股份，都会提高公司的财务杠杆水平，改变公司的资本结构。公司认为权益资本在资本结构中所占比例较大时，为了调整资本结构而进行股票回购，可以在一定程度上降低整体资金成本。

（3）传递公司信息。由于信息不对称和预期差异，证券市场上的公司股票价格可能被低估，而过低的股价将会对公司产生负面影响。一般情况下，投资者会认为股票回购相当于公司认为其股票价值被低估而采取的应对措施。

（4）基于控制权的考虑。控股股东为了保证其控制权，往往直接或间接地回购股票，从而巩固既有的控制权。另外，股票回购使流通在外的股份数变少，股价上升，从而可以有效地防止恶意收购。

3. 股票回购的方式

关于股票回购的方式，主要有下述五种划分方法：

（1）按照股票回购的地点不同，可分为场内公开回购和场外协议回购两种。场内公开回购是指上市公司把自己等同于任何潜在的投资者，在证券市场上按照公司股票当前市场价格回购。在国外较为成熟的股票市场上，这种方式较为流行。据不完全统计，整个 20 世纪 80 年代，美国公司采用这一种方式回购的股票总金额为 2300 亿美元左右，占整个回购金额的 85% 以上。虽然这种方式的透明度比较高，但很难防止价格操纵和内幕交易，因而，美国证券交易委员会对实施场内公开回购的时间、价格和数量等均有严格的监管规则。

场外协议回购是指股票发行公司与特定投资者直接见面，通过私下签订购买协议来回购股票的一种方式。很显然，这种方式的缺陷就在于透明度比较低，有违股市"三公"原则。场外协议回购方式通常作为场内公开回购方式的补充。采用这种方式，公司必须公开披露股票回购的目的、数量等信息，并保证回购价格公平，以避免公司向特定股东进行利益输送，侵害其他股东利益。场外协议回购股票的价格一般低于当前市场价格，并且一次回购股票的数量较大，作为大宗交易在场外进行。

（2）按照筹资方式，可分为举债回购、现金回购和混合回购三种：①举债回购是指企业通过向银行等金融机构借款的办法来回购本公司股票。其目的无非是防御其他公司的恶意兼并与收购。②现金回购是指企业利用剩余资金来回购本公司的股票。③如果企业既动用剩余资金，又向银行等金融机构举债来回购本公司股票，称为混合回购。

（3）按照资产置换范围，可分为出售资产回购股票、利用手持债券和优先股交换（回购）公司普通股、债务股权置换三种：①出售资产回购股票是指公司通过出售资产筹集资金回购本公司股票。②利用手持债券和优先股交换（回购）公司普通股是指公司使用手持债券和优先股换回（回购）本公司股票。③债务股权置换是指公司使用同等市场价值的债券换回本公司股票。例如1986年，Owenc Corning公司使用52美元的现金和票面价值35美元的债券交换其发行在外的每股股票，以提高公司的负债比例。

（4）按照回购价格的确定方式，可分为固定价格要约回购和荷兰式拍卖回购两种：①固定价格要约回购是指企业在特定时间发出的以某一高出股票当前市场价格的价格水平，回购既定数量股票的卖出报价。为了在短时间内回购数量相对较多的股票，公司可以宣布固定价格回购要约。它的优点是赋予所有股东向公司出售其所持股票的均等机会，而且在通常情况下，公司享有在回购数量不足时取消回购计划或延长要约有效期的权利。与公开收购相比，固定价格要约回购通常被认为是更积极的信号，其原因可能是要约价格存在高出市场当前价格的溢价。但是，溢价的存在也使得固定价格要约回购的执行成本较高。②荷兰式拍卖回购首次出现于1981年Todd造船公司的股票回购。此种方式的股票回购在回购价格确定方面给予公司更大的灵活性。在荷兰式拍卖的股票回购中，首先，公司指定回购价格的范围（通常较宽）和计划回购的股票数量（可以上下限的形式表示）；其次，股东进行投标，说明愿意以某一特定价格水平（股东在公司指定的回购价格范围内任选）出售股票的数量；最后，公司汇总所有股东提交的价格和数量，确定此次股票回购的"价格—数量曲线"，并根据实际回购数量确定最终的回购价格。

（5）可转让出售权回购方式。所谓可转让出售权，是实施股票回购的公司赋予股东在一定期限内以特定价格向公司出售其持有股票的权利。之所以称为"可转让"是因为此权利一旦形成，就可以同依附的股票分离，而且分离后可在市场上自由买卖。执行股票回购的公司向其股东发行可转让出售权，那些不愿意出售股票的股东可以单独出售该权利，从而满足了各类股东的需求。此外，因为可转让出售权的发行数量限制了股东向公司出售股票的数量，所以这种方式还可以避免股东过度接受回购要约的情况。

4. 股票回购可能对上市公司经营造成的负面影响

（1）资金压力。股票回购需要大量资金支付回购的成本，易造成资金紧缺，资产流动性变差，影响公司发展后劲。上市公司进行股票回购首先必须要以资金实力为前提，如果公司负债率较高，再举债进行回购，将使公司资产流动性劣化，巨大的偿债压力则将进一步影响公司正常的生产经营和发展后劲。

（2）资本减少，长期利益受损。股票回购无异于股东退股和公司资本的减少，也可能会使公司的发起人股东更注重创业利润的实现，从而不仅在一定程度上削弱了对债权人利益的保护，而且忽视了公司的长远发展，损害了公司的根本利益。

（3）容易导致内幕操纵股价。股份公司拥有本公司最准确、最及时的信息，如果允许上市公司回购本公司股票，易导致其利用内幕消息进行炒作，使大批普通投资者蒙受损失，甚至有可能出现借回购之名，行违规炒作本公司股票之实的行为产生。

【课后习题】

一、重要名词与术语

1. 除息日/除权日
2. 股票股利
3. 股利无关理论
4. "一鸟在手"理论
5. 税收差别理论
6. 信号传递理论
7. 代理成本理论
8. 剩余股利政策
9. 固定股利政策
10. 固定股利支付率政策
11. 稳定增长股利政策
12. 低正常股利加额外股利政策
13. 股票分割
14. 股票回购

二、复习思考题

1. 为什么许多大公司愿意采用低正常股利加额外股利政策？
2. 简述公司股利政策的基本类型，并说明每种股利政策的主要特点。
3. 简述股利支付方式。
4. 股利相关论认为公司的股利分配对公司市场价值有影响。那么，影响股利分配的因素有哪些？
5. 公司处在初创阶段，请问适合采用哪种股利政策？
6. 请比较股票股利与股票分割。
7. 股票回购的方式有哪些？

三、计算分析题

1. 20×4年吉安公司提取了公积金、公益金后的税后净利润为600万元，分配现金股利 240 万元。20×5 年提取公积金、公益金后的税后净利润为 400 万元。20×6 年没有计划投资项目。试计算：

（1）在固定股利政策下，吉安公司 20×5 年应分配的现金股利。

（2）在固定股利支付率政策下，吉安公司 20×5 年应分配的现金股利。

（3）在正常股利加额外股利政策下，吉安公司 20×5 年应分配的现金股利。

2. 某网络上市公司现有资产总额 2000 万元，企业已连续亏损两年；权益乘数为 2，该公司目前的资本结构为最佳资本结构，权益资本均为普通股，每股面值 10 元，负债的年平均利率为 10%。该公司年初未分配利润为 -258 万元，当年实现营业收入 8000 万元，固定成本 700 万元，变动成本率 60%，所得税率 33%。该公司按 10% 和 5% 提取盈余公积金和公益金。预计下一年度投资计划需要资金 4000 万元。

要求根据以上资料分析：

（1）该公司采用何种股利政策为佳？说明理由。

（2）如果该公司采取剩余股利政策，其当年盈余能否满足下一年度投资对权益资本的需要？若不能满足，应增发多少普通股？

（3）根据（2）的结果，上述投资所需权益资本或者通过发行长期债券（债券年利率 12%）取得，或者通过发行普通股（新发行股票的面值保持 10 元不变）取得。当预计息税前利润为 2800 万元时，你认为哪种筹资方式对公司更有利（以每股收益为标准）。

3. ABC 公司 20×6 年全年实现净利润 1000 万元，年末在分配股利前的股东权益账户余额如下：股本（面值 1 元）1000 万元；盈余公积 500 万元；资本公积 4000 万元；未分配利润 1500 万元；合计 7000 万元。若公司决定发放 10% 的股票股利，并按发放股票股利后的股数支付现金股利（以市价计算股票股利价值），每股 0.1 元，该公司股票目前市价为 10 元/股。求解以下互不相关的问题：

（1）发放股利后该公司权益结构有何变化？若市价不变，此时市盈率为多少？

（2）预计 20×7 年净利润将增长 5%，若保持 10% 的股票股利比率与稳定的股利支付率，则 20×6 年发放多少现金股利？

（3）预计 20×7 年净利润将增长 5%，且年底将要有一个大型项目上马，该项目需资金 2500 万元，若要保持负债率占 40% 的目标资金结构，当年能否发放股利？

下篇

● 本篇包括第十章至第十五章，为财务管理的实训部分。

● 本篇紧扣上篇财务管理理论部分，结合具体案例来进行论述。其中，第十章以厦新钨业为例，为企业财务分析实训；第十一章为捷达机电企业的财务预算实训；第十二章以华成机电企业为例，分析企业筹资管理；第十三章以田兴生物科技企业为例，论述企业投资管理；第十四章以连胜电力企业为例，为企业营运资金管理实训；第十五章则以长青汽车为例，论述企业利润及其分配管理。

第十章
厦新钨业股份有限公司财务分析实训

通过本章案例实训，掌握企业的偿债能力分析方法、营业能力分析方法、盈利能力分析方法和企业财务综合分析方法。

一、目标企业背景信息介绍

厦新钨业股份有限公司（以下简称厦新钨业）是在深圳证券交易所上市的集团型股份公司，公司主要从事钨精矿、钨钼中间制品、粉末产品、丝材板材、硬质合金、切削刀具、各种稀土氧化物、稀土金属、稀土发光材料、磁性材料和稀土贮氢、系列锂电池材料等其他新能源、新材料的生产、销售与研发。是国家级重点高新技术企业、国家火炬计划钨材料产业基地、国家首批发展循环经济示范企业。近年来，公司制定并实施"以钨为主业，以钼和能源新材料为两翼"的战略规划，在拓展、巩固钨钼产业市场地位的同时，积极发展包括稀土在内的能源新材料产业。厦新钨业自创建以来一直注重技术发展，建立了国家级的企业技术中心和国家钨材料工程技术中心，会聚了众多相关产业的专家从事研究工作。公司坚持从严治企与管理创新相结合，构建以"精细、严格、到位"的高效执行为基础、以提升全员素养为保证、以信息化平台为支撑的精细化管理模式。创造性地实施了基于价值链的战略成本管理，实现对企业价值链的全方位、多视角管控。公司在快速发展的同时，致力变革创新，优化组织模式，力争占领技术制高点，不断完善产业结构，培育新的市场增长点，增强企业可持续发展能力，为打造最具竞争实力的国际性一流公司而不懈奋斗。

二、实训任务材料

目标企业实训资料如下：

（一）资产负债表

厦新钨业 2015 年年末资产负债表见表 10-1。

表 10-1 厦新钨业 2015 年年末资产负债表

单位：元

资产	期末余额	年初余额	负债与所有者权益	期末余额	年初余额
流动资产			流动负债		
货币资金	157064333.37	145669737.81	短期借款	310438018.33	653783960.80
交易性金融资产	924694.16	1681014.90	交易性金融负债	0.00	0.00
应收票据	0.00	0.00	应付票据	340329088.07	127355875.99
应收账款	297143575.47	98761265.65	应付账款	410127854.35	131822702.24
预付账款	118428858.50	166380668.98	预收账款	145699803.44	148008297.50
应收利息	4174027.39	6190233.33	应付职工薪酬	2695445.61	3479405.77
应收股利	2956130.01	0.00	应交税费	−1052293.45	−34577162.96
其他应收款	187586223.85	32528104.70	应付利息	968848.18	1282819.74
存货	164504298.25	322010191.78	应付股利	0.00	0.00
一年内到期的非流动资产	0.00	0.00	其他应付款	14949516.17	88495206.17
其他流动资产	0.00	0.00	一年内到期的非流动负债	0.00	0.00
流动资产合计	932782141.00	773221217.15	其他流动负债	0.00	0.00
非流动资产			流动负债合计	1224156280.70	1119651105.25
可供出售金融资产	0.00	16889505.50	非流动负债		
持有至到期投资	79800000.00	121000000.00	长期借款	60909092.00	12272728.00
长期应收款	0.00	0.00	应付债券	0.00	0.00
长期股权投资	676960362.90	634487412.58	长期应付款	0.00	0.00
投资性房地产	42192225.27	43415971.52	专项应付款	0.00	0.00
固定资产	39769802.26	39732425.81	预计负债	0.00	0.00
在建工程	0.00	0.00	递延所得税负债	84938.83	3208727.59
工程物资	0.00	0.00	其他非流动负债	0.00	0.00
固定资产清理	0.00	52398.27	非流动负债合计	60994030.83	15481455.59
生产性生物资产	0.00	0.00	负债合计	1285150311.53	1135132560.84
油气资产	0.00	0.00	所有者权益		
无形资产	991666.66	0.00	实收资本（或股本）	240250000.00	240250000.00

续表

资产	期末余额	年初余额	负债与所有者权益	期末余额	年初余额
开发支出	0.00	0.00	资本公积	198194259.97	211903364.56
商誉	0.00	0.00	减：库存股	0.00	0.00
长期待摊费用	0.00	0.00	盈余公积	38900687.45	35472180.90
递延所得税资产	6305520.25	4019355.98	未分配利润	16306459.39	10060180.51
其他非流动资产	0.00	0.00	所有者权益合计	493651406.81	497685725.97
非流动资产合计	846019577.34	859597069.66			
资产合计	1778801718.34	1632818286.81	负债和所有者权益合计	1778801718.34	1632818286.81

（二）利润表

厦新钨业 2015 年利润表见表 10-2。

表 10-2　厦新钨业 2015 年利润表

单位：元

项目	本年金额	上年金额
一、营业收入	3957277210.45	2841989109.28
减：营业成本	3875833351.59	2745396916.78
营业税金及附加	3032969.85	4636720.18
销售费用	28219760.34	29898369.92
管理费用	26420400.46	22314923.58
财务费用	53022866.42	50279190.93
资产减值损失	10450738.65	10867439.65
加：公允价值变动收益（损失以"-"号填列）	-756320.74	-705377.62
投资收益（损失以"-"号填列）	76875290.82	54270876.82
其中：对联营企业和合营企业的投资收益	902425.07	-547161.87
二、营业利润（亏损以"-"号填列）	36416093.22	32161047.44
加：营业外收入	1360151.00	1065790.26
减：营业外支出	1982342.11	5824115.85
其中：非流动资产处置损失		
三、利润总额（亏损总额以"-"号填列）	35793902.11	27402721.85
减：所得税费用	1508836.58	1612318.38
四、净利润（净亏损以"-"号填列）	34285065.53	25790403.47
五、每股收益		
（一）基本每股收益	0.1427	0.1073
（二）稀释每股收益		

（三）现金流量表

厦新钨业 2015 年现金流量表见表 10-3。

表 10-3　厦新钨业 2015 年现金流量表

单位：元

项目	本年金额	上年金额
一、经营活动产生的现金流量		
销售商品、提供劳务收到的现金	3642519744.18	3270586952.19
收到的税费返还	58812302.82	84932642.36
收到其他与经营活动有关的现金	21777510.32	2413362761.98
经营活动现金流入小计	3723109557.32	5768882356.53
购买商品、接受劳务支付的现金	3118719483.78	3382015081.71
支付给职工以及为职工支付的现金	22049652.02	23316823.85
支付的各项税费	15843344.84	12417162.84
支付的其他与经营活动有关的现金	240868776.40	2149233194.22
经营活动现金流出小计	3397481257.04	5566982262.62
经营活动产生的现金流量净额	325628300.28	201900093.91
二、投资活动产生的现金流量		
收回投资所收到的现金	380560098.93	33460309.93
取得投资收益所收到的现金	58291121.92	48872265.85
处置固定资产、无形资产和其他长期资产所收到的现金净额	17100.00	55883997.13
处置子公司及其他营业单位收到的现金净额	0.00	0.00
收到的其他与投资活动有关的现金	13500000.00	
投资活动现金流入小计	452368320.85	138216572.91
购建固定资产、无形资产和其他长期资产所支付的现金	3165772.02	1766469.88
投资所支付的现金	359736763.74	441969312.45
取得子公司及其他营业单位支付的现金净额	0.00	0.00
支付的其他与投资活动有关的现金	0.00	0.00
投资活动现金流出小计	362902535.76	443735782.33
投资活动产生的现金流量净额	89465785.09	−305519209.42
三、筹资活动产生的现金流量		
吸收投资所收到的现金	0.00	0.00
借款所收到的现金	971801983.84	1499733433.20
收到的其他与筹资活动有关的现金	0.00	0.00
筹资活动现金流入小计	971801983.84	1499733433.20
偿还债务所支付的现金	1266511562.31	1296010248.47
分配股利、利润或偿付利息所支付的现金	106058432.25	53963586.28
支付的其他与筹资活动有关的现金	0.00	0.00
筹资活动现金流出小计	1372569994.56	1349973834.75

项目	本年金额	上年金额
筹资活动产生的现金流量净额	-400768010.72	149759598.45
四、汇率变动对现金的影响额	-2931479.09	9187539.96
五、现金及现金等价物净增加额	11394595.56	55328022.90
加：期初现金及现金等价物余额	145669737.81	90341714.91
六、期末现金及现金等价物余额	157064333.37	145669737.81

（四）所有者权益变动表

厦新钨业 2015 年所有者权益变动表见表 10-4。

表 10-4　厦新钨业 2015 年所有者权益变动表

单位：元

项目	本年金额					
	实收资本（或股本）	资本公积	减：库存股	盈余公积	未分配利润	所有者权益合计
一、上年年末余额	240250000.00	211903364.56		35563685.68	10883723.50	498600773.74
加：会计政策变更						
前期差错更正				-91504.78	-823542.99	-915047.77
二、本年年初余额	240250000.00	211903364.56		35472180.90	10060180.51	497685725.97
三、本年增减变动金额（减少以"-"号填列）		-13709104.59		3428506.55	6246278.88	-4034319.16
（一）净利润					34285065.53	34285065.53
（二）直接计入所有者权益的利得和损失		-13709104.59				-13709104.59
1. 可供出售金融资产公允价值变动净额						
2. 权益法下被投资单位其他所有者权益变动的影响						
3. 与计入所有者权益项目有关的所得税影响						
4. 其他		-13709104.59				-13709104.59
上述（一）和（二）小计		-13709104.59			34285065.53	20575960.94
（三）所有者投入和减少资本						
1. 所有者投入资本						
2. 股份支付计入所有者权益的金额						

续表

项目	本年金额					
	实收资本（或股本）	资本公积	减：库存股	盈余公积	未分配利润	所有者权益合计
3. 其他						
（四）利润分配				3428506.55	−28038786.65	−24610280.10
1. 提取盈余公积				3428506.55	−3428506.55	
2. 对所有者（或股东）的分配					−24025000.00	−24025000.00
3. 其他					−585280.10	−585280.10
（五）所有者权益内部结转						
1. 资本公积转增资本（或股本）						
2. 盈余公积转增资本（或股本）						
3. 盈余公积弥补亏损						
4. 其他						
四、本年年末余额	240250000.00	198194259.97		38900687.45	16306459.39	493651406.81

项目	上年金额					
	实收资本（或股本）	资本公积	减：库存股	盈余公积	未分配利润	所有者权益合计
一、上年年末余额	240250000.00	202615306.21		41215182.15	61747862.57	545828350.93
加：会计政策变更		−4361046.24		−8322041.59	−74899045.19	−87582133.02
前期差错更正						
二、本年年初余额	240250000.00	198254259.97		32893140.56	−13151182.62	458246217.91
三、本年增减变动金额（减少以"−"号填列）		13649104.59		2579040.34	23211363.13	39439508.06
（一）净利润					25790403.47	25790403.47
（二）直接计入所有者权益的利得和损失		13649104.59				13649104.59
1. 可供出售金融资产公允价值变动净额		13649104.59				13649104.59
2. 权益法下被投资单位其他所有者权益变动的影响						
3. 与计入所有者权益项目有关的所得税影响						
4. 其他						
上述（一）和（二）小计		13649104.59			25790403.47	39439508.06

项目	上年金额					
	实收资本（或股本）	资本公积	减：库存股	盈余公积	未分配利润	所有者权益合计
（三）所有者投入和减少资本						
1. 所有者投入资本						
2. 股份支付计入所有者权益的金额						
3. 其他						
（四）利润分配				2579040.34	−2579040.34	
1. 提取盈余公积				2579040.34	−2579040.34	
2. 对所有者（或股东）的分配						
3. 其他						
（五）所有者权益内部结转						
1. 资本公积转增资本（或股本）						
2. 盈余公积转增资本（或股本）						
3. 盈余公积弥补亏损						
4. 其他						
四、本年年末余额	240250000.00	211903364.56	0.00	35472180.90	10060180.51	497685725.97

（五）会计报表附注

厦新钨业 2015 年公司会计报表附注见表 10-5。

表 10-5　财务报表附注

一、公司基本情况

厦新钨业股份有限公司（以下简称本公司），系 1993 年经福建省股份制试点领导小组批准以定向募集方式设立的股份有限公司。1996 年 11 月经中国证券监督管理委员会"证监发（1996）第 331 号"文批准，1996 年 12 月 5 日在深圳证券交易所挂牌交易，证券代码：0003571；企业法人营业执照注册号：4600001002367；公司目前注册资本为人民币 22257.46 万元；法定代表人：黄庆；公司注册地址：福建省福州市。

公司主要从事：硬质合金和钨、钼、钽等有色金属及其深加工产品和装备的研制、开发、生产、销售及贸易业务。

二、财务报表的编制基础

本公司以持续经营为基础，根据实际发生的交易和事项，按照《企业会计准则——基本准则》和其他各项会计准则的规定进行确认和计量，在此基础上编制财务报表。

本公司原执行《企业会计准则》和《企业会计制度》及有关补充规定，自 2007 年 1 月 1 日起，执行财政部 2006 年颁布的《企业会计准则》及其应用指南。

三、遵循《企业会计准则》的声明

本公司声明，本公司编制的财务报表符合中华人民共和国财政部（以下简称财政部）颁布的《企业会计准则》（2006）的要求，真实、完整地反映了本公司的合并财务状况和财务状况、合并经营成果和经营成果以及合并现金流量和现金流量等有关信息。

四、会计政策、会计估计变更及前期差错更正

1. 会计政策变更

本公司本期未发生会计政策变更。

2. 会计估计变更

本公司本期未发生会计估计变更。

3. 前期重大差错更正

本公司本期未发生前期重大差错更正。

五、税项

1. 主要税种与税率

税（费）种	计税（费）依据	税（费）率
增值税	计税销售收入	13%、17%
营业税	营业收入	5%
企业所得税	应纳税所得额	18%
城市维护建设税	应交流转税额	7%
教育费附加	应交流转税额	4.5%
房产税	房产余值或租金收入	1.2%或12%

2. 优惠税负及批文

公司本部属福建省经济特区，按《中华人民共和国企业所得税暂行条例》的规定，2014 年执行 15%税率，按税务总局国发［2014］39 号《关于实施企业所得税过渡优惠政策的通知》，2015 年按 18%税率执行，2016 年按 20%税率执行，2017 年按 22%税率执行，2018 年按 24%税率执行，2019 年按 25%税率执行。

八、公司报表重要项目注释

19. 资本公积

单位：元

项目	年初数	本年增加	本年减少	年末数
股本溢价	198194259.97	—	—	198194259.97
其他资本公积	13709104.59	—	13709104.59	0.00
合计	211903364.56	—	13709104.59	198194259.97

32. 财务费用

单位：元

类别	本期发生额	上期发生额
1. 利息支出	43682734.18	42315768.19
2. 汇兑净损失	8867542.16	6582164.91
3. 其他费用	472590.08	1381257.83
其中：手续费支出	378261.81	895186.94
合计	53022866.42	50279190.93

十一、或有事项

1. 提供担保形成的或有负债

本公司为已转让的控股子公司——红海公司本金 300 万元贷款提供的一般保证尚未解除，约定的保证截止期为 2016 年 4 月 30 日，现已有确定证据表明：红海公司资不抵债，陷入财务危机，截止到 2015 年 12 月 31 日，红海公司危机尚未解除，本公司根据红海公司债务清偿能力计提了 178 万元预计负债。上年度报告期末，本公司无提供担保形成的或有负债。

2. 未决诉讼、仲裁形成的或有负债

截止到本报告期末，本公司无未决诉讼、仲裁形成的或有负债。

3. 已贴现商业承兑汇票形成的或有负债

截止到本报告期末，本公司无已贴现商业承兑汇票形成的或有负债。

4. 其他或有负债

截止到本报告期末，本公司无其他或有负债。

（六）公司会议内容摘要

厦新钨业公司会议内容摘要见表 10-6。

表 10-6　会议内容摘要

会议名称：月末例会
会议时间：2016 年 3 月 30 日
会议地点：二楼会议厅
主要议题：本月重大事项讨论
发言记录：

林平（会计主管）：提出目前所发生的对公司有重大影响的事项。

事项一：近期红海公司发生重大财务危机，我公司于 2011 年度为其五年期的银行贷款提供了担保，贷款额高达 300 万元，还款期为 2016 年 4 月 15 号，预测红海公司无法按期偿还，我公司将面临还款的连带责任。

事项二：中国工商银行同意我公司的借款申请，借款额度达 30 万元，但借款手续尚未办理妥善，望有关部门抓紧时间。

事项三：经公司董事会研究决定，由于红海公司危机对我公司产生严重影响，我公司决定于近期将持有的仓山区未开发的土地、尚未开采的田梅钨矿开采权予以出售，以度过此次危机，就目前来看，这两项长期资产的出售不会对我公司的持续经营造成影响。

事项四：开采部当前急需一台深层挖掘机，但由于红海事件尚未解决，决定暂缓设备购买。同时，我公司与东机租赁公司签订协议，决定从下一季度起租赁该公司深层挖掘机一台，租赁期为十年，租金为每年 10 万元。

（七）钨业公司流动比率情况

钨业公司流动比率情况见表 10-7。

表 10-7　钨业公司流动比率情况

类别	流动比率
天虹钨业公司	0.78
中天钨业公司	0.5
北岛钨业公司	0.62
心一钨业公司	0.72
田中钨业公司	0.48
行业标准	0.65

（八）营运能力状况

厦新钨业营运能力状况见表 10-8。

表 10-8　厦新钨业营运能力状况

单位：%

项目	2012 年	2013 年	2014 年	行业标准
应收账款周转率	17.64	18.36	19.50	19.50
存货周转率	18.74	18.54	17.32	19.00
流动资产周转率	4.68	4.65	4.65	4.78
固定资产周转率	98.76	106.54	100.18	100.00
非流动资产周转率	4.52	4.50	4.46	4.78
总资产周转率	2.32	2.30	2.29	2.40

（九）盈利能力部分指标

厦新钨业盈利能力部分指标见表 10-9。

表 10-9　厦新钨业盈利能力部分指标

单位：%

项目	2012 年	2013 年	2014 年	行业标准
总资产利润率	2.30	2.24	2.13	2.30
总资产报酬率	4.51	4.52	4.54	4.68
总资产净利率	2.21	2.15	2.08	2.21
净资产收益率	6.75	6.78	6.84	6.90
资本收益率	5.70	5.75	5.88	6.00

（十）近三年主要财务比率

厦新钨业近三年主要财务比率见表 10-10。

表 10-10　厦新钨业近三年主要财务比率

项目	2012 年	2013 年	2014 年
净经营资产周转次数（次）	6.58	6.65	6.69
净利息率（%）	10.58	11.35	11.56
净财务杠杆（%）	50.36	54.28	57.46

三、实训任务

请根据实训任务材料完成下列实训（所有填写数据保留 2 位小数）。

（一）短期偿债能力指标计算

请计算厦新钨业 2015 年的短期偿债能力指标，并填列在表 10-11 中。

表 10-11 厦新钨业 2015 年短期偿债能力指标计算

项目	数值（按年末数计算）	数值（按年初数计算）
营运资本（元）		
流动比率（%）		
速动比率（%）		
现金比率（%）		
现金流量比率（%）		

（二）短期偿债能力指标分析

将下列文字分析的内容填写完整。

根据前面所计算的指标分析：年末数与年初数相比，厦新钨业的营运资本增加（　　）元，由此可知公司的短期偿债能力（　　）；厦新钨业流动比率的行业标准为（　　）%，厦新钨业的年初和年末流动比率（　　）行业标准，并且年末的比率比年初升高了（　　）个百分点，这表明厦新钨业具有（　　）的短期偿债能力。厦新钨业年末速动比率比年初提高了（　　）%，表明厦新钨业债务偿还的安全性（　　），国际上通常认为，速动比率达到（　　）%较为恰当；厦新钨业的现金比率比年初减少了（　　）%，说明厦新钨业为每100元流动负债提供的现金资产保障减少了（　　）元；厦新钨业年末现金流动负债比率比年初提高了（　　）%，说明厦新钨业流动负债的经营现金流量保障程度（　　）。表外因素事项一（　　）了短期偿债能力；表外因素事项二（　　）了短期偿债能力（结果保留2位小数）。

（三）长期偿债能力指标计算

请计算厦新钨业 2015 年的营运能力指标，并填列在表 10-12 中。

表 10-12 厦新钨业 2015 年长期偿债能力指标计算

项目	数值（按年末数计算）	数值（按年初数计算）
资产负债率（%）		
产权比率		
权益乘数		
长期资本负债率（%）		
已获利息倍数		
现金流量利息保障倍数		
现金流量债务比（%）		

（四）长期偿债能力指标分析

将下列文字分析的内容填写完整。

对于厦新钨业的债权人来说，资产负债率（　　），企业偿债能力越有保证；产权比率和（　　）是资产负债率的另外两种表现形式，它们和资产负债率的性质一样；已获利息保障倍数和现金流量利息保障倍数相比，（　　）的可靠性更强；（　　）反映的是企业长期资本的结构，比率越高，公司承担的偿还长期债务压力（　　）；厦新钨业 2015 年度现金流量债务比与 2014 年度相比（　　），说明公司承担债务总额的能力（　　）了。

（五）营运能力指标计算

请计算厦新钨业 2015 年的营运能力指标，并填列在表 10-13 中。一年以 365 天计算。

表 10-13　厦新钨业 2015 年营运能力指标计算

项目	平均余额（元）	周转率（次）	周转天数（天）
应收账款			
存货			
流动资产			
固定资产			
非流动资产			
总资产			

（六）营运能力指标分析

将下列文字分析的内容填写完整。

厦新钨业近几年来应收账款的周转率不断（　　），说明公司对应收账款的管理效率逐步（　　）；近几年来，公司的存货周转率呈现（　　）趋势，表明公司存货管理的效率（　　）了；整体来看，流动资产的管理效率近几年来（　　），且（　　）行业标准，因此公司下一步若想提高流动资产营运能力，其关键在于（　　）存货管理的效率；公司固定资产周转率越高，表明公司营运能力（　　）；公司总资产周转率均低于行业标准，这样发展下去最终会影响企业的（　　）能力。

（七）盈利能力指标计算

请计算厦新钨业 2015 年的盈利能力指标，并填列在表 10-14 中。

表 10-14 厦新钨业 2015 年盈利能力指标分析

经营盈利能力指标		资产盈利能力指标		资本盈利能力指标	
指标	数值	指标	数值	指标	数值
营业毛利率（%）		总资产利润率（%）		净资产收益率（%）	
营业利润率（%）		总资产报酬率（%）		资本收益率（%）	
营业净利率（%）		总资产净利率（%）		每股收益（元/股）	
成本费用利润率（%）					

（八）盈利能力指标分析

将下列文字分析的内容填写完整。

公司 2015 年度营业收入增长率为（　　）%，营业成本增长率为（　　）%，与 2014 年度相比，营业毛利率有所（　　），原因主要是营业收入增长率（　　）营业成本增长率；相比 2014 年度，2015 年度营业利润率（　　），营业净利率（　　），表明公司的盈利能力（　　）；相比 2014 年度，公司成本费用利润率（　　），表明企业在成本费用控制方面需要加强。公司总资产利润率有下降趋势，说明公司营业利润有（　　）趋势或总资产占用额逐渐（　　）。如果市场资本利率为 4.5%，说明企业可以充分利用财务杠杆适当（　　）经营。（　　）是评价企业自有资本及其积累获取报酬水平的最具综合性和代表性的指标，该指标越低，表明企业运营效益（　　），对投资人权益的保证程度（　　）；公司本年度的净资产收益率（　　）以前年度和行业标准，说明企业自有资本获取收益的能力（　　）；2012 年以来，公司实收资本（股本）和资本公积（股本溢价）均没有变化，但 2014 年度的资本收益率（　　）2015 年度，原因在于（　　）不同；每股收益越高，说明公司的盈利能力（　　）。2015 年度厦新钨业的净利润为（　　）元，经营现金净流量为（　　）元，则盈余现金保障倍数为（　　），2014 年度的盈余现金保障倍数为（　　），这一指标是评价企业盈利状况的辅助指标，该指标越大，表明企业经营活动产生的净利润对现金的贡献（　　），2015 年度盈余现金保障倍数（　　）2014 年度的，表明公司经营活动产生的净利润对现金的贡献（　　）了。

（九）发展能力指标计算

假设公司 2015 年度不存在客观因素影响，请根据所给出的背景资料填列表 10-15 相关内容。

表 10-15　厦新钨业 2015 年发展能力指标计算

单位：%

盈利增长能力指标		资产增长能力指标		资本增长能力指标	
指标	数值	指标	数值	指标	数值
营业收入增长率		总资产增长率		资本积累率	
营业利润增长率				资本保值增长率	
净利润增长率					

（十）发展能力指标分析

将下列文字分析的内容填写完整。

2015 年度厦新钨业营业收入增长率（　　）零，表明企业本年的营业收入有所（　　），指标值越高，表明企业市场前景（　　）；2015 年度的营业利润增长率（　　）零，表明公司业务扩张能力有所（　　）；2015 年度公司资本积累率（　　）零，表明公司股东利益（　　），应予以充分重视；通过计算可以发现，如果不存在客观因素，公司的资本保值增长率减去资本积累率等于（　　）。总资产增长率并不是越高越好，要充分考虑资产规模扩张的质和量，避免资产盲目扩张。

（十一）传统杜邦财务分析体系指标计算

采用传统的杜邦分析体系确定 2014 年度厦新钨业净资产收益率，同时采用因素分析法中的连环替代法定量计算 2015 年度营业净利率、总资产周转率以及财务杠杆变动后的公司净资产收益率，其中变动影响一栏填列的是本行比上一行净资产收益率增加（用"+"号表示）或减少（用"-"号表示）的具体数值。根据上述要求填列表 10-16 相关内容，其中权益乘数的计算以平均资产总额和平均股东权益总额为计算口径。计算结果保留 2 位小数。

表 10-16　连环替代法的计算过程

项目	营业净利率（%）	总资产周转率（次）	权益乘数	净资产收益率（%）	变动影响（%）
2014 年相关比率					
营业净利率变动					
总资产周转率变动					
财务杠杆变动					

（十二）比率影响分析

将下列文字分析的内容填写完整。

与上年相比，净资产的收益率（　　）了，其中营业净利率变动的影响为（　　）%，表明 2015 年度由于营业净利率的（　　），使得公司 2015 年度的净资产收益率有较大幅度的（　　）；总资产周转率变动的影响为（　　）%，表明 2015 年度总资产周转率（　　）了，从而使得公司 2015 年度净资产收益率（　　）；财务杠杆的变动影响（　　）%，表明公司充分（　　）了财务杠杆。对公司来说，影响净资产收益率最为不利的因素是（　　）；影响净资产收益率的有利因素是（　　）的提高；总资产周转率升高（　　）于公司净资产收益率的提升。

（十三）改进的杜邦财务分析体系

本实训计算的各项目以改进的杜邦分析体系中的主要概念为准，金融资产包括交易性金融资产、应收利息、可供出售金融资产以及持有至到期投资，金融负债包括短期借款、交易性金融负债、应付利息、一年内到期的非流动负债、长期借款以及应付债券。出于该公司管理的需要，假设经营利润中包含投资收益和公允价值变动，利息费用仅指财务费用扣除了汇兑损益和其他财务费用的利息部分。计算用到前一答案的，用保留后的数字计算。净经营资产、净金融负债、股东权益均使用平均数。计算结果保留 2 位小数，并填列在表 10-17 中。

表 10-17　改进的杜邦财务分析体系要素及指标

项目	2014 年	2015 年	变动
金融资产（元）			
金融负债（元）			
净负债（元）			
经营资产（元）			
经营负债（元）			
净经营资产（元）			
平均所得税税率（%，保留 8 位小数）			
税后经营利润（元）			
税后利息费用（元）			
经营利润率（%）			
净经营资产周转次数（次）			
净经营资产利润率（%）			
净利息率（%）			
经营差异率（%）			
净财务杠杆（%）			
杠杆贡献率（%）			
净资产收益率（%）			

（十四）改进的杜邦财务分析体系驱动因素分析

请采用连环代替法测定公司 2015 年度各比率变动所造成的影响。计算结果保留 2 位小数，计算用到前一答案的，用保留后的数字计算，计算结果都用百分数表示，并填列在表 10-18 中。

表 10-18　连环替代法计算过程

单位：%

变动影响因素	2014 年相关比率	净经营资产利润率变动	净利息率变动	财务杠杆变动
净经营资产利润率				
净利息率				
经营差异率				
净财务杠杆				
杠杆贡献率				
净资产收益率				
变动影响	—			

（十五）改进的杜邦财务分析体系驱动因素变动影响分析

将下列文字分析的内容填写完整。

厦新钨业 2015 年度的净资产收益率比 2014 年度下降了，其主要影响因素有：经营资产利润率的（　　），使净经营资产收益率（　　）了（　　）%；税后净利息率的（　　），使净经营资产收益率（　　）了（　　）%；净财务杠杆的（　　），使净资产收益率（　　）了（　　）%（数值保留两位小数）。

四、实训思考

企业财务报表体系的组成内容是什么？四张报表之间的对应关系如何？如何理解企业财务报表分析的内容？为什么说企业财务信息的不同使用者对企业的财务状况有不同的关注点？

第十一章
捷达机电企业财务预算实训

通过本章案例实训，掌握财务预算定义及编制方法；学会编制现金预算表、预计利润表、预计资产负债表和预计现金流量表。

一、目标企业背景信息介绍

福建捷达机电有限责任公司（以下简称捷达机电）是一家专业从事摩托车配件出口的企业，产品远销欧美、中东、非洲等地区。主营产品包括摩托车配件、沙滩车配件、卡丁车配件、发动机配件、电动车配件、骑士车配件、踏板车配件、镀铬件、改装件、附件。主营业务包括摩托车、座椅及附件、摩托车配附件、交通安全服装。注册资本为100万元。公司成立时间是2004年。公司总部下设总务部、供应部、财务部、人力部、预算部5个职能部门。

二、实训任务材料

2015年末的部分账簿资料和2016年度销售、生产、费用预算如下，请根据下面材料完成实训任务。

（一）资产负债表

捷达机电2015年12月31日资产负债表见表11-1。

捷达机电2015年资产负债表是对2015年度所实现的净利润进行利润分配后的简易报表。固定资产项目中的明细材料：固定资产原值为12000000元，累计折旧为400000元，固定资产净值为8000000元。

表 11-1 捷达机电 2015 年 12 月 31 日

单位：元

资产	期末余额	年初余额（略）	负债与所有者权益	期末余额	年初余额（略）
流动资产			流动负债		
货币资金	700000.00		应付账款	142500.00	
应收账款	620000.00		应付股利	1000000.00	
存货	116500.00		流动负债合计	1142500.00	
流动资产合计	1436500.00		非流动负债		
非流动资产			长期借款	6000000.00	
持有至到期投资	230000.00		非流动负债合计	6000000.00	
长期股权投资	8000000.00		负债合计	7142500.00	
固定资产	8000000.00		所有者权益		
非流动资产合计	16230000.00		股本	5000000.00	
			盈余公积	2000000.00	
			未分配利润	3524000.00	
			所有者权益合计	10524000.00	
资产合计	17666500.00		负债和所有者权益合计	17666500.00	

（二）现金日记账

捷达机电 2015 年 12 月现金日记账见图 11-1。

现金日记账

第 45 页

2015年 月	日	凭证 种类	号数	票据 号数	摘 要	借 方 百十万千百十元角分	贷 方 百十万千百十元角分	余 额 百十万千百十元角分	核对
12	1				月初余额			9 0 0 0 0 0 0	☐
12	4	付	43		付11月话费		5 0 0 0 0 0	8 5 0 0 0 0 0	☐
12	7	付	44		付11月水电费		1 2 0 0 0 0 0	7 3 0 0 0 0 0	☐
12	15	收	13		收包装物租金	2 5 0 0 0 0 0		9 8 0 0 0 0 0	☐
12	22	收	14		收何飞赔偿金	2 0 0 0 0 0		1 0 0 0 0 0 0 0	☐
					本月合计	2 7 0 0 0 0 0	1 7 0 0 0 0 0	1 0 0 0 0 0 0 0	☐
					本年累计	3 4 3 2 0 0 0 0	2 4 3 2 0 0 0 0	1 0 0 0 0 0 0 0	☐

图 11-1 捷达机电 2015 年 12 月现金日记账账页

（三）银行存款日记账

捷达机电 2015 年 12 月银行存款日记账见图 11-2。

银行存款日记账　　　　　　　　　　　　第 52 页

开户行：中国银行

账　号：00906618091001

2015年 月	日	凭证 种类	号数	票据号数	摘要	借方 (亿千百十万千百十元角分)	核对	贷方 (亿千百十万千百十元角分)	核对	余额 (亿千百十万千百十元角分)
12	1				月初余额		□		□	5 8 0 0 0 0 0 0
12	7	收	12		收上月销售款	5 0 0 0 0 0 0 0	□		□	1 0 8 0 0 0 0 0 0
12	14	付	45		付上月工资		□	2 5 0 0 0 0 0 0	□	8 3 0 0 0 0 0 0
12	20	付	46		付运输费		□	5 0 0 0 0 0 0	□	7 8 0 0 0 0 0 0
12	28	付	47		付上月购料款		□	1 8 0 0 0 0 0 0	□	6 0 0 0 0 0 0 0
					本月合计	5 0 0 0 0 0 0 0	□	4 8 0 0 0 0 0 0	□	6 0 0 0 0 0 0 0
					本年累计	3 4 1 2 5 0 0 0 0	□	2 8 1 2 5 0 0 0 0	□	6 0 0 0 0 0 0 0
							□		□	

图 11-2　捷达机电 2015 年 12 月银行存款日记账账页

（四）长期借款总账

2015 年 12 月长期借款总账见图 11-3。

总分类账　　　　　　　　　　　　第 35 页

科目：长期借款

2015年 月	日	凭证 字	号	摘要	借方 (亿千百十万千百十元角分)	✓	贷方 (亿千百十万千百十元角分)	✓	借或贷	余额 (亿千百十万千百十元角分)	✓
12	1			月初余额		□		□	贷	6 0 0 0 0 0 0 0 0	□
				本月合计	0 0 0	□	0 0 0	□	贷	0 0 0 0 0 0 0 0 0	□
				本年累计	1 2 0 0 0 0 0 0	□	7 2 0 0 0 0 0 0	□	贷	6 0 0 0 0 0 0 0 0	□
						□		□			□

图 11-3　捷达机电 2015 年 12 月长期借款总账账页

（五）销售预算

假定：该公司当季的销售收入为 60% 现销，40% 赊销且在下一个季度收回。捷达机电 2016 年度销售预算见表 11-2。

（六）生产预算

捷达机电 2016 年度生产预算见表 11-3。

（七）采购预算

假定：该公司当季的采购材料支出为 50% 现付，50% 赊购且在下一个季度支付。捷达机电 2016 年度采购预算见表 11-4。

表 11-2　捷达机电 2016 年度销售预算

单位：元

摘要		第一季度	第二季度	第三季度	第四季度	全年
预计销售数量（件）		10000	15000	20000	18000	63000
销售单价（元/件）		200.00	200.00	200.00	200.00	200.00
预计销售金额		2000000.00	3000000.00	4000000.00	3600000.00	12600000.00
预计现金收入计算表	期初应收账款	620000.00				620000.00
	第一季度销售收入	1200000.00	800000.00			2000000.00
	第二季度销售收入		1800000.00	1200000.00		3000000.00
	第三季度销售收入			2400000.00	1600000.00	4000000.00
	第四季度销售收入				2160000.00	2160000.00
	现金收入合计	1820000.00	2600000.00	3600000.00	3760000.00	11780000.00

表 11-3　捷达机电 2016 年度生产预算

单位：件

摘要	第一季度	第二季度	第三季度	第四季度	全年
预计销售需要量	10000	15000	20000	18000	63000
加：预计期末存货量	1500	2000	1800	2000	2000
预计需要量合计	11500	17000	21800	20000	65000
减：期初存货量	1000	1500	2000	1800	1000
预计生产量	10500	15500	19800	18200	64000

表 11-4　捷达机电 2016 年度采购预算

单位：元

摘要		第一季度	第二季度	第三季度	第四季度	全年
预计生产量（件）		10500.00	15500.00	19800.00	18200.00	64000.00
单位产品材料消耗定额（公斤/件）		0.20	0.20	0.20	0.20	0.20
预计生产需要量（公斤）		2100.00	3100.00	3960.00	3640.00	12800.00
加：期末存料量（公斤）		310.00	396.00	364.00	400.00	400.00
预计需要量合计（公斤）		2410.00	3496.00	4324.00	4040.00	13200.00
减：期初存料量（公斤）		300.00	310.00	396.00	364.00	300.00
预计购料量（公斤）		2110.00	3186.00	3928.00	3676.00	12900.00
材料计划单价（元/公斤）		100.00	100.00	100.00	100.00	100.00
预计购料金额		211000.00	318600.00	392800.00	367600.00	1290000.00
预计现金支出计算表	期初应付账款	142500.00				142500.00
	第一季度购料支出	105500.00	105500.00			211000.00
	第二季度购料支出		159300.00	159300.00		318600.00
	第三季度购料支出			196400.00	196400.00	392800.00
	第四季度购料支出				183800.00	183800.00
	现金支出合计	248000.00	264800.00	355700.00	380200.00	1248700.00

（八）直接人工预算

捷达机电 2016 年度直接人工预算见表 11-5。

表 11-5 捷达机电 2016 年度直接人工预算

单位：元

摘要	第一季度	第二季度	第三季度	第四季度	全年
预计生产量（件）	10500.00	15500.00	19800.00	18200.00	64000.00
单位产品工时定额（小时/件）	10.00	10.00	10.00	10.00	10.00
直接人工小时总数（小时）	105000.00	155000.00	198000.00	182000.00	640000.00
单位工时的工资率（元/小时）	4.00	4.00	4.00	4.00	4.00
预计直接人工成本总额	420000.00	620000.00	792000.00	728000.00	2560000.00

（九）制造费用预算

捷达机电 2016 年度制造费用预算见表 11-6。

表 11-6 捷达机电 2016 年度制造费用预算

单位：元

摘要	第一季度	第二季度	第三季度	第四季度	全年
预计生产量（件）	10500.00	15500.00	19800.00	18200.00	64000.00
单位变动制造费用	10.00	10.00	10.00	10.00	10.00
变动制造费用总额	105000.00	155000.00	198000.00	182000.00	640000.00
其中：间接材料	21000.00	31000.00	39600.00	36400.00	128000.00
间接人工	42000.00	62000.00	79200.00	72800.00	256000.00
其他变动费用	42000.00	62000.00	79200.00	72800.00	256000.00
固定制造费用	272500.00	287500.00	321000.00	319000.00	1200000.00
其中：折旧费	50000.00	50000.00	75000.00	75000.00	250000.00
管理人员工资	175000.00	175000.00	175000.00	175000.00	700000.00
其他固定费用	47500.00	62500.00	71000.00	69000.00	250000.00
制造费用合计	377500.00	442500.00	519000.00	501000.00	1840000.00
减：折旧费	50000.00	50000.00	75000.00	75000.00	250000.00
资金支出的费用	327500.00	392500.00	444000.00	426000.00	1590000.00

（十）产品成本预算

捷达机电 2016 年度产品成本预算见表 11-7。其中：

销货成本=期初存货成本+本期生产成本-期末存货成本

期初在产品为 1000 件。期初在产品的存货成本为直接材料 20000 元，直接人工 400000 元，变动性制造费用 10000 元，固定性制造费用 16500 元。

表 11-7　捷达机电 2016 年度产品成本预算

单位：元

项目	单位成本			生产成本 （64000 件）	期末存货成本 （2000 件）	销货成本 （63000 件）
	单价	用量	成本			
直接材料	100 元/公斤	0.2 公斤/件	20 元/件	1280000.00	40000.00	1260000.00
直接人工	4 元/小时	10 小时/件	40 元/件	2560000.00	80000.00	2520000.00
变动性制造费用	—	—	10 元/件	640000.00	20000.00	630000.00
固定制造费用	—	—	—	1200000.00	37500.00	1179000.00
合计	—	—	—	5680000.00	177500.00	5589000.00

（十一）销售费用预算

捷达机电 2016 年度销售费用预算见表 11-8。

表 11-8　捷达机电 2016 年度销售费用预算

单位：元

摘要	第一季度	第二季度	第三季度	第四季度	全年
预计销售量（件）	10000.00	15000.00	20000.00	18000.00	63000.00
单位变动销售费用	5.00	5.00	5.00	5.00	5.00
预计变动销售费用	50000.00	75000.00	100000.00	90000.00	315000.00
预计固定销售费用	170000.00	170000.00	170000.00	170000.00	680000.00
其中：人员工资	125000.00	125000.00	125000.00	125000.00	500000.00
广告费	45000.00	45000.00	45000.00	45000.00	180000.00
销售费用合计	220000.00	245000.00	270000.00	260000.00	995000.00
现金支付数	220000.00	245000.00	270000.00	260000.00	995000.00

（十二）管理费用预算

捷达机电 2016 年度管理费用预算见表 11-9。

表 11-9　捷达机电 2016 年度管理费用预算

单位：元

摘要	第一季度	第二季度	第三季度	第四季度	全年
预计销售量（件）	10000.00	15000.00	20000.00	18000.00	63000.00
单位变动管理费用	15.00	15.00	15.00	15.00	15.00
预计变动管理费用	150000.00	225000.00	300000.00	270000.00	945000.00
预计固定管理费用	160000.00	210000.00	180000.00	220000.00	770000.00
其中：人员工资	125000.00	125000.00	125000.00	125000.00	500000.00
保险费		40000.00		40000.00	80000.00
折旧费	15000.00	15000.00	15000.00	25000.00	70000.00

续表

摘要	第一季度	第二季度	第三季度	第四季度	全年
其他	20000.00	30000.00	40000.00	30000.00	120000.00
管理费用合计	310000.00	435000.00	480000.00	490000.00	1715000.00
减：折旧费	15000.00	15000.00	15000.00	25000.00	70000.00
现金支付数	295000.00	420000.00	465000.00	465000.00	1645000.00

（十三）专门决策预算（资本性支出预算）

捷达机电 2016 年度资本性支出预算见表 11-10。

表 11-10　捷达机电 2016 年度资本性支出预算

单位：元

项目	第一季度	第二季度	第三季度	第四季度	全年
生产设备	0.00	0.00	3000000.00	0.00	3000000.00
办公设备	0.00	0.00	0.00	800000.00	800000.00
合计	0.00	0.00	3000000.00	800000.00	3800000.00

（十四）专门决策预算（股利与所得税预算）

捷达机电 2016 年度股利与所得税预算见表 11-11。

表 11-11　捷达机电 2016 年度股利与所得税预算

单位：元

项目	支付对象	第一季度	第二季度	第三季度	第四季度	全年
预付所得税	税务局	0.00	300000.00	0.00	300000.00	600000.00
预付股利	股东	1000000.00	0.00	0.00	0.00	1000000.00

（十五）专门决策预算（借贷款预算）

捷达机电 2016 年度借贷款预算见表 11-12。

表 11-12　捷达机电 2016 年度借贷款预算

单位：元

项目	支付对象		日期				全年	利率
	来源	去向	第一季度	第二季度	第三季度	第四季度		(%)
筹借资金	开户银行		800000.00	0.00	1800000.00	0.00	2600000.00	5.40
归还借款		开户银行	0.00	200000.00	0.00	300000.0	500000.00	5.40

（十六）利息费用预算

捷达机电 2016 年度利息费用预算见表 11-13。其中：①利息的计算。长期借款利率和以前保持一致，年利率 5.4%。②假定借款都发生在期初，还款都发生在期末。

表 11-13　捷达机电 2016 年度利息费用预算

单位：元

摘要	第一季度	第二季度	第三季度	第四季度	全年
期初借款余额	6000000.00	6800000.00	6600000.00	8400000.00	6000000.00
利率（%）	5.40	5.40	5.40	5.40	5.40
本期期初借款	800000.00	0.00	1800000.00	0.00	2600000.00
本期期末还款	0.00	200000.00	0.00	300000.00	500000.00
本期利息费用	91800.00	91800.00	113400.00	113400.00	410400.00
期末借款余额	6800000.00	6600000.00	8400000.00	8100000.00	8100000.00

三、实训任务

请根据以上实训任务材料完成下列实训任务（所有填写数据保留 2 位小数）。

（一）编制现金预算表

假定：人员工资都是在当季支付；间接材料因为用量较少，所以都在生产当季购买；借款都发生在期初，还款都发生在期末。

注意：①若现金不足则填写负数。若还款大于借款，则融资填写负数。②注意利息的计算。长期借款利率和以前保持一致，年利率 5.4%。③全年的期初现金余额、可动用现金、现金结余、期末现金余额并不是各季度的简单加总。

请根据材料为捷达机电编制 2016 年度现金预算表见表 11-14。

表 11-14　2016 年度现金预算表

单位：元

摘要	第一季度	第二季度	第三季度	第四季度	全年
期初现金余额					
加：现金收入					
应收账款收回					
销售收入					
可使用现金合计					
减：现金支出					
采购直接材料					

续表

摘要	第一季度	第二季度	第三季度	第四季度	全年
支付直接人工					
制造费用					
销售及管理费用					
购置固定设备					
支付所得税					
支付股利					
现金支出合计					
现金结余（或不足）					
融资：					
向银行借款（期初）					
归还借款（期末）					
支付利息					
融资合计					
期末现金余额					

（二）编制预计利润表

假设：公司的企业所得税率是 20%，不考虑纳税调整项目。请根据各业务预算编制捷达机电 2016 年度预计利润表见表 11-15。

表 11-15 2016 年度预计利润表

单位：元

项目	本年金额	上年金额（略）
一、营业收入		
减：营业成本		
营业税金及附加		
销售费用		
管理费用		
财务费用		
资产减值损失		
加：公允价值变动收益（损失以"-"号填列）		
投资收益（损失以"-"号填列）		
其中：对联营企业和合营企业的投资收益		
二、营业利润（亏损以"-"号填列）		
加：营业外收入		
减：营业外支出		
其中：非流动资产处置损失		

续表

项目	本年金额	上年金额（略）
三、利润总额（亏损总额以"–"号填列）		
减：所得税费用		
四、净利润（净亏损以"–"号填列）		
五、每股收益		
（一）基本每股收益		
（二）稀释每股收益		

（三）编制预计利润分配表

假设：①法定盈余公积按当年年度净利润的 10% 提取。②任意盈余公积按当年年度净利润的 10% 提取。③按当年净利润的 40% 向投资者分配现金股利。

请根据材料为捷达机电编制 2016 年度预计利润分配表见表 11–16。

表 11–16　2016 年度预计利润分配表

单位：元

项目	金额
年初未分配利润	
加：本年预计净利润	
可供分配的利润	
减：提取法定盈余公积	
提取任意盈余公积	
可供投资者分配的利润	
减：向投资者分配股利	
年末未分配利润	

（四）编制预计资产负债表

假设：①不考虑除所得税外的其他税费，所得税预算是指预缴 2016 年的所得税；②工厂的贷款全部是长期贷款；③2016 年股本和长期股权投资都没有变化；④2016 年决定将 30000 元持有至到期投资重新划分为交易性金融资产。

请根据材料编制捷达机电 2016 年预计资产负债表见表 11–17。

（五）编制预计现金流量表

假设：①除购买固定资产外，没有其他的投资活动；②除向银行借款外，没有其他的筹资活动；③不考虑所得税外的其他税费；④没有发生过外币业务。

表 11-17 2016 年预计资产负债表

2016 年 12 月 31 日 单位：元

资产	期末余额	年初余额（略）	负债与所有者权益	期末余额	年初余额（略）
流动资产：			流动负债：		
货币资金			应付账款		
交易性金融资产			应付股利		
应收账款			应交税费		
存货			应付职工薪酬		
流动资产合计			流动负债合计		
非流动资产：			非流动负债：		
持有至到期投资			长期借款		
长期股权投资			非流动负债合计		
固定资产			负债合计		
非流动资产合计			所有者权益：		
			股本		
			盈余公积		
			未分配利润		
			所有者权益合计		
资产合计			负债和所有者权益合计		

请根据捷达机电 2016 年各季度的现金预算，编制 2016 年度预计现金流量表见表 11-18。

表 11-18 2016 年度预计现金流量表

单位：元

项目	本年金额	上年金额（略）
一、经营活动产生的现金流量		
销售商品、提供劳务收到的现金		
收到的税费返还		
收到其他与经营活动有关的现金		
经营活动现金流入小计		
购买商品、接受劳务支付的现金		
支付给职工以及为职工支付的现金		
支付的各项税费		
支付的其他与经营活动有关的现金		
经营活动现金流出小计		
经营活动产生的现金流量净额		
二、投资活动产生的现金流量		

续表

项目	本年金额	上年金额（略）
收回投资所收到的现金		
取得投资收益所收到的现金		
处置固定资产、无形资产和其他长期资产所收到的现金净额		
处置子公司及其他营业单位收到的现金净额		
收到的其他与投资活动有关的现金		
投资活动现金流入小计		
购建固定资产、无形资产和其他长期资产所支付的现金		
投资所支付的现金		
取得子公司及其他营业单位支付的现金净额		
支付的其他与投资活动有关的现金		
投资活动现金流出小计		
投资活动产生的现金流量净额		
三、筹资活动产生的现金流量		
吸收投资所收到的现金		
借款所收到的现金		
收到的其他与筹资活动有关的现金		
筹资活动现金流入小计		
偿还债务所支付的现金		
分配股利、利润或偿付利息所支付的现金		
支付的其他与筹资活动有关的现金		
筹资活动现金流出小计		
筹资活动产生的现金流量净额		
四、汇率变动对现金的影响额		
五、现金及现金等价物净增加额		
加：期初现金及现金等价物余额		

四、实训思考

全面预算管理是指利用预算对企业内部各部门、各单位的各种财务及非财务资源进行分配、考核、控制，以便更有效地组织和协调企业的生产经营活动，完成既定的经营目标。它是企业全过程、全方位及全员参与的预算管理。企业开展全面预算管理，应从哪些方面入手？

第十二章
华成机电企业筹资管理实训

通过本章案例实训，使学生了解企业筹资的基本内容；掌握筹资的渠道与方式；掌握资金需要量的预测方法；掌握资本成本的概念和用途；掌握估计资本成本的方法；掌握财务杠杆原理及其度量；具备为具体企业提供资金筹资管理的决策能力。

一、目标企业背景信息介绍

华成机电股份有限公司（以下简称华成机电）创办于 1998 年，是一家专业从事高压电器、低压电器、仪器仪表、电力变压器等机电产品销售、计算服务的机电企业。公司秉承"专业制造、专心服务"的核心理念，不断引进国外先进自动化生产设备，吸收世界领先技术，建成了具有国内先进水平的试验中心、计量中心、低压电器检测中心和高低压电气研发基地。2015 年底，公司普通股股数为 1493100000 股，每股票面价值 1 元，总股本为 1493100000 元，公司不存在优先股股东。公司总部下设总务部、供应部、研发部、销售部、生产部、财务部、人力部、服务部 8 个职能部门。

二、实训任务材料

华成机电股份有限公司拟在 2016 年筹集资金以扩大生产规模，提高经营效益。2015 年的财务数据如下。

（一）2015 年年末资产负债表
华成机电 2015 年年末资产负债表见表 12-1。

表 12-1　华成机电 2015 年年末资产负债表

单位：元

资产	期末余额	年初余额	负债与所有者权益	期末余额	年初余额
流动资产			流动负债		
货币资金	1925452300.00	1422503000.00	短期借款	370000000.00	320000000.00
交易性金融资产	0.00	0.00	交易性金融负债	0.00	0.00
应收票据	84427500.00	66900000.00	应付票据	833947100.00	640697800.00
应收账款	1408930200.00	940380100.00	应付账款	2427339200.00	1572795800.00
预付账款	229379100.00	229765500.00	预收账款	849499400.00	899621300.00
应收利息	0.00	0.00	应付职工薪酬	129358200.00	89520200.00
应收股利	0.00	0.00	应交税费	121586900.00	82619500.00
其他应收款	77238500.00	79499300.00	应付利息	0.00	0.00
存货	2576021700.00	1700398100.00	应付股利	298620000.00	284400000.00
一年内到期的非流动资产	0.00	0.00	其他应付款	54096000.00	57636100.00
其他流动资产	0.00	0.00	一年内到期的非流动负债	0.00	0.00
流动资产合计	6301449300.00	4439446000.00	其他流动负债	0.00	0.00
非流动资产			流动负债合计	5084446800.00	3947290700.00
可供出售金融资产	0.00	0.00	非流动负债		
持有至到期投资	0.00	0.00	长期借款	0.00	0.00
长期应收款	0.00	0.00	应付债券	0.00	0.00
长期股权投资	369239700.00	369972000.00	长期应付款	0.00	0.00
投资性房地产	0.00	0.00	专项应付款	607149600.00	14220000.00
固定资产	3223938300.00	2947437700.00	预计负债	0.00	0.00
在建工程	11431500.00	232685200.00	递延所得税负债	0.00	0.00
工程物资	0.00	0.00	其他非流动负债	0.00	0.00
固定资产清理	0.00	0.00	非流动负债合计	607149600.00	14220000.00
生产性生物资产	0.00	0.00	负债合计	5691596400.00	3961510700.00
油气资产	0.00	0.00	所有者权益		
无形资产	402686900.00	402347800.00	股本	1493100000.00	1493100000.00
开发支出	0.00	0.00	资本公积	762393700.00	762393700.00
商誉	0.00	0.00	减：库存股	0.00	0.00
长期待摊费用	298620000.00	298620000.00	盈余公积	396715095.00	323906400.00
递延所得税资产	17012000.00	17012000.00	未分配利润	2280572505.00	2166609900.00
其他非流动资产	0.00	0.00	所有者权益合计	4932781300.00	4746010000.00
非流动资产合计	4322928400.00	4268074700.00			
资产合计	10624377700.00	8707520700.00	负债和所有者权益合计	10624377700.00	8707520700.00

（二）2015 年利润表

华成机电 2015 年利润表见表 12-2。

表 12-2 华成机电 2015 年利润表

单位：元

项目	本年金额	上年金额
一、营业收入	8216348000.00	5602123000.00
减：营业成本	6510878700.00	4238352000.00
营业税金及附加	43015800.00	33936000.00
销售费用	513787700.00	402850200.00
管理费用	423905100.00	317195000.00
财务费用	83446800.00	78823500.00
资产减值损失	0.00	0.00
加：公允价值变动收益（损失以"-"号填列）	0.00	0.00
投资收益（损失以"-"号填列）	7771000.00	-11266700.00
其中：对联营企业和合营企业的投资收益	0.00	0.00
二、营业利润（亏损以"-"号填列）	649084900.00	519699600.00
加：营业外收入	2957500.00	2119200.00
减：营业外支出	4854000.00	11695300.00
其中：非流动资产处置损失	0.00	0.00
三、利润总额（亏损总额以"-"号填列）	647188400.00	510123500.00
减：所得税费用	161797100.00	127530875.00
四、净利润（净亏损以"-"号填列）	485391300.00	382592625.00
五、每股收益		
（一）基本每股收益	0.3251	0.2562
（二）稀释每股收益	0.3251	0.2562

（三）2015 年和 2014 年财务费用明细表

华成机电 2015 年和 2014 年财务费用明细表见表 12-3。

表 12-3 华成机电 2015 年和 2014 年财务费用明细表

单位：元

年份	项目			财务费用合计
	手续费	利息支出	汇兑损失	
2015	804132.80	81656822.00	985806.50	83446761.30
2014	904320.00	76657500.00	1261680.00	78823500.00

（四）行业平均数据

华成机电 2015 年行业平均数据见表 12-4。

381

表 12-4 华成机电 2015 年行业平均数据

财务指标		数值
财务结构	资产负债率	61.33%
	股东权益比	38.67%
	流动负债比率	36.65%
	长期负债比率	24.68%
偿债能力	流动比率	1.25
	速动比率	0.85
	现金比率	0.4
	利息保障倍数	8.55
	产权比率	1.59
营运能力	应收账款周转率	6.58%
	存货周转率	13.76%
	流动资产周转率	2.03%
	总资产周转率	0.93%
盈利能力	销售毛利率	14.78%
	销售净利率	5.80%
	总资产收益率	7.25%
	净资产收益率	18.75%
发展能力	应收账款增长率	26.76%
	利润总额增长率	50.65%
	资产增长率	25.25%
	销售收入增长率	33.05%

（五）华成机电的股利分配政策节选内容

华成机电的股利分配政策节选内容见表 12-5。

表 12-5 华成机电的股利分配政策节选

十一、股利分配政策

（一）股利分配的一般政策

本公司股利分配实行同股同利、股利固定增长的分配政策。

（二）利润分配的顺序

本公司可供股东分配的利润由董事局提出方案，经股东大会批准后，按股份比例分配。

本公司股利分配采取现金或附带股票的形式。每一年度的现金股利以 5% 的固定年增长率递增。每一年度是否派发股票股利，由董事局提出方案，由股东大会审议批准。派发现金股利时，按中国税法规定代扣代缴股东股利收入的应纳税金。

本公司每一会计年度的税后利润按照以下顺序分配：

1. 弥补亏损（如有亏损）

2. 提取税后利润的 10% 作为法定公积金，当法定公积金已达到公司注册资本 50% 时，可不再提取

3. 提取税后利润的 5% 作为法定公益金

4. 经股东大会决议提取任意公积金

5. 支付普通股股利

法定公积金按照税后利润的 10% 提取，但当法定公积金已达注册资本的 50% 时，可不再提取；法定公益金按税后利润的 5% 提取。任意公积金的提取比例由股东大会决定。本公司目前尚无亏损。

（六）华成机电 2015 年利润分配表

华成机电 2015 年利润分配表见表 12-6。

表 12-6 华成机电 2015 年利润分配表

单位：元

项目	金额
年初未分配利润	2166609900.00
加：本年预计净利润	485391300.00
可供分配的利润	2652001200.00
减：提取法定盈余公积	48539130.00
提取任意盈余公积	24269565.00
可供投资者分配的利润	2579192505.00
减：向投资者分配现金股利	298620000.00
年末未分配利润	2280572505.00

（七）债券参考数据

债券参考数据见表 12-7。

表 12-7 债券参考数据

债券年限（年）	发行费率（%）	票面利率（%）
3	5	4.60
5	5	5.02
7	5	5.88
10	5	6.14
15	3	6.80
20	3	7.10

（八）银行贷款利率表

人民币贷款利率表见表 12-8。

表 12-8 人民币贷款利率表

项目	年利率（%）
一、短期贷款	
六个月以内（含六个月）	4.86
六个月至一年（含一年）	5.31
二、中长期贷款	
一年至三年（含三年）	5.40
三年至五年（含五年）	5.76

续表

项目	年利率（%）
五年以上	5.94
三、贴现	
贴现	以再贴利率为下限加点确定

三、实训任务

请根据以上材料完成以下实训任务（所有填写数据保留 2 位小数）。

（一）资金需要量的预测（增量法）

假设：①2016 年的目标营业收入增长率为 50%，且销售净利率为 20%。公司的股利分配政策见表 12-5。②据历年财务分析，公司货币资金、应收票据、应收账款、预付账款和存货为敏感性资产；应付票据、应付账款、预收账款、应付职工薪酬、应交税费为敏感性负债。③该公司为实现销售增长目标，2016 年需购置 10 台新设备，价值 2000000000 元，无须安装。

请依据销售百分比法按增量法预测该公司 2016 年需要增加的资金数额和外部融资需求额（不考虑折旧的影响）。并将计算结果填列在表 12-9 中。

表 12-9　华成机电 2016 年资金需要量预测表

单位：元

项目	数值
资产增加带来的现金需求增量	
自发性负债增加补充的现金供给增量	
留存收益增加补充的现金供给增量	
资金缺口（外部融资需求额）	

（二）资金需要量的预测（总量法）

请依据销售百分比法按总量法编制华成机电 2016 年预计资产负债表见表 12-10。

表 12-10 华成机电 2016 年预计资产负债表

2016 年 12 月 31 日 单位：元

资产	期末余额	期初余额	负债与所有者权益	期末余额	期初余额
流动资产			流动负债		
货币资金			短期借款		
交易性金融资产			交易性金融负债		
应收票据			应付票据		
应收账款			应付账款		
预付账款			预收账款		
应收利息			应付职工薪酬		
应收股利			应交税费		
其他应收款			应付利息		
存货			应付股利		
一年内到期的非流动资产			其他应付款		
其他流动资产			一年内到期的非流动负债		
流动资产合计			其他流动负债		
非流动资产			流动负债合计		
可供出售金融资产			非流动负债		
持有至到期投资			长期借款		
长期应收款			应付债券		
长期股权投资			长期应付款		
投资性房地产			专项应付款		
固定资产			预计负债		
在建工程			递延所得税负债		
工程物资			其他非流动负债		
固定资产清理			非流动负债合计		
生产性生物资产			负债合计		
油气资产			所有者权益		
无形资产			股本		
开发支出			资本公积		
商誉			减：库存股		
长期待摊费用			留用利润		
递延所得税资产			所有者权益合计		
其他非流动资产			追加的外部筹资额		
非流动资产合计					
资产合计			负债和所有者权益合计		

注：应付股利科目期末余额与期初余额一致。

（三）普通股资本成本率的计算

假设：①2015 年底公司股数为 1493100000 股，每股票面价值 1 元；②股票发行费率 5%，股票发行价暂定为 18.4 元，现金股利年增长率为 5%；③公司普通股的 β 值为 1.1；④当前国债的收益率为 5%，市场平均报酬率为 10%。

请分别使用股利增长模型法和资本资产定价模型法计算华成机电公司普通股的资本成本率，将两种结果的平均值作为股票资本成本率。并将计算结果填列在表 12–11 中。

表 12–11　华成机电普通股筹资成本计算表

项目	数值（保留 2 位小数）
2015 年每股股利（元）	
发行价（元/股）	
股利增长率（%）	
股利增长模型普通股资本成本率（%）	
资本资产定价模型普通股资本成本率（%）	
股票资本成本率（%）	

（四）长期借款资本成本率的计算

假设：华成机电公司所得税税率为 25%，长期借款无筹资费用。

请按照一般模式计算银行借款资本成本率。并将计算结果填列在表 12–12 中。

表 12–12　华成机电长期借款筹资成本计算表

借款年限	年利率（%）	税后筹资成本率（%）
三年		
五年		
十年		

（五）长期债券资本成本率的计算

假设：华成机电公司所得税税率为 25%，长期债券的筹资费率为 5%。

请结合市面上已经发行的其他公司的债券信息，使用一般模式计算华光公司平价发行债券的筹资成本。并将计算结果填列在表 12–13 中。

（六）财务结构分析

财务管理人员在制定筹资策略时，必须先分析公司的财务结构，并与行业标准进行比较。请计算华成机电 2015 年财务结构，并将计算结果填列在表 12–14 中。

表 12-13　华成机电长期债券筹资成本计算表

债券期限	票面利率（%）	税后筹资成本率（%）
三年		
五年		
十年		

表 12-14　华成机电 2015 年财务结构分析表

报表项目	金额（元）	占资产百分比（%）	行业标准（%）	差异值（%）
流动负债				
长期负债				
总负债				
所有者权益				
资产（或负债与所有者权益总额）		—	—	—

（七）财务结构评价

将下列文字分析的内容填写完整。

根据公司的财务结构，结合公司所处的行业特殊性，公司的流动负债比率（　）行业标准，长期负债比率（　）行业标准，总负债比率（　）行业标准，表明公司整体的财务风险（　），负债结构（　），公司可以考虑将一些（　）负债转变为（　）负债，以平衡债务结构。如果采用债券筹资，长期负债的比率将（　）；而用股权筹资，长期负债与净资产的比率会（　）。

（八）偿债能力分析

假设：①华成机电 2015 年和 2014 年并没有资本化的利息费用，财务费用中的"利息费用"核算的是全部费用化了的利息费用。②财务杠杆系数测算解题提示：2015 年财务杠杆系数测算使用原理公式；2016 年财务杠杆系数测算使用简化公式。

请分析公司的偿债能力，与行业标准进行比较评价公司整体偿债风险。并将计算结果填列在表 12-15 中。

表 12-15　华成机电 2015 年偿债能力分析表

项目		数值	行业标准	差异值
短期偿债能力	流动比率			
	速动比率			
	现金比率			

项目		数值	行业标准	差异值
长期偿债能力	资产负债率（%）			
	产权比率			
	利息保障倍数			
2015 年财务杠杆系数			—	—
2016 年财务杠杆系数			—	—

（九）偿债能力评价

将下列文字分析的内容填写完整。

根据公司的各项偿债能力指标，结合公司所处的行业特殊性，公司的流动比率（　　）行业标准，速动比率（　　）行业标准，利息保障倍数（　　）行业标准，表明公司的整体偿债能力（　　）。一般认为，（　　）比率比（　　）比率更能准确、可靠地衡量公司的短期偿债能力，因为它剔除了变现能力较差且不稳定的存货、一年内到期的非流动资产等，与行业平均水平相比，公司的该比率表明短期偿债能力（　　）。而利息保障倍数是衡量公司长期偿债能力大小的重要标志，公司的该比值表明了公司长期偿债能力（　　）。

（十）筹资决策分析

华成机电将为生产经营筹集资金，所筹集资金主要用于购买生产设备、建设新生产线，从而提高产量，扩大销售，增加利润。考虑到公司目前的财务结构、偿债能力和资本成本率等因素，您认为公司比较适合采用哪种筹资方式？为什么？

四、实训思考

俗话说：巧妇难为无米之炊。没有资金企业将难以生存，也不可能发展。公司理财中对资金筹集管理的目标就是寻找、比较和选择对公司资金筹集条件最有利、资金筹集成本最低和资金筹集风险最小的资金来源。您认为不同类型企业开展融资活动，应如何建立有效的资金筹集方式？

第十三章
田兴生物企业投资管理实训

通过本章案例实训，掌握投资项目建设期现金净流量、运营期现金净流量和终结点现金净流量的测算；掌握投资项目资金成本率的测算；掌握投资项目各项静态财务指标和动态财务指标计算，并能对投资项目进行简单的财务可行性分析评价。

一、目标企业背景信息介绍

田兴生物科技股份有限公司（以下简称田兴公司）成立于 1976 年，1995 年改组为综合型外贸集团公司，注册资金为 5 亿元，是一家集精细化工、食品和饲料添加剂的科研、开发、生产和销售为一体的科技型国营企业。公司致力于技术创新、产品创新和管理创新，从而确保产品在同行业中具备强有力的竞争优势。公司具备独立的进出口经营权和优秀的销售团队。田兴公司奉行"想客户之所想，为客户之所为"的理念，追求卓越，不断进步。公司经营的每一种产品、每一个项目、每一项服务都是为客户着想。公司总部下设总务部、研发部、采购部、生产部、销售部、财务部、人力部 7 个职能部门。

二、实训任务材料

田兴公司 2015 年的财务数据如下。

（一）芦荟生产项目方案书

田兴公司 2016 年芦荟生产项目方案书见表 13-1。

表 13-1 芦荟生产项目方案书

一、项目简介

芦荟是百合科草本植物，具有护肤、保湿、抗菌、防辐射、提高免疫力等多种功能。在世界范围内，芦荟已广泛用于化妆品、保健食品、饮料、工业等领域。芦荟产业的兴起，迎合了化妆品朝高雅、自然、温和无刺激、保湿、防衰老发展的趋势，食品工业朝绿色无污染、改善饮食结构、注重健康发展的趋势。开发和利用芦荟植物资源，符合国家生物资源产业发展方向，是人类生存和发展的客观要求，是新兴的朝阳产业。

二、市场调研

1. 国内市场需求预测

我国是发展中国家，在改革开放方针指引下，经济高速增长，经济发达地区和中心城市居民已步入小康阶段。伴随着人们收入的增加和生活水平的提高，化妆品和保健品的市场需求将迅速增加。根据化妆品工业协会与国际咨询公司预测，中国化妆品市场今后几年将以 12%~18% 的年均增长率发展。其中，作为化妆品新生力量的芦荟化妆品，将以高于整个化妆品产业的发展速度增长。估计 2016 年芦荟工业原料的需求量折合冻干粉将达 50~80 吨。

2. 国际市场发展预测

植物提取物正逐步取代化学合成品，生物技术迅速崛起，绿色、回归自然渐成时尚。由于芦荟植物能很好地迎合人们新的需求，其产品必将成为 21 世纪继续重点开发的对象。从市场的分布来看，当前芦荟市场主要分布在美国、日本及欧洲国家等少数发达国家，芦荟产业的发展是不均衡的，尚未开发和潜在的市场是巨大的。

3. 风险规避

在项目生产工艺方案部分，本套生产线不仅可以用于芦荟浓缩液的生产，还可以用于水果汁的生产。因此，如果市场不景气，没有达到设计的生产能力，那么可以利用本套生产线的剩余生产能力生产水果汁。虽然固定资产投资金额大，投资回收期长，巨额投资一旦投出就难以改变，具有很大的风险性。但是，即使未来不确定因素不利于生产芦荟产品，本套生产线还可及时转产水果汁，改变投资、经营策略，为化解风险降低成本多提供一种途径，同样可能产生较大的经济效益和社会效益。

三、项目生产能力及产品方案

从上面的市场分析可以看出，选择年产 50 吨芦荟冻干粉的生产规模是比较妥当的。具体产品方案如下：

（1）建成芦荟浓缩液生产线一条，年产芦荟浓缩液 1000 吨（可折合冻干粉 50 吨）。500 吨供应冻干粉生产线作为原材料，其余 500 吨无菌包装后外销。

（2）建成芦荟冻干粉生产线一条，利用芦荟浓缩液生产线年产浓缩液 500 吨，年产芦荟冻干粉 25 吨。

本次项目方案书，希望能够传递我们的专业服务理念，并且承诺严格按照客户的要求和安排，为客户提供优质的服务。

田兴生物科技股份有限公司财务顾问　林如颖

编制时间：2015 年 11 月 15 日

（二）芦荟生产项目计算期

假设：①该项目的建设期为一年。建设资金在建设期期初一次性投入。②营运资金在建设期期末投入。③垫支营运资金和固定资产残值收回发生在项目终止期期末（即 2021 年末）。

芦荟生产项目计算期见图 13-1。

图 13-1　芦荟生产项目计算期

（三）芦荟生产项目投资明细

芦荟生产项目建设资金和营运资金明细表见表 13-2。

表 13-2　芦荟生产项目建设资金和营运资金明细表

单位：元

资金种类				投入金额
建设资金	固定资产投资	浓缩液车间（生产设备）	萃取设备	5000000.00
			压滤设备	6000000.00
			除沫器	5000000.00
			分离机	3000000.00
		冻干粉车间（生产设备）	干粉混合机	4500000.00
			工业脱水机	3200000.00
			纤维粉碎机	4300000.00
		管理部门（办公设备）		600000.00
	开办费	筹建人员工资		960000.00
		办公用品		200000.00
		人员培训		900000.00
		其他		340000.00
营运资金				4900000.00
合计				38900000.00

（四）芦荟生产投资项目销售财务数据测算

假设：产品销售价格参照公司的《销售预测表》，预计销售价格和销售量在项目存续期间能够保持不变，且每年的销售收入都能在当年年末全部收回。

芦荟生产投资项目产品销售财务数据测算见表 13-3。

表 13-3　芦荟生产投资项目产品销售财务数据预测表

产品	客户名称	预计每年销量（吨）	预计单价（元/吨）	预计销售额（元）
浓缩液	宁中商业广场	120.00	44200.00	5304000.00
	千业公司	240.00	44200.00	10608000.00
	中空百汇	140.00	44200.00	6188000.00
	小计	500.00	44200.00	22100000.00

产品	客户名称	预计每年销量（吨）	预计单价（元/吨）	预计销售额（元）
冻干粉	宁中商业广场	7.00	800000.00	5600000.00
	千业公司	8.00	800000.00	6400000.00
	中空百汇	10.00	800000.00	8000000.00
	小计	25.00	800000.00	20000000.00

（五）投资项目产品成本估算说明

芦荟生产投资项目产品成本估算说明见表 13-4。

表 13-4　芦荟生产投资项目产品成本估算说明

1. 产品成本估算依据

（1）每吨浓缩液需要 10 吨芦荟作为原材料，芦荟单位成本为 2384 元/吨。每吨冻干粉需要 20 吨的浓缩液作为原料，年产芦荟冻干粉 25 吨，冻干粉的原材料直接使用公司生产浓缩液作为原材料。假定产品生产不使用其他材料。

（2）工资及福利费。工资按定员与岗位工资标准估算。计入芦荟浓缩液、冻干粉成本中的工资及福利费参照《工资及福利费用分配表》。

（3）制造费用估计。产品制造费用参照《制造费用明细表》，其中包含折旧费。折旧费的计提参照公司《固定资产管理制度》，与税法上的规定一致。

（4）管理费用估计。管理费用包括开办费用的摊销和固定资产折旧，参照《管理费用明细表》。

（5）销售费用估计。销售费用的估算参照《销售费用明细表》。

2. 相关税率

公司的所得税率为 25%，不考虑纳税调整项目。

（六）芦荟生产投资项目工资及福利费用分配表

芦荟生产投资项目工资及福利费用分配表见表 13-5。

表 13-5　芦荟生产投资项目工资及福利费用分配表

部门	员工数（人）	人均工资及福利费（元）	工资及福利费（元）
浓缩液车间	40	8000.00	320000.00
冻干粉车间	15	8000.00	120000.00
管理部门	20	8000.00	160000.00
销售部门	100	8000.00	800000.00
合计	175	8000.00	1400000.00

（七）芦荟生产投资项目制造费用明细表

芦荟生产投资项目制造费用明细表见表 13-6。

表 13-6 芦荟生产投资项目制造费用明细表

车间	费用项目	金额（元）
浓缩液车间	物料消耗	200000.00
	折旧	3610000.00
	修理费	60000.00
	办公费	8000.00
	水电费	100000.00
	其他制造费用	22000.00
	小计	4000000.00
冻干粉车间	物料消耗	100000.00
	折旧	2280000.00
	修理费	40000.00
	办公费	2000.00
	水电费	60000.00
	其他制造费用	18000.00
	小计	2500000.00
合计		6500000.00

（八）芦荟生产投资项目销售费用明细表

芦荟生产投资项目销售费用明细表见表 13-7。

表 13-7 芦荟生产投资项目销售费用明细表

单位：元

费用项目 \ 年份	2017	2018	2019	2020	2021
销售人员工资及福利费	800000.00	800000.00	800000.00	800000.00	800000.00
广告费	1000000.00	1000000.00	1000000.00	1000000.00	1000000.00
展览费	250000.00	250000.00	250000.00	250000.00	250000.00
运输费	600000.00	600000.00	600000.00	600000.00	600000.00
销售网点费	200000.00	200000.00	200000.00	200000.00	200000.00
其他	30000.00	30000.00	30000.00	30000.00	30000.00
合计	2880000.00	2880000.00	2880000.00	2880000.00	2880000.00

（九）芦荟生产投资项目管理费用明细表

芦荟生产投资项目管理费用明细表见表 13-8。

表 13-8 芦荟生产投资项目管理费用明细表

单位：元

费用项目 \ 年份	2017	2018	2019	2020	2021
管理人员工资及福利费	160000.00	160000.00	160000.00	160000.00	160000.00
办公费	150000.00	150000.00	150000.00	150000.00	150000.00
通信费	170000.00	170000.00	170000.00	170000.00	170000.00
差旅费	123000.00	123000.00	123000.00	123000.00	123000.00
水电费	122000.00	122000.00	122000.00	122000.00	122000.00
固定资产折旧	114000.00	114000.00	114000.00	114000.00	114000.00
开办费摊销	800000.00	800000.00	800000.00	0.00	0.00
其他	75000.00	75000.00	75000.00	75000.00	75000.00
合计	1714000.00	1714000.00	1714000.00	914000.00	914000.00

（十）公司固定资产管理制度

田兴公司固定资产管理制度见表 13-9。

表 13-9 公司固定资产管理制度

公司为了加强固定资产管理，明确部门及员工的职责，现结合公司实际，特制定本制度。

一、固定资产的标准

固定资产是指使用期限超过一年的房屋、建筑物、机器、机械、运输工具以及其他与生产经营有关的设备、器具工具等。不属于生产经营主要设备的物品，单位价值在 2000 元以上，并且使用期限超过 2 年的，也应作为固定资产管理。

二、固定资产的分类

1. 房屋及建筑物

折旧计提年限为 20 年，净残值率 5%，直线法计提折旧。

2. 机器设备

折旧计提年限为 5 年，净残值率 5%，直线法计提折旧。

3. 运输工具

折旧计提年限为 4 年，净残值率 5%，直线法计提折旧。

4. 计算机设备

折旧计提年限为 3 年，净残值率 5%，直线法计提折旧。

5. 办公家具及设备

折旧计提年限为 5 年，净残值率 5%，直线法计提折旧。

（十一）芦荟生产投资项目资金筹集方式

芦荟生产投资项目资金筹集方式明细见表 13-10。

表 13-10 芦荟生产投资项目资金筹集方式明细表

筹资方式	基本要素	数值	备注
长期债券	发行数量（张）	20000	①采用固定利率形式，在债券存续期内固定不变。公司债券按年付息、到期还本，每年年末付息，逾期不另计利息。②发行期限：由2015年12月1日起至2015年12月10日止
	票面金额（元）	1000.00	
	票面利率（%）	6.14	
	债券期限（年）	6	
	发行价格（元）	965.00	
	发行总额（元）	19300000.00	
	发行费用（元）	400000.00	
	筹集资金净额	18900000.00	
新股增发	每股面值（元）	1.00	①此次发行为新增发行。②发行期限：2015年12月5日至2015年12月15日
	增发股数（股）	4000000	
	发行价格（元）	5.35	
	发行总价（元）	21400000.00	
	发行费用（元/股）	0.35	
	发行费用总额（元）	1400000.00	
	筹集资金净额（元）	20000000.00	
合计（元）		38900000.00	

（十二）2015 年证券交易数据

2015 年证券交易数据情况见表 13-11。

表 13-11 2015 年证券交易数据情况表

类型	成交总额（亿元）	成交比重（%）	平均收益率（%）	风险溢价率（%）
国债	26344.55	9.69	4.33	—
股票	180429.95	66.37	14.00	9.70
基金	3700.23	1.36	7.00	2.70
权证	59621.21	21.93	16.00	11.70
其他	1746.09	0.64	6.00	1.70
合计	271842.03	100.00	13.35	9.05

（十三）年金现值系数表

年金现值系数见表 13-12。

表 13-12　年金现值系数表

期数	1%	2%	3%	4%	5%	6%	7%	8%	9%	10%
1	0.9901	0.9804	0.9709	0.9615	0.9524	0.9434	0.9346	0.9259	0.9174	0.9091
2	1.9704	1.9416	1.9135	1.8861	1.8594	1.8334	1.808	1.7833	1.7591	1.7355
3	2.941	2.8839	2.8286	2.7751	2.7232	2.673	2.6243	2.5771	2.5313	2.4869
4	3.902	3.8077	3.7171	3.6299	3.546	3.4651	3.3872	3.3121	3.2397	3.1699
5	4.8534	4.7135	4.5797	4.4518	4.3295	4.2124	4.1002	3.9927	3.8897	3.7908
6	5.7955	5.6014	5.4172	5.2421	5.0757	4.9173	4.7665	4.6229	4.4859	4.3553
7	6.7282	6.472	6.2303	6.0021	5.7864	5.5824	5.3893	5.2064	5.033	4.8684
8	7.6517	7.3255	7.0197	6.7327	6.4632	6.2098	5.9713	5.7466	5.5348	5.3349
9	8.566	8.1622	7.7861	7.4353	7.1078	6.8017	6.5152	6.2469	5.9952	5.759
10	9.4713	8.9826	8.5302	8.1109	7.7217	7.3601	7.0236	6.7101	6.4177	6.1446

（十四）复利现值系数表（1）

复利现值系数表（1）见表 13-13。

表 13-13　复利现值系数表（1）

期数	1%	2%	3%	4%	5%	6%	7%	8%	9%	10%
1	0.9901	0.9804	0.9709	0.9615	0.9524	0.9434	0.9346	0.9259	0.9174	0.9091
2	0.9803	0.9612	0.9426	0.9246	0.907	0.89	0.8734	0.8573	0.8417	0.8264
3	0.9706	0.9423	0.9151	0.889	0.8638	0.8396	0.8163	0.7938	0.7722	0.7513
4	0.961	0.9238	0.8885	0.8548	0.8227	0.7921	0.7629	0.735	0.7084	0.683
5	0.9515	0.9057	0.8626	0.8219	0.7835	0.7473	0.713	0.6806	0.6499	0.6209
6	0.942	0.888	0.8375	0.7903	0.7462	0.705	0.6663	0.6302	0.5963	0.5645
7	0.9327	0.8706	0.8131	0.7599	0.7107	0.6651	0.6227	0.5835	0.547	0.5132
8	0.9235	0.8535	0.7894	0.7307	0.6768	0.6274	0.582	0.5403	0.5019	0.4665
9	0.9143	0.8368	0.7664	0.7026	0.6446	0.5919	0.5439	0.5002	0.4604	0.4241
10	0.9053	0.8203	0.7441	0.6756	0.6139	0.5584	0.5083	0.4632	0.4224	0.3855

（十五）复利现值系数表（2）

复利现值系数表（2）见表 13-14。

表 13-14　复利现值系数表（2）

期数	11%	12%	13%	14%	15%	16%	17%	18%	19%	20%
1	0.9009	0.8929	0.885	0.8772	0.8696	0.8621	0.8547	0.8475	0.8403	0.8333
2	0.8116	0.7972	0.7831	0.7695	0.7561	0.7432	0.7305	0.7182	0.7062	0.6944
3	0.7312	0.7118	0.6931	0.675	0.6575	0.6407	0.6244	0.6086	0.5934	0.5787
4	0.6587	0.6355	0.6133	0.5921	0.5718	0.5523	0.5337	0.5158	0.4987	0.4823

期数	11%	12%	13%	14%	15%	16%	17%	18%	19%	20%
5	0.5935	0.5674	0.5428	0.5194	0.4972	0.4761	0.4561	0.4371	0.419	0.4019
6	0.5346	0.5066	0.4803	0.4556	0.4323	0.4104	0.3898	0.3704	0.3521	0.3349
7	0.4817	0.4523	0.4251	0.3996	0.3759	0.3538	0.3332	0.3139	0.2959	0.2791
8	0.4339	0.4039	0.3762	0.3506	0.3269	0.305	0.2848	0.266	0.2487	0.2326
9	0.3909	0.3606	0.3329	0.3075	0.2843	0.263	0.2434	0.2255	0.209	0.1938
10	0.3522	0.322	0.2946	0.2697	0.2472	0.2267	0.208	0.1911	0.1756	0.1615

三、实训任务

田兴公司拟在 2016 年新建生产线，扩大生产规模，为客户提供优质服务。2015 年的财务数据见实训任务材料，请根据实训任务材料完成以下实训任务（所有填写数据保留 2 位小数）。

（一）计算投资期现金净流量

计算田兴公司投资的芦荟生产项目的现金流量，现金流出用负号"－"表示，并将计算结果填列在表 13–15 中。

表 13–15　芦荟生产投资项目建设期现金净流量

单位：元

时间	现金净流量（NCF）
2016 年初（第 0 点）	
2016 年末（第 1 点）	
合计	

（二）计算浓缩液产品的生产成本

估算田兴公司投资的芦荟生产项目浓缩液产品的生产成本，并将计算结果填列在表 13–16 中。

表 13–16　浓缩液产品成本计算表

项目		数值
直接材料成本	材料单位用量（吨）	
	材料单位成本（元/吨）	
	产量（吨）	
	材料总成本（元）	

项目	数值
直接人工成本（元）	
制造费用成本（元）	
总成本（元）	
单位成本（元/吨）	

（三）计算冻干粉产品的生产成本

估算田兴公司投资的芦荟生产项目冻干粉产品的生产成本，并将计算结果填列在表13-17中。

表13-17　冻干粉产品成本计算表

项目		数值
直接材料成本	材料单位用量（吨）	
	材料单位成本（元/吨）	
	产量（吨）	
	材料总成本（元）	
直接人工成本（元）		
制造费用成本（元）		
总成本（元）		
单位成本（元/吨）		

（四）计算该项目经营期的现金净流量

假设：①每年的现金净流量发生在期末。②经营成本计算时暂不考虑"营业税金及附加"项目的影响。③公司所得税税率25%，暂不考虑纳税调整项目。

估算田兴公司投资的芦荟生产项目经营期现金净流量，并将计算结果填列在表13-18中。

表13-18　经营期现金净流量

单位：元

时间	2017年末（第2点）	2018年末（第3点）	2019年末（第4点）	2020年末（第5点）	2021年末（第6点）
销售收入					
生产成本					
管理费用					
销售费用					
税前利润					

续表

时间	2017 年末 （第 2 点）	2018 年末 （第 3 点）	2019 年末 （第 4 点）	2020 年末 （第 5 点）	2021 年末 （第 6 点）
所得税					
税后利润					
折旧及摊销					
营业现金净流量					

（五）计算该项目终结点的现金净流量

估算田兴公司投资的芦荟生产项目终结点现金净流量，并将计算结果填列在田兴公司终结点现金净流量表表 13-19 中。

表 13-19 终结点现金净流量

单位：元

时间	项目	现金净流量（NCF）
2021 年末 （第 6 点）	固定资产残值收入	
	收回的垫支营运资金	
	合计	

（六）长期债券筹资成本的计算

请用折现模式计算长期债券筹资方式税后资本成本率，并将计算结果填列在见表 13-20 中。支付年利息额考虑抵税效应后请使用年金折现，到期还本请使用复利现值折现方法计算。

表 13-20 长期债券筹资方式税后资本成本率计算表

时间	项目	数值
2016 年初（第 0 点）	筹集资金净额（元）	
2016 年末（第 1 点）	支付利息额（元）	
2017 年末（第 2 点）	支付利息额（元）	
2018 年末（第 3 点）	支付利息额（元）	
2019 年末（第 4 点）	支付利息额（元）	
2020 年末（第 5 点）	支付利息额（元）	
2021 年末（第 6 点）	支付利息额（元）	
2021 年末（第 6 点）	到期还本（元）	
税后资本成本率（%）	提示：在 4%~7%中试错	

（七）股票筹资成本的计算

根据资本资产定价模型计算公司股票的成本。其中公司股票的贝塔系数为 0.86，无风险收益率和风险溢价率见《证券交易相关数据》，并将计算结果填列在表 13-21 中。

表 13-21　股票筹资方式税后资本成本率计算表

无风险收益率（%）	市场平均收益率（%）	贝塔系数	股票资本成本率（%）

（八）项目折现率的计算

根据项目总投资金额中股票和债券各自的比重，计算项目的折现率，即加权平均资本成本，并将计算结果填列在表 13-22 中。

表 13-22　投资项目折现率计算表

筹资方式	筹资额（元）	比重（%）	资本成本率（%）	加权资本成本率（%）
债券				—
股票				—
合计			—	

（九）计算该项目的税后年平均收益率（ARR）

年平均收益率（ARR）=年均净利润/初始投资额×100%。请计算投资项目的 ARR，并将计算结果填列在表 13-23 中。

表 13-23　投资项目 ARR 计算表

项目年限（年）	
净利润总额（元）	
年平均净利润（元）	
投资总额（元）	
年平均净收益率（%）	

（十）计算静态投资回收期（PP）

计算投资项目的税后静态投资回收期，并将计算结果填列在表 13-24 中。

表 13-24 投资项目 PP 计算表

单位：元

时间	每年净现金流量	年末尚未回收的投资额
2016 年初（第 0 点）		
2016 年末（第 1 点）		
2017 年末（第 2 点）		
2018 年末（第 3 点）		
2019 年末（第 4 点）		
2020 年末（第 5 点）		
2021 年末（第 6 点）		
包括建设期 PP（年）		
不包括建设期 PP（年）		

（十一）计算动态投资回收期（DPP）

按照加权平均资本成本率计算该项目的动态投资回收期，复利现值系数填写保留 4 位小数，其他保留 2 位小数，并将计算结果填列在表 13-25 中。

表 13-25 投资项目 DPP 计算表

单位：元

时间	每年净现金流量	复利现值系数	折现每年净现金流量	年末尚未回收的投资额
2016 年初（第 0 点）				
2016 年末（第 1 点）				
2017 年末（第 2 点）				
2018 年末（第 3 点）				
2019 年末（第 4 点）				
2020 年末（第 5 点）				
2021 年末（第 6 点）				
包括建设期 PP（年）				
不包括建设期 PP（年）				

（十二）计算净现值（NPV）、获利指数（PI）和净现值率（NPVR）

按照加权平均资本成本率计算该投资项目的净现值（NPV）、获利指数（PI）和净现值率（NPVR），复利现值系数填写保留 4 位小数，其他保留 2 位小数，并将计算结果填列在表 13-26 中。

表 13–26 NPV、PI 和 NPVR 计算表

单位：元

时间	每年净现金流量	复利现值系数	折现后每年净现金流量
2016 年初（第 0 点）			
2016 年末（第 1 点）			
2017 年末（第 2 点）			
2018 年末（第 3 点）			
2019 年末（第 4 点）			
2020 年末（第 5 点）			
2021 年末（第 6 点）			
净现值（NPV）			
获利指数（PI）			
净现值率（NPVR）（%）			

（十三）用试错法计算内含报酬率（IRR）

请用试错法计算内含报酬率（IRR），并将计算结果填列在表 13–27 中。

表 13–27 投资项目 IRR 计算表

单位：元

时间	每年净现金流量	i=13%		i=14%		i=15%	
		复利现值系数	折现后每年净现金流量	复利现值系数	折现后每年净现金流量	复利现值系数	折现后每年净现金流量
2016 年初（第 0 点）							
2016 年末（第 1 点）							
2017 年末（第 2 点）							
2018 年末（第 3 点）							
2019 年末（第 4 点）							
2020 年末（第 5 点）							
2021 年末（第 6 点）							
净现值（NPV）	—						
内含报酬率（IRR）（%）	提示：在贴现率为 13%~16%中试错						

（十四）对投资项目进行财务可行性分析评价

根据以上所计算出的动态财务指标和静态财务指标，对芦荟生产项目进行财务可行性分析评价。

四、实训思考

项目投资评价是项目可行性研究的重要组成部分，它包括技术评价、经济评价和社会评价三个部分。技术评价主要是根据对市场需求预测和原材料供应等生产条件的调查，确定产品方案和合理生产规模，根据项目的生产技术要求，对各种可能拟定的建设方案和技术方案进行技术经济分析、比较、论证，从而确定项目在技术上的可行性。经济评价是项目评价的核心，包括企业经济评价和国民经济评价。企业经济评价亦称财务评价，它从企业角度出发，按照国内现行市场价格，计算出项目在财务上的获利能力，以说明项目在财务上的可行性。国民经济评价从国家和社会的角度出发，按照影子价格、影子汇率和社会折现率，计算项目的国民经济效果，以说明项目在经济上的可行性。社会评价是分析项目对国防、政治、文化、环境、生态、劳动就业、储蓄等方面的影响和效果。

投资项目的财务评价是根据国际现行财税制度和价格体系，分析、计算项目直接发生的财务效益和费用，编制财务报表。考察项目的盈利能力、偿债能力和财务生存能力等，判断项目的财务可行性，明确项目对投资者的贡献，为投资决策、融资决策以及银行审贷提供依据。您认为投资项目的财务评价主要包括哪些基本内容？工业企业各项现金流量应如何正确估算？财务评价指标应该如何有效选取和计算？

第十四章
连胜电力企业营运资金管理实训

通过本章案例实训，使学生了解企业持有现金的动机；掌握应收账款的功能与各项成本的计算；掌握信用政策的制定方法；熟悉现金日常管理的内容和方法；掌握商业信用的形式及条件；掌握应付账款现金折扣的运用；具备为具体企业提供营运资金管理的决策能力。

一、目标企业背景信息介绍

连胜电力股份有限公司（以下简称连胜电力）成立于 2000 年，是经国务院同意授权投资的机构和国家控股公司的试点单位。公司以电网建设运营为核心业务，承担着保障更安全、更经济、更清洁、可持续的电力供应的基本使命，肩负重要的政治责任、社会责任和经济责任。

公司坚持以"四个服务"为企业宗旨，在服务区域经济科学发展、跨越发展的大局中，实现企业与社会的和谐发展。公司视人才为企业的第一资源，坚持以人为本。公司的奋斗方向：建设国际一流企业，坚持以国际先进水平为导向，以同业对标为手段，推进集团化运作、条约化发展、精细化管理、标准化建设，把公司建设成为具有科学发展理念、持续创新活力、优秀企业文化、强烈社会责任的现代企业。

二、实训任务材料

连胜电力 2015 年的财务数据如下：

(一) 现金管理总结及预测

连胜电力 2015 年现金管理总结及预测说明见表 14-1。

表 14-1 2015 年现金管理总结及预测说明

现金管理活动一直是公司流动资产管理的重要内容。近年来公司陆续出台相关现金管理政策,以达到通过现金管理活动使得现金收支在数量上和时间上保证经营活动需要。但还是存在以下问题:

1. 供应商现金需求变化

我公司的主要原材料由西煤股份有限公司提供,价格一直维持在每吨 760 元。据可靠资料显示,我市中小煤矿公司资金状况不佳,预计下一年度会大幅度降低煤炭价格以获得大量资金,我公司应充分考虑这一因素,持有部分资金以购买较为廉价的原材料。另外,西煤股份有限公司也很可能为提升应收账款周转率而提升现金折扣率,公司应对此状况进行合理估计。

2. 公司日常支出

(1) 差旅费。随着我公司的迅猛发展,业务逐渐扩展,销售部门的出差次数逐年提升,公司需要备存充分的资金以供出差人员使用。

(2) 文体活动费。上一年度,宣传部所举办的公司运动会促进了公司各部门之间的团结,预计明年将继续举办并增加其他各类项目,预计支出会比上一年度增加 10%。其他传统节目,比如公司员工生日会、趣味竞答、公司庆典等的支出将继续维持上一年的水平。

(3) 其他支出。其他零星支出与以前年度无异。

3. 紧急状况预防

一直以来,我公司充分利用短期借款等增加临时举债能力,以备不时之需。但去年由于种种原因,短期借款一时难以取得,又加上部分销售款不能及时到位,给公司造成了较大损失。因此,在今年的现金持有量确定上应充分考虑这些方面的原因。

连胜电力股份有限公司财务顾问 林天意

2015 年 12 月 31 日

(二) 不同方案下现金短缺成本

假设连胜电力有三种现金持有方案:方案一,现金持有量为 120000 元;方案二,现金持有量为 180000 元;方案三,现金持有量为 240000 元。三种现金持有方案的现金短缺成本明细见表 14-2。

表 14-2 连胜电力现金短缺成本明细表

单位:元

类型	方案一	方案二	方案三
停工待料损失	20000.00	12000.00	6000.00
信誉损失	2000.00	1800.00	700.00
现金折扣损失	500.00	250.00	150.00
其他损失	2000.00	1000.00	700.00
合计	24500.00	15050.00	7550.00

(三) 现金管理费用明细表

连胜电力现金管理费用明细见表 14-3。

表 14-3 连胜电力现金管理费用明细表

单位：元

费用项目	管理人员工资	安全措施费	其他费用	合计
金额	30000.00	20000.00	10000.00	60000.00

（四）全年现金需要量预测表

连胜电力全年现金需要量预测见表 14-4。

表 14-4 连胜电力全年现金需要量预测表

单位：元

项目	第一季度	第二季度	第三季度	第四季度	总计
办公费用	16000.00	15000.00	12000.00	17000.00	60000.00
预计短期投资	20000.00	18000.00	26000.00	12000.00	76000.00
差旅费	10000.00	15000.00	16000.00	19000.00	60000.00
问题活动费用	15000.00	15000.00	15000.00	15000.00	60000.00
预防紧急情况	25000.00	27000.00	23000.00	24000.00	99000.00
预计材料购入	38000.00	37000.00	32000.00	38000.00	145000.00
合计	124000.00	127000.00	124000.00	125000.00	500000.00

（五）单次现金转换成本明细表

连胜电力现金转换成本明细见表 14-5。

表 14-5 连胜电力现金转换成本明细表

单位：元

费用项目	单次委托手续费	单次证券过户费	单次委托买卖佣金	单次实物交割手续费	合计
金额	180.00	130.00	150.00	80.00	540.00

（六）每日现金余额预测表

连胜电力每日现金余额预测见表 14-6。

表 14-6 连胜电力每日现金余额预测表

概率	0.1	0.2	0.3	0.2	0.2
现金余额（元）	−2000.00	−1000.00	500.00	1000.00	3000.00

（七）连胜电力 2015 年度赊销情况表

连胜电力 2015 年度赊销情况见表 14-7。

表 14-7　连胜电力 2015 年度赊销情况表

公司名称	赊销金额（元）	预计的坏账损失（元）	平均收账期（天）
渤海工业	46000000.00	1380000.00	54
云清集团	63000000.00	1890000.00	54
明红股份有限公司	49000000.00	1470000.00	54
佳佳集团	28000000.00	840000.00	54
东鹏集团	10000000.00	300000.00	54
红星公司	54000000.00	1620000.00	54
合计	250000000.00	7500000.00	54

（八）连胜电力 2015 年度应收账款管理成本明细表

连胜电力 2015 年度应收账款管理成本明细见表 14-8。

表 14-8　连胜电力 2015 年度应收账款管理成本明细表

单位：元

费用项目	金额
客户资料调查费用	50000.00
收账费用	70000.00
账簿记录费用	20000.00
其他费用	10000.00
合计	150000.00

（九）连胜电力 2015 年度产品成本明细表

连胜电力 2015 年度产品成本明细见表 14-9。

表 14-9　连胜电力 2015 年度产品成本明细表

单位：元

成本项目	金额
变动成本	100000000.00
其中：煤炭成本	27360000.00
车间人员工资	5540000.00
其他燃料	67100000.00
固定成本	2000000.00
其中：各部门管理费用	700000.00
资产折旧费	1000000.00
资产维护费用	300000.00
总成本合计	102000000.00

（十）公司信用政策讨论会议纪要

连胜电力公司信用政策讨论会议纪要见表 14-10。

表 14-10 连胜电力公司信用政策讨论会议纪要

2015 年 12 月 31 日，在办公楼二楼会议厅召开公司信用政策探讨会议。以下为发言记录：

林天意：此次开会的目的主要是探讨我公司的信用政策问题，前一段时间，部分客户致电指明我公司目前的信用政策过于严格，有些客户甚至因此而选择其他电网公司，对我公司的销售产生了重大影响。下面先由林庆同志介绍一下我公司目前信用政策的基本情况。

林庆：我公司目前施行的是 n/30 的信用政策，也就是说客户要在 30 天内还款，没有其他现金折扣。实行该政策的主要原因是为了促进我公司账款的迅速回收。由于前几年我公司进行了大量基础项目建设，比如电网铺设、设备购买等，为了加快资金回笼，所以出台了这样的信用政策。随着我公司各项目建设的完工以及深远市委市政府提供的政策扶持，各银行也纷纷伸出援助之手，现在看来近期我公司资金方面不会有太大问题，现在应该调整一下信用政策以促进销售了。

蔡净红：在现有的信用政策下，我公司的年销售额为 25000 万元。因为电网公司的特殊情况，我公司所有的销售额均为赊销额，不存在现销情况。由于不存在现金折扣，且信用期限较短，我公司的收账期一般会维持在 54 天。但是由于信用条件严格，收账难度也比较大，根据信用部门的相关数据，我公司的收账费用每年为 15 万元，坏账损失的发生额占年赊销额的 3%，所以我认为确实应该修改一下信用政策。

黄涛：我们确实接到很多客户的电话，对于我公司现行的信用政策颇有微词，尤其是信用期限问题，信用期限仅为 30 天，30 天过后我部门就要开始提醒客户还款，加大了收账难度，另外一个就是很多客户 30 天内会还一部分欠款，剩余的就一拖再拖，甚至不再偿还，使坏账损失居高不下。事实上，我们信用部门内部针对此问题也讨论了两个方案：方案一为 n/60 的信用政策，方案二为 2/10、1/20、n/60。这两个方案都在一定程度上延长了信用期限，相信会在一定程度上促进销售，降低收账难度。

林天意：那我们先来讨论一下第一个方案吧。把信用期限延长到 60 天确实是一个好的提议，这个方案不仅能促进销售，而且会在一定程度上降低收账费用和坏账损失，具体的数据如何呢？

李红秀：我对第一个方案进行了重点预测，前一段时间跟客户也就此事进行了充分沟通，这一政策不仅受到老客户的欢迎，而且对于我们扩大市场有很好的帮助。根据部分信息回馈，我们预测，如果采用方案一，我们的赊销额将会增加 2000 万元，确实增加了销售额。

林庆：但是这种政策会使我们的收账期有大幅度的提高，本身我们的信用期限就增加到了 60 天，根据以往经验推断，如果采用该方案，我们的平均收账期将增加到 90 天，这一方案可能不利于资金回笼。

林天意：这个问题应该也不难解决。因为最近我们公司的总体现金流还是不错的，前期的一些基础建设已经初步告一段落，再加上银行对我公司的政策比较宽松，银行借款的取得也比较容易。如果过分把资金需要放在对应收账款的控制上，把客户逼得太紧，对于客户关系的维持也不利。那其他的相关成本如何呢？

蔡净红：这一证策使我们的收账费用有了大幅度的降低。方案一的施行可能使应收账款管理成本降低为 9 万元，信用期限长了，各公司有了较长的喘息时间，反而不需要我们过分催账，而且对于我们信用部门来说，也减少了工作量。还有一个就是我们调查了一下，如果我们把信用期限延长，很多客户纷纷承诺会直接付全款，将会使坏账损失在一定程度上有所降低。我们预测方案一的施行将使坏账损失额占赊销额的比例降低为 2%，是个不小的进步呀。

林天意：方案一为我们带来的收益确实不容忽视。那我们再来讨论一下方案二吧，方案二提出了现金折扣的应用。这一方案很有创意，事实上，对于现金折扣这一促销手段我公司很少使用，前一段时间和凌霄公司谈判的时候为了吸引这一客户，也提出了类似方案，但是由于其他原因，凌霄建筑公司也没有和我们签订最终合同。所以这一方案的重要影响还望大家进行认真考虑。

李红秀：方案二将会为我公司带来 28000 万元的预计销售，赊销额能够达到这么高，主要原因是采用现金折扣对于很多客户的吸引确实不容忽视。我们预测 50% 的客户会在十天以内付款，20% 的客户会在 10~20 天付款。也就是说 50% 的赊销额将会享受到十天以内的现金折扣优惠政策，20% 的赊销额会享受到 10~20 天的现金折扣优惠政策，剩余的赊销额将不会享受任何优惠。

林庆：出于谨慎，我们认为该方案的平均收账期仍然为 90 天。另外，这一方案降低了收账费用，也使得坏账损失率有了大幅度的降低。由于没有历史数据，我们进行了大体测度，我们预计方案二的应收账款管理成本为 8 万元，坏账损失占赊销额的比例将会为 1.5%，其他的具体数据我们还在进一步的测算中。

林天意：你们的工作确实做得很到位，各种数据也都测算得比较精细。至于这两个方案优劣如何，和现有政策相比是不是真的提高了相关收益，这些具体的数据问题要尽快确定，并提交到相关管理部门进行批示。

(十一) 煤炭的年需要量

连胜电力 2016 年煤炭的年需要量见表 14-11。

表 14-11 连胜电力 2016 年煤炭的年需要量

单位：吨

第一季度	第二季度	第三季度	第四季度	总计
8000.00	7000.00	11000.00	10000.00	36000.00

(十二) 煤炭的相关成本

连胜电力煤炭的相关成本见表 14-12。

表 14-12 连胜电力煤炭的相关成本

成本类别	数值	说明
(一) 采购成本		
采购单价 (元/吨)	760.00	
数量折扣价格优惠 (%)	1.00	每批购买量 1200 吨及以上 1800 吨以下
数量折扣价格优惠 (%)	3.00	每批购买量 1800 吨及以上
(二) 订货成本		
采购机构开支 (元/年)	30000.00	
差旅费 (元/次)	150.00	
邮资费 (元/次)	50.00	
电话费 (元/次)	50.00	
运输费 (元/次)	200.00	
检验费 (元/次)	150.00	
(三) 存储成本		
仓库折旧费 (元/年)	20000.00	
仓库职工工资 (元/年)	30000.00	
存货保险费用 (元/吨)	20.00	
存货破损及变质损失 (元/吨)	70.00	
存货资金应计利息 (元/吨)	30.00	
(四) 缺货成本		
单位边际贡献 (元/次)	500.00	
单位赔偿金 (元/次)	200.00	
单位信誉损失 (元/次)	100.00	

（十三）采购部年终总结摘要

连胜电力采购部年终总结摘要见表 14-13。

表 14-13　连胜电力采购部年终总结摘要

今年采购部全体员工在公司的正确领导下，以提高经济效益为中心，真抓实干，奋力拼搏，求实创新。现将主要完成工作、未来工作的计划及工作中出现的问题汇报如下：

（1）自 2012 年以来，我公司与西煤股份有限公司建立了良好的供销关系。根据销售部预测，我公司的供电量仍然需要保持去年的水平，明年的煤炭资源供应量仍需维持在 36000 吨，按每年 360 天计算，每日的煤炭需要量为 100 吨。

（2）为了达到成本效益最大化，根据西煤股份有限公司的销售政策，我部门人员经过认真计算，确定明年我公司的最优经济订货量每次为 1800 吨。另外由于中煤股份有限公司地处我市，运输方便，能够及时交货。根据以往经验判断，西煤股份有限公司的交货期可以维持在 1 天。

（3）由于近几年来工业发展迅速，为防止需求变化引起缺货损失，我部门建议公司设立合理的保险储备量。保险储备量在一定程度上可以避免缺货或供应中断造成损失，但是却也会大大增加存货平均储备量，从而使储备成本提高。目前，我部门已经根据往年资料及各项预测材料进行保险储备量的计算，以找出合理的保险储备量，从而使得缺货或供应中断损失和储备成本之和最小。

我公司正处于蓬勃发展的关键时期，采购部门工作任重道远，我部门一定在领导的正确领导下，为公司的未来发展贡献自己的一份力量！

（十四）交货期内存货需要量及其概率

连胜电力交货期内存货需要量及其概率见表 14-14。

表 14-14　连胜电力交货期内存货需要量及其概率

存货需要量（吨）	概率
70	0.02
80	0.03
90	0.15
100	0.40
110	0.10
120	0.10
130	0.10
140	0.10

三、实训任务

请根据实训任务材料完成下列实训任务（除天数、次数外，所有填写数据保留 2 位小数）。

（一）成本分析模型确定最佳现金持有量

连胜电力为确定最佳现金持有量，现对以下三个方案进行成本分析：方案一，现金持有量为 120000 元；方案二，现金持有量为 180000 元；方案三，现金持有量为 240000 元。请根据所给资料采用成本分析模型计算连胜电力各个方案的现金持有成本，机会成本率以国债年利率为准，年利率为 5.4%，并将计算结果填列在表 14-15 中。

表 14-15 连胜电力成本分析模型现金持有量计算表

单位：元

方案	方案一	方案二	方案三
现金持有量	120000.00	180000.00	240000.00
机会成本			
管理成本			
短缺成本			
现金持有总成本			
方案选择			

（二）存货模型确定最佳现金持有量

连胜电力现金收支平衡，并对全年（按 360 天计算）的现金需要量进行了预测，有价证券的年利率参照二十年期国债年利率，年利率为 5.4%，请采用存货模式确定公司最佳现金持有量，并将计算结果填列在表 14-16 中。

表 14-16 连胜电力存货模型现金持有量计算表

单位：元

项目	金额
最佳现金持有量	
最佳现金持有量下的现金持有机会成本	
最佳现金持有量下的现金转换成本	
全年现金管理相关总成本	

（三）信用政策调整

根据会议记录中所提的内容：连胜电力目前 n/30 的信用政策过于严厉，不利于扩大销售，且收账费用较高，公司正在研究修改现行政策。

请采用总额分析法进行分析，以确定所应采用的最优方案。假设公司目前销售收入均为赊销收入，平均收账天数以公司预测天数为主，不以信用期计算，资金成本按连胜电力银行借款年利率（年息为 10%）计算，其他内容以所给资料为准（一年按 360 天计算，不考虑所得税的影响），并将计算结果填列在表 14-17 中。

表 14-17 连胜电力信用政策调整计算表

项目	现有政策（n/30）	方案一（n/60）	方案二（2/10，1/20，n/60）
年赊销额（元）			
平均收账天数（天）			
变动成本率（%）			
年资金成本率（%）			
（一）边际收益			
（二）应收账款信用成本（元）			
其中：机会成本（元）			
管理成本（元）			
坏账成本（元）			
折扣成本（元）			
（三）净收益（元）			
（四）应选择的最优方案			

（四）不考虑折扣的经济批量模型

如果不考虑公司能够享受的数量折扣，请根据相关资料，运用存货经济批量模型计算、填列表 14-18 相关内容（一年按 360 天计算）。

表 14-18 连胜电力不考虑折扣的经济批量计算表

项目	数值
年需要量（吨）	
变动订货成本（元/次）	
变动储存成本（元/吨）	
经济订货批量（吨）	

（五）考虑折扣的经济批量模型

如果考虑公司能够享受的数量折扣，请根据相关资料，根据总成本比较法计算订货量，并填列表 14-19 相关内容（一年按 360 天计算）。

表 14-19 连胜电力考虑折扣的经济批量计算表

项目	经济订购批量	每次订货1200吨	每次订货1800吨
年需要量（吨）			
年订货次数（次）			
年储存总成本（元）			
年订货总成本（元）			
年材料购置成本（元）			

续表

项目	经济订购批量	每次订货 1200 吨	每次订货 1800 吨
总成本			
考虑折扣的订货量			

(六) 最佳保险储备量

采购部年终总结提交后，引起了公司各部门的密切关注，目前来看，设置合理的保险储备量已成为采购部门在新的一年工作的首要任务。现有五个保险储备方案，请计算方案的相关总成本并进行选择，并将计算结果填列在表 14-20 中。决策的原则是使保险储备的储存成本及缺货成本之和最小。

表 14-20　连胜电力最佳保险储备量计算表

项目	保险储备量 (0 吨)	保险储备量 (10 吨)	保险储备量 (20 吨)	保险储备量 (30 吨)	保险储备量 (40 吨)
交货时间 (天)					
平均日需求量 (吨)					
再订货点 (吨)					
缺货期望值 (吨)					
年订货次数 (次)					
缺货成本 (元)					
保险储备成本 (元)					
相关总成本 (元)					
最佳保险储备量 (吨)					

(七) 现金折扣决策

本月公司采购的一批原材料，货款为 200 万元，供应商规定的付款条件为 "2/20，1/30，n/40"，如果全年按 360 天计算，请分别对以下四个问题作出回答，并将计算结果填列在表 14-21 中。

表 14-21　连胜电力现金折扣决策计算表

问题	回答
计算放弃 2% 折扣时的资本成本率 (%)	
计算放弃 1% 折扣时的资本成本率 (%)	
公司能按 10% 年利率获得短期借款应否放弃现金折扣	
如果公司现金充裕，确定对公司最有利的付款日	

（八）短期筹资决策

2016 年本公司资金需要量为 50 万元，其中 10 万元可以通过银行短期借款取得。现银行给出两种付息方式：

（1）补偿性余额法。要求年利率为 10%，且公司以借款金额的 20% 作为补偿性余额。

（2）贴现法。年利率为 12%。请确定该公司应选择的贷款方式及需向银行申请的贷款数额，并将计算结果填列在表 14-22 中。

表 14-22　短期筹资决策计算表

问题	回答
补偿性余额的实际利率（%）	
贴现法的实际利率（%）	
应选择的贷款方式	
需要申请的贷款额度（元）	

四、实训思考

许多企业为了实现利润、销售更多产品，经常采用赊销形式。片面追求销售业绩，可能忽视对应收账款的管理，造成管理效率低下。例如对赊销的现金流动情况及信用状况缺乏控制，未能及时催收货款，容易出现货款被拖欠，从而造成账面利润高于实际资金的现象。对此，您认为财务部门应如何加强对赊销和预购业务的控制，制定相应的应收账款、预付货款控制制度，加强对应收账款的管理，及时收回应收账款，减少风险，从而提高企业资金使用效率？

第十五章
长青汽车利润分配管理实训

通过本章案例实训，掌握企业利润分配的基本程序；股利政策的类型及应用；熟悉股利种类；了解影响股利政策的因素；掌握企业利润计算、利润分配的程序、股利支付方式。

一、目标企业背景信息介绍

长青汽车配件股份有限公司（以下简称长青汽车）成立于 1987 年，是一个集铸造、加工、装配为一体的现代化企业，主要为世界著名汽车公司本田、宝马等生产配件汽车线束，拥有一流的技术人才和先进的机械设备，是充满活力和具有广阔前途的企业。公司坚持以一流的专业水准，一流的敬业精神，一流的服务意识，勤奋细致的工作态度为客户服务。公司按照现代企业管理制度，形成了"事事有标准，人人有专责，件件工作都要受控"的全面质量管理局面。公司注重倾听客户的声音，为客户提供最经济最良好品质的产品，形成牢不可破的伙伴关系。客户的成功是公司成长的动力，让每一位客户满意是公司全体员工的一致目标。

二、实训任务材料

长青汽车相关的财务数据如下：

（一）《公司法》节选

《公司法》节选见表 15-1。

表 15–1 《公司法》节选

第八章　公司财务、会计

第一百六十五条　公司应当在每一会计年度终了时编制财务会计报告，并依法经会计师事务所审计。

财务会计报告应当依照法律、行政法规和国务院财政部门的规定制作。

第一百六十六条　有限责任公司应当依照公司章程规定的期限将财务会计报告送交各股东。

股份有限公司的财务会计报告应当在召开股东大会年会的二十日前置备于本公司，供股东查阅；公开发行股票的股份有限公司必须公告其财务会计报告。

第一百六十七条　公司分配当年税后利润时，应当提取利润的10%列入公司法定公积金。公司法定公积金累计额为公司注册资本的50%以上的，可以不再提取。

公司的法定公积金不足以弥补以前年度亏损的，在依照前款规定提取法定公积金之前，应当先用当年利润弥补亏损。

公司从税后利润中提取法定公积金后，经股东会或者股东大会决议，还可以从税后利润中提取任意公积金。

公司弥补亏损和提取公积金后所余税后利润，有限责任公司依照本法第三十五条的规定分配；股份有限公司按照股东持有的股份比例分配，但股份有限公司章程规定不按持股比例分配的除外。

股东会、股东大会或者董事会违反前款规定，在公司弥补亏损和提取法定公积金之前向股东分配利润的，股东必须将违反规定分配的利润退还公司。

公司持有的本公司股份不得分配利润。

第一百六十八条　股份有限公司以超过股票票面金额的发行价格发行股份所得的溢价款以及国务院财政部门规定列入资本公积金的其他收入，应当列为公司资本公积金。

第一百六十九条　公司的公积金用于弥补公司的亏损、扩大公司生产经营或者转为增加公司资本。但是，资本公积金不得用于弥补公司的亏损。

法定公积金转为资本时，所留存的该项公积金不得少于转增前公司注册资本的25%。

第一百七十条　公司聘用、解聘承办公司审计业务的会计师事务所，依照公司章程的规定，由股东会、股东大会或者董事会决定。

公司股东会、股东大会或者董事会就解聘会计师事务所进行表决时，应当允许会计师事务所陈述意见。

第一百七十一条　公司应当向聘用的会计师事务所提供真实、完整的会计凭证、会计账簿、财务会计报告及其他会计资料，不得拒绝、隐匿、谎报。

第一百七十二条　公司除法定的会计账簿外，不得另立会计账簿。

对公司资产，不得以任何个人名义开立账户存储。

（二）《企业会计制度》节选

《企业会计制度》节选见表 15–2。

表 15–2 《企业会计制度》节选

第九章　所有者权益

第三节　盈余公积和未分配利润

一、盈余公积

（二）盈余公积的用途

企业提取形成的盈余公积主要有以下用途：

1. 用于弥补亏损

企业发生的亏损的弥补渠道有四种：一是用以后年度的利润弥补。根据《计税办法》的规定，对于年度亏损，经申报主管税务机关审核后，允许用下一年度的经营所得弥补，下一年度所得不足弥补的，允许逐年延续弥补，但最长不得超过五年。二是用以后年度的税后利润弥补。企业亏损经过五年的税前利润尚未弥补完的，应用税后利润弥补。三是用盈余公积弥补。企业用盈余公积弥补亏损时，应有企业董事会或类似机构决议，并经股东会批准。四是用接受捐赠资产的待转资产价值弥补。

2. 转增资本

企业经股东会批准，可将盈余公积用于转增资本，但按规定转增资本后的盈余公积金额不得少于注册资本的25%。在实际将盈余公积转增资本时，要按股东原有持股比例结转。

（三）2014 年资产负债表

长青汽车 2014 年资产负债表见表 15-3。

表 15-3 长青汽车 2014 年 12 月 31 日资产负债表

单位：元

资产	期末余额	期初余额	负债与所有者权益	期末余额	期初余额
流动资产			流动负债		
货币资金	51060000.00	50800000.00	短期借款	360000.00	360000.00
交易性金融资产	0.00	0.00	交易性金融负债	0.00	0.00
应收票据	140000.00	160000.00	应付票据	1140000.00	1120000.00
应收账款	4600000.00	3600000.00	应付账款	11700000.00	6960000.00
预付账款	0.00	0.00	预收账款	0.00	0.00
应收利息	0.00	0.00	应付职工薪酬	2800000.00	2200000.00
应收股利	0.00	0.00	应交税费	1360000.00	900000.00
其他应收款	0.00	0.00	应付利息	220000.00	200000.00
存货	41000000.00	13400000.00	应付股利	36000000.00	36000000.00
一年内到期的非流动资产	0.00	0.00	其他应付款	0.00	0.00
其他流动资产	0.00	0.00	一年内到期的非流动负债	0.00	0.00
流动资产合计	96800000.00	67960000.00	其他流动负债	0.00	0.00
非流动资产			流动负债合计	53580000.00	47740000.00
可供出售金融资产	0.00	0.00	非流动负债		
持有至到期投资	9000000.00	9000000.00	长期借款	2600000.00	2200000.00
长期应收款	0.00	0.00	应付债券	1440000.00	0.00
长期股权投资	131400000.00	130000000.00	长期应付款	0.00	1440000.00
投资性房地产	0.00	0.00	专项应付款	0.00	0.00
固定资产	18000000.00	18000000.00	预计负债	0.00	0.00
在建工程	0.00	0.00	递延所得税负债	0.00	0.00
工程物资	0.00	0.00	其他非流动负债		
固定资产清理	0.00	0.00	非流动负债合计	4040000.00	3640000.00
生产性生物资产	0.00	0.00	负债合计	57620000.00	51380000.00
油气资产	0.00	0.00	所有者权益		
无形资产	6420000.00	6420000.00	股本	30000000.00	30000000.00

资产	期末余额	期初余额	负债与所有者权益	期末余额	期初余额
开发支出			资本公积	60000000.00	60000000.00
商誉	0.00	0.00	减：库存股	0.00	0.00
长期待摊费用	0.00	0.00	盈余公积	42000000.00	33000000.00
递延所得税资产	0.00	0.00	未分配利润	72000000.00	57000000.00
其他非流动资产	0.00	0.00	所有者权益合计	204000000.00	180000000.00
非流动资产合计	164820000.00	163420000.00			
资产合计	261620000.00	231380000.00	负债和所有者权益合计	261620000.00	231380000.00

（四）2015 年度利润表

长青汽车 2015 年度利润表见表 15-4。

表 15-4　长青汽车 2015 年度利润表

单位：元

项目	本年金额	上年金额
一、营业收入	1154000000.00	568000000.00
减：营业成本	692400000.00	340800000.00
营业税金及附加	57700000.00	28400000.00
销售费用	115400000.00	56800000.00
管理费用	157600000.00	64200000.00
财务费用	240000.00	220000.00
资产减值损失	0.00	0.00
加：公允价值变动收益（损失以"-"号填列）	0.00	0.00
投资收益（损失以"-"号填列）	420000.00	500000.00
其中：对联营企业和合营企业的投资收益	0.00	0.00
二、营业利润（亏损以"-"号填列）	131080000.00	78080000.00
加：营业外收入	6800000.00	8000000.00
减：营业外支出	9880000.00	6080000.00
其中：非流动资产处置损失	0.00	0.00
三、利润总额（亏损总额以"-"号填列）	128000000.00	80000000.00
减：所得税费用	32000000.00	20000000.00
四、净利润（净亏损以"-"号填列）	96000000.00	60000000.00
五、每股收益		
（一）基本每股收益		
（二）稀释每股收益		

（五）2015 年股东大会决议

长青汽车 2015 年度股东大会决议公告见表 15-5。

表 15-5　长青汽车 2015 年度股东大会决议公告

本公司及董事会全体成员保证公告内容的真实、准确和完整，没有虚假记载、误导性陈述或者重大遗漏。

一、重要提示

本次会议召开期间，无增加、否决或变更提案情形发生。

二、会议召开和出席情况

1. 召开时间：2016 年 4 月 19 日
2. 召开地点：福州市仓山区上海路 11 号
3. 召开方式：现场投票与网络表决相结合
4. 召集人：公司董事会
5. 主持人：董事长王与会
6. 本次会议的召开符合《公司法》、《股票上市规则》及《公司章程》的规定。

三、会议的出席情况

股东及代理人 182 人、代表股份 15048240 股、占上市公司有表决权总股份的 50.16%。

四、提案审议和表决情况

议案一：公司 2015 年度利润分配方案

公司 2015 年利润分配方案：根据南方民和会计师事务所出具的审计报告，公司 2015 年度净利润 96000000 元，分别按 10% 和 5% 的比例提取法定公积金和任意公积金，以公司 2015 年 12 月 31 日的总股本 30000000 股为基数，每 10 股送 1 股，并且按发放后的股数发放现金股利，每 10 股派 12 元。

1. 表决情况

同意 14413220 股，占出席会议所有股东所持表决权的 95.78%；反对 70760 股，占出席会议所有股东所持表决权的 0.47%；弃权 564260 股，占出席会议所有股东所持表决权的 3.75%。

2. 表决结果

本议案属于股东大会普通决议，需经股东大会参会有效表决权的半数以上同意。

上述表决情况显示，本议案已获通过。

（六）利润分配实施公告

长青汽车 2015 年利润分配实施公告见表 15-6。

表 15-6　长青汽车 2015 年利润分配实施公告

本公司及董事会全体成员保证公告内容的真实、准确和完整，对公告的虚假记载、误导性陈述或者重大遗漏负连带责任。

一、通过分配方案的股东大会届次和时间

公司 2016 年度利润分配及资本公积金转增股本方案已获 2016 年 4 月 19 日召开的 2015 年度股东大会审议通过。公司 2015 年度股东大会决议公告刊登于 2016 年 4 月 20 日的《上海证券报》、《证券时报》及上海证券交易所网站 www.sse.com.cn。

二、分配方案

（1）本次分配以 30000000 股为基数，向全体股东每 10 股送 1 股，并且按送股后的股数 33000000 股发放现金股利，每 10 股派发现金红利 12 元（含税），扣税后每 10 股派发现金红利 10.8 元，共计派发现金红利 39600000 元。

（2）发放年度：2015 年度。

（3）分派对象：截至 2016 年 5 月 5 日下午上海证券交易所收市后，在中国证券登记结算有限责任公司上海分公司登记在册的全体股东。

（4）每股税前红利金额 1.2 元。对公司个人股东（包括证券投资基金），公司按 10% 的税率代扣个人所得税后，实际派发现金红利为每股 1.08 元；对于在中国注册的居民企业，实际派发现金红利为每股 1.2 元。

（5）对于其他非居民企业，我公司未代扣代缴所得税，由纳税人在所得发生地缴纳。

（6）发放现金红利时间：2016 年 5 月 12 日。

三、分红实施办法

公司第一大股东、第二大股东所持股份的现金红利由本公司直接派发；其他股东的现金红利均委托中国证券登记结算有限责任公司上海分公司，通过其资金结算系统向股权登记日登记在册，并在上海证券交易所各会员单位办理了指定交易的股东派发。已办理全面指定交易的投资者可于红利发放日在其指定的证券营业部领取现金红利，未办理指定交易的投资者的红利暂由中国证券登记结算有限责任公司上海分公司保管，待办理指定交易后再行派发。

四、有关咨询办法

1. 咨询机构：公司证券部
2. 咨询地址：福州市仓山区上海路 11 号
3. 邮政编码：100000
4. 联系人：冯昕昕
5. 电话：010-52669884
   传真：010-58823578

五、备查文件

公司 2015 年度股东大会决议及公告。

（七）公司历年股利分配情况

长青汽车历年股利分配情况见表 15-7。

表 15-7　长青汽车历年股利分配情况

年份	2007	2008	2009	2010	2011	2012	2013	2014
分红派息	10 股派 2 元	10 股派 2 元	10 股派 2 元	10 股派 4 元	10 股送 2 股派 5 元	10 股送 1 股派 10 元	10 股派 12 元	10 股派 12 元

（八）历年派现企业数

长青汽车历年派现企业数见表 15-8。

表 15-8　长青汽车历年派现企业数

年份	不派现（家）	10 股派 3 元及以下（家）	10 股派 3 元至 10 元（家）	10 股派 3 元及以上（家）
2012	48	457	542	27
2013	35	488	527	25
2014	22	511	523	20

(九) 历年派现企业股利支付率

长青汽车历年派现企业的股利支付率见表 15-9。

表 15-9 长青汽车历年派现企业的股利支付率

年份	平均派现率 (%)
2012	48.50
2013	43.00
2014	39.50

(十) 股利分配公告日股票价格

长青汽车股利分配公告日股票价格见图 15-1。

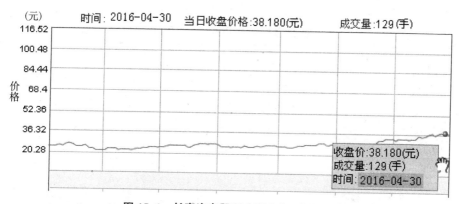

图 15-1 长青汽车股利分配公告日股票价格

(十一) 2015 年证券市场资料

2015 年证券市场资料见表 15-10。

表 15-10 2015 年证券市场资料

类型	成交总额 (亿元)	平均收益率 (%)	风险溢价率 (%)
国债	26344.55	4.30	—
股票	180429.95	14.00	9.70
基金	3700.23	7.00	2.70
权证	59621.21	16.00	11.70
其他	1746.09	6.00	1.70
合计	271842.03	13.35	9.05

（十二）企业债券参考数据

企业债券参考数据见表 15-11。

表 15-11 企业债券参考数据

债券年限（年）	发行费率（%）	平均收益率（%）
3	3	5.42
5	3	5.8
7	3	6.14
10	3	6.36

（十三）人民币贷款利率

人民币贷款利率表见表 15-12。

表 15-12 人民币贷款利率表

项目	年利率（%）
一、短期贷款	
六个月以内（含六个月）	4.86
六个月至一年（含一年）	5.31
二、中长期贷款	
一年至三年（含三年）	5.40
三年至五年（含五年）	5.76
五年以上	5.94
三、贴现	
贴现	

三、实训任务

根据以上材料完成以下实训任务（所有填写数据保留 2 位小数）。

（一）编制利润分配表

长青汽车于 2016 年 4 月 19 日召开股东大会，讨论了 2015 年度的利润分配方案。请根据 2015 年度的利润分配方案填写 2015 年利润分配表，并将计算结果填列在表 15-13 中。

表 15-13　长青汽车 2015 年利润分配表

单位：元

项目	本期金额	上期金额
一、年初未分配利润		60000000.00
加：本年预计净利润		57000000.00
二、可供分配的利润		117000000.00
减：提取法定盈余公积		6000000.00
提取任意盈余公积		3000000.00
三、可供投资者分配的利润		108000000.00
减：应付普通股股利		36000000.00
转作股本的股利		0.00
四、年末未分配利润		72000000.00

（二）编制资产负债表

请根据材料把资产负债表中缺少的项目填写完整，并将计算结果填列在表 15-14 中。

表 15-14　长青汽车 2015 年 12 月 31 日资产负债表

单位：元

资产	期末余额	期初余额	负债与所有者权益	期末余额	期初余额
流动资产			流动负债		
货币资金	60800000.00	51060000.00	短期借款	4400000.00	360000.00
交易性金融资产	0.00	0.00	交易性金融负债	0.00	0.00
应收票据	220000.00	140000.00	应付票据	1060000.00	1140000.00
应收账款	8600000.00	4600000.00	应付账款	12000000.00	11700000.00
预付账款	0.00	0.00	预收账款	0.00	0.00
应收利息	0.00	0.00	应付职工薪酬	2400000.00	2800000.00
应收股利	0.00	0.00	应交税费	1500000.00	1360000.00
其他应收款	0.00	0.00	应付利息	240000.00	220000.00
存货	78000000.00	41000000.00	应付股利		36000000.00
一年内到期的非流动资产	0.00	0.00	其他应付款	0.00	0.00
其他流动资产	0.00	0.00	一年内到期的非流动负债	0.00	0.00
流动资产合计	147620000.00	96800000.00	其他流动负债	0.00	0.00
非流动资产			流动负债合计		53580000.00
可供出售金融资产	0.00	0.00	非流动负债		
持有至到期投资	11600000.00	9000000.00	长期借款	26600000.00	2600000.00
长期应收款	0.00	0.00	应付债券	23800000.00	1440000.00

资产	期末余额	期初余额	负债与所有者权益	期末余额	期初余额
长期股权投资	132000000.00	131400000.00	长期应付款	0.00	0.00
投资性房地产	0.00	0.00	专项应付款	0.00	0.00
固定资产	24800000.00	18000000.00	预计负债	0.00	0.00
在建工程	24000000.00	0.00	递延所得税负债	0.00	0.00
工程物资	1080000.00	0.00	其他非流动负债	0.00	0.00
固定资产清理	0.00	0.00	非流动负债合计	50400000.00	4040000.00
生产性生物资产	0.00	0.00	负债合计		57620000.00
油气资产	0.00	0.00	所有者权益		
无形资产	30900000.00	6420000.00	股本		30000000.00
开发支出			资本公积		60000000.00
商誉	0.00	0.00	减：库存股	0.00	0.00
长期待摊费用	0.00	0.00	盈余公积		42000000.00
递延所得税资产	0.00	0.00	未分配利润		72000000.00
其他非流动资产	0.00	0.00	所有者权益合计		204000000.00
非流动资产合计	224380000.00	164820000.00			
资产合计	372000000.00	261620000.00	负债和所有者权益合计		261620000.00

（三）股利分析

要求：将分析文字缺失部分填写完整。

从公司历年股利分配情况可知：公司近 3 年派现较多，这主要是因为公司经过 20 年的经营，已经进入快速发展阶段，并积累了较多资金，开始回报股东。根据资产负债表，2013 年货币资金占总资产的（　　　），2014 年占（　　　），2015 年占（　　　），呈逐年（　　　）趋势。虽然这 3 年每股股利（　　　），但高派现要求有宽裕的现金，所以会对公司运营造成一定压力（数据保留 2 位小数）。

（四）股利支付率分析

要求：将分析文字缺失部分填写完整。

从派现水平来看，公司 2014 年的股利支付率是（　　　），（　　　）行业平均水平，2015 年是（　　　），比上一年（　　　）较多。行业的平均支付率呈逐年（　　　）趋势，不派现企业（　　　），（　　　）企业所占比例明显上升，说明近年来派现企业的数量虽然有所（　　　），但整体派现水平（　　　），其中象征性派现的企业趋多（数据保留 2 位小数）。

（五）利润分配影响分析

请根据材料讨论利润分配前后对公司财务状况的影响（假定利润分配方案公告后，市场还来不及作出反应，所以市价保持不变。除普通股数保留整数外，其他数据均保留 2 位小数），并将计算结果填列在表 15-15 中。

表 15-15　长青汽车 2015 年利润分配方案影响表

影响项目	股票股利分配后	股票股利分配前
普通股股数（股）		
每股账面价值（元/股）		
每股净收益（元/股）		
市盈率		

注意：股票股利分配前是指企业的利润分配程序已经进行了提取盈余公积和分派现金股利。

（六）股票股利分析

要求：将分析文字缺失部分填写完整。

股票股利是公司以（　　　）的股票作为股利的支付方式。对于长青汽车的股东来说，这种支付方式（　　　）直接增加他们的财富。相对于其他支付方式而言，股票股利（　　　）引起公司资产的流出或负债的增加，（　　　）引起股东权益内部结构的调整。发放股票股利后，如果盈余总额不变，且股票市价与账面价值保持固定比例，会由于普通股股数（　　　）而引起每股收益（　　　），每股市价（　　　），每位股东所持股票的市场价值总额（　　　）。

（七）计算股权价值

如果长青汽车在今后将保持最近 3 年的股利政策，且不再以任何形式增加新股，请根据资本资产定价模型计算公司股权成本，其中公司股票的 β 系数为 1.1031，无风险收益率和风险溢价率见《证券交易相关数据》，并采用股利贴现法估计公司的股权价值。股权价值等于每年现金股利除以股权成本。

注意：风险溢价率不等于风险收益率。将计算结果填列在表 15-16 中。

（八）利润估算

公司近年来业绩良好，销售收入不断提高，预计 2016 年还可以继续提高 60%。而由于加强管理，预计 2016 年管理费用只需增加 30%。请粗略估算 2016 年的利润（所得税率 25%）。

表 15-16　长青汽车股权价值估计表

估计项目	股票股利分配后
无风险收益率（%）	
风险溢价率（%）	
贝塔系数	
股权成本（%）	
每年现金股利（元）	
股权价值（元）	

假设：①观察利润表，营业成本、税金及附加、销售费用这些敏感项目，长期以来与营业收入保持了较为稳定的比例。②财务费用（主要是利息费用）来自短期借款、长期借款和债券。公司的短期借款一般是半年至一年期的，长期借款和债券主要是三年期的。③暂时不考虑非经常发生的业务损益。请根据材料对2016 年利润进行估算。并将计算结果填列在表 15-17 中。

表 15-17　长青汽车 2016 年利润估算表

估计项目	金额（元）
营业收入	
营业成本	
营业税金及附加	
销售费用	
管理费用	
财务费用	
利润总额	
所得税费用	
净利润	

（九）股利政策的运用

预计长青汽车 2016 年需要追加投资 26000 万元，且投资额将在 2017 年初投入，所以所需资金必须在 2016 年筹集完备。所需资金由权益资金和负债资金构成。

假设：

（1）在剩余股利政策下，仍要保持 2015 年的资本结构，若 2016 年增加的净利润不足以提供所需的权益资金，则需外部筹集权益资金。

（2）在固定股利政策下，仍要保持 2015 年的每股股利。留用利润不足的外部资金需要量均采用债务筹资方式。

（3）在稳定增长股利政策下，按 2%增长率增长。留用利润不足的外部资金需要量均采用债务筹资方式。

（4）在固定股利支付率政策下，若 2016 年增加的净利润提取股利后不足以提供所需的权益资金，则以负债资金补充。留用利润不足的外部资金需要量均采用债务筹资方式。

（5）在正常股利加额外股利政策下，规定每股正常股利为 0.2 元，按净利润超过最低股利部分的 10%发放额外股利。留用利润不足的外部资金需要量均采用债务筹资方式。

根据估算的 2016 年利润，请计算不同股利政策对公司财务状况的影响。并将计算结果填列在表 15–18 中。

表 15–18　长青汽车不同股利政策的应用表

项目	剩余股利政策	固定股利政策	稳定增长股利政策	固定支付率股利政策	低正常股利加额外股利政策
2017 年所需投资额（元）					
2016 年净利润（元）					
留用利润增加额（元）					
需筹集负债资金（元）					
需筹集外部权益资金（元）					
资产负债率（%）					
支付现金股利（元）					
支付每股股利（元）					
股利支付率（%）					

（十）股利政策的比较

要求：将分析文字缺失部分填写完整。

对于长青汽车来说，固定股利政策、稳定增长股利政策和固定支付率股利政策都无法保持公司的资本结构，所需筹集的负债资金（　　　），资产负债率（　　　），因此（　　　）给公司造成较大的财务压力。但剩余股利政策也有其不足，即（　　　）较低，可能会降低对投资者的吸引力。但是公司目前的股利支付率（　　　），为了满足公司扩张的资本需求，应适当（　　　）。经过考量，公司管理层决定实行低正常股利加额外股利的政策，既能满足公司投资的需要，又能满足股东的利益需求。

四、实训思考

股利分配是上市公司对股东的一项投资回报，同时也是上市公司实力和成果的一种体现。为什么许多大公司均采用低正常股利加额外股利政策？

附 录

附表1　复利终值系数表

期数	1%	2%	3%	4%	5%	6%	7%	8%	9%	10%
1	1.0100	1.0200	1.0300	1.0400	1.0500	1.0600	1.0700	1.0800	1.0900	1.1000
2	1.0201	1.0404	1.0609	1.0816	1.1025	1.1236	1.1449	1.1664	1.1881	1.2100
3	1.0303	1.0612	1.0927	1.1249	1.1576	1.1910	1.2250	1.2597	1.2950	1.3310
4	1.0406	1.0824	1.1255	1.1699	1.2155	1.2625	1.3108	1.3605	1.4116	1.4641
5	1.0510	1.1041	1.1593	1.2167	1.2763	1.3382	1.4026	1.4693	1.5386	1.6105
6	1.0615	1.1262	1.1941	1.2653	1.3401	1.4185	1.5007	1.5869	1.6771	1.7716
7	1.0721	1.1487	1.2299	1.3159	1.4071	1.5036	1.6058	1.7138	1.8280	1.9487
8	1.0829	1.1717	1.2668	1.3686	1.4775	1.5938	1.7182	1.8509	1.9926	2.1436
9	1.0937	1.1951	1.3048	1.4233	1.5513	1.6895	1.8385	1.9990	2.1719	2.3579
10	1.1046	1.2190	1.3439	1.4802	1.6289	1.7908	1.9672	2.1589	2.3674	2.5937
11	1.1157	1.2434	1.3842	1.5395	1.7103	1.8983	2.1049	2.3316	2.5804	2.8531
12	1.1268	1.2682	1.4258	1.6010	1.7959	2.0122	2.2522	2.5182	2.8127	3.1384
13	1.1381	1.2936	1.4685	1.6651	1.8856	2.1329	2.4098	2.7196	3.0658	3.4523
14	1.1495	1.3195	1.5126	1.7317	1.9799	2.2609	2.5785	2.9372	3.3417	3.7975
15	1.1610	1.3459	1.5580	1.8009	2.0789	2.3966	2.7590	3.1722	3.6425	4.1772
16	1.1726	1.3728	1.6047	1.8730	2.1829	2.5404	2.9522	3.4259	3.9703	4.5950
17	1.1843	1.4002	1.6528	1.9479	2.2920	2.6928	3.1588	3.7000	4.3276	5.0545
18	1.1961	1.4282	1.7024	2.0258	2.4066	2.8543	3.3799	3.9960	4.7171	5.5599
19	1.2081	1.4568	1.7535	2.1068	2.5270	3.0256	3.6165	4.3157	5.1417	6.1159
20	1.2202	1.4859	1.8061	2.1911	2.6533	3.2071	3.8697	4.6610	5.6044	6.7275
21	1.2324	1.5157	1.8603	2.2788	2.7860	3.3996	4.1406	5.0338	6.1088	7.4002
22	1.2447	1.5460	1.9161	2.3699	2.9253	3.6035	4.4304	5.4365	6.6586	8.1403
23	1.2572	1.5769	1.9736	2.4647	3.0715	3.8197	4.7405	5.8715	7.2579	8.9543
24	1.2697	1.6084	2.0328	2.5633	3.2251	4.0489	5.0724	6.3412	7.9111	9.8497
25	1.2824	1.6406	2.0938	2.6658	3.3864	4.2919	5.4274	6.8485	8.6231	10.835
26	1.2953	1.6734	2.1566	2.7725	3.5557	4.5494	5.8074	7.3964	9.3992	11.918
27	1.3082	1.7069	2.2213	2.8834	3.7335	4.8223	6.2139	7.9881	10.245	13.110
28	1.3213	1.7410	2.2879	2.9987	3.9201	5.1117	6.6488	8.6271	11.167	14.421
29	1.3345	1.7758	2.3566	3.1187	4.1161	5.4184	7.1143	9.3173	12.172	15.863
30	1.3478	1.8114	2.4273	3.2434	4.3219	5.7435	7.6123	10.063	13.268	17.449
40	1.4889	2.2080	3.2620	4.8010	7.0400	10.286	14.975	21.725	31.409	45.259
50	1.6446	2.6916	4.3839	7.1067	11.467	18.420	29.457	46.902	74.358	117.39
60	1.8167	3.2810	5.8916	10.520	18.679	32.988	57.946	101.26	176.03	304.48

续表

期数	12%	14%	15%	16%	18%	20%	24%	28%	32%	36%
1	1.1200	1.1400	1.1500	1.1600	1.1800	1.2000	1.2400	1.2800	1.3200	1.3600
2	1.2544	1.2996	1.3225	1.3456	1.3924	1.4400	1.5376	1.6384	1.7424	1.8496
3	1.4049	1.4815	1.5209	1.5609	1.6430	1.7280	1.9066	2.0972	2.3000	2.5155
4	1.5735	1.6890	1.7490	1.8106	1.9388	2.0736	2.3642	2.6844	3.0360	3.4210
5	1.7623	1.9254	2.0114	2.1003	2.2878	2.4883	2.9316	3.4360	4.0075	4.6526
6	1.9738	2.1950	2.3131	2.4364	2.6996	2.9860	3.6352	4.3980	5.2899	6.3275
7	2.2107	2.5023	2.6600	2.8262	3.1855	3.5832	4.5077	5.6295	6.9826	8.6054
8	2.4760	2.8526	3.0590	3.2784	3.7589	4.2998	5.5895	7.2058	9.2170	11.703
9	2.7731	3.2519	3.5179	3.8030	4.4355	5.1598	6.9310	9.2234	12.167	15.917
10	3.1058	3.7072	4.0456	4.4114	5.2338	6.1917	8.5944	11.806	16.060	21.647
11	3.4785	4.2262	4.6524	5.1173	6.1759	7.4301	10.657	15.112	21.199	29.439
12	3.8960	4.8179	5.3503	5.9360	7.2876	8.9161	13.215	19.343	27.983	40.038
13	4.3635	5.4924	6.1528	6.8858	8.5994	10.699	16.386	24.759	36.937	54.451
14	4.8871	6.2613	7.0757	7.9875	10.147	12.839	20.319	31.691	48.757	74.053
15	5.4736	7.1379	8.1371	9.2655	11.974	15.407	25.196	40.565	64.359	100.71
16	6.1304	8.1372	9.3576	10.748	14.129	18.488	31.243	51.923	84.954	136.97
17	6.8660	9.2765	10.761	12.468	16.672	22.186	38.741	66.461	112.14	186.28
18	7.6900	10.575	12.376	14.463	19.673	26.623	48.039	85.071	148.02	253.34
19	8.6128	12.056	14.232	16.777	23.214	31.948	59.568	108.89	195.39	344.54
20	9.6463	13.744	16.367	19.461	27.393	38.338	73.864	139.38	257.92	468.57
21	10.804	15.668	18.822	22.575	32.324	46.005	91.592	178.41	340.45	637.26
22	12.100	17.861	21.645	26.186	38.142	55.206	113.57	228.36	449.39	866.67
23	13.552	20.362	24.892	30.376	45.008	66.247	140.83	292.30	593.20	1178.7
24	15.179	23.212	28.625	35.236	53.109	79.497	174.63	374.14	783.02	1603.0
25	17.000	26.462	32.919	40.874	62.669	95.396	216.54	478.90	1033.6	2180.1
26	19.040	30.167	37.857	47.414	73.949	114.48	268.51	613.00	1364.3	2964.9
27	21.325	34.390	43.535	55.000	87.260	137.37	332.96	784.64	1800.9	4032.3
28	23.884	39.205	50.066	63.800	102.97	164.84	412.86	1004.3	2377.2	5483.9
29	26.750	44.693	57.576	74.009	121.50	197.81	511.95	1285.6	3137.9	7458.1
30	29.960	50.950	66.212	85.850	143.37	237.38	634.82	1645.5	4142.1	10143
40	93.051	188.88	267.86	378.72	750.38	1469.8	5455.9	19427	66521	*
50	289.00	700.23	1083.7	1670.7	3927.4	9100.4	46890	*	*	*
60	897.60	2595.9	4384.0	7370.2	20555	56348	*	*	*	*

注：* > 99999。

附表 2　复利现值系数表

期数	1%	2%	3%	4%	5%	6%	7%	8%	9%	10%
1	0.9901	0.9804	0.9709	0.9615	0.9524	0.9434	0.9346	0.9259	0.9174	0.9091
2	0.9803	0.9612	0.9426	0.9246	0.9070	0.8900	0.8734	0.8573	0.8417	0.8264
3	0.9706	0.9423	0.9151	0.8890	0.8638	0.8396	0.8163	0.7938	0.7722	0.7513
4	0.9610	0.9238	0.8885	0.8548	0.8227	0.7921	0.7629	0.7350	0.7084	0.6830
5	0.9515	0.9057	0.8626	0.8219	0.7835	0.7473	0.7130	0.6806	0.6499	0.6209
6	0.9420	0.8880	0.8375	0.7903	0.7462	0.7050	0.6663	0.6302	0.5963	0.5645
7	0.9327	0.8706	0.8131	0.7599	0.7107	0.6651	0.6227	0.5835	0.5470	0.5132
8	0.9235	0.8535	0.7894	0.7307	0.6768	0.6274	0.5820	0.5403	0.5019	0.4665
9	0.9143	0.8368	0.7664	0.7026	0.6446	0.5919	0.5439	0.5002	0.4604	0.4241
10	0.9053	0.8203	0.7441	0.6756	0.6139	0.5584	0.5083	0.4632	0.4224	0.3855
11	0.8963	0.8043	0.7224	0.6496	0.5847	0.5268	0.4751	0.4289	0.3875	0.3505
12	0.8874	0.7885	0.7014	0.6246	0.5568	0.4970	0.4440	0.3971	0.3555	0.3186
13	0.8787	0.7730	0.6810	0.6006	0.5303	0.4688	0.4150	0.3677	0.3262	0.2897
14	0.8700	0.7579	0.6611	0.5775	0.5051	0.4423	0.3878	0.3405	0.2992	0.2633
15	0.8613	0.7430	0.6419	0.5553	0.4810	0.4173	0.3624	0.3152	0.2745	0.2394
16	0.8528	0.7284	0.6232	0.5339	0.4581	0.3936	0.3387	0.2919	0.2519	0.2176
17	0.8444	0.7142	0.6050	0.5134	0.4363	0.3714	0.3166	0.2703	0.2311	0.1978
18	0.8360	0.7002	0.5874	0.4936	0.4155	0.3503	0.2959	0.2502	0.2120	0.1799
19	0.8277	0.6864	0.5703	0.4746	0.3957	0.3305	0.2765	0.2317	0.1945	0.1635
20	0.8195	0.6730	0.5537	0.4564	0.3769	0.3118	0.2584	0.2145	0.1784	0.1486
21	0.8114	0.6598	0.5375	0.4388	0.3589	0.2942	0.2415	0.1987	0.1637	0.1351
22	0.8034	0.6468	0.5219	0.4220	0.3418	0.2775	0.2257	0.1839	0.1502	0.1228
23	0.7954	0.6342	0.5067	0.4057	0.3256	0.2618	0.2109	0.1703	0.1378	0.1117
24	0.7876	0.6217	0.4919	0.3901	0.3101	0.2470	0.1971	0.1577	0.1264	0.1015
25	0.7798	0.6095	0.4776	0.3751	0.2953	0.2330	0.1842	0.1460	0.1160	0.0923
26	0.7720	0.5976	0.4637	0.3607	0.2812	0.2198	0.1722	0.1352	0.1064	0.0839
27	0.7644	0.5859	0.4502	0.3468	0.2678	0.2074	0.1609	0.1252	0.0976	0.0763
28	0.7568	0.5744	0.4371	0.3335	0.2551	0.1956	0.1504	0.1159	0.0895	0.0693
29	0.7493	0.5631	0.4243	0.3207	0.2429	0.1846	0.1406	0.1073	0.0822	0.0630
30	0.7419	0.5521	0.4120	0.3083	0.2314	0.1741	0.1314	0.0994	0.0754	0.0573
35	0.7059	0.5000	0.3554	0.2534	0.1813	0.1301	0.0937	0.0676	0.0490	0.0356
40	0.6717	0.4529	0.3066	0.2083	0.1420	0.0972	0.0668	0.0460	0.0318	0.0221
45	0.6391	0.4102	0.2644	0.1712	0.1113	0.0727	0.0476	0.0313	0.0207	0.0137
50	0.6080	0.3715	0.2281	0.1407	0.0872	0.0543	0.0339	0.0213	0.0134	0.0085
55	0.5785	0.3365	0.1968	0.1157	0.0683	0.0406	0.0242	0.0145	0.0087	0.0053

续表

期数	12%	14%	15%	16%	18%	20%	24%	28%	32%	36%
1	0.8929	0.8772	0.8696	0.8621	0.8475	0.8333	0.8065	0.7813	0.7576	0.7353
2	0.7972	0.7695	0.7561	0.7432	0.7182	0.6944	0.6504	0.6104	0.5739	0.5407
3	0.7118	0.6750	0.6575	0.6407	0.6086	0.5787	0.5245	0.4768	0.4348	0.3975
4	0.6355	0.5921	0.5718	0.5523	0.5158	0.4823	0.4230	0.3725	0.3294	0.2923
5	0.5674	0.5194	0.4972	0.4761	0.4371	0.4019	0.3411	0.2910	0.2495	0.2149
6	0.5066	0.4556	0.4323	0.4104	0.3704	0.3349	0.2751	0.2274	0.1890	0.1580
7	0.4523	0.3996	0.3759	0.3538	0.3139	0.2791	0.2218	0.1776	0.1432	0.1162
8	0.4039	0.3506	0.3269	0.3050	0.2660	0.2326	0.1789	0.1388	0.1085	0.0854
9	0.3606	0.3075	0.2843	0.2630	0.2255	0.1938	0.1443	0.1084	0.0822	0.0628
10	0.3220	0.2697	0.2472	0.2267	0.1911	0.1615	0.1164	0.0847	0.0623	0.0462
11	0.2875	0.2366	0.2149	0.1954	0.1619	0.1346	0.0938	0.0662	0.0472	0.0340
12	0.2567	0.2076	0.1869	0.1685	0.1372	0.1122	0.0757	0.0517	0.0357	0.0250
13	0.2292	0.1821	0.1625	0.1452	0.1163	0.0935	0.0610	0.0404	0.0271	0.0184
14	0.2046	0.1597	0.1413	0.1252	0.0985	0.0779	0.0492	0.0316	0.0205	0.0135
15	0.1827	0.1401	0.1229	0.1079	0.0835	0.0649	0.0397	0.0247	0.0155	0.0099
16	0.1631	0.1229	0.1069	0.0930	0.0708	0.0541	0.0320	0.0193	0.0118	0.0073
17	0.1456	0.1078	0.0929	0.0802	0.0600	0.0451	0.0258	0.0150	0.0089	0.0054
18	0.1300	0.0946	0.0808	0.0691	0.0508	0.0376	0.0208	0.0118	0.0068	0.0039
19	0.1161	0.0829	0.0703	0.0596	0.0431	0.0313	0.0168	0.0092	0.0051	0.0029
20	0.1037	0.0728	0.0611	0.0514	0.0365	0.0261	0.0135	0.0072	0.0039	0.0021
21	0.0926	0.0638	0.0531	0.0443	0.0309	0.0217	0.0109	0.0056	0.0029	0.0016
22	0.0826	0.0560	0.0462	0.0382	0.0262	0.0181	0.0088	0.0044	0.0022	0.0012
23	0.0738	0.0491	0.0402	0.0329	0.0222	0.0151	0.0071	0.0034	0.0017	0.0008
24	0.0659	0.0431	0.0349	0.0284	0.0188	0.0126	0.0057	0.0027	0.0013	0.0006
25	0.0588	0.0378	0.0304	0.0245	0.0160	0.0105	0.0046	0.0021	0.0010	0.0005
26	0.0525	0.0331	0.0264	0.0211	0.0135	0.0087	0.0037	0.0016	0.0007	0.0003
27	0.0469	0.0291	0.0230	0.0182	0.0115	0.0073	0.0030	0.0013	0.0006	0.0002
28	0.0419	0.0255	0.0200	0.0157	0.0097	0.0061	0.0024	0.0010	0.0004	0.0002
29	0.0374	0.0224	0.0174	0.0135	0.0082	0.0051	0.0020	0.0008	0.0003	0.0001
30	0.0334	0.0196	0.0151	0.0116	0.0070	0.0042	0.0016	0.0006	0.0002	0.0001
35	0.0189	0.0102	0.0075	0.0055	0.0030	0.0017	0.0005	0.0002	0.0001	*
40	0.0107	0.0053	0.0037	0.0026	0.0013	0.0007	0.0002	0.0001	*	*
45	0.0061	0.0027	0.0019	0.0013	0.0006	0.0003	0.0001	*	*	*
50	0.0035	0.0014	0.0009	0.0006	0.0003	0.0001	*	*	*	*
55	0.0020	0.0007	0.0005	0.0003	0.0001	*	*	*	*	*

注：* < 0.0001。

附表 3　年金终值系数表

期数	1%	2%	3%	4%	5%	6%	7%	8%	9%	10%
1	1.0000	1.0000	1.0000	1.0000	1.0000	1.0000	1.0000	1.0000	1.0000	1.0000
2	2.0100	2.0200	2.0300	2.0400	2.0500	2.0600	2.0700	2.0800	2.0900	2.1000
3	3.0301	3.0604	3.0909	3.1216	3.1525	3.1836	3.2149	3.2464	3.2781	3.3100
4	4.0604	4.1216	4.1836	4.2465	4.3101	4.3746	4.4399	4.5061	4.5731	4.6410
5	5.1010	5.2040	5.3091	5.4163	5.5256	5.6371	5.7507	5.8666	5.9847	6.1051
6	6.1520	6.3081	6.4684	6.6330	6.8019	6.9753	7.1533	7.3359	7.5233	7.7156
7	7.2135	7.4343	7.6625	7.8983	8.1420	8.3938	8.6540	8.9228	9.2004	9.4872
8	8.2857	8.5830	8.8923	9.2142	9.5491	9.8975	10.260	10.637	11.029	11.436
9	9.3685	9.7546	10.159	10.583	11.027	11.491	11.978	12.488	13.021	13.580
10	10.462	10.950	11.464	12.006	12.578	13.181	13.816	14.487	15.193	15.937
11	11.567	12.169	12.808	13.486	14.207	14.972	15.784	16.646	17.560	18.531
12	12.683	13.412	14.192	15.026	15.917	16.870	17.889	18.977	20.141	21.384
13	13.809	14.680	15.618	16.627	17.713	18.882	20.141	21.495	22.953	24.523
14	14.947	15.974	17.086	18.292	19.599	21.015	22.551	24.215	26.019	27.975
15	16.097	17.293	18.599	20.024	21.579	23.276	25.129	27.152	29.361	31.773
16	17.258	18.639	20.157	21.825	23.658	25.673	27.888	30.324	33.003	35.950
17	18.430	20.012	21.762	23.698	25.840	28.213	30.840	33.750	36.974	40.545
18	19.615	21.412	23.414	25.645	28.132	30.906	33.999	37.450	41.301	45.599
19	20.811	22.841	25.117	27.671	30.539	33.760	37.379	41.446	46.019	51.159
20	22.019	24.297	26.870	29.778	33.066	36.786	40.996	45.762	51.160	57.275
21	23.239	25.783	28.677	31.969	35.719	39.993	44.865	50.423	56.765	64.003
22	24.472	27.299	30.537	34.248	38.505	43.392	49.006	55.457	62.873	71.403
23	25.716	28.845	32.453	36.618	41.431	46.996	53.436	60.893	69.532	79.543
24	26.974	30.422	34.427	39.083	44.502	50.816	58.177	66.765	76.790	88.497
25	28.243	32.030	36.459	41.646	47.727	54.865	63.249	73.106	84.701	98.347
26	29.526	33.671	38.553	44.312	51.114	59.156	68.677	79.954	93.324	109.18
27	30.821	35.344	40.710	47.084	54.669	63.706	74.484	87.351	102.72	121.10
28	32.129	37.051	42.931	49.968	58.403	68.528	80.698	95.339	112.97	134.21
29	33.450	38.792	45.219	52.966	62.323	73.640	87.347	103.97	124.14	148.63
30	34.785	40.568	47.575	56.085	66.439	79.058	94.461	113.28	136.31	164.49
40	48.886	60.402	75.401	95.026	120.80	154.76	199.64	259.06	337.88	442.59
50	64.463	84.579	112.80	152.67	209.35	290.34	406.53	573.77	815.08	1163.9
60	81.670	114.05	163.05	237.99	353.58	533.13	813.52	1253.2	1944.8	3034.8

续表

期数	12%	14%	15%	16%	18%	20%	24%	28%	32%	36%
1	1.0000	1.0000	1.0000	1.0000	1.0000	1.0000	1.0000	1.0000	1.0000	1.0000
2	2.1200	2.1400	2.1500	2.1600	2.1800	2.2000	2.2400	2.2800	2.3200	2.3600
3	3.3744	3.4396	3.4725	3.5056	3.5724	3.6400	3.7776	3.9184	4.0624	4.2096
4	4.7793	4.9211	4.9934	5.0665	5.2154	5.3680	5.6842	6.0156	6.3624	6.7251
5	6.3528	6.6101	6.7424	6.8771	7.1542	7.4416	8.0484	8.6999	9.3983	10.146
6	8.1152	8.5355	8.7537	8.9775	9.4420	9.9299	10.980	12.136	13.406	14.799
7	10.089	10.731	11.067	11.414	12.142	12.916	14.615	16.534	18.696	21.126
8	12.300	13.233	13.727	14.240	15.327	16.499	19.123	22.163	25.678	29.732
9	14.776	16.085	16.786	17.519	19.086	20.799	24.713	29.369	34.895	41.435
10	17.549	19.337	20.304	21.322	23.521	25.959	31.643	38.593	47.062	57.352
11	20.655	23.045	24.349	25.733	28.755	32.150	40.238	50.399	63.122	78.998
12	24.133	27.271	29.002	30.850	34.931	39.581	50.895	65.510	84.320	108.44
13	28.029	32.089	34.352	36.786	42.219	48.497	64.110	84.853	112.30	148.48
14	32.393	37.581	40.505	43.672	50.818	59.196	80.496	109.61	149.24	202.93
15	37.280	43.842	47.580	51.660	60.965	72.035	100.82	141.30	198.00	276.98
16	42.753	50.980	55.718	60.925	72.939	87.442	126.01	181.87	262.36	377.69
17	48.884	59.118	65.075	71.673	87.068	105.93	157.25	233.79	347.31	514.66
18	55.750	68.394	75.836	84.141	103.74	128.12	195.99	300.25	459.45	700.94
19	63.440	78.969	88.212	98.603	123.41	154.74	244.03	385.32	607.47	954.28
20	72.052	91.025	102.44	115.38	146.63	186.69	303.60	494.21	802.86	1298.8
21	81.699	104.77	118.81	134.84	174.02	225.03	377.46	633.59	1060.8	1767.4
22	92.503	120.44	137.63	157.42	206.34	271.03	469.06	812.00	1401.2	2404.7
23	104.60	138.30	159.28	183.60	244.49	326.24	582.63	1040.4	1850.6	3271.3
24	118.16	158.66	184.17	213.98	289.49	392.48	723.46	1332.7	2443.8	4450.0
25	133.33	181.87	212.79	249.21	342.60	471.98	898.09	1706.8	3226.8	6053.0
26	150.33	208.33	245.71	290.09	405.27	567.38	1114.6	2185.7	4260.4	8233.1
27	169.37	238.50	283.57	337.50	479.22	681.85	1383.1	2798.7	5624.8	11198
28	190.70	272.89	327.10	392.50	566.48	819.22	1716.1	3583.3	7425.7	15230
29	214.58	312.09	377.17	456.30	669.45	984.07	2129.0	4587.7	9802.9	20714
30	241.33	356.79	434.75	530.31	790.95	1181.9	2640.9	5873.2	12941	28172
40	767.09	1342.0	1779.1	2360.8	4163.2	7343.9	22729	69377	207874	609890
50	2400.0	4994.5	7217.7	10436	21813	45497	195373	819103	*	*
60	7471.6	18535	29220	46058	114190	281733	*	*	*	*

注：* > 999999.99。

附表 4　年金现值系数表

期数	1%	2%	3%	4%	5%	6%	7%	8%	9%	10%
1	0.9901	0.9804	0.9709	0.9615	0.9524	0.9434	0.9346	0.9259	0.9174	0.9091
2	1.9704	1.9416	1.9135	1.8861	1.8594	1.8334	1.8080	1.7833	1.7591	1.7355
3	2.9410	2.8839	2.8286	2.7751	2.7232	2.6730	2.6243	2.5771	2.5313	2.4869
4	3.9020	3.8077	3.7171	3.6299	3.5460	3.4651	3.3872	3.3121	3.2397	3.1699
5	4.8534	4.7135	4.5797	4.4518	4.3295	4.2124	4.1002	3.9927	3.8897	3.7908
6	5.7955	5.6014	5.4172	5.2421	5.0757	4.9173	4.7665	4.6229	4.4859	4.3553
7	6.7282	6.4720	6.2303	6.0021	5.7864	5.5824	5.3893	5.2064	5.0330	4.8684
8	7.6517	7.3255	7.0197	6.7327	6.4632	6.2098	5.9713	5.7466	5.5348	5.3349
9	8.5660	8.1622	7.7861	7.4353	7.1078	6.8017	6.5152	6.2469	5.9952	5.7590
10	9.4713	8.9826	8.5302	8.1109	7.7217	7.3601	7.0236	6.7101	6.4177	6.1446
11	10.3676	9.7868	9.2526	8.7605	8.3064	7.8869	7.4987	7.1390	6.8052	6.4951
12	11.2551	10.5753	9.9540	9.3851	8.8633	8.3838	7.9427	7.5361	7.1607	6.8137
13	12.1337	11.3484	10.6350	9.9856	9.3936	8.8527	8.3577	7.9038	7.4869	7.1034
14	13.0037	12.1062	11.2961	10.5631	9.8986	9.2950	8.7455	8.2442	7.7862	7.3667
15	13.8651	12.8493	11.9379	11.1184	10.3797	9.7122	9.1079	8.5595	8.0607	7.6061
16	14.7179	13.5777	12.5611	11.6523	10.8378	10.1059	9.4466	8.8514	8.3126	7.8237
17	15.5623	14.2919	13.1661	12.1657	11.2741	10.4773	9.7632	9.1216	8.5436	8.0216
18	16.3983	14.9920	13.7535	12.6593	11.6896	10.8276	10.0591	9.3719	8.7556	8.2014
19	17.2260	15.6785	14.3238	13.1339	12.0853	11.1581	10.3356	9.6036	8.9501	8.3649
20	18.0456	16.3514	14.8775	13.5903	12.4622	11.4699	10.5940	9.8181	9.1285	8.5136
21	18.8570	17.0112	15.4150	14.0292	12.8212	11.7641	10.8355	10.0168	9.2922	8.6487
22	19.6604	17.6580	15.9369	14.4511	13.1630	12.0416	11.0612	10.2007	9.4424	8.7715
23	20.4558	18.2922	16.4436	14.8568	13.4886	12.3034	11.2722	10.3711	9.5802	8.8832
24	21.2434	18.9139	16.9355	15.2470	13.7986	12.5504	11.4693	10.5288	9.7066	8.9847
25	22.0232	19.5235	17.4131	15.6221	14.0939	12.7834	11.6536	10.6748	9.8226	9.0770
26	22.7952	20.1210	17.8768	15.9828	14.3752	13.0032	11.8258	10.8100	9.9290	9.1609
27	23.5596	20.7069	18.3270	16.3296	14.6430	13.2105	11.9867	10.9352	10.0266	9.2372
28	24.3164	21.2813	18.7641	16.6631	14.8981	13.4062	12.1371	11.0511	10.1161	9.3066
29	25.0658	21.8444	19.1885	16.9837	15.1411	13.5907	12.2777	11.1584	10.1983	9.3696
30	25.8077	22.3965	19.6004	17.2920	15.3725	13.7648	12.4090	11.2578	10.2737	9.4269
35	29.4086	24.9986	21.4872	18.6646	16.3742	14.4982	12.9477	11.6546	10.5668	9.6442
40	32.8347	27.3555	23.1148	19.7928	17.1591	15.0463	13.3317	11.9246	10.7574	9.7791
45	36.0945	29.4902	24.5187	20.7200	17.7741	15.4558	13.6055	12.1084	10.8812	9.8628
50	39.1961	31.4236	25.7298	21.4822	18.2559	15.7619	13.8007	12.2335	10.9617	9.9148
55	42.1472	33.1748	26.7744	22.1086	18.6335	15.9905	13.9399	12.3186	11.0140	9.9471

期数	12%	14%	15%	16%	18%	20%	24%	28%	32%	36%
1	0.8929	0.8772	0.8696	0.8621	0.8475	0.8333	0.8065	0.7813	0.7576	0.7353
2	1.6901	1.6467	1.6257	1.6052	1.5656	1.5278	1.4568	1.3916	1.3315	1.2760
3	2.4018	2.3216	2.2832	2.2459	2.1743	2.1065	1.9813	1.8684	1.7663	1.6735
4	3.0373	2.9137	2.8550	2.7982	2.6901	2.5887	2.4043	2.2410	2.0957	1.9658
5	3.6048	3.4331	3.3522	3.2743	3.1272	2.9906	2.7454	2.5320	2.3452	2.1807
6	4.1114	3.8887	3.7845	3.6847	3.4976	3.3255	3.0205	2.7594	2.5342	2.3388
7	4.5638	4.2883	4.1604	4.0386	3.8115	3.6046	3.2423	2.9370	2.6775	2.4550
8	4.9676	4.6389	4.4873	4.3436	4.0776	3.8372	3.4212	3.0758	2.7860	2.5404
9	5.3282	4.9464	4.7716	4.6065	4.3030	4.0310	3.5655	3.1842	2.8681	2.6033
10	5.6502	5.2161	5.0188	4.8332	4.4941	4.1925	3.6819	3.2689	2.9304	2.6495
11	5.9377	5.4527	5.2337	5.0286	4.6560	4.3271	3.7757	3.3351	2.9776	2.6834
12	6.1944	5.6603	5.4206	5.1971	4.7932	4.4392	3.8514	3.3868	3.0133	2.7084
13	6.4235	5.8424	5.5831	5.3423	4.9095	4.5327	3.9124	3.4272	3.0404	2.7268
14	6.6282	6.0021	5.7245	5.4675	5.0081	4.6106	3.9616	3.4587	3.0609	2.7403
15	6.8109	6.1422	5.8474	5.5755	5.0916	4.6755	4.0013	3.4834	3.0764	2.7502
16	6.9740	6.2651	5.9542	5.6685	5.1624	4.7296	4.0333	3.5026	3.0882	2.7575
17	7.1196	6.3729	6.0472	5.7487	5.2223	4.7746	4.0591	3.5177	3.0971	2.7629
18	7.2497	6.4674	6.1280	5.8178	5.2732	4.8122	4.0799	3.5294	3.1039	2.7668
19	7.3658	6.5504	6.1982	5.8775	5.3162	4.8435	4.0967	3.5386	3.1090	2.7697
20	7.4694	6.6231	6.2593	5.9288	5.3527	4.8696	4.1103	3.5458	3.1129	2.7718
21	7.5620	6.6870	6.3125	5.9731	5.3837	4.8913	4.1212	3.5514	3.1158	2.7734
22	7.6446	6.7429	6.3587	6.0113	5.4099	4.9094	4.1300	3.5558	3.1180	2.7746
23	7.7184	6.7921	6.3988	6.0442	5.4321	4.9245	4.1371	3.5592	3.1197	2.7754
24	7.7843	6.8351	6.4338	6.0726	5.4509	4.9371	4.1428	3.5619	3.1210	2.7760
25	7.8431	6.8729	6.4641	6.0971	5.4669	4.9476	4.1474	3.5640	3.1220	2.7765
26	7.8957	6.9061	6.4906	6.1182	5.4804	4.9563	4.1511	3.5656	3.1227	2.7768
27	7.9426	6.9352	6.5135	6.1364	5.4919	4.9636	4.1542	3.5669	3.1233	2.7771
28	7.9844	6.9607	6.5335	6.1520	5.5016	4.9697	4.1566	3.5679	3.1237	2.7773
29	8.0218	6.9830	6.5509	6.1656	5.5098	4.9747	4.1585	3.5687	3.1240	2.7774
30	8.0552	7.0027	6.5660	6.1772	5.5168	4.9789	4.1601	3.5693	3.1242	2.7775
35	8.1755	7.0700	6.6166	6.2153	5.5386	4.9915	4.1644	3.5708	3.1248	2.7777
40	8.2438	7.1050	6.6418	6.2335	5.5482	4.9966	4.1659	3.5712	3.1250	2.7778
45	8.2825	7.1232	6.6543	6.2421	5.5523	4.9986	4.1664	3.5714	3.1250	2.7778
50	8.3045	7.1327	6.6605	6.2463	5.5541	4.9995	4.1666	3.5714	3.1250	2.7778
55	8.3170	7.1376	6.6636	6.2482	5.5549	4.9998	4.1666	3.5714	3.1250	2.7778

参考文献

［1］荆新，王化成，刘俊彦.财务管理学（第 6 版）［M］.北京：中国人民大学出版社，2012.

［2］荆新，王化成，刘俊彦.财务管理学学习指导书［M］.北京：中国人民大学出版社，2012.

［3］郭复初，王庆成.财务管理学（第 3 版）［M］.北京：高等教育出版社，2009.

［4］王庆成，孙茂竹.财务管理学学习指导书（第 2 版）［M］.北京：高等教育出版社，2006.

［5］刘韬.财务管理原理［M］.北京：中国财政经济出版社，2006.

［6］刘建民，宋秀珍等.财务管理学［M］.北京：中国电力出版社，2006.

［7］刘玉平.财务管理学（第 3 版）［M］.北京：中国人民大学出版社，2012.

［8］刘玉平.财务管理学学习指导书（第 3 版）［M］.北京：中国人民大学出版社，2012.

［9］中国注册会计师协会.财务成本管理（注册会计师 2015 年教材）［M］.北京：中国财政经济出版社，2015.

［10］会计专业技术资格考试研究中心.中级财务管理（2015 年全国会计专业技术资格考试辅导教材）［M］.北京：电子工业出版社，2015.